Crítica da Faculdade do Juízo

O GEN | Grupo Editorial Nacional, a maior plataforma editorial no segmento CTP (científico, técnico e profissional), publica nas áreas de saúde, ciências exatas, jurídicas, sociais aplicadas, humanas e de concursos, além de prover serviços direcionados a educação, capacitação médica continuada e preparação para concursos. Conheça nosso catálogo, composto por mais de cinco mil obras e três mil e-books, em www.grupogen.com.br.

As editoras que integram o GEN, respeitadas no mercado editorial, construíram catálogos inigualáveis, com obras decisivas na formação acadêmica e no aperfeiçoamento de várias gerações de profissionais e de estudantes de Administração, Direito, Engenharia, Enfermagem, Fisioterapia, Medicina, Odontologia, Educação Física e muitas outras ciências, tendo se tornado sinônimo de seriedade e respeito.

Nossa missão é prover o melhor conteúdo científico e distribuí-lo de maneira flexível e conveniente, a preços justos, gerando benefícios e servindo a autores, docentes, livreiros, funcionários, colaboradores e acionistas.

Nosso comportamento ético incondicional e nossa responsabilidade social e ambiental são reforçados pela natureza educacional de nossa atividade, sem comprometer o crescimento contínuo e a rentabilidade do grupo.

Immanuel Kant

Crítica da Faculdade do Juízo

Tradução de
Valério Rohden e António Marques

3ª edição

Rio de Janeiro

■ A EDITORA FORENSE se responsabiliza pelos vícios do produto no que concerne à sua edição, aí compreendidas a impressão e a apresentação, a fim de possibilitar ao consumidor bem manuseá-lo e lê-lo. Os vícios relacionados à atualização da obra, aos conceitos doutrinários, às concepções ideológicas e referências indevidas são de responsabilidade do autor e/ou atualizador.
As reclamações devem ser feitas até noventa dias a partir da compra e venda com nota fiscal (interpretação do art. 26 da Lei n. 8.078, de 11.09.1990).

Traduzido de:
Kritik der Urteilskraft und Schrift en
Copyright © Tradução do texto correspondente à edição crítica, sob a responsabilidade da Academia de Berlim (incluído no vol. V *Kants Werke*, Akademie Text-Ausgabe, Berlim, Walter de Gruyter & Co., 1968), que tem por base a 2ª edição original de 1793: *Kritik der Urteilskraft und Schrift en*. Direitos do Índice de Autores e do Glossário, sob a organização de Karl Vorländer, cedidos pela Felix Meiner Verlag (Hamburgo).
All rights reserved.

■ **Crítica da Faculdade do Juízo**
ISBN 978-85-309-3563-4
Direitos exclusivos para o Brasil na língua portuguesa
Copyright © 2011 by
FORENSE UNIVERSITÁRIA um selo da EDITORA FORENSE LTDA.
Uma editora integrante do GEN | Grupo Editorial Nacional
Travessa do Ouvidor, 11 – 6º andar – 20040-040 – Rio de Janeiro – RJ
Sac: (0XX11) 5080-0751 – Sac.faleconosco@grupogen.com.br
bilacpinto@grupogen.com.br | www.grupogen.com.br

■ O titular cuja obra seja fraudulentamente reproduzida, divulgada ou de qualquer forma utilizada poderá requerer a apreensão dos exemplares reproduzidos ou a suspensão da divulgação, sem prejuízo da indenização cabível (art. 102 da Lei n. 9.610, de 19.02.1998).
Quem vender, expuser à venda, ocultar, adquirir, distribuir, tiver em depósito ou utilizar obra ou fonograma reproduzidos com fraude, com a finalidade de vender, obter ganho, vantagem, proveito, lucro direto ou indireto, para si ou para outrem, será solidariamente responsável com o contrafator, nos termos dos artigos precedentes, respondendo como contrafatores o importador e o distribuidor em caso de reprodução no exterior (art. 104 da Lei n. 9.610/98).

2ª edição/4ª reimpressão – 2010
3ª edição – 2012
3ª edição – 2ª reimpressão – 2016

Tradução de
Valério Rohden e António Marques

■ CIP – Brasil. Catalogação-na-fonte.
Sindicato Nacional dos Editores de Livros, RJ.

K25c
3.ed.

Kant, Immanuel, 1724-1804

Crítica da faculdade do juízo/Immanuel Kant; tradução de Valerio Rohden e António Marques. – 3. ed. – Rio de Janeiro: Forense Universitária, 2016.

Tradução de: Kritik der Urteilskraft und Schrift en
Contém glóssário
Inclui índice
ISBN 978-85-309-3563-4

1. Estética. 2. Juízo (Lógica). 3. Teleologia. I. Título.

11-5410.

CDD: 111.85
CDU: 111.85

Índice Geral

Nota sobre a tradução	XI
Prólogo	XV
Introdução	1
I. Da divisão da Filosofia	1
II. Do domínio da Filosofia em geral	4
III. Da crítica da faculdade do juízo como meio de ligação das duas partes da Filosofia num todo	7
IV. Da faculdade do juízo como uma faculdade legislante *a priori*	11
V. O princípio da conformidade a fins formal da natureza é um princípio transcendental da faculdade do juízo	13
VI. Da ligação do sentimento do prazer com o conceito da conformidade a fins da natureza	19
VII. Da representação estética da conformidade a fins da natureza	21
VIII. Da representação lógica da conformidade a fins da natureza	25
IX. Da conexão das legislações do entendimento e da razão mediante a faculdade do juízo	28
Divisão da obra inteira	33
Primeira parte. Crítica da Faculdade de Juízo Estética	35
Primeira seção. Analítica da faculdade de juízo estética	37
Primeiro livro. Analítica do belo	37
Primeiro momento do juízo de gosto, segundo a qualidade	37
§ 1. O juízo de gosto é estético	37
§ 2. A complacência que determina o juízo de gosto é independente de todo interesse	39
§ 3. A complacência no *agradável* é ligada a interesse	41
§ 4. A complacência *no bom* é ligada a interesse	43
§ 5. Comparação dos três modos especificamente diversos de complacência	45
Explicação do belo inferida do primeiro momento	47

VI • Crítica da Faculdade do Juízo • Immanuel Kant

Segundo momento do juízo de gosto, a saber, segundo sua quantidade 47
§ 6. O belo é o que é representado sem conceitos como objeto de uma
complacência universal 47
§ 7. Comparação do belo com o agradável e o bom através da característica
acima 48
§ 8. A universalidade da complacência é representada em um juízo de
gosto somente como subjetiva 50
§ 9. Investigação da questão, se no juízo de gosto o sentimento de prazer
precede o ajuizamento do objeto ou se este ajuizamento precede o
prazer 53

Explicação de belo inferida do segundo momento 57

Terceiro momento do juízo de gosto, segundo a relação dos fins que nele é
considerada 57
§ 10. Da conformidade a fins em geral 57
§ 11. O juízo de gosto não tem por fundamento senão a *forma da*
conformidade a fins de um objeto (ou do seu modo
de representação) 60
§ 12. O juízo de gosto repousa sobre fundamentos *a priori* 62
§ 13. O juízo de gosto puro é independente de atrativo e comoção 63
§ 14. Elucidação através de exemplos 64
§ 15. O juízo de gosto é totalmente independente do conceito de perfeição .. 68
§ 16. O juízo de gosto, pelo qual um objeto é declarado belo sob a
condição de um conceito determinado, não é puro 71
§ 17. Do ideal da beleza 73

Explicação de belo deduzida deste terceiro momento 79

Quarto momento do juízo de gosto segundo a modalidade da complacência
no objeto 79
§ 18. O que é a modalidade de um juízo de gosto 79
§ 19. A necessidade subjetiva que atribuímos ao juízo de gosto é
condicionada 80
§ 20. A condição da necessidade que um juízo de gosto pretende é a ideia
de um sentido comum 81
§ 21. Se se pode com razão pressupor um sentido comum 81
§ 22. A necessidade do assentimento universal, que é pensada em um
juízo de gosto, é uma necessidade subjetiva, que sob a pressuposição
de um sentido comum é representada como objetiva 82

Explicação de belo inferida do quarto momento 84

Observação geral sobre a primeira seção da Analítica 84

Segundo livro. Analítica do sublime 88

§ 23. Passagem da faculdade de ajuizamento do belo à de ajuizamento
do sublime 88

§ 24. Da divisão de uma investigação do sentimento do sublime 91

A. Do matemático-sublime 93

§ 25. Definição nominal do sublime 93

§ 26. Da avaliação das grandezas das coisas da natureza que é requerida
para a ideia do sublime 96

§ 27. Da qualidade da complacência no ajuizamento do sublime 104

B. Do dinâmico-sublime da natureza 108

§ 28. Da natureza como um poder 108

§ 29. Da modalidade do juízo sobre o sublime da natureza 113

Observação geral sobre a exposição dos juízos reflexivos estéticos 116

Dedução dos juízos estéticos puros 131

§ 30. A dedução dos juízos estéticos sobre os objetos da natureza não
pode ser dirigida àquilo que nesta chamamos de sublime, mas
somente ao belo 131

§ 31. Do método da dedução dos juízos de gosto 132

§ 32. Primeira peculiaridade do juízo de gosto 134

§ 33. Segunda peculiaridade do juízo de gosto 136

§ 34. Não é possível nenhum princípio objetivo de gosto 138

§ 35. O princípio do gosto é o princípio subjetivo da faculdade do juízo
em geral 139

§ 36. Do problema de uma dedução dos juízos de gosto 141

§ 37. Que é propriamente afirmado *a priori* de um objeto em um
juízo de gosto? 142

§ 38. Dedução dos juízos de gosto 143

§ 39. Da comunicabilidade de uma sensação 145

§ 40. Do gosto como uma espécie de *sensus communis* 147

§ 41. Do interesse empírico pelo belo 151

§ 42. Do interesse intelectual pelo belo 153

§ 43. Da arte em geral 158

§ 44. Da arte bela 160

§ 45. Arte bela é uma arte enquanto ela ao mesmo tempo parece ser
natureza 162

§ 46. Arte bela é arte do gênio 163

§ 47. Elucidação e confirmação da precedente explicação do gênio 164

§ 48. Da relação do gênio com o gosto 167

VIII • Crítica da Faculdade do Juízo • Immanuel Kant

§ 49. Das faculdades do ânimo que constituem o gênio 170
§ 50. Da ligação do gosto com o gênio em produtos da arte bela 177
§ 51. Da divisão das belas artes 178
§ 52. Da ligação das belas artes em um e mesmo produto 184
§ 53. Comparação do valor estético das belas artes entre si 185
§ 54. Observação 190

Segunda seção. *Dialética da faculdade de juízo estética* 198
§ 55. 198
§ 56. Representação da antinomia do gosto 199
§ 57. Resolução da antinomia do gosto 200
§ 58. Do idealismo da conformidade a fins tanto da natureza como
     da arte, como o único princípio da faculdade de juízo estética 208
§ 59. Da beleza como símbolo da moralidade 214
§ 60. Apêndice. Da doutrina do método do gosto 218

Segunda Parte. Crítica da Faculdade de Juízo Teleológica 221
§ 61. Da conformidade a fins objetiva da natureza 223

Primeira divisão. *Analítica da faculdade de juízo teleológica* 226
§ 62. Da conformidade a fins objetiva, a qual é meramente formal,
     diferentemente da material 226
§ 63. Da conformidade a fins relativa da natureza e da diferença da
     conformidade a fins interna 231
§ 64. Do caráter específico das coisas como fins naturais 235
§ 65. As coisas como fins naturais são seres organizados 237
§ 66. Do princípio do ajuizamento da conformidade a fins interna em
     seres organizados 242
§ 67. Do princípio do ajuizamento teleológico da natureza em geral
     como sistema dos fins 244
§ 68. Do princípio da teleologia como princípio interno da ciência da
     natureza 248

Segunda divisão. *Dialética da faculdade de juízo teleológica* 252
§ 69. O que é uma antinomia da faculdade do juízo 252
§ 70. Representação desta antinomia 253
§ 71. Preparação para a resolução da antinomia mencionada 255
§ 72. Dos diversos sistemas sobre a conformidade a fins da natureza 257
§ 73. Nenhum dos sistemas citados realiza aquilo que afirma 260
§ 74. A causa da impossibilidade de tratar dogmaticamente o conceito
     de uma técnica da natureza é o caráter inexplicável de um fim
     natural 264

ÍNDICE GERAL • IX

§ 75. O conceito de uma conformidade a fins objetiva da natureza é um princípio crítico da razão para a faculdade de juízo reflexiva............ 266

§ 76. Observação.................. 270

§ 77. Da especificidade do entendimento humano, pelo qual nos é possível o conceito de um fim natural..................... 275

§ 78. Da união do princípio do mecanismo universal da matéria com o teleológico na técnica da natureza..................... 281

Apêndice. *Doutrina do método da faculdade de juízo teleológica*.................. 289

§ 79. Será que a teleologia tem de ser tratada como pertencente à teoria da natureza?..................... 289

§ 80. Da necessária subordinação do princípio do mecanismo ao princípio teleológico na explicação de uma coisa como fim da natureza..................... 291

§ 81. Da junção do mecanismo com o princípio teleológico na explicação de um fim da natureza como produto natural..................... 296

§ 82. Do sistema teleológico nas relações exteriores dos seres organizados. 299

§ 83. Do último fim da natureza como sistema teleológico..................... 305

§ 84. Sobre o fim terminal da existência de um mundo, isto é, sobre a própria criação..................... 310

§ 85. Da teologia física..................... 313

§ 86. Da teologia ética..................... 319

§ 87. Da prova moral da existência de Deus..................... 325

§ 88. Limitação da validade da prova moral..................... 332

§ 89. Da utilidade do argumento moral..................... 339

§ 90. Da espécie de adesão <*Fürwahrhalten*> numa demonstração teleológica da existência de Deus..................... 342

§ 91. Da espécie de adesão mediante uma fé prática..................... 349

Observação geral sobre a teleologia..................... 358

Índices..................... 371

Índice de autores..................... 373

Índice alfabético-remissivo..................... 375

Nota sobre a Tradução

A *Crítica da faculdade do juízo* foi originalmente publicada sob o título de *Critik der Urteilskraft von Immanuel Kant*. Berlin und Libau, bey Lagarde und Friedrich 1790. LVIII e 477 páginas. A segunda edição, com o mesmo título, apareceu em Berlin, bey F. T. Lagarde 1793. LX e 482 páginas. A terceira e última edição de Kant em vida apareceu em 1799. Sobre as correções introduzidas nesta última edição não há informações de que Kant tenha tomado conhecimento delas. O próprio Kant introduziu diversas correções na segunda edição, não a ponto de se justificar que constasse no seu título "segunda edição melhorada", de cuja inclusão ele discordou, conforme suas cartas de 02.10.1792 e de 21.12.1792 a F. T. de la Garde.

A presente tradução baseou-se no texto da segunda edição de 1793, reeditado no vol. V *Kants Werke*, Akademie Text-Ausgabe, Berlin, Walter de Gruyter & Co. 1968, Hrsegs. Von der Königlich Preussischen Akademie der Wissenschaften, Band V, Berlin 1908/13, S. 165-485. Os números à margem trazem a indicação das páginas correspondentes àquela segunda edição original, extraída do texto da Academia.

Nosso experimento conjunto Brasil-Portugal constitui a primeira tradução completa da terceira Crítica de Kant ao português.

Deixamos de incluir nela a primeira versão da Introdução, que Kant abandonou devido à sua extensão, mas cujo original remeteu posteriormente a J. S. Beck, conforme carta de 04.12.1792, em virtude de sua maior elucidação do conceito de *Zweckmässigkeit* (conformidade a fins). Deixamos de fornecê-la em apêndice até porque já a possuímos em tradução exemplar de Rubens Rodrigues Torres Filho no Kant II da coleção *Os Pensadores* da Abril Cultural, 1980.

Trouxemos nas notas as principais variantes das três edições originais, referidas como "A" (1ª edição), "B" (2ª edição), "C" (3ª edição). Omitimo-las somente quando afetavam mais a forma gramatical e a expressão alemã do que o conteúdo, a ponto de na tradução suas diferenças tornarem-se pouco visíveis. O leitor zeloso desses detalhes fará melhor verificando-as no próprio texto original.[1] As-

---

1   Para maior estudo da formação dos conceitos estéticos anteriores à *Crítica da faculdade do juízo*, o leitor encontrará material no vol. XXIV da edição da Academia, *Logikvorlesung: 1. Halbband*.

XII • Crítica da Faculdade do Juízo • Immanuel Kant

sim mesmo, em confronto com a edição que aparece simultaneamente em Lisboa pela Imprensa Nacional-Casa da Moeda, a versão brasileira oferece perto de uma centena de notas a mais que a versão portuguesa da mesma tradução. Também as notas sobre problemas de tradução de diversos termos, e mesmo sobre a forma de apresentação do texto original alemão, são em grande número mais extensas e detalhadas em nossa versão. Com os agradecimentos ao Professor António Marques a este respeito, as notas são de minha inteira responsabilidade.

Para pôr em andamento um empreendimento conjunto de tal monta, procedemos a uma divisão inicial de tarefas, cabendo a ele a tradução da introdução e da Segunda Parte, e a mim a tradução do Prólogo, da primeira parte, a reelaboração e tradução dos Índices e do Glossário, além de referida elaboração das notas ao texto. Essa divisão do trabalho foi todavia completada por uma frutífera e quase diária discussão conjunta para acertos estilísticos e de pontos de vista. Pequenas diferenças mantiveram-se nesse empreendimento, seja devido aos diferentes usos linguísticos entre os dois países, seja devido às próprias dificuldades de compreensão do difícil e sutil texto kantiano.

Esse aspecto remete-nos à questão dos limites de qualquer tradução. Em face dos frequentes obstáculos à compreensão de termos e frases e à possível pluralidade de seus sentidos, a tradução constitui a adoção de uma perspectiva pela qual o estudioso terá de lê-la. Seguimos, por isso, uma linha de tradução que nos aproximasse do sentido kantiano do texto. Assim, por exemplo, relativamente ao título da obra, preferimos traduzir *Urteilskraft*, de acordo com o constante no alemão, por faculdade do juízo, evitando o título "Crítica do juízo", porque nela não se trata primordialmente do juízo e sim de sua *faculdade*. O artifício de escrever "Juízo" (com letra maiúscula), sempre que se trate de *Urteilskraft* e não simplesmente de *Urteil* (juízo), favorece a ambiguidade que o texto não tem e uma visão distorcida da obra. Na mesma linha traduzimos o termo técnico *Einbildungskraft* por faculdade da imaginação, como *Erkenntniskraft*, por faculdade de conhecimento. Kant, aliás, identificou *Urteilskraft* e *Urteilsvermögen*, *Erkenntniskraft* e *Erkenntnisvermögen*, respectivamente. A opção pela tradução de termos como *Wohlgefallen* por complacência (no sentido de um prazer compartilhado), *Gemüt*, por ânimo (apesar de nossa simpatia pelo termo *mente*), *Zweckmässigkeit*, por conformidade a fins, *Beurteilung*, por ajuizamento, *Begehungsvermögen*, por faculdade de apetição, *Endzweck*, por fim terminal etc. decorreu, em parte, da observância dos correspondentes termos latinos usados em vários casos por Kant – o latim constituiu muitas vezes para nós uma ponte entre o alemão e o português –, mas também da opção por uma linguagem mais filosófica em vez de uma linguagem que só fizesse concessão ao uso vigente da língua (da qual a renúncia ao uso do termo "complacência", devido à sua possível ambiguidade em português, seria um exemplo). Essa concessão não nos apareceu evitável no caso da tradução de *Vorurteil* por preconceito, termo que se impôs mas constitui um empobrecimento do sentido judicativo tanto do termo alemão como do latino

Nota sobre a Tradução • XIII

praeiudicium. Em contrapartida, a remissão pelo próprio Kant a fontes latinas de seu pensamento animou-nos à introdução de algum novo termo em português, como para *Einsicht*, "perspiciência" (no sentido complexo de *perspicere e scientia*, veja a nota correspondente).

A opção por uma linguagem em parte normativa é tanto mais importante em português porque nele uma linguagem filosófica ainda se encontra em vias de constituição. É o próprio Kant que no Prólogo à *Metafísica dos costumes* (1797) recomenda-nos a proceder desse modo: "O sistema de uma crítica da faculdade da razão, assim como em geral qualquer metafísica formal, jamais pode tornar-se popular, apesar de que os seus resultados possam ser tornados claros à sã razão (de um metafísico que se ignora). Aqui não se pode pensar em nenhuma popularidade (linguagem popular), mas se tem que insistir em *exatidão* acadêmica, mesmo que ela seja desaprovada pelo seu caráter penoso (pois se trata de uma *linguagem acadêmica*), porque só por ela a razão precipitada pode, pela primeira vez, ser levada a compreender-se a si própria em face das suas afirmações dogmáticas". (AB V)

Essa tradução a quatro mãos, que encetamos confiantes nos frutos de uma cooperação filosófica luso-brasileira, consumiu, assim mesmo, anos de trabalho e pesquisa. A autonomia com que procuramos realizá-la, tornando as traduções existentes nas demais línguas como outras tantas tentativas de êxito nesse empreendimento, constituiu para nós uma fonte de satisfação constante neste trabalho. Satisfação semelhante causou-nos ouvir de Pablo Oyarzún Robles (Santiago do Chile) que a sua nova tradução espanhola, *Crítica de la facultad de juzgar*, a sair também em breve na Venezuela, coincide com a nossa – sem nenhum anterior conhecimento recíproco – na maioria dos pontos de vista e dos resultados alcançados.

A inspiração do projeto desta tradução deveu-se a convite de Roberto Machado, ao qual procuramos corresponder. A sua efetuação conjunta viabilizou-se graças às bolsas de pós-doutorado e pesquisa, concedidas simultaneamente pelo Conselho Nacional de Desenvolvimento Científico e Tecnológico (CNPq) à parte brasileira, e pela Alexander von Humboldt Stiftung à parte portuguesa, na Universidade de Münster. Nossos agradecimentos pelos diálogos lá mantidos em vista desta tradução dirigem-se aos professores Volker Gerhardt, Birgit Recki, Ursula Franke, George Meggle, Peter Rohs e seus alunos, seu assistente Axel Wüstehube e o recém-doutor Mário González Porta. Também agradecemos as sugestões recebidas dos professores Dieter Henrich, Friedrich Kaulbach, Reinhard Brandt, Konrad Kramer e Elisabeth Gonçalves. Agradecemos a Dieter Teske o serviço de computação.

Entendemos que a maneira de comemorarmos os 200 anos de transcurso da edição original desta terceira **Crítica** consiste no oferecimento de sua tradução ao público, que passará a contar com o melhor meio ao nosso alcance para a intensificação dos estudos em sua direção.

Valério Rohden
Porto Alegre, 29 de outubro de 1990

Prólogo

III

À primeira edição, 1790[1]

A faculdade do conhecimento a partir de princípios *a priori* pode ser chamada razão pura e investigação da sua possibilidade e dos seus limites em geral, crítica da razão pura, embora se entenda por essa faculdade somente a razão no seu uso teórico, como também ocorreu na primeira obra sob aquela denominação, sem querer ainda incluir na investigação a sua faculdade como razão prática segundo seus princípios peculiares. Aquela concerne então simplesmente à nossa faculdade de conhecer *a priori* coisas e ocupa-se, portanto, só com a *faculdade do conhecimento*, com exclusão do sentimento de prazer e desprazer e da faculdade da apetição; e entre as faculdades de conhecimento ocupa-se com o *entendimento* segundo seus princípios *a priori*, com exclusão da *faculdade do juízo* e da *razão* IV (enquanto faculdades igualmente pertencentes ao conhecimento teórico), porque se verá a seguir que nenhuma outra faculdade do conhecimento além do entendimento pode fornecer *a priori* princípios de conhecimento constitutivos. Portanto, a crítica, que examina as faculdades em conjunto segundo a participação que cada uma das outras por virtude própria poderia pretender ter na posse efetiva do conhecimento, não retém senão o que o *entendimento* prescreve *a priori* como lei para a natureza, enquanto complexo de fenômenos (cuja forma é igualmente dada *a priori*); mas relega todos os outros conceitos puros às ideias, que para nossa faculdade de conhecimento teórica são transcendentes. E nem por isso eles são inúteis ou dispensáveis, mas servem[2] como princípios regulativos, em parte para refrear as preocupantes pretensões do entendimento, como se ele (enquanto é capaz de indicar *a priori* as condições da possibilidade de todas as coisas que ele pode conhecer) tivesse também determinado, dentro desse limites, a possibilidade de todas as coisas em geral, em parte para guiar a ele mesmo na contemplação

---

1   A: Prólogo.
2   "Servem" é acréscimo de B.

XVI • Crítica da Faculdade do Juízo • Immanuel Kant

V da natureza segundo um princípio de completude, embora jamais possa alcançá-la, e desse modo promover o objetivo final de todo o conhecimento.

Logo, era propriamente o entendimento – que possui o seu próprio domínio, e na verdade na *faculdade do conhecimento*, na medida em que ele contém *a priori* princípios de conhecimento constitutivos – que deveria ser posto em geral pela chamada crítica da razão pura em posse segura e única[3] contra todos os outros competidores. Do mesmo modo foi atribuída à razão, que não contém *a priori* princípios constitutivos senão com respeito à *faculdade da apetição*,[4] a sua posse na crítica da razão prática.

Ora, se a *faculdade do juízo*, que na ordem de nossas faculdades de conhecimento constitui um termo médio entre o entendimento e a razão, também tem por si princípios *a priori*, se estes são constitutivos ou simplesmente regulativos (e, pois, não provam nenhum domínio próprio), e se ela fornece *a priori* a regra ao sentimento de prazer e desprazer enquanto termo médio entre a faculdade do VI conhecimento e a faculdade da apetição (do mesmo modo como o entendimento prescreve *a priori* leis à primeira, a razão porém à segunda): eis com que se ocupa a presente *Crítica da faculdade do juízo*.

Uma crítica da razão pura, isto é, de nossa faculdade de julgar segundo princípios *a priori*, estaria incompleta se a faculdade do juízo, que por si enquanto faculdade do conhecimento também a reivindica, não fosse tratada como uma sua parte especial. Não obstante, seus princípios não devem constituir, em um sistema da filosofia pura, nenhuma parte especial entre a filosofia teórica e a prática, mas em caso de necessidade devem poder ser ocasionalmente ajustados a cada parte de ambas. Pois, se um tal sistema sob o nome geral de metafísica alguma vez dever realizar-se (cuja execução completa é em todos os sentidos possível e sumamente importante para o uso da razão pura), então, a crítica tem de ter investigado antes o solo para este edifício tão profundamente quanto jaz a primeira base da faculdade de princípios independentes da experiência, para que não se afunde em parte alguma, o que inevitavelmente acarretaria o desabamento do todo.

VII Mas se pode facilmente concluir da natureza da faculdade do juízo (cujo uso correto é tão necessário e universalmente requerido que por isso, sob o nome

---

3 De acordo com Windelband; Kant: una.

4 A tradução de *Begehrungsvermögen* por faculdade de apetição concorda com a utilização por Kant de sua correspondente expressão latina, muito frequente, por exemplo, nas *Reflexões* do vol. XV, como, aliás, no texto de Baumgarten aí reproduzido. Na Reflexão 1.015, Kant afirma: *Facultas appetitionis practicae est arbitrium*. Essa denominação permite uma melhor distinção entre *Wille* (vontade), *Willkür* (arbítrio) e *Wunsch* (desejo). Cf. também a nota 5 da introdução.

PRÓLOGO • XVII

de são-entendimento, não se tem em mente nenhuma outra faculdade do que precisamente essa), que comporta grandes dificuldades descobrir um princípio peculiar dela (pois algum ela terá de conter *a priori*, porque do contrário ela não se exporia, como uma faculdade de conhecimento especial, mesmo à crítica mais comum), o qual, todavia não tem de ser deduzido de conceitos *a priori*, pois estes pertencem ao entendimento, e à faculdade do juízo concerne somente à sua aplicação. Portanto, ela própria deve indicar um conceito pelo qual propriamente nenhuma coisa é conhecida, mas que serve de regra somente a ela própria, não porém como uma regra objetiva à qual ela possa ajustar seu juízo, pois então se requereria por sua vez uma outra faculdade para poder distinguir se se trata do caso da regra ou não.

Esse embaraço devido a um princípio (seja ele subjetivo ou objetivo) encontra-se principalmente naqueles ajuizamentos que se chamam estéticos e concernem ao belo e ao sublime da natureza ou da arte. E contudo a investigação crítica de um princípio da faculdade do juízo nos mesmos é a parte mais importante de uma crítica desta faculdade, pois, embora eles por si sós em nada contribuam para o conhecimento das coisas, eles, apesar disso, pertencem unicamente à faculdade do conhecimento e provam uma referência imediata dessa faculdade ao sentimento de prazer e desprazer segundo algum princípio *a priori*, sem o mesclar com o que pode ser fundamento de determinação da faculdade da apetição, porque essa tem seus princípios *a priori* em conceitos da razão. Mas o que concerne ao ajuizamento lógico[5] da natureza, lá onde a experiência apresenta uma conformidade a leis em coisas para cuja compreensão ou explicação o universal conceito intelectual do sensível já não basta e a faculdade do juízo pode tornar de si própria um princípio da referência da coisa natural ao suprassensível incognoscível, tendo que utilizá-lo, para o conhecimento da natureza, somente com vistas a si própria, aí na verdade um tal princípio *a priori* pode e tem de ser aplicado ao *conhecimento* dos entes mundanos, e ao mesmo tempo abre perspectivas que são vantajosas para a razão prática; mas ele não tem nenhuma referência imediata ao sentimento de prazer e desprazer, que é precisamente o enigmático no princípio da faculdade do juízo e que torna necessária uma divisão especial na crítica dessa faculdade, já que o ajuizamento lógico segundo conceitos (dos quais jamais pode ser deduzida uma consequência imediata sobre o sentimento de prazer e desprazer) teria podido, em todo caso, ser atribuído à parte teórica da filosofia juntamente com uma delimitação crítica dos mesmos.

Visto que a investigação da faculdade do gosto, enquanto faculdade de juízo estética, não é aqui empreendida para a formação e cultura do gosto (pois esta seguirá adiante, como até agora, o seu caminho, mesmo sem todas aquelas perquirições), mas simplesmente com um propósito transcendental, assim me

---

5   Rosenkranz: teleológico.

XVIII • CRÍTICA DA FACULDADE DO JUÍZO • IMMANUEL KANT

lisonjeio de pensar que ela será também ajuizada com indulgência a respeito da insuficiência daquele fim. Mas, no que concerne ao último objetivo, ela tem de se preparar para o mais rigoroso exame. Mesmo aí, porém, espero que a grande dificuldade em resolver um problema que a natureza complicou tanto possa servir como desculpa para alguma obscuridade não inteiramente evitável na sua solução, contanto que seja demonstrado de modo suficientemente claro que o princípio foi indicado corretamente; na suposição de que o modo de deduzir dele o fenômeno da faculdade do juízo não possua toda a clareza que com justiça se pode exigir alhures, a saber, de um conhecimento segundo conceitos que na segunda parte desta obra creio ter também alcançado.

Com isso termino, portanto, minha inteira tarefa crítica. Passarei sem demora à doutrinal, para arrebatar sempre que possível de minha crescente velhice o tempo, em certa medida, ainda favorável para tanto. É óbvio que não haverá aí nenhuma parte especial para a faculdade do juízo, pois, com respeito a ela, a crítica toma o lugar da teoria; e que porém, segundo a divisão da Filosofia em teórica e prática e da filosofia pura nas mesmas partes, a metafísica da natureza e a dos costumes constituirão aquela tarefa.

INTRODUÇÃO

I. Da divisão da Filosofia

Se dividirmos a Filosofia, na medida em que esta contém princípios do conhecimento racional das coisas mediante conceitos (e não simplesmente, como a Lógica:[1] princípios da forma do pensamento em geral sem atender à diferença dos objetos), como é usual, em *teórica* e *prática*, procederemos com total correção. Mas então os conceitos que indicam aos princípios deste conhecimento da razão qual é o seu objeto têm também de ser especificamente diferentes, porque doutro modo não conseguiriam justificar qualquer divisão, a qual sempre pressupõe uma oposição entre os princípios do conhecimento da razão que pertencem às diferentes partes de uma ciência.

Todavia, existem somente duas espécies de conceitos que precisamente permitem outros tantos princípios da possibilidade dos seus objetos. Referimo-nos aos *conceitos de natureza* e ao de *liberdade*. Ora, como os primeiros tornam possível um conhecimento *teórico* segundo princípios *a priori*, e o segundo em relação a estes comporta já em si mesmo somente um princípio negativo (de simples oposição) e todavia em contrapartida institui para a determinação da vontade princípios que lhe conferem uma maior extensão, então a Filosofia é corretamente dividida em duas partes completamente diferentes segundo os princípios, isto é, em teórica, como *filosofia da natureza*, e em prática, como *filosofia da*

---

1   A: não como o faz a Lógica.

2 • Crítica da Faculdade do Juízo • Immanuel Kant

moral (na verdade é assim que se designa a legislação prática da razão segundo o conceito da liberdade). Até agora, porém, reinou um uso deficiente destas expressões que servem para a divisão dos diferentes princípios, e com eles também da Filosofia: na medida em que foram considerados como uma só coisa o prático segundo conceitos de natureza e o prático segundo o conceito da liberdade, e desse modo se procedeu a uma divisão, sob os mesmo nomes, de uma filosofia teórica e prática, nada na verdade era dividido (já que ambas as partes podiam ter os mesmos princípios).

A vontade, como faculdade da apetição, é especificamente uma dentre muitas causas da natureza no mundo, a saber, aquela que atua segundo conceitos, e tudo o que é representado como possível (ou como necessário) mediante uma vontade chama-se prático-possível (ou necessário). Diferencia-se assim da possibilidade ou necessidade física de um efeito, para o qual a causa não é determinada na sua causalidade mediante conceitos (mas sim como acontece com a matéria inanimada mediante o mecanismo, e, no caso dos animais, mediante o instinto). Ora, aqui ainda permanece indeterminado, no que respeita ao prático, se o conceito que dá a regra à causalidade da vontade é um conceito de natureza, ou da liberdade.

A última diferença é todavia essencial. Na verdade, se o conceito que determina a causalidade é um conceito da natureza, então os princípios são técnico-práticos, mas, se ele for um conceito da liberdade, então esses são moral-práticos, e porque na divisão de uma ciência racional tudo depende daquela diferença dos objetos, para cujo conhecimento se necessita de diferentes princípios, pertencerão os primeiros à filosofia teórica (como teoria da natureza), porém os outros[2] constituem apenas a segunda parte, a saber (como teoria da moral), a filosofia prática.

Todas as regras técnico-práticas (isto é, as da arte e da habilidade em geral, ou também da inteligência, como habilidade para influir sobre homens e a sua vontade), na medida em que os seus

---

2   A: os segundos.

INTRODUÇÃO • 3

princípios assentem em conceitos, somente podem ser contadas como corolários para a filosofia teórica. É que elas só dizem respeito à possibilidade das coisas segundo conceitos da natureza, para o que são precisos não somente os meios que para tanto se devem encontrar na natureza, mas também a própria vontade (como faculdade de apetição e, por conseguinte, da natureza), na medida em que pode ser determinada mediante tendências da natureza de acordo com aquelas regras. Porém, regras práticas desta espécie não se chamam leis (mais ou menos como as leis físicas), mas sim prescrições. Na verdade assim é porque a vontade não se encontra simplesmente sob o conceito da natureza, mas sim sob o da liberdade, em relação ao qual os princípios da mesma se chamam leis e constituem só, com as respectivas consequências, a segunda parte da Filosofia, isto é, a parte prática. XIV

Por isso, tampouco como a solução dos problemas da geometria pura pertence a uma parte especial daquela, ou a agrimensura merece o nome de uma geometria prática, diferenciando-se da pura como uma segunda parte da geometria em geral, assim também ainda menos o merecem a arte mecânica ou química das experiências ou das observações para uma parte prática da teoria da natureza, e finalmente a economia doméstica, regional ou política, a arte das relações sociais, a receita da dietética, até a teoria geral da felicidade, e mesmo o domínio das inclinações e a domesticação dos afetos em proveito destes não podem ser contados na parte prática da Filosofia, nem podem essas últimas de modo nenhum constituir a segunda parte da Filosofia em geral. A verdade é que no seu conjunto somente contêm regras da habilidade que, por conseguinte, são apenas técnico-práticas, cujo objetivo é produzir um efeito, o qual é possível segundo conceitos naturais das causas e efeitos, os quais, já que pertencem à filosofia teórica, estão subordinados[3] àquelas prescrições, na qualidade de simples corolários provenientes da mesma (da ciência da natureza) e por isso não podem exigir qualquer lugar numa filosofia particular que tenha o XV

---

3   "estão subordinados... e por isso", falta em A.

nome de prática. Pelo contrário, as prescrições moral-práticas, que se fundam por completo no conceito de liberdade, excluindo totalmente os princípios de determinação da vontade a partir da natureza, constituem uma espécie absolutamente particular de prescrições, as quais, por semelhança com as regras a que a natureza obedece, se chamam pura e simplesmente leis. No entanto, não assentam como essas em condições sensíveis, mas sim num princípio suprassensível e exigem a par da parte teórica da Filosofia, exclusivamente para si, uma outra parte com o nome de filosofia prática.

Por aqui se vê que uma globalidade de prescrições práticas, fornecida pela Filosofia, não constitui, pelo fato de serem prescrições práticas, uma parte colocada ao lado da parte teórica daquela. Na verdade, poderiam sê-lo, ainda que os seus princípios tivessem sido retirados por completo do conhecimento teórico da natureza (como regras técnico-práticas). Mas é porque o princípio dessas prescrições não é de modo nenhum retirado do conceito da natureza (o qual é sempre condicionado sensivelmente); por conseguinte repousa no suprassensível, que apenas o conceito de liberdade dá a conhecer mediante leis formais. Elas não são por isso simples prescrições e regras, segundo esta ou aquela intenção, mas sim leis que não se referem previamente, seja a fins, seja a intenções.

II. Do domínio da Filosofia em geral

O uso da nossa faculdade de conhecimento segundo princípios, assim como a Filosofia, vão tão longe quão longe for a aplicação de conceitos *a priori*.

Contudo, a globalidade de todos os objetos a que estão ligados aqueles conceitos, para constituir, onde tal for possível, um conhecimento desses objetos, só pode ser dividida, segundo a diferente suficiência ou insuficiência das nossas faculdades, no que respeita a esse objetivo.

Os conceitos, na medida em que podem ser relacionados com os seus objetos e independentemente de saber se é ou não possível um conhecimento dos mesmos, têm o seu campo <*Feld*>, o qual é determinado simplesmente segundo a relação que possui o seu objeto com a nossa faculdade de conhecimento. A parte deste campo, em que para nós é possível um conhecimento, é um território *<Boden>* (*territorium*) para estes conceitos e para a faculdade de conhecimento correspondente. A parte desse campo a que eles ditam as suas leis é o domínio *<Gebiet>* (*ditio*) destes conceitos e das faculdades de conhecimento que lhes cabem. Por isso conceitos de experiência possuem na verdade o seu território na natureza, enquanto globalidade de todos os objetos dos sentidos, mas não possuem qualquer domínio (pelo contrário, somente o seu domicílio *<Aufenthalt>* (*domicilium*)), porque realmente são produzidos por uma legislação, mas não são legisladores, sendo empíricas, e por conseguinte contingentes, as regras que sobre eles se fundam.

Toda a nossa faculdade de conhecimento possui dois domínios, o dos conceitos de natureza e o do conceito de liberdade; na verdade, nos dois, ela é legisladora *a priori*. Ora, de acordo com isto, também a Filosofia se divide em teórica e prática, mas o território em que o seu domínio é erigido e a sua legislação *exercida* é sempre só a globalidade dos objetos de toda a experiência possível, na medida em que forem tomados simplesmente como simples fenômenos; é que sem isso não poderia ser pensada qualquer legislação do entendimento relativamente àqueles.

A legislação mediante conceitos da natureza ocorre mediante o entendimento e é teórica. A legislação mediante o conceito de liberdade acontece pela razão e é simplesmente prática. Apenas no plano prático *<im Praktischen>* pode a razão ser legisladora; a respeito do conhecimento teórico (da natureza) ela somente pode retirar conclusões, através de inferências, a partir de leis dadas (enquanto tomando conhecimento de leis mediante o entendimento), conclusões que porém permanecem circunscritas à natureza. Mas, ao invés, onde as regras são práticas, não é por isso que imediatamente a razão passa a ser *legislante*, porque aquelas também podem ser técnico-práticas.

A razão e o entendimento possuem por isso duas legislações diferentes num e mesmo território da experiência, sem que seja permitido a uma interferir na outra. Na verdade, o conceito da natureza tem tão pouca influência sobre a legislação mediante o conceito de liberdade quão pouco este perturba a legislação da natureza. A crítica da razão pura demonstrou a possibilidade de pensar, ao menos sem contradição, a convivência de ambas as legislações e das faculdades que lhes pertencem no mesmo sujeito, na medida em que eliminou as objeções que aí se levantavam, pela descoberta nelas da aparência dialética.

Mas o fato de estes dois diferentes domínios – que, de fato, não na sua legislação, porém nos seus efeitos, se limitam permanentemente ao mundo sensível – não constituírem um *só* tem origem em que, na verdade, o conceito de natureza representa os seus objetos na intuição, mas não como coisas em si mesmas, porém na qualidade de simples fenômenos; em contrapartida, o conceito de liberdade representa no seu objeto uma coisa em si mesma, mas não na intuição. Por conseguinte, nenhuma das duas pode fornecer um conhecimento teórico do seu objeto (e até do sujeito pensante) como coisa em si, o que seria o suprassensível, cuja ideia na verdade se tem que colocar na base de todos aqueles objetos da experiência, não se podendo todavia nunca elevá-la e alargá-la a um conhecimento.

Existe por isso um campo ilimitado, mas também inacessível para o conjunto da nossa faculdade de conhecimento, a saber, o campo do suprassensível, no qual não encontramos para nós qualquer território, e por isso nem para os conceitos do entendimento nem da razão possuímos um domínio para o conhecimento teórico. Um campo que na verdade temos que ocupar com ideias em favor do uso da razão, tanto teórico como prático, mas às quais contudo não podemos, no que respeita às leis provenientes do conceito de liberdade, fornecer nenhuma outra realidade que não seja prática, pelo que assim o nosso conhecimento teórico não é alargado no mínimo em direção ao suprassensível.

Ainda que na verdade subsista um abismo intransponível entre o domínio do conceito da natureza, enquanto sensível, e o do conceito de liberdade, com o suprassensível, de tal modo que nenhuma passagem é possível do primeiro para o segundo (por isso

INTRODUÇÃO • 7

mediante o uso teórico da razão), como se se tratasse de outros tantos mundos diferentes, em que o primeiro não pode ter qualquer influência no segundo, contudo este último deve ter uma influência sobre aquele, isto é, o conceito de liberdade deve[4] tornar efetivo no mundo dos sentidos o fim colocado pelas suas leis, e a natureza em consequência tem que ser pensada de tal modo que a conformidade a leis da sua forma concorde pelo menos com a possibilidade dos fins que nela atuam segundo leis da liberdade. Mas por isso tem de existir um fundamento da unidade do suprassensível, que esteja na base da natureza, com aquilo que o conceito de liberdade contém de modo prático, e ainda que o conceito desse fundamento não consiga, nem de um ponto de vista teórico, nem de um ponto de vista prático, um conhecimento deste e por conseguinte não possua qualquer domínio específico, mesmo assim torna possível a passagem da maneira de pensar segundo os princípios de um para a maneira de pensar segundo os princípios de outro.

III. Da crítica da faculdade do juízo como meio de ligação das duas partes da Filosofia num todo

A crítica das faculdades de conhecimento a respeito daquilo que elas podem realizar *a priori* não possui no fundo qualquer domínio relativamente a objetos. A razão é que ela não é uma doutrina <*Doctrin*>, mas somente tem de investigar se e como é possível uma doutrina, em função da condição das nossas faculdades e através delas. O seu campo estende-se a todas as pretensões daquelas para as colocar nos limites da sua correta medida. Mas aquilo que não pode aparecer na divisão da Filosofia pode todavia aparecer como uma parte principal na crítica da faculdade de conhecimento pura em geral, a saber, no caso de conter princípios que por si não são úteis, nem para o uso teórico nem para o uso prático.

Os conceitos de natureza, que contêm *a priori* o fundamento para todo o conhecimento teórico, assentavam na legislação do entendimento. O conceito de liberdade, que continha *a priori* o

---

4   "deve" é acréscimo de B.

8 • Crítica da Faculdade do Juízo • Immanuel Kant

fundamento para todas as prescrições práticas sensivelmente incondicionadas, assentava na legislação da razão. Por isso ambas as faculdades, para além do fato de, segundo a forma lógica, poderem ser aplicadas a princípios, qualquer que possa ser a origem destes, possuem cada uma a sua própria legislação segundo o conteúdo, sobre a qual nenhuma outra (*a priori*) existe e por isso justifica a divisão da Filosofia em teórica e prática.

Só que na família das faculdades de conhecimento superiores existe ainda um termo médio entre o entendimento e a razão. Este é a *faculdade do juízo*, da qual se tem razões para supor, segundo a analogia, que também poderia precisamente conter em si *a priori*, se bem que não uma legislação própria, todavia um princípio próprio para procurar leis; em todo caso um princípio simplesmente subjetivo, o qual, mesmo que não lhe convenha um campo de objetos como seu domínio, pode todavia possuir um território próprio e uma certa característica deste, para o que precisamente só este princípio poderia ser válido.

Mas é ainda possível (para julgar segundo a analogia) acrescentar uma nova razão que nos leva a conectar a faculdade do juízo com uma outra ordem das nossas faculdades de representação e que parece ser ainda de maior importância que o parentesco com a família das faculdades do conhecimento. Na verdade todas as faculdades da alma ou capacidade podem ser reduzidas àquelas três, que não se deixam, para além disso, deduzir de um princípio comum: a *faculdade de conhecimento*, o *sentimento de prazer e desprazer* e a *faculdade de apetição*.[5] Para a faculdade de conhecimen-

---

5 Relativamente a conceitos que são utilizados como princípios empíricos, quando se tem uma causa para supor que eles possuem um parentesco com a faculdade de conhecimento pura, é de toda a utilidade, por causa desta relação, uma definição transcendental, isto é, mediante categorias puras, na medida em que estas apenas indicam de uma forma suficiente a diferença do presente conceito em relação a outros. Segue-se neste caso o exemplo do matemático, que deixa indeterminados os dados empíricos do seu problema e somente coloca a relação destes, na síntese daquelas categorias, sob os conceitos da aritmética pura. A partir de um procedimento semelhante

INTRODUÇÃO • 9

to apenas o entendimento é legislador, no caso daquela (como terá XXIV
de acontecer), se for considerada em si, sem se misturar com a fa-

---

(*Crítica da razão prática*, p. 16 [9] do Prólogo), fizeram-me uma objeção e censuraram a definição de faculdade de apetição, como a *faculdade* de ser, através de suas representações, a causa da efetividade dos objetos destas representações. É que, diziam, simples desejos <*Wünsche*> seriam então também apetições <*Begehrungen*> e, no caso daqueles, toda a gente se resigna a que só através deles não se pode produzir o respectivo objeto. Porém isto não demonstra outra coisa senão que existem também desejos no ser humano, pelos quais este se encontra em contradição consigo mesmo, na medida em que apenas através da sua representação ele esboça a produção do objeto, relativamente a que ele não pode esperar qualquer sucesso, já que está consciente de que as suas faculdades mecânicas (se é que posso assim designar aquelas que não são psicológicas), que teriam de ser determinadas através daquela representação, para efetuar o objeto (por conseguinte de forma mediata), ou não são suficientes, ou então procedem a algo impossível, por ex., tornar não acontecido aquilo que acontece (*O mihi praeteritos* etc.),* ou poder aniquilar, através de uma expectativa impaciente, o tempo que se estende até ao momento desejado. Ainda que em tais fantásticas apetições estejamos conscientes da insuficiência das nossas representações (ou, antes, da sua inaptidão) para serem *causa* dos seus objetos; todavia, a relação das mesmas como causa, por conseguinte a representação da sua *causalidade*, está contida em todo desejo e é particularmente visível quando este é um afeto, isto é, ânsia <*Sehnsucht*>.

Na verdade estas demonstram assim que alargam e enfraquecem o coração, esgotando deste modo as faculdades e que estas mesmas são repetidamente postas em tensão mediante representações, mas deixam o ânimo cair de novo e incessantemente em esmorecimento, quando se dão conta dessa impossibilidade. Mesmo as preces para afastar grandes e, tanto quanto é possível compreender, inevitáveis males e muitos métodos supersticiosos para alcançar fins impossíveis demonstram a relação causal das representações com os seus objetos, a qual, até mediante a consciência da sua insuficiência para produzir o efeito, não pode ser separada do esforço para tal objetivo. Mas se trata de uma questão antropológico-teleológica saber por que razão foi colocado na nossa natureza o pendor para a apetição vazia conscientemente assumido <*MIT Bewusstsein*>. Ao que parece, se nós não nos determinássemos a aplicar as nossas faculdades antes de nos termos certificado da suficiência da nossa capacidade para a produção de um
* O verso completo de Virgílio, na *Eneida*, VIII, 560, é: *O mihi praeteritos referat si Juppiter annos.*

culdade de apetição como faculdade de um *conhecimento teórico*, ser relacionada com a natureza, a respeito da qual apenas (como fenômeno) nos é possível dar leis, mediante conceitos-de-natureza *a priori*, os quais no fundo são conceitos de entendimento puros. Para a faculdade de apetição, como uma faculdade superior segundo o conceito de liberdade, apenas a razão (na qual somente se encontra este conceito) é legisladora *a priori*. Ora, entre a faculdade de conhecimento e a de apetição está o sentimento de prazer, assim como a faculdade do juízo está contida entre o entendimento e a razão. Por isso, pelo menos provisoriamente, é de supor que a faculdade do juízo, exatamente do mesmo modo, contenha por si um princípio *a priori* e, como com a faculdade de apetição está necessariamente ligado o prazer ou o desprazer (quer ela anteceda, como no caso da faculdade de apetição inferior, o princípio dessa faculdade, quer, como no caso da superior, surja somente a partir da determinação da mesma mediante a lei moral), produza do mesmo modo uma passagem da faculdade de conhecimento pura, isto é, do domínio dos conceitos de natureza, para o domínio do conceito de liberdade, quando no uso lógico torna possível a passagem do entendimento para a razão.

Por isso, ainda que a Filosofia somente possa ser dividida em duas partes principais, a teórica e a prática; ainda que tudo aquilo que pudéssemos dizer nos princípios próprios da faculdade do juízo tivesse que nela ser incluído na parte teórica, isto é, no conhecimento racional segundo conceitos de natureza, porém ainda assim a crítica da razão pura, que tem de constituir tudo isto antes de empreender aquele sistema em favor da sua possibilidade, consiste em três partes: a crítica do entendimento puro, da faculdade de juízo pura e da razão pura, faculdades que são designadas puras porque legislam *a priori*.

---

objeto, essa aplicação permaneceria em grande parte sem utilização. É que geralmente só ficamos conhecendo as nossas faculdades pelo fato de as experimentarmos. Essa ilusão dos desejos vazios é por isso somente a consequência de uma disposição benfazeja na nossa natureza (Kant(K), nota da 2ª edição).

INTRODUÇÃO • 11

IV. Da faculdade do juízo como uma faculdade legislante *a priori*

A faculdade do juízo em geral é a faculdade de pensar o particular como contido no universal. No caso de este (a regra, o princípio, a lei) ser dado, a faculdade do juízo, que nele subsume o particular, é *determinante* (o mesmo acontece se ela, enquanto faculdade de juízo transcendental, indica *a priori* as condições de acordo com as quais apenas naquele universal possível subsumir). Porém, se só o particular for dado, para o qual ela deve encontrar o universal, então a faculdade do juízo é simplesmente *reflexiva*.

A faculdade de juízo determinante, sob leis transcendentais universais dadas pelo entendimento, somente subsume; a lei é-lhe indicada *a priori* e por isso não sente necessidade de pensar uma lei para si mesma, de modo a poder subordinar o particular na natureza ao universal. Só que existem tantas formas múltiplas da natureza, como se fossem outras tantas modificações dos conceitos da natureza universais e transcendentais, que serão deixadas indeterminadas por aquelas leis dadas *a priori* pelo entendimento puro – já que as mesmas só dizem respeito à possibilidade de uma natureza em geral (como objeto dos sentidos) – que para tal multiplicidade têm de existir leis, as quais na verdade, enquanto empíricas, podem ser contingentes, segundo a nossa persistência intelectual. Porém, se merecem o nome de leis (como também é exigido pelo conceito de uma natureza), têm de ser consideradas necessariamente como provenientes de um princípio, ainda que desconhecido, da unidade do múltiplo. A faculdade de juízo reflexiva, que tem a obrigação de elevar-se do particular na natureza ao universal, necessita por isso de um princípio que ela não pode retirar da experiência, porque este precisamente deve fundamentar a unidade de todos os princípios empíricos sob princípios igualmente empíricos, mas superiores e por isso fundamentar a possibilidade da subordinação sistemática dos mesmos entre si. Por isso só a faculdade de juízo reflexiva pode dar a si mesma um tal princípio como lei e não retirá-lo de outro lugar (porque então seria faculdade de juízo determinante), nem prescrevê-lo à natureza, porque a reflexão sobre as leis da natureza orienta-se em função desta, enquanto a natureza não se[6] orienta em função das condições, segundo as quais nós pretendemos adquirir um conceito seu, completamente contingente no que lhe diz respeito.

Ora, este princípio não pode ser senão este: como as leis universais têm o seu fundamento no nosso entendimento, que as prescreve à natureza (ainda que somente segundo o conceito universal dela como natureza), têm as leis empíricas particulares, a respeito daquilo que nelas é deixado indeterminado por aquelas leis, de ser consideradas segundo uma tal unidade, como se igualmente um entendimento (ainda que não o nosso) as tivesse dado em favor da nossa faculdade de conhecimento, para tornar possível um sistema da experiência segundo leis da natureza particulares. Não como se deste modo tivéssemos que admitir efetivamente um tal entendimento (pois é somente à faculdade de juízo reflexiva que esta ideia serve de princípio, mas para refletir, não para determinar); pelo contrário, desse modo, esta faculdade dá uma lei somente a si mesma e não à natureza.

Ora, porque o conceito de um objeto, na medida em que ele ao mesmo tempo contém o fundamento da efetividade deste objeto, chama-se fim e o acordo de uma coisa com aquela constituição das coisas que somente é possível segundo fins se chama *conformidade a fins* <Zweckmässigkeit> da forma dessa coisa, o princípio da faculdade do juízo é então, no que respeita à forma das coisas da natureza sob leis empíricas em geral, a conformidade a fins da natureza na sua multiplicidade. O que quer dizer que a natureza é representada por este conceito, como se um entendimento contivesse o fundamento da unidade do múltiplo das suas leis empíricas.

A conformidade a fins da natureza é por isso um particular conceito *a priori*, que tem a sua origem meramente na faculdade de juízo reflexiva. Na verdade não se pode acrescentar aos produtos da natureza algo como uma relação da natureza a fins neles visível, mas sim somente utilizar este conceito, para refletir sobre

---

6 "se" é acréscimo de Erdmann.

INTRODUÇÃO • 13

eles no respeitante à conexão dos fenômenos na natureza, conexão que é dada segundo leis empíricas. Este conceito também é completamente diferente da conformidade a fins prática (da arte humana ou também dos costumes), ainda que seja pensado a partir de uma analogia com aquela.

V. O princípio da conformidade a fins formal da natureza é um princípio transcendental da faculdade do juízo

XXIX

Um princípio transcendental é aquele pelo qual é representada *a priori* a condição universal, sob a qual apenas as coisas podem ser objetos do nosso conhecimento em geral. Em contrapartida, um princípio chama-se metafísico, se representa *a priori* a condição, sob a qual somente os objetos, cujo conceito tem de ser dado empiricamente, podem ser ainda determinados *a priori*. Assim é transcendental o princípio do conhecimento dos corpos como substâncias e como substâncias suscetíveis de mudança, se com isso se quer dizer que a sua mudança tem de ter uma causa; é porém metafísica, se com isso se significar que a sua mudança tem que ter uma causa *exterior*. A razão é que, no primeiro caso, para se conhecer a proposição *a priori,* o corpo só pode ser pensado mediante predicados ontológicos (conceitos do entendimento puros), por exemplo, como substância; porém, no segundo, o conceito empírico de um corpo (como de uma coisa que se move no espaço) tem de ser colocado como princípio dessa proposição, embora então possa ser compreendido completamente *a priori* que o último predicado (do movimento somente mediante causas externas) convém ao corpo. Assim, como já a seguir vou mostrar, o princípio da conformidade a fins da natureza (na multiplicidade das suas leis empíricas) é um princípio transcendental. Na verdade o conceito dos objetos, na medida em que os pensamos existindo sob este princípio, é apenas o conceito puro de objetos do conhecimento de experiência possível em geral e nada contém de empírico. Pelo contrário, o princípio da conformidade a fins prática, que tem de ser pensado na ideia da determinação de uma *vontade* livre, seria um princípio metafísico, porque o conceito de uma faculdade

XXX

de apetição, enquanto conceito de uma vontade, tem de ser dado empiricamente (não pertence aos predicados transcendentais). Contudo, ambos os princípios não são empíricos, mas sim princípios *a priori*. É que não é necessária uma ulterior experiência para a ligação do predicado com o conceito empírico do sujeito dos seus juízos, mas, pelo contrário, tal ligação pode ser compreendida completamente *a priori*.

O fato de o conceito de uma conformidade a fins da natureza pertencer a princípios transcendentais é bastante compreensível a partir das máximas da faculdade do juízo que são postas *a priori* como fundamento da investigação da natureza e que todavia a nada mais se reportam do que à possibilidade da experiência, por conseguinte do conhecimento da natureza, mas não simplesmente como natureza em geral e sim como natureza determinada por uma multiplicidade de leis particulares. Elas aparecem com muita frequência, embora de modo disperso, no desenvolvimento desta ciência, na qualidade de aforismo <*Sentenzen*> da sabedoria metafísica e a par de muitas regras, cuja necessidade não se prova a partir de conceitos. "A natureza toma o caminho mais curto (*lex parsimoniae*); de igual modo não dá saltos, nem na sequência das suas mudanças, nem na articulação de formas específicas diferentes (*Lex continui in natura*); a sua grande multiplicidade em leis empíricas é igualmente unidade sob poucos princípios (*principia praeter necessitatem non sunt multiplicanda*)" etc.

Mas, se tentarmos a via da psicologia para darmos a origem destes princípios, contrariamos completamente o seu sentido. É que eles não dizem aquilo que acontece, isto é, segundo quais regras é que as nossas faculdades de conhecimento estimulam efetivamente o seu jogo e como é que se julga, mas sim como é que deve ser julgado. Ora, esta necessidade lógica e objetiva não aparece se os princípios forem simplesmente empíricos. Por isso a conformidade a fins da natureza para as nossas faculdades de conhecimento e o respectivo uso, conformidade que se manifesta naqueles, é um princípio transcendental dos juízos e necessita por isso também de uma dedução transcendental, por meio da qual o fundamento para assim julgar tenha de ser procurado *a priori* nas fontes do conhecimento.

INTRODUÇÃO • 15

Isto é, encontramos certamente nos princípios da possibilidade de uma experiência, em primeiro lugar, algo de necessário, XXXII isto é, as leis universais, sem as quais a natureza em geral (como objeto dos sentidos) não pode ser pensada; e estas assentam em categorias, aplicadas às condições formais de toda a nossa intuição possível, na medida em que esta é de igual modo dada *a priori*. Sob estas leis a faculdade de juízo é determinante, pois esta nada mais faz do que subsumir a leis dadas. Por exemplo, o entendimento diz: toda mudança tem a sua causa (lei-da-natureza universal); a faculdade de juízo transcendental não tem mais que fazer então que indicar *a priori* a condição da subsunção sob o conceito do entendimento apresentado: essa é a sucessão das determinações de uma e mesma coisa. Ora, para a natureza em geral (como objeto de experiência possível), aquela lei é reconhecida pura e simplesmente como necessária. Porém os objetos do conhecimento empírico são ainda determinados de muitos modos, fora daquela condição de tempo formal, ou, tanto quanto é possível julgar *a priori*, suscetíveis de ser determinados; de modo que naturezas especificamente diferentes, para além daquilo que em comum as torna pertencentes à natureza em geral, podem ainda ser causas de infinitas maneiras. E cada uma dessas maneiras tem de possuir (segundo o conceito de uma causa em geral) a sua regra, que é lei, e por conseguinte acarreta consigo necessidade, ainda que nós, de acordo com a constituição e os limites das nossas faculdades de conhecimento, de modo nenhum descortinemos essa necessida- XXXIII de. Por isso temos que pensar na natureza uma possibilidade de uma multiplicidade sem fim de leis empíricas, em relação às suas leis simplesmente empíricas, leis que, no entanto, são contingentes para a nossa compreensão (não podem ser conhecidas *a priori*). E, quando as tomamos em consideração, ajuizamos a unidade da natureza segundo leis empíricas e a possibilidade da unidade da experiência (como de um sistema segundo leis empíricas) enquanto contingente. Porém, como uma tal unidade tem de ser necessariamente pressuposta e admitida, pois de outro modo não existiria qualquer articulação completa de conhecimentos empíricos para um todo da experiência, na medida em que na verdade as leis da

16 • Crítica da Faculdade do Juízo • Immanuel Kant

natureza universais sugerem uma tal articulação entre as coisas segundo o seu gênero, como coisas da natureza em geral, não de forma específica, como seres da natureza particulares, a faculdade do juízo terá de admitir *a priori* como princípio que aquilo que é contingente para a compreensão humana nas leis da natureza particulares (empíricas) é mesmo assim para nós uma unidade legítima, não para ser sondada, mas pensável na ligação do seu múltiplo *<ihres Mannigfaltigen>* para um conteúdo de experiência em si possível. Em consequência e porque a unidade legítima numa ligação, que na verdade reconhecemos como adequada a uma intenção necessária (a uma necessidade do entendimento), mas ao mesmo tempo como contingente em si, é representada como conformidade a fins dos objetos (aqui da natureza), a faculdade do juízo, que no que diz respeito às coisas sob leis empíricas possíveis (ainda por descobrir) é simplesmente reflexiva, tem de pensar a natureza relativamente àquelas leis, segundo um *princípio de conformidade a fins* para a nossa faculdade do juízo. Ora, este conceito transcendental de uma conformidade a fins da natureza não é nem um conceito de natureza, nem de liberdade, porque não acrescenta nada ao objeto (da natureza), mas representa somente a única forma segundo a qual nós temos que proceder na reflexão sobre os objetos da natureza com o objetivo de uma experiência exaustivamente interconectada; por conseguinte, é um princípio subjetivo (máxima) da faculdade do juízo. Daí que nós também nos regozijemos (no fundo porque nos libertamos de uma necessidade), como se fosse um acaso favorável às nossas intenções, quando encontramos uma tal unidade sistemática sob simples leis empíricas, ainda que tenhamos necessariamente de admitir que uma tal necessidade existe, sem que contudo a possamos descortinar e demonstrar.

Para nos convencermos da correção desta dedução do presente conceito e da necessidade de o aceitar como princípio-de-conhecimento transcendental, consideremos só a grandeza da tarefa; realizar uma experiência articulada a partir de percepções dadas de uma natureza, contendo uma multiplicidade eventualmente infinita de leis empíricas. Tal é uma tarefa que existe *a priori* no nosso entendimento. Na verdade, o entendimento possui *a priori*

INTRODUÇÃO • 17

leis universais da natureza sem as quais esta não seria de modo nenhum objeto de uma experiência. Mas para além disso ele necessita também de uma certa ordem da natureza nas regras particulares da mesma, as quais para ele só empiricamente podem ser conhecidas e que em relação às suas são contingentes. Estas regras, sem as quais não haveria qualquer progressão da analogia universal de uma experiência possível em geral para a analogia particular, o entendimento tem de pensá-las como leis, isto é, como necessárias, porque doutro modo não constituiriam qualquer ordem da natureza, ainda que ele não conheça a sua necessidade ou jamais a pudesse descortinar. Por isso, se bem que no que respeita a estes (objetos) ele nada possa determinar *a priori*, no entanto, para investigar as chamadas leis empíricas, ele tem de colocar um princípio *a priori* como fundamento de toda a reflexão sobre as mesmas, isto é, que, segundo tais leis, é possível uma ordem reconhecível da natureza. As seguintes proposições exprimem esse mesmo princípio: que nela existe uma subordinação de gêneros e espécies para nós compreensível; que por sua vez aqueles se aproximam segundo[7] um princípio comum, de modo a ser possível uma passagem de uma para o outro e assim para um gênero superior; que, já que parece inevitável para o nosso entendimento ter de começar por admitir, para a diversidade específica dos efeitos da natureza, precisamente outras tantas espécies diferentes da causalidade, mesmo assim eles podem existir sob um pequeno número de princípios, a cuja investigação temos de proceder etc., esta concordância da natureza com a nossa faculdade de conhecimento é pressuposta *a priori* pela faculdade do juízo em favor da sua reflexão sobre a mesma, segundo as suas leis empíricas, na medida em que o entendimento a reconhece ao mesmo tempo como contingente, e a faculdade do juízo simplesmente a atribui à natureza como conformidade a fins transcendental (em relação à faculdade de conhecimento do sujeito). É que, sem pressupormos isso, não teríamos qualquer ordem da natureza segundo leis empíricas e por conseguinte nenhum fio

XXXVI

---

7   "segundo" é acréscimo de Hartenstein.

18 • Crítica da Faculdade do Juízo • Immanuel Kant

condutor para uma experiência e uma investigação das mesmas que funcione com estas segundo toda a sua multiplicidade.

Na verdade é perfeitamente possível pensar que, independentemente de toda a uniformidade das coisas da natureza segundo as leis universais, sem as quais a forma de um conhecimento de experiência de modo nenhum existiria, a diversidade específica das leis empíricas da natureza, com os respectivos efeitos, poderia ser, no entanto, tão grande que seria impossível para o nosso entendimento descobrir nela uma ordem suscetível de ser compreendida, dividir os seus produtos em gêneros e espécies para utilizar os princípios de explicação e da compreensão de um também para a explicação e conceitualização do outro e constituir uma experiência articulada a partir de uma matéria <*Stoff*> para nós tão confusa (no fundo, uma matéria infinitamente múltipla que não se ajusta à nossa faculdade de apreensão).

Por isso a faculdade do juízo possui um princípio *a priori* para a possibilidade da natureza, mas só do ponto de vista de uma consideração subjetiva de si própria, pela qual ela prescreve uma lei, não à natureza (como autonomia), mas sim a si[8] própria (como heautonomia) para a reflexão sobre aquela, lei a que se poderia chamar da *especificação da natureza*, a respeito das suas leis empíricas e que aquela faculdade não conhece nela *a priori*, mas que admite em favor de uma ordem daquelas leis, mas que admite em favor de uma ordem daquelas leis, suscetível de ser conhecida pelo nosso entendimento, na divisão que ela faz das suas leis universais, no caso de pretender subordinar-lhes uma multiplicidade das leis particulares. É por isso que, quando se diz que a natureza especifica as suas leis universais, segundo o princípio da conformidade a fins para a nossa faculdade de conhecimento, isto é, para a adequação ao nosso entendimento humano na sua necessária atividade, que consiste em encontrar o universal para o particular, que a percepção lhe oferece e por sua vez a conexão na unidade do princípio para aquilo que é diverso (na verdade, o universal para

---

8   Kant: "a ela", corrigido por Erdmann.

INTRODUÇÃO • 19

cada espécie), desse modo, nem se prescreve à natureza uma lei, nem dela se apreende alguma mediante a observação (ainda que aquele princípio possa ser confirmado por esta). Na verdade não se trata de um princípio da faculdade de juízo determinante, mas simplesmente da reflexiva. Apenas se pretende – possa a natureza organizar-se segundo as suas leis universais do modo como ela quiser – que se tenha de seguir inteiramente o rastro das suas leis particulares, segundo aquele princípio, e das máximas que sobre este se fundam, pois só na medida em que aquele exista nos é possível progredir, utilizando o nosso entendimento na experiência, e adquirir conhecimento.

VI. Da ligação do sentimento do prazer com o conceito da conformidade a fins da natureza

A concebida concordância da natureza na multiplicidade das suas leis particulares com a nossa necessidade de encontrar para ela a universidade dos princípios tem de ser ajuizada segundo toda a nossa perspiciência <Einsicht> como contingente, mas igualmente como imprescindível para as nossas necessidades intelectuais, por conseguinte como conformidade a fins, pela qual a natureza concorda com a nossa intenção, mas somente enquanto orientada para o conhecimento. As leis universais do entendimento, que são ao mesmo tempo leis da natureza, são para aquela tão necessárias (ainda que nasçam da espontaneidade) como as leis do movimento da matéria, e a sua produção não pressupõe qualquer intenção das nossas faculdades de conhecimento, porque é só através dessas leis que obtemos um conceito daquilo que é o conhecimento das coisas (da natureza) e que elas pertencem necessariamente à natureza como objeto do nosso conhecimento. Só que, tanto quanto nos é possível descortinar, é contingente o fato de a ordem da natureza segundo as suas leis particulares, com toda a (pelo menos possível) multiplicidade e heterogeneidade que ultrapassa a nossa faculdade de apreensão, ser no entanto adequada a esta faculdade. A descoberta de tal ordem é uma atividade do entendimento, o qual é conduzido com a intenção de um fim necessário do mesmo, isto é, introduzir nela a unidade dos princípios. Tal princípio tem então de ser atribuído à natureza pela faculdade do juízo, porque aqui o entendimento não lhe pode prescrever qualquer lei. A realização de toda e qualquer intenção está ligada com o sentimento do prazer, e, sendo condição daquela primeira uma representação *a priori* – como aqui um princípio para a faculdade de juízo reflexiva em geral –, também o sentimento de prazer é determinado mediante um princípio *a priori* para todos. Na verdade isso acontece através da relação do objeto com a faculdade de conhecimento, sem que o conceito da conformidade a fins se relacione aqui minimamente com a faculdade de apetição, diferenciado-se por isso inteiramente de toda a conformidade a fins prática da natureza.

De fato, não encontramos em nós o mínimo efeito sobre o sentimento do prazer, resultante do encontro das percepções com as leis, segundo conceitos da natureza universais (as categorias), e não podemos encontrar, porque o entendimento procede nesse caso sem intenção e necessariamente em função da sua natureza. Por sua vez, a descoberta da possibilidade de união de duas ou de várias leis da natureza empíricas, sob o princípio que integre ambas, é razão para um prazer digno de nota, muitas vezes até de uma admiração sem fim, ainda que o objeto deste nos seja bastante familiar. Na verdade nós já não pressentimos mais qualquer prazer notável ao apreendermos a natureza e a sua unidade da divisão em gêneros e espécies, mediante o que apenas são possíveis conceitos empíricos, pelos quais a conhecemos segundo as suas leis particulares. Mas certamente esse prazer já existiu noutros tempos, e somente porque a experiência mais comum não seria possível sem ele foi-se gradualmente misturado com o mero conhecimento sem se tornar mais especialmente notado. Por isso faz falta algo que, no ajuizar da natureza, torne o nosso entendimento atento à conformidade a fins desta, um estudo que conduza as leis heterogêneas da natureza, onde tal for possível, sob outras leis superiores, ainda que continuam a ser empíricas, para que sintamos prazer, por ocasião desta sua concordância em relação às nossas faculdades de conhecimento, concordância que consideramos como simplesmente

Introdução • 21

contingente. Pelo contrário, ser-nos-ia completamente desaprazível uma representação da natureza, na qual antecipadamente nos dissessem que na mínima das investigações da natureza, para lá da experiência mais comum, nós haveríamos de deparar com uma heterogeneidade das suas leis, que tornaria impossível para o nosso entendimento a união das suas leis específicas sob leis empíricas universais. É que isso contraria o princípio da especificação da natureza subjetivamente conforme a fins nos seus gêneros e o princípio da nossa faculdade de juízo reflexiva no concernente àqueles. XLI

Essa pressuposição do juízo é, não obstante, em relação a este problema, tão indeterminada no respeitante a saber quão longe se deve estender aquela conformidade e fins ideal da natureza para a nossa faculdade de conhecimento, que se nos disserem que um conhecimento mais profundo ou mais alargado da natureza através da observação terá que finalmente deparar com uma multiplicidade de leis que nenhum entendimento humano é capaz de reduzir a um princípio, ficaremos mesmo assim satisfeitos, ainda que preferíssemos que outros nos transmitissem a seguinte esperança: quanto mais conhecermos a natureza no seu interior, ou a pudermos comparar com membros exteriores por ora desconhecidos, tanto mais nós a consideraríamos simples nos seus princípios e concordante na aparente heterogeneidade das suas leis empíricas, à medida que a nossa experiência progride. Na verdade, é um imperativo da nossa faculdade do juízo proceder segundo o princípio da adequação da natureza à nossa faculdade de conhecimento, tão longe quanto for possível, sem (pois que não se trata de uma faculdade de juízo determinante, que nos dê esta regra) descobrir se em qualquer lugar existem ou não limites. É que na verdade podemos determinar limites a respeito do uso racional das nossas faculdades de conhecimento, mas no campo do empírico nenhuma definição de limites é possível. XLII

VII. Da representação estética da conformidade a fins da natureza

Aquilo que na representação de um objeto é meramente subjetivo, isto é, aquilo que constitui a sua relação com o sujeito e não com o objeto, é a natureza estética dessa representação; mas aquilo que nela pode servir ou é utilizado para a determinação do objeto (para o conhecimento) é a sua validade lógica. No conhecimento de um objeto dos sentidos aparecem ambas as relações. Na representação sensível das coisas fora de mim a qualidade do espaço, no qual nós as intuímos, é aquilo que é simplesmente subjetivo na minha representação das mesmas (pelo que permanece incerto o que eles possam ser como objetos em si), razão pela qual o objeto também é pensado simplesmente como fenômeno; todavia, e independentemente da sua qualidade subjetiva, o espaço é uma parte do conhecimento das coisas como fenômenos. A *sensação* (neste caso, a externa) exprime precisamente o que é simplesmente subjetivo das nossas representações das coisas fora de nós, mas no fundo o material <*das Materielle*> (real) das mesmas (pelo que algo existente é dado), assim como o espaço exprime a simples forma *a priori* da possibilidade da sua intuição; e não obstante a sensação é também utilizada para o conhecimento dos objetos fora de nós.

XLIII

Porém aquele elemento subjetivo numa representação *que não pode de modo nenhum ser uma parte do conhecimento* é o *prazer* ou *desprazer*, ligados àquela representação; na verdade, através dele nada conheço no objeto da representação, ainda que eles possam ser até o efeito de um conhecimento qualquer. Ora, a conformidade a fins de uma coisa, na medida em que é representada na percepção, também não é uma característica do próprio objeto (pois esta não pode ser percebida), ainda que possa ser deduzida a partir de um conhecimento das coisas. Por isso a conformidade a fins, que precede o conhecimento de um objeto, até mesmo sem pretender utilizar a sua representação para um conhecimento a não obstante estando imediatamente ligada àquela, é o elemento subjetivo <*das Subjective*> da mesma, não podendo ser uma parte do conhecimento. Por isso o objeto só pode ser designado conforme a fins, porque a sua representação está imediatamente ligada ao sentimento do prazer; e esta representação é ela própria uma representação estética da conformidade a fins. Só que agora surge a pergunta: existe em geral uma tal representação da conformidade a fins?

XLIV

Se o prazer estiver ligado à simples apreensão (*apprehensio*) da forma de um objeto da intuição, sem relação dessa forma com um conceito destinado a um conhecimento determinado, nesse caso a representação não se liga ao objeto, mas sim apenas ao sujeito; e o prazer não pode mais do que exprimir a adequação desse objeto às faculdades de conhecimento que estão em jogo na faculdade do juízo reflexiva e por isso, na medida em que elas aí se encontram, exprime simplesmente uma subjetiva e formal conformidade a fins do objeto. Na verdade aquela apreensão das formas na faculdade de imaginação nunca pode suceder, sem que a faculdade de juízo reflexiva, também sem intenção, pelo menos a possa comparar com a sua faculdade de relacionar intuições com conceitos. Ora, se nesta comparação a faculdade da imaginação (como faculdade das intuições *a priori*) é sem intenção posta de acordo com o entendimento (como faculdade dos conceitos) mediante uma dada representação e desse modo se desperta um sentimento de prazer, nesse caso o objeto tem de então ser considerado como conforme a fins para a faculdade de juízo reflexiva. Um tal juízo é um juízo estético sobre a conformidade a fins do objeto, que não se fundamenta em qualquer conceito existente de ajuizar objeto e nenhum conceito é por ele criado. No caso de se ajuizar a forma do objeto (não o material da sua representação, como XLV sensação) na simples reflexão sobre a mesma (sem ter a intenção de obter um conceito dele), como o fundamento de um prazer na representação de um tal objeto, então nessa mesma representação este prazer é julgado como estando necessariamente ligado à representação, por consequência, não simplesmente para o sujeito que apreende esta forma, mas sim para todo aquele que julga em geral. O objeto chama-se então belo e a faculdade de julgar mediante um tal prazer (por conseguinte também universalmente válido) chama-se gosto. Na verdade, como o fundamento do prazer é colocado simplesmente na forma do objeto para a reflexão em geral, por conseguinte em nenhuma sensação do objeto, é também colocado sem relação a um conceito que contenha uma intenção qualquer, é apenas a legalidade no uso empírico da faculdade do juízo em geral (unidade da faculdade da imaginação com o entendimento) no sujeito com que a representação do objeto na reflexão concorda. As condições dessa reflexão são válidas *a priori* de forma universal. E, como esta concordância do objeto com as faculdades do sujeito é contingente, ela própria efetua a representação de uma conformidade a fins desse mesmo objeto, no que respeita às faculdades do conhecimento do sujeito.

Ora, aqui estamos na presença de um prazer, que, como todo o prazer ou desprazer que não são produzidos pelo conceito de liberdade (isto é, pela determinação precedente da faculdade de apetição superior através da razão pura), nunca pode ser compreendido como provindo de conceitos, necessariamente ligados à representação de um objeto, mas, pelo contrário, tem sempre de ser conhecido através da percepção refletida e ligada a esta. Por conseguinte, não pode, tal como todos os juízos empíricos, anunciar qualquer necessidade objetiva e exigir uma validade *a priori*. Todavia o juízo de gosto exige somente ser válido para toda a gente, tal como todos os outros juízos empíricos, o que é sempre possível, independentemente da sua contingência interna. O que é estranho e invulgar é somente o fato de ele não ser um conceito empírico, mas sim um sentimento do prazer (por conseguinte, nenhum conceito), o que, todavia, mediante o juízo de gosto, deve ser exigido a cada um e conectado com a representação daquele, como se fosse um predicado ligado a um conhecimento do objeto.

Um juízo de experiência singular, p. ex., daquele que percebe uma gota movendo-se num cristal, exige com razão que qualquer outro o tenha que considerar precisamente assim, porque proferiu esse juízo segundo as condições universais da faculdade de juízo determinante, sob as leis de uma experiência possível em geral. Precisamente assim acontece com aquele que sente prazer na simples reflexão sobre a forma de um objeto sem considerar um conceito, ao exigir o acordo universal, ainda que este juízo seja empírico e singular. A razão é que o fundamento para este prazer se encontra na condição universal, ainda que subjetiva, dos juízos reflexivos, ou seja, na concordância conforme fins de um objeto (seja produto da natureza ou da arte) com a relação das faculdades de conhecimento entre si, as quais são exigidas[9] para todo o co-

---

9   Kant "a qual é exigida"; correção de Erdmann.

INTRODUÇÃO • 25

nhecimento empírico (da faculdade da imaginação e do entendimento). O prazer está, por isso, no juízo de gosto verdadeiramente dependente de uma representação empírica e não pode estar ligado *a priori* a nenhum conceito (não se pode determinar *a priori* que tipo de objeto será ou não conforme ao gosto; será necessário experimentá-lo); porém ele é o fundamento de determinação deste juízo somente pelo fato de estarmos conscientes de que assenta simplesmente na reflexão e nas condições universais, ainda que subjetivas, do seu acordo com o conhecimento dos objetos em geral, para os quais a forma do objeto é conforme a fins.

Essa é a razão por que os juízos do gosto, segundo a sua possibilidade, já que esta pressupõe um princípio *a priori*, também estão subordinados a uma crítica, ainda que este princípio não seja nem um princípio de conhecimento para o entendimento, nem um princípio prático para a vontade e por isso não seja de modo nenhum *a priori* determinante.

A receptividade de um prazer a partir da reflexão sobre as formas das coisas (da natureza, assim como da arte) não assinala porém apenas uma conformidade a fins dos objetos, na relação com a faculdade de juízo no sujeito, conforme ao conceito de natureza, mas também e inversamente assinala uma conformidade a fins do sujeito em relação aos objetos, segundo a respectiva forma e mesmo segundo o seu caráter informe *<ihrer Unform>*, de acordo com o conceito de liberdade. Desse modo sucede que o juízo estético está referido, não simplesmente enquanto juízo de gosto, ao belo, mas também enquanto nasce de um sentimento do espírito, ao *sublime*, e desse modo aquela crítica da faculdade de juízo estética tem de se decompor em duas partes principais conforme àqueles.

VIII. Da representação lógica da conformidade a fins da natureza

Num objeto dado numa experiência a conformidade a fins pode ser representada, quer a partir de um princípio simplesmente subjetivo, como concordância da sua forma com as faculdades de conhecimento na *apreensão* (*apprehensio*) do mesmo, antes de qualquer conceito, para unir a intuição com conceitos a favor de um conhecimento em geral, quer a partir de um princípio objetivo, enquanto concordância da sua forma com a possibilidade da própria coisa, segundo um conceito deste que antecede e contém o fundamento desta forma. Já vimos que a representação da conformidade a fins da primeira espécie assenta no prazer imediato, na forma do objeto, na simples reflexão sobre ela; por isso a representação da conformidade a fins da segunda espécie, já que relaciona a forma do objeto, não com as faculdades de conhecimento do sujeito na apreensão do mesmo, mas sim com um conhecimento determinado do objeto sob um conceito dado, nada tem a ver com um sentimento do prazer nas coisas, mas sim com o entendimento no ajuizamento das mesmas. Se o conceito de um objeto é dado, nesse caso a atividade da faculdade do juízo, no seu uso com vistas ao conhecimento, consiste na apresentação <*Darstellung*> (*exhibitio*), isto é, no fato de colocar ao lado do conceito uma intuição correspondente, quer no caso de isto acontecer através da nossa própria faculdade de imaginação, como na arte, quando realizamos <*realisieren*> um conceito de um objeto antecipadamente concebido que é para nós fim, quer mediante a natureza na técnica da mesma (como acontece nos corpos organizados), quando lhe atribuímos o nosso conceito do fim para o ajuizamento dos seus produtos. Nesse caso, representa-se não simplesmente a *conformidade a fins* da natureza na forma da coisa, mas este seu produto é representado como *fim da natureza*. Ainda que o nosso conceito de uma conformidade a fins subjetiva da natureza, nas suas formas segundo leis empíricas, não seja de modo nenhum um conceito do objeto, mas sim somente um princípio da faculdade do juízo para arranjarmos conceitos nesta multiplicidade desmedida (para nos podermos orientar nela), nós atribuímos, todavia, à natureza como que uma consideração das nossas faculdades de conhecimento segundo a analogia de um fim; e assim nos é possível considerar a beleza da natureza como apresentação do conceito da conformidade a fins formal (simplesmente subjetiva) e os *fins da natureza* como apresentação do conceito da conformidade a fins real (objetiva). Uma delas nós ajuizamos mediante o gosto (esteticamente, mediante o sentimento do prazer) e a outra, mediante o entendimento e a razão (logicamente, segundo conceitos).

Introdução • 27

É sobre isso que se funda a divisão da crítica da faculdade do juízo em faculdade do juízo *estética* e *teleológica*: enquanto pela primeira entendemos a faculdade de ajuizar a conformidade a fins formal (também chamada subjetiva) mediante o sentimento de prazer ou desprazer, pela segunda entendemos a faculdade de ajuizar a conformidade a fins real (objetiva) da natureza mediante o entendimento e a razão.

Numa crítica da faculdade do juízo, a parte que contém a faculdade do juízo estética é aquela que lhe é essencial, porque apenas esta contém um princípio que a faculdade do juízo coloca como princípio inteiramente *a priori* na sua reflexão sobre a natureza, a saber, o princípio de uma conformidade a fins formal da natureza segundo as suas leis particulares (empíricas) para a nossa faculdade de conhecimento, conformidade sem a qual o entendimento não se orientaria naquelas. Em contrapartida, pelo fato de não poder ser dado *a priori* absolutamente nenhum princípio, nem mesmo a possibilidade deste, a partir do conceito de uma natureza, como objeto de experiência, tanto no universal como no particular, decorre daí que terá que haver fins objetivos da natureza, isto é, coisas que somente são possíveis como fins da natureza; mas só a faculdade do juízo, sem conter em si para isso *a priori* um princípio, contém em certos casos (em certos produtos) a regra para fazer uso do conceito dos fins, em favor da razão, depois que aquele princípio transcendental já preparou o entendimento a aplicar à natureza o conceito de um fim (pelo menos, segundo a forma).

Mas o princípio transcendental que consiste em representar uma conformidade a fins da natureza na relação subjetiva às nossas faculdades de conhecimento na forma de uma coisa, enquanto princípio do ajuizamento da mesma, deixa completamente indeterminado onde e em que casos é que eu tenho que empregar o ajuizamento, como ajuizamento de um produto segundo um princípio da conformidade a fins e não antes simplesmente segundo leis da natureza universais, deixando ao critério da faculdade de juízo *estética* a tarefa de constituir no gosto a adequação desse produto (da sua forma) às nossas faculdades de conhecimento (na medida em que esta faculdade decide, não através da concordância com

28 • Crítica da Faculdade do Juízo • Immanuel Kant

LII conceitos, mas sim através do sentimento). Pelo contrário a faculdade do juízo usada teleologicamente indica de forma precisa as condições sob as quais algo (por exemplo, um corpo organizado) deve ser ajuizado segundo a ideia de um fim da natureza; no entanto, ela não pode aduzir qualquer princípio a partir do conceito da natureza como objeto da experiência que autoriza atribuir àquela *a priori* uma referência a fins e que leve a admitir, ainda que de forma indeterminada, tais fins a partir da experiência efetiva desses produtos. A razão para isso é que muitas experiências particulares têm de ser examinadas e consideradas sob a unidade do seu princípio, para poder conhecer num certo objeto uma conformidade a fins objetiva de forma somente empírica. A faculdade de juízo estética é por isso uma faculdade particular de ajuizar as coisas segundo uma regra, mas não segundo conceitos. A teleológica não é uma faculdade particular, mas sim somente a faculdade de juízo reflexiva em geral, na medida em que ela procede, como sempre acontece no conhecimento teórico, segundo conceitos, mas atendendo a certos objetos da natureza segundo princípios particulares, isto é, os de uma faculdade de juízo simplesmente reflexiva e não determinante dos objetos. Por isso, e segundo a sua aplicação, pertence à parte teórica da Filosofia, e por causa dos princípios particulares que não são determinantes – tal como tem de acontecer numa doutrina – tem também que constituir uma parte particular da crítica; em vez disso, a faculdade de juízo estética nada acrescenta ao conhecimento dos

LIII seus objetos e por isso apenas tem de ser incluída na crítica do sujeito que julga e das faculdades de conhecimento do mesmo, uma vez que aquelas são capazes *a priori* de princípios, qualquer que possa de resto ser o seu uso (quer teórico, quer prático). Esta crítica é a propedêutica de toda a Filosofia.

IX. Da conexão das legislações do entendimento e da razão mediante a faculdade do juízo

O entendimento é legislador *a priori* em relação à natureza enquanto objeto dos sentidos, para um conhecimento teórico da mesma numa experiência possível. A razão é legisladora *a priori* em relação à liberdade e à causalidade que é própria desta (como aquilo que é suprassensível no sujeito) para um conhecimento incondicionado prático. O domínio do conceito de natureza, sob a primeira, e o domínio do conceito de liberdade, sob a segunda legislação, estão completamente separados através do grande abismo que separa o suprassensível dos fenômenos, apesar de toda a influência recíproca que cada um deles por si (cada um segundo as respectivas leis fundamentais) poderia ter sobre o outro. O conceito de liberdade nada determina no respeitante ao conhecimento teórico da natureza; precisamente do mesmo modo o conceito de natureza nada determina às leis práticas da liberdade. Desse LIV modo não é possível lançar uma ponte de um domínio para o outro. Mas, se bem que os fundamentos de determinação da causalidade segundo o conceito de liberdade (e da regra prática que ele envolve) não se possam testemunhar na natureza e o sensível não possa determinar o suprassensível no sujeito, todavia é possível o inverso (não de fato no que respeita ao conhecimento da natureza, mas sim às consequências do primeiro sobre a segunda) e é o que já está contido no conceito de uma causalidade mediante a liberdade, cujo *efeito* deve acontecer no mundo de acordo com estas suas leis formais, ainda que a palavra *causa*, usada no sentido do suprassensível, signifique somente o *fundamento* para determinar a causalidade das coisas da natureza no sentido de um efeito, de acordo com as suas próprias leis naturais, mas ao mesmo tempo em unanimidade com o princípio formal das leis da razão. A possibilidade disso não é descortinável, mas a objeção segundo a qual aí se encontra uma pretensa contradição pode ser suficientemente refutada.[10] O efeito segundo o conceito de liberdade é o fim LV

---

10   Uma das várias contradições supostas em toda esta distinção entre a causalidade da natureza e a causalidade mediante a liberdade ocasiona a censura: quando eu falo de *obstáculos* que a natureza coloca à causalidade segundo leis da liberdade (leis morais) ou da sua *promoção* através dessa liberdade, admito todavia uma *influência* da primeira sobre a última. Mas, se se quiser compreender o que dissemos, tal equívoco é fácil de evitar. A resistência ou a promoção não é entre a natureza e a liberdade, mas sim entre a primeira como fenômeno e os *efeitos* da última como fenômenos no mundo sensível; e mesmo a *causalidade da liberdade* (*da razão pura e prática*)

30 • Crítica da Faculdade do Juízo • Immanuel Kant

terminal <*Endzweck*>; o qual (ou a sua manifestação no mundo dos sentidos) deve existir, para o que se pressupõe a condição da possibilidade do mesmo na natureza (do sujeito como ser sensível, isto é, como ser humano). A faculdade do juízo que pressupõe *a priori* essa condição, sem tomar em consideração o elemento prático, dá o conceito mediador entre os conceitos de natureza e o conceito de liberdade que torna possível, no conceito de uma *conformidade a fins* da natureza, a passagem da razão pura teórica para a razão pura prática, isto é, da conformidade a leis segundo a primeira para o fim terminal segundo aquele último conceito. Na verdade desse modo é conhecida a possibilidade do fim terminal, que apenas na natureza e com a concordância das suas leis se pode tornar efetivo.

LVI   O entendimento fornece, mediante a possibilidade das suas leis *a priori* para a natureza, uma demonstração de que somente conhecemos esta como fenômeno; por conseguinte, simultaneamente a indicação de um substrato suprassensível da mesma, deixando-o no entanto completamente *indeterminado*. Através do seu princípio *a priori* do ajuizamento da natureza segundo leis particulares possíveis da mesma, a faculdade do juízo fornece ao substrato suprassensível daquela (tanto em nós como fora de nós) a *possibilidade de determinação* <*Bestimmbarkeit*> *mediante a faculdade intelectual*. Porém a razão fornece precisamente a esse mesmo substrato, mediante a sua lei prática *a priori*, *a determinação*; e desse modo a faculdade do juízo torna possível a passagem do domínio do conceito de natureza para o de liberdade.

é a *causalidade* de uma causa da natureza subordinada àquela (do sujeito como ser humano, por conseguinte considerado como fenômeno), de cuja *determinação* o inteligível, que é pensado segundo a liberdade, contém o fundamento de um modo afinal inexplicável (precisamente o mesmo acontece com aquilo que constitui o substrato suprassensível da natureza). (K) Adotamos a seguir a tradução de *Endzweck* por "fim terminal" para distinguir mais nitidamente *letzter Zweck* (fim último, como fim da natureza, cf. o § 83) e *Endzweck* (fim terminal, referido ao homem: o homem como fim de si próprio enquanto ser livre, cf. § 84). Analogamente encontramos empregada no alemão a expressão *Endstation*, e no italiano *stazione termine* (p. ex., a estação central de Roma, onde a linha do trem possui o seu termo).

INTRODUÇÃO • 31

No que respeita às faculdades da alma <*Seelenvermögen*> em geral, na medida em que elas são consideradas como faculdades superiores, isto é, como aquelas que contêm uma autonomia, o entendimento é para a faculdade do conhecimento (o conhecimento teórico da natureza) aquilo que contém *a priori* os princípios constitutivos; para o sentimento do prazer e desprazer é-o a faculdade do juízo, independentemente de conceitos e de sensações, as quais poderiam referir-se à determinação da faculdade de apetição e desse modo ser imediatamente práticas; para a faculdade de apetição é-o a razão, que é prática, sem mediação de qualquer prazer, venha este donde vier e que determina àquela faculdade, na qualidade de faculdade superior, o fim terminal, o qual se faz acompanhar ao mesmo tempo de uma complacência intelectual pura no objeto. O conceito da faculdade do juízo de uma conformidade a fins da natureza pertence ainda aos conceitos de natureza, mas somente como princípio regulativo da faculdade de conhecimento, se bem que o juízo estético sobre certos objetos (da natureza ou da arte), que ocasiona tal conceito, seja um princípio constitutivo em respeito ao sentimento do prazer ou desprazer. A espontaneidade no jogo das faculdades de conhecimento, cujo acordo contém o fundamento deste prazer, torna o conceito pensado adequado para uma mediação da conexão dos domínios do conceito de natureza com o conceito de liberdade nas suas consequências, na medida em que este acordo promove ao mesmo tempo a receptividade do ânimo ao sentimento moral. O seguinte quadro facilita-nos a perspectiva sinóptica de todas as faculdades superiores segundo a sua unidade sistemática.[11]

LVII

---

11   Levantaram-se dúvidas ao fato de as minhas divisões na filosofia pura acabarem quase sempre por ser tripartidas. No entanto, isso tem a ver com a natureza da problemática. No caso de uma divisão acontecer *a priori*, ela será ou *analítica*, segundo o princípio da contradição; e então ela é sempre bipartida (*quod libet ens est aut A aut non A*). Ou ela é *sintética*, e, se neste caso deve ser feita a partir de *conceitos a priori* (não como na matemática a partir da intuição que corresponde *a priori* ao conceito), então a divisão tem que ser necessariamente uma tricotomia, segundo aquilo que se deve exigir para a unidade sintética em geral, isto é, 1) condição, 2) um condicionado, 3) o conceito que nasce da união do condicionado com sua condição (K).

LVIII

Faculdades gerais do ânimo[12]	Faculdades de conhecimento	Princípios *a priori*	Aplicação à
Faculdade de conhecimento	Entendimento	Conformidade a leis	Natureza
Sentimento de prazer e desprazer	Faculdade do juízo	Conformidade a fins	Arte
Faculdade de apetição	Razão	Fim terminal	Liberdade

---

12   *Vide* a seguir nota 2 da Primeira Seção da Primeira Parte.

DIVISÃO DA OBRA INTEIRA

Primeira parte
Crítica da faculdade de juízo estética

Primeira seção
Analítica da faculdade de juízo estética

Primeiro livro
Analítica do belo

Segundo livro
Analítica do sublime

Segunda seção
Dialética da faculdade de juízo estética

Segunda parte
Crítica da faculdade de juízo teleológica

Primeira divisão
Analítica da faculdade de juízo teleológica

Segunda divisão
Dialética da faculdade de juízo teleológica

Apêndice
Doutrina do método da faculdade de juízo teleológica

Primeira Parte

CRÍTICA DA FACULDADE DE JUÍZO ESTÉTICA

Primeira Seção

ANALÍTICA DA FACULDADE DE JUÍZO ESTÉTICA

Primeiro Livro

ANALÍTICA DO BELO

Primeiro momento do juízo de gosto,[1] *segundo a qualidade*

§ 1. *O juízo de gosto é estético*

Para distinguir se algo é belo ou não, referimos a representação, não pelo entendimento a objeto em vista do conhecimento, mas pela faculdade da imaginação (talvez ligada ao entendimento)

---

1 A definição do gosto, posta aqui a fundamento, é de que ele é a faculdade de ajuizamento *<Beurteilung>** do belo. O que porém é requerido para denominar um objeto belo tem que a análise dos juízos de gosto descobri-lo. Investiguei os momentos, aos quais esta faculdade do juízo em sua reflexão presta atenção, segundo orientação das funções lógicas para julgar (pois no juízo de gosto está sempre contida ainda uma referência ao entendimento). Tomei em consideração primeiro os da qualidade, porque o juízo sobre o belo encara estes em primeiro lugar. (K)
* A tradução de *Urteil* por juízo e *Beurteilung* por ajuizamento (outros traduziram por julgamento) teve em vista marcar mais uma diferença terminológica do que conceitual, não explicitada em Kant. A diferença de sentido entre ambos os termos foi modernamente elaborada por W. Windelband (*Präludien*, 1884, p. 52 e segs.) para quem *Urteil* expressa a união de dois conteúdos representacionais, e *Beurteilong*, a relação da consciência ajuizante com o objeto representado, não ampliando o conhecimento mas expressando aprovação ou desaprovação.

ao sujeito e ao seu sentimento de prazer ou desprazer. O juízo de gosto não é, pois, nenhum juízo de conhecimento; por conseguinte, não é lógico e sim estético, pelo qual se entende aquilo cujo fundamento de determinação *não* pode ser *senão subjetivo*. Toda referência das representações, mesmo a das sensações, pode, porém, ser objetiva (e ela significa então o real de uma representação empírica); somente não pode sê-lo a referência ao sentimento de prazer e desprazer, pelo qual não é designado absolutamente nada no objeto, mas no qual o sujeito sente-se a si próprio do modo como ele é afetado pela sensação.

Apreender pela sua faculdade de conhecimento (quer em um modo de representação claro ou confuso) um edifício regular e conforme a fins é algo totalmente diverso do que ser consciente desta representação com a sensação de complacência. Aqui a representação é referida inteiramente ao sujeito e na verdade ao seu sentimento de vida, sob o nome de sentimento de prazer ou desprazer, o qual funda uma faculdade de distinção e ajuizamento inteiramente peculiar, que em nada contribui para o conhecimento, mas somente mantém a representação dada ao sujeito em relação com a inteira faculdade de representações, da qual o ânimo[2] torna-

---

2   Kant adota o termo *Gemüt*, do qual fornece em ocasiões diversas equivalentes latinos *animus* e *mens*, para designar o todo das faculdades de sentir, apetecer e pensar (cf. Tb. *CFJ*, LVII) e jamais só unilateralmente, como se fez depois dele, a unidade do sentimento (equivalente a *Herz* e *timós*). Ele adota *Gemüt* preferencialmente a *Seale* (*anima*) pela sua neutralidade em face do sentido metafísico desta última (cf. *Uber das Organ der Seele*, A83). A tradução desse termo por "ânimo" e não por "mente" oferece a vantagem de não o reduzir, por outro lado, nem às faculdades cognitivas nem à atual "*philosophy of mind*", entendida como filosofia analítica do espírito. Em muitas traduções e principalmente entre os franceses prevalece a tendência a confundir *Gemüt* (ânimo, faculdade geral transcendental) com *Geist* (espírito, faculdade estética produtiva) e *Seele* (alma, substância metafísica; cf. *CFJ*, § 49). Segundo Kant, o próprio *esprit* francês situa-se mais do lado do *Geschmack* (gosto), enquanto *Geist* situa-se mais do lado do gênio (cf. *Reflexões* 930 e 944, vol. XV). O termo "ânimo", que em português tem menor tradição em seu sentido especializado, tendendo a confundir-se com disposição e coragem (*Mut*), tem também o sentido de

PRIMEIRA SEÇÃO • ANALÍTICA DA FACULDADE DE JUÍZO ESTÉTICA • 39

-se consciente no sentimento de seu estado. Representações dadas em um juízo podem ser empíricas (por conseguinte, estéticas); mas o juízo que é proferido através delas é lógico se elas são referidas ao objeto somente no juízo. Inversamente, porém – mesmo que as representações dadas fossem racionais, mas em um juízo fossem referidas meramente ao sujeito (seu sentimento) –, elas são sempre estéticas.[3]

§ 2. A complacência que determina o juízo de gosto é independente de todo interesse

Chama-se interesse a complacência[4] que ligamos à representação da existência de um objeto. Por isso, um tal interesse sempre

---

vida (seu sentido estético). Originalmente em latim (cf. o dicionário latim-alemão *Georges*), ele teve o mesmo sentido de complexo de faculdades do *Gemüt*, o qual contudo o termo alemão expressa melhor: *muot no ahd* (antigo alto alemão) significou já faculdade do pensar, querer e sentir; o prefixo *ge* é por sua vez uma partícula integradora que remete às partes de um todo; daí que *Gemüte* tenha tomado no *mhd* (médio alto alemão) esse sentido originário de totalidade das faculdades (cf. o Dicionário *Wahrig*). A perplexidade causada pelo abuso do sentido desse termo, já denunciado por Goethe, deve-se em grande parte ao fato de o próprio Kant pouco ter-se preocupado em aclará-lo.

---

3   C: Ele é sempre estético.
4   Sobre a tradução de *Wohlgefallen* por "complacência", veja, no próprio Kant, *CFJ*, § 5, B 15: *Komplazenz*; e *Anthropologie*, § 69, Acad. 244: *Der Geschmack... enthält eine Empfänglichkeit, durch diese Mitteilung selbst mit Lust affiziert, ein Wohlgeffallen (complacentia) daran gemeinschafftlich mit anderen gesellschafftlich zu empfinden* (o gosto contém uma receptividade, afetada por prazer mediante essa própria comunicação, de ter em sociedade a sensação de uma *complacência (complacentia)* comunitariamente com outros). Na *Reflexão* 1.030 (Acad. XV) Kant escreve: *ludicium per complacentiam et displacentiam est diudicatio: Beurteilung*. No sentido de comprazer, do latim *complacere = cum alio placere*, a tradução proposta expressa o pensamento original de Kant, não obstante o seu difundido sentido pejorativo em português. Cf. também A. Nascentes: comprazer = agradar a muitos. Ao gênero da complacência, equivalente a *Lust* (prazer), pertencem as espécies chamadas *Geschmack* (gosto), um prazer refletido,

40 • Crítica da Faculdade do Juízo • Immanuel Kant

envolve ao mesmo tempo referência à faculdade da apetição, quer como seu fundamento de determinação, quer como vinculando-se necessariamente ao seu fundamento de determinação. Agora, se a questão é se algo é belo, então não se quer saber se a nós ou a qualquer um importa ou sequer possa importar algo da existência da coisa, e sim como a ajuizamos na simples contemplação (intuição ou reflexão). Se alguém me pergunta se acho belo o palácio que vejo ante mim, então posso na verdade dizer: não gosto desta espécie de coisas que são feitas simplesmente para embasbacar, ou, como aquele chefe iroquês, de que em Paris nada lhe agrada mais do que as tabernas; posso, além disso, em bom estilo *rousseauniano*, recriminar a vaidade dos grandes, que se servem do suor do povo para coisas tão supérfluas; finalmente, posso convencer-me facilmente de que, se me encontrasse numa ilha inabitada, sem esperança de algum dia retornar aos homens, e se pelo meu simples desejo pudesse produzir por encanto um tal edifício suntuoso, nem por isso dar-me-ia uma vez sequer esse trabalho se já tivesse uma cabana que me fosse suficientemente cômoda. Pode-se conceder-me e aprovar tudo isto; só que agora não se trata disso. Quer-se saber somente se esta simples representação do objeto em mim é acompanhada de complacência, por indiferente que sempre eu possa ser com respeito à existência do objeto desta representação. Vê-se facilmente que se trata do que faço dessa representação em mim mesmo, não daquilo em que dependo da existência do objeto, para dizer que ele é *belo* e para provar que tenho gosto. Cada um tem de reconhecer que aquele juízo sobre beleza, ao qual se mescla o mínimo interesse, é muito faccioso e não é nenhum juízo-de-gosto puro. Não se tem de simpatizar minimamente com a existência da coisa, mas ser a esse respeito completamente indiferente para em matéria de gosto desempenhar o papel de juiz.

---

em parte sensível em parte intelectual, e *Vergnügen* (deleite), que, tendo por negativo *Schmerz* (dor), seria mais precisamente traduzido pela expressão "prazer da sensação", para o qual Kant fornece também o equivalente latino *voluptas* e ao qual se vincula *Genuss* (gozo). Na estética kantiana é preciso ter em mente esta família de sentidos do conceito de prazer.

PRIMEIRA SEÇÃO • ANALÍTICA DA FACULDADE DE JUÍZO ESTÉTICA • 41

Mas não podemos elucidar melhor essa proposição, que é de importância primordial, do que se contrapomos à complacência pura e desinteressada[5] no juízo de gosto, aquela que é ligada a interesse; principalmente se ao mesmo tempo podemos estar certos de que não há mais espécies de interesse do que as que precisamente agora devem ser nomeadas.

§ 3. A complacência no agradável é ligada a interesse

Agradável é o que apraz aos sentidos na sensação. Aqui se mostra de imediato a ocasião para censurar uma confusão bem usual e chamar a atenção para ela, relativamente ao duplo significado que a palavra *sensação* pode ter. Toda complacência (diz-se ou pensa-se) é ela própria sensação (de um prazer). Portanto, tudo o que apraz é precisamente pelo fato de que apraz, agradável (e, segundo os diferentes graus ou também relações com outras sensações agradáveis, *gracioso, encantador, deleitável, alegre* etc.). Se isto, porém, for concedido, então impressões dos sentidos, que determinam a inclinação, ou princípios da razão, que determinaram a vontade, ou simples formas refletidas da intuição, que determinam a faculdade do juízo, são, no que concerne ao efeito sobre o sentimento de prazer, inteiramente a mesma coisa. Pois este efeito seria o agrado na sensação de seu estado; e, já que enfim todo o cultivo de nossas faculdades tem de ter em vista o prático e unificar-se nele como em seu objetivo, assim não se poderia pretender delas nenhuma outra avaliação das coisas e de seu valor do que a que consiste no deleite que elas prometem. O modo como elas o conseguem não importa enfim absolutamente; e, como unicamente a escolha dos meios pode fazer nisso uma diferença, assim os homens poderiam culpar-se reciprocamente de tolice e de insen-

---

5   Um juízo sobre um objeto da complacência pode ser totalmente *desinteressado* e ser contudo muito *interessante*, isto é, ele não se funda sobre nenhum interesse, mas produz um interesse; tais são todos os juízos morais puros. Mas em si os juízos de gosto também não fundam absolutamente interesse algum. Somente em sociedade torna-se *interessante* ter gosto, e a razão disso é indicada no que se segue (K).

42 • Crítica da Faculdade do Juízo • Immanuel Kant

satez, jamais, porém, de vileza e maldade; porque todos eles, cada um segundo o seu modo de ver as coisas, tendem a um objetivo que é para qualquer um o deleite.

Se uma determinação do sentimento de prazer ou desprazer é denominada sensação, então esta expressão significa algo totalmente diverso do que se denomino a representação de uma coisa (pelos sentidos, como uma receptividade pertencente à faculdade do conhecimento),[6] sensação. Pois, no último caso, a representação é referida ao objeto; no primeiro, porém, meramente ao sujeito, e não serve absolutamente para nenhum conhecimento, tampouco para aquele pelo qual o próprio sujeito se conhece.

Na definição dada, entendemos contudo pela palavra "sensação" uma representação objetiva dos sentidos; e, para não corrermos sempre perigo de ser falsamente interpretados, queremos chamar aquilo que sempre tem de permanecer simplesmente subjetivo, e que absolutamente não pode constituir nenhuma representação de um objeto, pelo nome, aliás, usual de sentimento. A cor verde dos prados pertence à sensação *objetiva*, como percepção de um objeto do sentido; o seu agrado, porém, pertence à sensação *subjetiva*, pela qual nenhum objeto é representado: isto é, ao sentimento pelo qual o objeto <*Gegenstand*> é considerado como objeto <*Objekt*> da complacência (a qual não é nenhum conhecimento do mesmo).

Ora, que meu juízo sobre um objeto, pelo qual o declaro agradável, expresse um interesse pelo mesmo, já resulta claro do fato que mediante sensação ela suscita um desejo de tal objeto;[7] por conseguinte, a complacência pressupõe não o simples juízo sobre ele, mas a referência de sua existência a meu estado, na medida em que ele é afetado por um tal objeto. Por isso, do agradável não se diz apenas: ele *apraz*, mas: ele *deleita* <*vergnügt*>. Não é uma simples aprovação que lhe dedico, mas através dele é gerada inclinação; e ao que é agradável de modo mais vivo não pertence

---

6   A: pertencente ao conhecimento.
7   B e C: tais objetos.

PRIMEIRA SEÇÃO • ANALÍTICA DA FACULDADE DE JUÍZO ESTÉTICA • 43

a tal ponto nenhum juízo sobre a natureza do objeto, que aqueles que sempre têm em vista o gozo <Genuss> (pois esta é a palavra com que se designa o íntimo do deleite) de bom grado dispensam--se de todo o julgar.

§ 4. *A complacência* no bom *é ligada a interesse*

Bom é o que apraz mediante a razão pelo simples conceito. Denominamos *bom para* (o útil) algo que apraz somente como meio; outra coisa, porém, que apraz por si mesma denominamos *bom em si*. Em ambos está contido o conceito de um fim; portanto a relação da razão ao (pelo menos possível) querer, consequentemente uma complacência na *existência* de um objeto ou de uma ação, isto é, um interesse qualquer.

Para considerar algo bom, preciso saber sempre que tipo de coisa o objeto deva ser, isto é, ter um conceito do mesmo. Para encontrar nele beleza, não o necessito. Flores, desenhos livres, linhas entrelaçadas sem intenção sob o nome de folhagem não significam nada, não dependem de nenhum conceito determinado e contudo aprazem. A complacência no belo tem de depender da reflexão sobre um objeto, que conduz a um conceito qualquer (sem determinar qual), e desta maneira distingue-se também no agradável, que assenta inteiramente na sensação.

Na verdade, o agradável parece ser em muitos casos idêntico ao bom. Assim, dir-se-á comumente: todo o deleite (nomeadamente o duradouro) é em si mesmo bom; o que aproximadamente significa que ser duradouramente agradável ou bom é o mesmo. Todavia, pode-se notar logo que isto é simplesmente uma confusão errônea de palavras, já que os conceitos que propriamente são atribuídos a estas expressões de nenhum modo podem ser intercambiados. O agradável, visto que como tal representa o objeto meramente em referência ao sentido, precisa ser primeiro submetido pelo conceito de fim a princípios da razão, para que se o denomine bom, como objeto da vontade. Mas que então se trata de uma referência inteiramente diversa à complacência se aquilo deleita eu o denomino ao mesmo tempo *bom*, conclui-se do fato que em

44 • Crítica da Faculdade do Juízo • Immanuel Kant

relação ao bom sempre se pergunta se é só mediatamente bom ou imediatamente bom (se é útil ou bom em si); enquanto em relação ao agradável, contrariamente, essa questão não pode ser posta, porque a palavra sempre significa algo que apraz imediatamente. (O mesmo se passa também com o que denomino belo.)

Mesmo nas conversações mais comuns distingue-se o agradável do bom. De um prato que realça o gosto mediante temperos e outros ingredientes, diz-se sem hesitar que é agradável e confessa-se ao mesmo tempo que não é bom; porque ele, na verdade, *agrada* imediatamente aos sentidos, mas mediatamente, isto é, pela razão que olha para as consequências, ele desagrada. Mesmo no ajuizamento da saúde pode-se ainda notar esta diferença. Ela é imediatamente agradável para todo aquele que a possui (pelo menos negativamente, isto é, enquanto afastamento de todas as dores corporais). Mas, para dizer que ela é boa, tem-se que ainda dirigi-la pela razão a fins, ou seja, como um estado que nos torna dispostos para todas as nossas ocupações. Com vistas à felicidade finalmente, qualquer um crê contudo poder chamar a soma máxima (tanto pela quantidade como pela duração) dos agrados da vida um verdadeiro bem, até mesmo o bem supremo. No entanto, também a isso a razão opõe-se. Amenidade <*Annehmlichjeit*> é gozo. Mas, se apenas este contasse, seria tolo ser escrupuloso com respeito aos meios que eles nos proporcionam, quer ele fosse obtido passivamente da liberalidade da natureza, quer por atividade própria e por nossa própria atuação. A razão, porém, jamais se deixará persuadir de que tenha em si[8] um valor a existência de um homem que vive simplesmente *para gozar* (e seja até muito diligente a este propósito), mesmo que ele fosse, enquanto meio, o mais útil possível a outros, que visam todos igualmente ao gozo, e na verdade porque ele, pela simpatia coparticipasse do gozo de todo o deleite. Somente através do que o homem faz sem consideração do gozo, em inteira liberdade e independentemente do que a natureza também

---

8   "em si", acréscimo de B.

PRIMEIRA SEÇÃO • ANALÍTICA DA FACULDADE DE JUÍZO ESTÉTICA • 45

passivamente poderia proporcionar-lhe, dá ele um valor absoluto[9] à sua existência <*Dasein*> enquanto existência <*Existenz*> de uma pessoa; e a felicidade, com a inteira plenitude de sua amenidade, não é de longe um bem incondicionado.[10]

Mas, a despeito de toda esta diversidade entre o agradável e o bom, ambos concordam em que eles sempre estão ligados com interesse ao seu objeto, não só o agradável (§ 3), e o mediatamente bom (o útil), que apraz como meio para qualquer amenidade, mas também o absolutamente e em todos os sentidos bom, a saber, o bem moral, que comporta o máximo interesse. Pois o bom é o objeto da vontade (isto é, de uma faculdade da apetição determinada pela razão). Todavia, querer alguma coisa e ter complacência na sua existência, isto é, tomar um interesse por ela, é idêntico.

§ 5. *Comparação dos três modos especificamente diversos de complacência*

O agradável e o bom têm ambos uma referência à faculdade da apetição e, nesta medida, trazem consigo, aquele, uma complacência patologicamente condicionada (por estímulos), este, uma complacência prática, a qual não é determinada simplesmente pela representação do objeto, mas ao mesmo tempo pela representada conexão do sujeito com a existência do mesmo. Não simplesmente o objeto apraz, mas também sua existência.[11] Contrariamente,[12] o juízo de gosto é meramente *contemplativo*, isto é, um juízo que, indiferente em relação à existência de um objeto, só considera sua natureza em comparação com o sentimento de prazer e desprazer. Mas esta própria contemplação é tampouco dirigida a conceitos; pois o juízo de gosto não é nenhum juízo de conhecimento (nem

---

9   "absoluto", acréscimo de B.

10   Uma obrigatoriedade do gozo é uma manifesta absurdidade. Precisamente tal tem que ser pois uma pretensa obrigatoriedade de todas as ações que têm por objetivo simplesmente o gozo: este pode ser imaginado (ou debruado) tão espiritualmente como se queira, e mesmo que se tratasse de um gozo místico, chamado celestial. (K)

11   "Não simplesmente... existência", acréscimo de B.

12   Kant: "por isso": corrigido por Rosenkranz.

46 • Crítica da Faculdade do Juízo • Immanuel Kant

teórico nem prático),[13] e por isso tampouco é *fundado* sobre conceitos e nem os *tem por fim*.

O agradável, o belo, o bom designam, portanto, três relações diversas das representações ao sentimento de prazer e desprazer, com referência ao qual distinguimos entre si objetos ou modos de representação. Também não são idênticas as expressões que convêm a cada um e com as quais se designa a complacência *<Komplazenz>* nos mesmos. *Agradável* chama-se para alguém aquilo que o *deleita*; belo, aquilo que meramente o *apraz*; bom, aquilo que é estimado, *aprovado*,[14] isto é, onde é posto por ele um valor objetivo. Amenidade vale também para animais irracionais; beleza somente para homens, isto é, entes animais mas contudo racionais, mas também não meramente enquanto tais (por exemplo, espíritos), porém ao mesmo tempo enquanto animais;[15] o bom, porém, vale para todo ente racional em geral; uma proposição que somente no que se segue pode obter sua completa justificação e elucidação. Pode-se dizer que, entre todos estes modos de complacência, única e exclusivamente o do gosto pelo belo é uma complacência desinteressada e *livre*; pois nenhum interesse, quer o dos sentidos, quer o da razão, arranca aplauso. Por isso, poder-se-ia dizer da complacência que ela, nos três casos mencionados, refere-se a *inclinação* ou *favor* ou *respeito*. Pois *favor* *<Gunst>* é a única complacência *livre*. Um objeto da inclinação e um que nos é imposto ao desejo mediante uma lei da razão não nos deixam nenhuma liberdade para fazer de qualquer coisa um objeto de prazer para nós mesmos. Todo interesse pressupõe necessidade ou a produz; e, enquanto fundamento determinante da aprovação, ele não deixa mais o juízo sobre o objeto ser livre.

No que concerne ao interesse da inclinação pelo agradável, qualquer um diz que a fome é o melhor cozinheiro e que pessoas de apetite saudável gostam de tudo, desde que se possa comê-lo;

---

13   A: conhecimento (teórico).
14   "aprovado", acréscimo de B.
15   "mas também... animais", acréscimo de B.

PRIMEIRA SEÇÃO • ANALÍTICA DA FACULDADE DE JUÍZO ESTÉTICA • 47

consequentemente, uma tal complacência não prova nenhuma escolha pelo gosto. Somente quando a necessidade está saciada pode-se distinguir quem entre muitos tem gosto ou não. Do mesmo modo há costumes (conduta) sem virtude, cortesia sem benevolência, decência sem honradez etc. Pois onde a lei moral fala não há objetivamente[16] mais nenhuma livre escolha com respeito ao que deva ser feito; e mostrar gosto em sua conduta (ou no ajuizamento sobre a de outros) é algo totalmente diverso do que externar sua maneira de pensar moral; pois esta contém um mandamento e produz uma necessidade, já que contrariamente o gosto moral somente joga com os objetos da complacência, sem se afeiçoar a um deles.

Explicação[17] do belo inferida do primeiro momento

Gosto é a faculdade de ajuizamento de um objeto ou de um modo de representação mediante uma complacência ou descomplacência *independente de todo interesse*. O objeto de uma tal complacência chama-se belo.

Segundo momento do juízo de gosto, a saber, segundo sua quantidade

§ 6. O belo é o que é representado sem conceitos como objeto de uma complacência universal

Esta explicação do belo pode ser inferida, da sua explicação anterior, como um objeto da complacência independente de todo interesse. Pois aquilo, a respeito de cuja complacência alguém é consciente de que ela é nele próprio independente de todo interesse, isso ele não pode ajuizar de outro modo, senão de que tenha

---

16   A: "também", em vez de "objetivamente".

17   À diferença de outros tradutores, que para *Erklärung* adotaram o termo "definição", preferimos traduzi-lo literalmente por "explicação". Sobre a equivocidade e o limite do uso desses termos, cf. *Crítica da razão pura*, B 755-758.

48 • Crítica da Faculdade do Juízo • Immanuel Kant

de conter um fundamento da complacência para qualquer um. Pois, visto que não se funda sobre qualquer inclinação do sujeito (nem sobre qualquer outro interesse deliberado), mas, visto que o julgante sente-se inteiramente *livre* com respeito à complacência que ele dedica ao objeto; assim, ele não pode descobrir nenhuma condição privada como fundamento da complacência à qual, unicamente, seu sujeito se afeiçoasse, e por isso tem de considerá-lo como fundado naquilo que ele também pode pressupor em todo outro; consequentemente, ele tem de crer que possui razão para pretender de qualquer um uma complacência semelhante. Ele falará, pois, do belo como se a beleza fosse uma qualidade do objeto e o juízo fosse lógico (constituindo através de conceitos do objeto um conhecimento do mesmo), conquanto ele seja somente estético e contenha simplesmente uma referência da representação do objeto ao sujeito; porque ele contudo possui semelhança com o lógico, pode-se pressupor a sua validade para qualquer um. Mas de conceitos essa universalidade tampouco pode surgir. Pois conceitos não oferecem nenhuma passagem ao sentimento de prazer ou desprazer (exceto em leis práticas puras, que, porém, levam consigo um interesse, semelhante ao qual não se encontra nenhum ligado ao juízo de gosto puro). Consequentemente, tem-se de atribuir ao juízo de gosto, com a consciência da separação nele de todo interesse, uma reivindicação de validade para qualquer um, sem universalidade fundada sobre objetos, isto é, uma reivindicação de universalidade subjetiva tem de estar ligada a esse juízo.

§ 7. *Comparação do belo com o agradável e o bom através da característica acima*

Com respeito ao *agradável*, cada um resigna-se com o fato de que seu juízo, que ele funda sobre um sentimento privado e mediante o qual ele diz de um objeto que ele lhe apraz, limita-se também simplesmente a sua pessoa. Por isso, ele de bom grado contenta-se com o fato de que, se ele diz "o vinho espumante das Canárias é agradável", um outro corrige-lhe a expressão e recorda-lhe que deve dizer "ele me é agradável"; e assim não somente no gosto da língua, do céu da boca e da garganta, mas também no que

Primeira Seção • Analítica da Faculdade de Juízo Estética • **49**

possa ser agradável aos olhos e ouvidos de cada um. Pois a um a cor violeta é suave e amena, a outro, morta e fenecida. Um ama o som dos instrumentos de sopro, outro, o dos instrumentos de corda. Altercar sobre isso, com o objetivo de censurar como incorreto o juízo de outros, que é diverso do nosso, como se fosse logicamente oposto a este, seria tolice; portanto, acerca do agradável vale o princípio: *cada um tem seu próprio*[18] *gosto* (dos sentidos).

Com o belo passa-se de modo totalmente diverso. Seria (precisamente ao contrário) ridículo se alguém que se gabasse de seu gosto pensasse justificar-se com isto: este objeto (o edifício que vemos, o traje que aquele veste, o conceito que ouvimos, o poema que é apresentado ao ajuizamento) é *para mim* belo. Pois ele não tem de denominá-lo *belo* se apraz meramente a ele. Muita coisa pode ter atrativo e agrado para ele, com isso ninguém se preocupa; se ele, porém, toma algo por belo, então atribui a outros precisamente a mesma complacência: ele não julga simplesmente por si, mas por qualquer um, e neste caso fala da beleza como se ela fosse uma propriedade das coisas. Por isso ele diz: a *coisa* é bela, e não conta com o acordo unânime de outros em seu juízo de complacência porque ele a tenha considerado mais vezes em acordo com o seu juízo, mas a *exige* deles. Ele os censura se julgam diversamente e lhes nega o gosto, todavia pretendendo que eles devam possuí-lo; e nesta medida não se pode dizer: cada um possui seu gosto particular. Isto equivaleria a dizer: não existe absolutamente gosto algum, isto é, um juízo estético que pudesse legitimamente reivindicar o assentimento de qualquer um.

Contudo, descobre-se também a respeito do agradável que no seu ajuizamento pode ser encontrada unanimidade entre pessoas, com vistas à qual se nega a alguns o gosto e a outros é concedido, e na verdade não no significado de sentido orgânico mas de faculdade de ajuizamento com respeito ao agradável em geral. Assim, diz-se de alguém que sabe entreter seus hóspedes com amenidades (do gozo através de todos os sentidos), de modo tal que apraz a

20

---

18   A: particular.

todos, que ele tem gosto. Mas aqui a universalidade é tomada só comparativamente; e então há somente regras *gerais* (como o são todas as empíricas), não *universais*, como as que o juízo de gosto sobre o belo toma a seu encargo ou reivindica. Trata-se de um juízo em referência à sociabilidade, na medida em que ela se baseia em regras empíricas. Com respeito ao bom, os juízos na verdade também reivindicam, com razão, validade para qualquer um; todavia, o bom é representado somente por um conceito como objeto de uma complacência universal, o que não é o caso nem do agradável nem do belo.

§ 8. *A universalidade da complacência é representada em um juízo de gosto somente como subjetiva*

Esta particular determinação da universalidade de um juízo estético, que pode ser encontrada em um juízo de gosto, é na verdade uma curiosidade não para o lógico, mas sim para o filósofo transcendental; ela desafia seu não pequeno esforço para descobrir a origem da mesma, mas em compensação desvela também uma propriedade de nossa faculdade de conhecimento, a qual sem este desmembramento teria ficado desconhecida.

Antes de tudo, é preciso convencer-se inteiramente de que pelo juízo de gosto (sobre o belo) imputa-se a *qualquer um* a complacência no objeto, sem contudo se fundar sobre um conceito (pois então se trataria do bom); e que esta reivindicação de validade universal pertence tão essencialmente a um juízo pelo qual declaramos algo *belo*, que sem pensar essa universalidade ninguém teria ideia de usar essa expressão, mas tudo o que apraz sem conceito seria computado como agradável, com respeito ao qual se deixa a cada um seguir sua própria cabeça e nenhum presume do outro adesão a seu juízo de gosto, o que, entretanto, sempre ocorre no juízo de gosto sobre a beleza. Posso denominar o primeiro, gosto dos sentidos; o segundo, gosto da reflexão: enquanto o primeiro profere meramente juízos privados, o segundo, por sua vez, profere pretensos juízos comumente válidos (públicos), de ambos os lados, porém, juízos estéticos (não práticos) sobre um objeto simplesmente com respeito à relação de sua representação com o

PRIMEIRA SEÇÃO • ANALÍTICA DA FACULDADE DE JUÍZO ESTÉTICA • 51

sentimento de prazer e desprazer. Ora, é contudo estranho que – visto que a respeito do gosto dos sentidos não apenas a experiência mostra que seu juízo (de prazer ou desprazer em algo qualquer) não vale universalmente, mas qualquer um também é por si tão despretensioso que precisamente não imputa a outros este acordo unânime (se bem que efetiva e frequentemente se encontre uma unanimidade muito ampla também nestes juízos) – o gosto de reflexão que, como o ensina a experiência, também é bastante frequentemente rejeitado com sua reivindicação de validade universal de seu juízo (sobre o belo) para qualquer um, não obstante 23 te possa considerar possível (o que ele também faz efetivamente) representarem-se juízos que pudessem exigir universalmente este acordo unânime e de fato o presume para cada um de seus juízos de gosto, sem que aqueles que julgam estejam em conflito quanto à possibilidade de uma tal reivindicação, mas somente em casos particulares não podem unir-se a propósito do emprego correto desta faculdade.

Ora, aqui se deve notar, antes de tudo, que uma universalidade que não se baseia em conceitos de objetos (ainda que somente empíricos) não é absolutamente lógica, mas estética, isto é, não contém nenhuma quantidade objetiva do juízo, mas somente uma subjetiva, para a qual também utilizo a expressão *validade comum* <Gemeingültigkeit>, a qual designa a validade não da referência de uma representação à faculdade de conhecimento, mas ao sentimento de prazer e desprazer para cada sujeito. (A gente pode, porém, servir-se também da mesma expressão para a quantidade lógica do juízo, desde que acrescente: validade universal *objetiva*, à diferença da simplesmente subjetiva, que é sempre estética.)

Ora, um *juízo objetiva* e *universalmente válido* também é sempre subjetivo, isto é, se o juízo vale para tudo o que está contido sob um conceito dado, então ele vale também para qualquer um que represente um objeto através deste conceito. Mas de uma *validade universal subjetiva*, isto é, estética, que não se baseie em nenhum 24 conceito, não se pode deduzir a validade universal lógica, porque aquela espécie de juízo não remete absolutamente ao objeto. Justa-

52 • Crítica da Faculdade do Juízo • Immanuel Kant

mente por isso, todavia, a universalidade estética, que é conferida a um juízo, também tem de ser de índole peculiar, porque ela[19] não conecta o predicado da beleza ao conceito do *objeto*, considerado em sua inteira esfera lógica,[20] e no entanto estende o mesmo sobre a esfera inteira *dos que julgam*.

No que concerne à quantidade lógica, todos os juízos de gosto são juízos *singulares*. Pois, porque tenho de ater o objeto imediatamente a meu sentimento de prazer e desprazer, e contudo não através de conceitos, assim aqueles não podem ter a quantidade de um juízo objetiva e comumente válido;[21] se bem que, se a representação singular do objeto do juízo de gosto, segundo as condições que determinam o último, for por comparação convertida em um conceito, um juízo lógico universal poderá resultar disso: por exemplo, a rosa, que contemplo, declaro-a bela mediante um juízo de gosto. Contrariamente, o juízo que surge por comparação de vários singulares – as rosas, em geral, são belas – não é desde então enunciado simplesmente como estético, mas como um juízo lógico fundado sobre um juízo estético. Ora, o juízo "a rosa é (de odor)[22] agradável" na verdade é também um juízo estético e singular, mas nenhum juízo de gosto e sim dos sentidos. Ele distingue-se do primeiro no fato de que o juízo de gosto traz consigo uma *quantidade estética* da universalidade, isto é, da validade para qualquer um, a qual não pode ser encontrada no juízo sobre o agradável. Só e unicamente os juízos sobre o bom, conquanto determinem também a complacência em um objeto, possuem universalidade lógica, não meramente estética; pois eles valem sobre o objeto, como conhecimentos do mesmo, e por isso para qualquer um.

Quando se julgam objetos simplesmente segundo conceitos, toda a representação da beleza é perdida. Logo, não pode haver tampouco uma regra segundo a qual alguém devesse ser coagido

---

19   B: porque não se conecta.
20   "lógica", acréscimo de B.
21   C: juízos objetiva e comumente válidos.
22   Kant: uso; corrigido por Erdmann.

PRIMEIRA SEÇÃO • ANALÍTICA DA FACULDADE DE JUÍZO ESTÉTICA • 53

a reconhecer algo como belo. Se um vestido é belo, se uma casa e uma flor são belas, disso a gente não deixa seu juízo persuadir-se por nenhuma razão ou princípio. A gente quer submeter o objeto aos seus próprios olhos, como se sua complacência dependesse da sensação; e, contudo, se a gente então chama o objeto de belo, crê ter em seu favor uma voz universal e reivindica a adesão de qualquer um, já que do contrário cada sensação privada decidiria só e unicamente para o observador e sua complacência.

Ora, aqui se trata de ver que no juízo de gosto nada é postulado <*postuliert*>, a não ser uma tal *voz universal* com vistas à complacência, sem mediação dos conceitos; ora, por conseguinte, a possibilidade de um juízo estético que, ao mesmo tempo, possa ser considerado como válido para qualquer um. O próprio juízo de gosto não *postula* o acordo unânime de qualquer um (pois isto só pode fazê-lo um juízo lógico-universal, porque ele pode alegar razões); ele somente imputa <*es sinnt nan*> a qualquer um este acordo como um caso da regra, com vistas ao qual espera a confirmação não de conceitos, mas da adesão de outros. A voz universal é, portanto, somente uma ideia (em que ela se baseia não será ainda investigado aqui). Que aquele que crê proferir um juízo de gosto de fato julgue conforme a essa ideia. Pode ser incerto; mas que ele, contudo, o refira a ela, consequentemente que ele deva ser um juízo de gosto, anuncia-o através da expressão "beleza". Por si próprio, porém, ele pode estar certo disso pela simples consciência da separação, de tudo o que pertence ao agradável e ao bom, da complacência que ainda lhe resta; e isto é tudo para o qual ele se promete o assentimento de qualquer um; uma pretensão para a qual, sob essas condições, ele também estaria autorizado, se não incorresse frequentemente em falta contra elas e por isso proferisse um juízo de gosto errôneo.

§ 9. Investigação da questão, se no juízo de gosto o sentimento de prazer precede o ajuizamento do objeto ou se este ajuizamento precede o prazer

A solução desse problema é a chave da crítica do gosto e por isso digna de toda a atenção.

54 • Crítica da Faculdade do Juízo • Immanuel Kant

Se o prazer no objeto dado fosse o antecedente e no juízo de gosto somente a comunicabilidade <Mitteibarkeit>[23] universal do prazer devesse ser concedida à representação do objeto, então um tal procedimento estaria em contradição consigo mesmo. Pois tal prazer não seria nenhum outro que o simples agrado na sensação sensorial, e, por isso, de acordo com sua natureza, somente poderia ter validade privada, porque dependeria imediatamente da representação pela qual o objeto *é dado*.

Logo, é a universal capacidade de comunicação de estado de ânimo na representação dada que, como condição subjetiva do juízo de gosto, tem de jazer como fundamento do mesmo e ter como consequência o prazer no objeto. Nada, porém, pode ser comunicado universalmente, a não ser conhecimento e representação, na medida em que ela pertence ao conhecimento. Pois só e unicamente nesta medida a última é objetiva e só assim tem um ponto de referência universal, com o qual a faculdade de representação de todos é coagida a concordar. Ora, se o fundamento determinante do juízo sobre essa comunicabilidade universal da representação deve ser pensado apenas subjetivamente, ou seja, sem um conceito do objeto, então ele não pode ser nenhum outro senão o estado de ânimo, que é encontrado na relação recíproca das faculdades de representação, na medida em que elas referem uma representação dada ao *conhecimento em geral*.

As faculdades de conhecimento, que através desta representação são postas em jogo, estão com isto em um livre jogo, porque

---

23 O verbo *mitteilen* tem o sentido literal de compartir ou compartilhar. Embora autores não kantianos (p. ex., Luhmann) considerem o substantivo *Mitteilung* como apenas designando um dos elementos da comunicação, especialistas kantianos entendem-no simplesmente no sentido de comunicação. Cf., p. ex., J. Kulenkampff, Kants. *Logik des ästhetischen Urteils*, 1978. p. 80: "*allgemein kommunizierbar (allgemein mitteilbar)*". E F. Kaulbach, em *Asthetische Welterkenntnis bei Kant*, 1984. p. 71 entende *Mitteilbarkeit der Gefühle* como uma harmonia comunicativa, *kommunikativen Harmonie*. O próprio Kant assim se expressa na *Reflexão 767: Der Geschmack macht, dass der Genuss sich **kommuniziert*** (o gosto faz com que o gozo se **comunique**).

PRIMEIRA SEÇÃO • ANALÍTICA DA FACULDADE DE JUÍZO ESTÉTICA • 55

nenhum conceito determinado limita-as a uma regra de conhecimento particular. Portanto, o estado de ânimo nesta representação tem que ser o de um sentimento de jogo livre das faculdades de representação em uma representação dada para um conhecimento em geral. Ora, a uma representação pela qual um objeto é dado, para que disso resulte conhecimento, pertencem a *faculdade de imaginação*,[24] para a composição do múltiplo de intuição, e o *entendimento*, para a unidade do conceito, que unifica as representações. Este estado de um *jogo livre* das faculdades de conhecimento em uma representação, pela qual um objeto é dado, tem de poder comunicar-se universalmente; porque o conhecimento como determinação do objeto, com o qual representações dadas (seja em que sujeito for) devem concordar, é o único modo de representação que vale para qualquer um.

A comunicabilidade universal subjetiva do modo de representação em um juízo de gosto, visto que ela deve ocorrer sem pressupor um conceito determinado, não pode ser outra coisa senão o estado de ânimo no jogo livre da faculdade da imaginação e do entendimento (na medida em que concordam entre si, como é requerido para um *conhecimento em geral*), enquanto somos conscientes de que esta relação subjetiva, conveniente ao conhecimento em geral, tem de valer também para todos e consequentemente ser universalmente comunicável, como o é cada conhecimento determinado, que, pois, sempre se baseia naquela relação como condição subjetiva.

Este ajuizamento simplesmente subjetivo (estético) do objeto ou da representação, pela qual ele é dado, precede, pois, o prazer no mesmo objeto e é o fundamento deste prazer na harmonia das faculdades de conhecimento; mas esta validade subjetiva universal

---

24   *Einbildungskraft* é em alemão um termo técnico, usado sobretudo por Kant no sentido de faculdade da imaginação. Cf., p. ex., *Anthropologie*, § 28, Acad. p. 167. Em vista disso, traduzimos *Einbildung* por imaginação e *Einbildungskraft*, por faculdade da imaginação; do mesmo modo como traduzimos *Urteilskraft* por faculdade de juízo e *Erkenntniskraft* (como *Erkenntnisvermögen*) por faculdade de conhecimento.

da complacência, que ligamos à representação do objeto que denominamos belo, funda-se unicamente sobre aquela universalidade das condições subjetivas do ajuizamento dos objetos.

O fato de que o poder comunicar seu estado de ânimo, embora somente com vistas às faculdades cognitivas, comporte um prazer, poder-se-ia demonstrar facilmente (empírica e psicologicamente) a partir da tendência natural do homem à sociabilidade. Isto, porém, não é suficiente para o nosso objetivo. O prazer que sentimos nós o imputamos a todo outro, no juízo de gosto, como necessário, como se, quando denominamos uma coisa bela, se tratasse de uma qualidade do objeto, que é determinada nele segundo conceitos; pois a beleza, sem referência ao sentimento do sujeito, por si não é nada. Mas temos que reservar a discussão desta questão até a resposta àquela outra: se e como juízos estéticos *a priori* são possíveis.

Agora ocupamo-nos ainda com a questão menor: de que modo tornamo-nos conscientes de uma concordância subjetiva recíproca das faculdades de conhecimento entre si no juízo de gosto, se esteticamente pelos meros sentido interno e sensação ou se intelectualmente pela consciência de nossa atividade intencional, com que pomos aquelas em jogo.

Se a representação dada, que enseja o juízo de gosto fosse um conceito, que unificasse entendimento e faculdade da imaginação no ajuizamento do objeto <*Gegenstandes*> para um conhecimento do mesmo <*Objekts*>, então a consciência desta relação seria intelectual (como no esquematismo objetivo da faculdade do juízo, do qual a crítica trata). Mas o juízo tampouco seria preferido em referência a prazer e desprazer; portanto, não seria nenhum juízo de gosto. Ora, o juízo de gosto, contudo, determina, independentemente de conceitos, o objeto com respeito à complacência e ao predicado da beleza. Logo, aquela unidade subjetiva da relação somente pode fazer-se cognoscível através da sensação. A vivificação de ambas as faculdades (da imaginação e do entendimento) para uma atividade indeterminada,[25] mas contudo unânime através da

---

25   C: determinada.

PRIMEIRA SEÇÃO • ANALÍTICA DA FACULDADE DE JUÍZO ESTÉTICA • 57

iniciativa da representação dada, a saber, daquela atividade que pertence a um conhecimento em geral, é a sensação, cuja comunicabilidade universal o juízo de gosto postula. Na verdade, uma relação objetiva somente pode ser pensada, mas, na medida em que de acordo com suas condições é subjetiva, pode todavia ser sentida no efeito sobre o ânimo; e em uma relação que não se funda sobre nenhum conceito (como a relação das faculdades de representação a uma faculdade de conhecimento em geral) tampouco é possível uma outra consciência da mesma senão por sensação do efeito, que consiste no jogo facilitado de ambas as faculdades do ânimo (da imaginação e do entendimento) vivificadas pela concordância recíproca. Uma representação, que como singular e sem comparação com outras todavia possui uma concordância com as condições da universalidade, a qual constitui a tarefa do entendimento em geral, conduz as faculdades do conhecimento à proporcionada disposição, que exigimos para todo o conhecimento e que por isso também consideramos válida para qualquer um que esteja destinado a julgar através de entendimento e sentidos coligados (para todo homem).

Explicação do belo inferida do segundo momento

Belo é o que apraz universalmente sem conceito.

Terceiro momento do juízo de gosto, segundo a relação dos fins que nele é considerada

§ 10. Da conformidade a fins em geral

Se quisermos explicar o que seja um fim segundo suas determinações transcendentais (sem pressupor algo empírico, como é o caso do sentimento de prazer), então fim é o objeto de um conceito, na medida em que este for considerado como a causa daquele (o fundamento real de sua possibilidade); e a causalidade de um *conceito* com respeito a seu *objeto* é a conformidade a fins (*forma finalis*). Onde, pois, não é porventura pensado simplesmente o conhecimento de um objeto mas o próprio objeto (a forma

58 • Crítica da Faculdade do Juízo • Immanuel Kant

ou existência do mesmo) como efeito, enquanto possível somente
33 mediante um conceito do último, aí se pensa um fim. A representação do efeito é aqui o fundamento determinante de sua causa e a
precede. A consciência da causalidade de uma representação com
vistas ao estado do sujeito, para *conservar* este nesse estado, pode
aqui de modo geral designar aquilo que se chama prazer; contrariamente, desprazer é aquela representação que possui o fundamento para determinar o estado das representações ao seu próprio
oposto (para impedi-las ou eliminá-las).[26]

A faculdade de apetição, na medida em que é determinável
por conceitos, isto é, a agir conformemente à representação de um
fim, seria a vontade. Conforme a um fim, porém chama-se um
objeto ou um estado de ânimo ou também uma ação ainda que sua
possibilidade não pressuponha necessariamente a representação
de um fim, simplesmente porque sua possibilidade somente pode
ser explicada ou concebida por nós na medida em que admitimos
como fundamento da mesma uma causalidade segundo fins, isto é,
uma vontade que a tivesse ordenado desse modo segundo a representação de uma certa regra. A conformidade a fins pode, pois, ser
sem fim, na medida em que não pomos as causas desta forma em
uma vontade, e contudo somente podemos tornar compreensível
a nós a explicação de sua possibilidade enquanto a deduzimos de
uma vontade. Ora, não temos sempre necessidade de descortinar
pela razão[27] (segundo a sua possibilidade) aquilo que observamos.

---

26 "Impedi-las ou eliminá-las" falta em A.
27 Tanto por falta de linguagem filosófica como de clareza conceitual, o termo
    Einsehen/Einsicht (inglês: *insight*) não encontrou também no português
    até agora uma tradução aceitável. Adotou-se ora discernir/discernimento
    (Santos/Morujão), intelecção (Heck) ou entrever/introvisão (Rohden). É
    curioso que a própria língua inglesa, que possui em *insight* um consagrado
    termo equivalente, não tenha feito uso dele na tradução da *Critic of Judg-*
    ment, de Meredith, onde encontramos para *einsehen*... (orig. p. 33): *to look*
    with the eye of reason, e para *Einsicht*, *Understanding*. Em outras tentativas
    de tradução encontramos *saisir/juger* (Philonenko), *comprendre/examen*
    (Delamarre), *riguardare/sapere* (Gargiulo/Verra), *considerar/investigación*
    (Morente). *Insight* também tem sido traduzido do inglês ao alemão por

PRIMEIRA SEÇÃO • ANALÍTICA DA FACULDADE DE JUÍZO ESTÉTICA • 59

Logo, podemos pelo menos observar uma conformidade a fins se- [34]
gundo a forma – mesmo que não lhe ponhamos como fundamento um fim – como matéria do *nexus finalis* – e notá-la em objetos,
embora de nenhum outro modo senão por reflexão.

Durchblick (perspectiva). Outros termos que lhe convêm são os latinos
inspicere/inspectio (inspecionar, inspeção) e também *perspicere/perspica-
tia* (ver através, perspicácia), como o grego *frónesis*. Ligado à percepção
visual, o termo *Einsicht* significa uma apreensão de estruturas ou de um
todo dotado de sentido. Psicologicamente o fenômeno é assim descrito:
"Uma pessoa vê-se confrontada com um estado de coisas inicialmente opa-
co *<undurschaubar>*, fechado, indistinto, confuso e tenta então, mediante
escolha de uma posição ou ângulo visual, apreender melhor oticamente
esses estados de coisas e conhecê-los em suas interconexões (K. Müller,
in: J. Ritter (Ed.), *Hist. Wörtb. d. Phil.*, 1972(1):415). J. Bennet observa que
é uma condição necessária mas não suficiente de uma conduta dotada de
Einsicht (*insight*) que ela "prove um saber prévio ou uma pré-convicção
do caminho correto para a solução de um problema prático" (*Rationalität*,
trad. alemã 1967. p. 127). Ele liga ainda *Einsicht/insight* a uma generaliza-
ção conceitual e faz depender o valor teórico do conceito de seu reconhecimento linguístico e público. Do ponto de vista de que uma palavra
demasiado vaga não serve para a ciência (Bennett), tem sentido a conclusão de G. H. Hartmann, em *Begriff und Kriterien der Einsicht*, de que
o sentido desse termo continua uma terra incógnita, com uma aplicação
apressada ao comportamento animal, sem que se conhecesse suficientemente o seu admitido correlato humano. De um ponto de vista kantiano
e também na direção da concepção apontada por Bennett, tem sentido a
pergunta de Hartmann: "É *Einsicht* uma espécie do *genus* inteligência ou
vice-versa?" (in: Graumann (Ed.), *Denken*, 1969. p. 143). Vale atentar a
esse respeito para a versão kantiana dos termos da *Psychologia empirica*
de Baumgarten, no vol. XV da Acad., *Kants handschriftlicher Nachlass*).
Na seção V: Perspicácia, observa Baumgarten que "o hábito de observar
identidade das coisas chama-se engenho em sentido estrito" *<Witz>* e que
o "hábito de observar a diversidade das coisas chama-se *acumen*": *<Schar-
fsinnigkeit>* (agudeza, penetração, sagacidade). Donde a reunião de (agudeza e engenho chama-se perspicácia = uma *feine Einsicht*). *Einsicht* liga-se
aí à capacidade de, na apreensão das diferenças, perceber a sua identidade.
Daí que o termo "discernimento", enquanto significa do latim *discernere*,
distinguir, seja desse ponto de vista menos adequado para traduzir *Einsicht*.

60 • Crítica da Faculdade do Juízo • Immanuel Kant

§ 11. O juízo de gosto não tem por fundamento senão a forma da conformidade a fins de um objeto (ou do seu modo de representação)

Todo fim, se é considerado como fundamento da complacência, comporta sempre um interesse como fundamento de determinação do juízo sobre o objeto do prazer. Logo, não pode haver nenhum fim subjetivo como fundamento do juízo de gosto. Mas também nenhuma representação de um fim objetivo, isto é, da

Continuação da nota 27

Mas segundo Kant tampouco "compreensão", "intelecção" e "saber" são-lhe adequados, de acordo com a seguinte Reflexão: "Representar algo (*representatio*); perceber algo (*perceptio*) (com consciência); conhecer (*cognitio*) (distinguir de outro); saber (*scientia*) (diverso de admitir (crer)); entender (*intellectio*) (conhecer pelo entendimento); *perspiscientia*: Einsehen (pela razão); *comprehensio*: conceber (suficiente segundo a grandeza (o grau))" (Reflexão 426, vol. XV, p. 171). Por essa vinculação de *Einsicht* à razão, Kant estabelece mais adiante para esse tipo de conhecimento princípios diferentes dos do entendimento, identificando-o a uma faculdade de julgar *a priori*: "*Principia des Einsehes sind von denen des Verstehens unterschieden. Das Vermögem, a priori zu urteilen (schliessen), ist Vernunft. Einsehen.*" (Reflexão 437, p. 180). Nesse mesmo sentido parece que a abordagem mais extensa sobre o termo *Einsicht* encontra-se na carta de Kant ao príncipe Alexander von Beloselsky (esboço), do verão de 1792. Aí a *Einsehen*, *perspicere*, como um ver através, é dado um sentido racional dedutivo: A esfera do *Einsehen*, *perspicere* é a da "dedução do particular do universal, isto é, a esfera da razão" (Acad. vol. XI, p. 345), tendo também o sentido de uma faculdade de inventar princípios para as múltiplas regras. Por fim, "a esfera da *perspicacité* é a da perspiciência (*Einsicht*) sistemática da interconexão da razão dos conceitos em um sistema" (p. 346). – Na medida, pois, em que, de um lado, o alemão traduz do latim *inspicere* por *einsehen/durchblicken* (examinar, ver com atenção, ver através) e, de outro, termo kantiano é ligado explicitamente e *perspicere/perspicatia*, do qual também provém perspectiva, encontramos alguns equivalentes a *Einsicht* em inspeção, introvisão, perspectiva, perspicácia. Mas o unicamente satisfatório no caso parece-nos a adoção em português do próprio termo latino proposto por Kant para este tipo de saber racional: "perspiciência", cujo latino *perspicientia* o dicionário latino-alemão *Georges* traduz por *Durchschauung = die in etwas erlangte vollständige Einsicht,* remetendo-o ao *De Officiis* 1, 15, de Cícero. A partir do exame desta fonte – que aliás constitui a principal

PRIMEIRA SEÇÃO • ANALÍTICA DA FACULDADE DE JUÍZO ESTÉTICA • 61

possibilidade do próprio objeto segundo princípios da ligação a fins; por conseguinte, nenhum conceito de bom pode determinar o juízo de gosto; porque ele é um juízo estético e não um juízo de conhecimento, o qual, pois, não concerne a nenhum *conceito* da natureza e da possibilidade interna ou externa do objeto através desta ou daquela causa, mas simplesmente à relação das faculdades de representação entre si, na medida em que elas são determinadas por uma representação.

Ora, é esta relação na determinação de um objeto, como um objeto belo ligado ao sentimento de prazer, que é ao mesmo tempo declarada pelo juízo de gosto como válida para todos; consequentemente, nem uma amenidade que acompanha a representação nem a representação[28] da perfeição do objeto e o conceito de bom podem conter esse fundamento de determinação. Logo, nenhuma

35

Continuação da nota 27

influência sobre a ética de Kant –, podemos concluir com certeza que Kant, ao redigir a citada *Reflexão 426*, tomou de Cícero o termo *perspicientia*, com o qual identificou *Einsicht: Aut enim in perspicientia veri sollertiaque versatur* (a tradução alemã desse texto adotou para o termo em questão a expressão *Durschauen-und-Verstehen*). Favorável a esta nossa interpretação é a frase que se segue logo depois, em que Cícero vincula perspiciência a prudência e sabedoria, como também perspicácia e agudeza (veja referência acima a Baumgarten):
"Ut enim quisque maxime perspicit, quid in re quaque verissimum sit quisque acutissime et celerrime podest et videre et explicare rationem, ist prudentissimus et sapientissimus rite haberi solet" (Je mehr einer nämlich durchschaut, was in jeder Hinsicht die letzte Wahrheit sei, und wer am scharfsinnigsten und schnellsten imstande ist, den Grund einsusehen und zu erklären-der pflegt mit Recht für den Klugsten und Weisesten gehalten zu werden"). Cf. M. T. Cicero, *De Officiis*, latim e alemão (trad. de H. Gunermann, Reclam, 1984. p. 16-18). É de desejar-se que esta recondução às fontes latinas de termos e conceitos kantianos favoreça a compreensão de *Einsicht* como uma forma de juízo preponderantemente prático-racional, bem como a aceitação de sua tradução pelo neologismo "perspiciência", a nosso ver assimilável por uma linguagem filosófica. Já o verbo *einsehen*, na falta de melhor equivalente, resta-nos traduzi-lo por "ter perspiciência", "descortinar" (no sentido de ver longe e com agudeza).

---

28 "representação" falta em A.

62 • Crítica da Faculdade do Juízo • Immanuel Kant

outra coisa senão a conformidade a fins subjetiva, na representação de um objeto sem qualquer fim (objetivo ou subjetivo), consequentemente a simples forma da conformidade a fins na representação, pela qual um objeto nos é *dado*, pode, na medida em que somos conscientes dela, constituir a complacência, que julgamos como comunicável universalmente sem conceitos, por conseguinte, o fundamento determinante do juízo de gosto.

§ 12. *O juízo de gosto repousa sobre fundamentos* a priori

Estipular *a priori* a conexão do sentimento de um prazer ou desprazer, como um efeito, com qualquer representação (sensação ou conceito), como sua causa, é absolutamente impossível; pois esta seria uma relação de causalidade,[29] que (entre objetos da experiência) sempre pode ser conhecida somente *a posteriori* e através da própria experiência. Na verdade, na *Crítica da razão prática*, efetivamente, deduzimos *a priori* de conceitos morais universais o sentimento de respeito (como uma modificação particular e peculiar deste sentimento, que justamente não quer concordar nem com o prazer nem com o desprazer que obtemos de objetos empíricos). Mas lá nós pudemos também ultrapassar os limites da experiência e invocar uma causalidade, ou seja, a da liberdade, que repousava sobre uma qualidade suprassensível do sujeito. Entretanto, mesmo aí propriamente não deduzimos esse *sentimento* da ideia do moral como causa, mas simplesmente a determinação da vontade foi daí deduzida. Porém, o estado de ânimo de uma vontade determinada por qualquer coisa é em si já um sentimento de prazer e idêntico a ele; logo, não resulta dele como efeito: o que somente teria de ser admitido se o conceito do moral como um bem precedesse a determinação da vontade pela lei; pois então o prazer que fosse ligado ao conceito em vão seria deduzido deste como um mero conhecimento.

Ora, de modo semelhante se passa com o prazer no juízo estético: só que aqui ele é simplesmente contemplativo e sem produzir

---

29   A: uma relação de causalidade particular.

PRIMEIRA SEÇÃO • ANALÍTICA DA FACULDADE DE JUÍZO ESTÉTICA • 63

um interesse no objeto, enquanto no juízo moral, ao contrário, ele é prático. A consciência da conformidade a fins meramente formal no jogo das faculdades de conhecimento do sujeito em uma representação, pela qual um objeto é dado, é o próprio prazer, porque ela contém um fundamento determinante da atividade do sujeito com vistas à vivificação das faculdades de conhecimento do mesmo; logo, uma causalidade interna (que é conforme a fins) com vistas ao conhecimento em geral, mas sem ser limitada a um conhecimento determinado, por conseguinte uma simples forma da conformidade a fins subjetiva de uma representação em um juízo estético. Tampouco este prazer é de modo algum prático, nem como prazer proveniente do fundamento patológico da amenidade, nem como o proveniente do fundamento intelectual do bom representado. Apesar disso, ele possui em si causalidade, a saber, a de manter, sem objetivo ulterior, o estado da própria representação e a ocupação das faculdades de conhecimento. Nós *nos demoramos* na contemplação do belo porque esta contemplação fortalece e reproduz a si própria: este caso é análogo (mas de modo algum idêntico) àquela demora na qual um atrativo na representação do objeto desperta continuamente a atenção enquanto o ânimo é passivo.

§ 13. O juízo de gosto puro é independente de atrativo e comoção[30]

Todo interesse vicia o juízo de gosto e tira-lhe a imparcialidade, principalmente se ele, diversamente do interesse da razão, não antepõe a conformidade a fins ao sentimento de prazer, mas a funda sobre ele, o que ocorre no juízo estético sobre algo todas as vezes em que ele deleita ou causa dor. Por isso, juízos que são afetados deste modo não podem reivindicar absolutamente nenhuma complacência universalmente válida, ou o podem tanto menos quanto

---

30   O termo *Rührung*, ligado ao sentimento do sublime, significa uma emoção violenta, isto é, uma comoção. Grimm (no seu *Wörterbuch* sob a variante 4), ao conferir a *Rührung*, sentido de "mover interiormente, *commovere*", remete ao próprio Kant, a propósito de sua afirmação de que o sublime comove enquanto o belo atrai (*Das Erhabene rührt, das Schöne reizt*). A maioria das traduções, contrariamente, usou no caso apenas o termo "emoção".

64 • Crítica da Faculdade do Juízo • Immanuel Kant

sensações dessa espécie encontram-se entre os fundamentos determinantes do gosto. O gosto é ainda bárbaro sempre que ele precisa da mistura de *atrativos e comoções* para a complacência, ao ponto até de tornar estes os padrões de medida de sua aprovação.

Não obstante, atrativos frequentemente são não apenas computados como beleza (que todavia deveria concernir propriamente só à forma), como contribuição à complacência estética universal, mas até são feitos passar em si mesmos por belezas; por conseguinte, a matéria da complacência é feita passar pela forma: um equívoco, como qualquer outro – que, entretanto, sempre ainda tem algo verdadeiro por fundamento –, se deixa remover mediante cuidadosa determinação destes conceitos.

Um juízo de gosto, sobre o qual atrativo e comoção não têm nenhuma influência (conquanto deixem ligar-se à complacência no belo), e que, portanto, tem como fundamento de determinação simplesmente a conformidade a fins da forma é um *juízo de gosto puro*.

§ 14. *Elucidação através de exemplos*

Juízos estéticos podem, assim como os teóricos (lógicos), ser divididos em empíricos e puros. Os primeiros são os que afirmam amenidade ou desamenidade; os segundos, os que afirmam beleza de um objeto ou do modo de representação do mesmo; aqueles são juízos dos sentidos (juízos estéticos materiais); estes (enquanto formais),[31] unicamente autênticos juízos de gosto.

Portanto, um juízo de gosto é puro somente na medida em que nenhuma complacência meramente empírica é misturada ao fundamento de determinação do mesmo; isto, porém, ocorre todas as vezes em que atrativo ou comoção têm uma participação no juízo pelo qual algo deve ser declarado belo.

Aqui de novo se evidenciam muitas objeções, que por fim simulam o atrativo não meramente como ingrediente necessário

---

31 "(enquanto formais)" falta em A.

PRIMEIRA SEÇÃO • ANALÍTICA DA FACULDADE DE JUÍZO ESTÉTICA • 65

da beleza, mas até como por si unicamente suficiente para ser denominado belo. Uma simples cor – por exemplo, a cor da relva –, um simples som (à diferença do eco e do ruído), como porventura o de um violino, são em si <e isoladamente> declarados belos pela maioria das pessoas, se bem que ambos parecem ter por fundamento simplesmente a matéria das representações, a saber, pura e simplesmente a sensação, e por isso merecessem ser chamados somente de agradáveis. Entretanto, ao mesmo tempo se observará que as sensações da cor como as do som somente se consideram no direito de valor como belas na medida em que ambas são *puras*, o que é uma determinação que já concerne à forma, e é também a única dessas representações que com certeza pode comunicar-se universalmente; porque a qualidade das próprias sensações não pode ser admitida como unânime em todos os sujeitos, e a amenidade de uma cor, superior à de outra, ou do som de um instrumento musical, superior ao de um outro, dificilmente pode ser admitido como ajuizado em qualquer um do mesmo modo.

Se com *Euler*[32] se admite que as cores sejam, simultaneamente, pulsações (*pulsus*) do éter sucessivas umas às outras como sons do ar vibrado no eco e, o que é o mais nobre, que o ânimo perceba (do que absolutamente não duvido),[33] não meramente pelo sentido, o efeito disso sobre a vivificação do órgão, mas também pela reflexão, o jogo regular das impressões (por conseguinte a forma na ligação de representações diversas), então, cor e som não seriam simples sensações, mas já determinações formais da unidade de um múltiplo dos mesmos, e neste caso poderiam ser também computados por si como belezas.

Mas o puro de um modo simples de sensação significa que a uniformidade da mesma não é perturbada e interrompida por nenhum modo estranho de sensação e pertence meramente à forma;

---

32 Euler, Leonhard (1707-1783), matemático e físico nascido em Basileia e falecido em S. Petersburgo, foi físico e um dos matemáticos mais universais.

33 A, B: "do que até duvido muito". Segundo Windelband (Acad. V, p. 527), é a variante da 3ª edição (C) que corresponde ao pensamento de Kant.

66 • Crítica da Faculdade do Juízo • Immanuel Kant

porque neste caso se abstrai da qualidade daquele modo de sensação (seja que cor ou som ele represente). Por isso, todas as cores simples, na medida em que são puras, são consideradas belas; as mescladas não têm esta prerrogativa precisamente porque, já que não são simples, não possuímos nenhum padrão de medida para o ajuizamento de se devemos chamá-las puras ou impuras.

É um erro comum e muito prejudicial ao gosto autêntico, incorrompido e sólido, supor que a beleza, atribuída ao objeto em virtude de sua forma, pudesse até ser aumentada pelo atrativo; se bem que certamente possam ainda acrescer-se atrativos à beleza para interessar o ânimo, para além da seca complacência, pela representação do objeto e, assim, servir de recomendação ao gosto e à sua cultura, principalmente se ele é ainda rude e não exercitado. Mas eles prejudicam efetivamente o juízo de gosto, se chamam a atenção sobre si como fundamentos do ajuizamento da beleza. Pois eles estão tão distantes de contribuir para a beleza, que, enquanto estranhos, somente têm de ser admitidos com indulgência, na medida em que não perturbam aquela forma bela quando o gosto é ainda fraco e não exercitado.

Na pintura, na escultura, enfim, em todas as artes plásticas; na arquitetura, na jardinagem, na medida em que são belas artes, o *desenho* é o essencial, no qual não é o que deleita na sensação, mas simplesmente o que apraz por sua forma, que constitui o fundamento de toda a disposição para o gosto. As cores que iluminam o esboço pertencem ao atrativo; elas, na verdade, podem vivificar o objeto em si para a sensação, mas não torná-lo belo e digno de intuição; antes, elas em grande parte são limitadas muito por aquilo que a forma bela requer, e mesmo lá, onde o atrativo é admitido, são enobrecidas unicamente por ela.

Toda forma dos objetos dos sentidos (dos externos assim como mediatamente do interno) é ou *figura* ou *jogo*; no último caso, ou jogo das figuras (no espaço; a mímica e a dança); ou simples[34] jogo das sensações (no tempo). O *atrativo* das cores ou de

---

34 "simples" falta em A.

Primeira Seção • Analítica da Faculdade de Juízo Estética • 67

sons agradáveis do instrumento pode ser-lhe acrescido, mas o *desenho* na primeira e a composição no último constituem o verdadeiro objeto do juízo de gosto puro; e o fato de que a pureza das cores assim como a dos sons, mas também a multiplicidade dos mesmos e o seu contraste, pareçam contribuir para a beleza não que significar que elas produzam um acréscimo homogêneo à complacência na forma porque sejam por si agradáveis, mas somente porque elas tornam esta última mais exata, determinada e completamente intuível, e além disso vivificam pelo seu atrativo as representações enquanto despertam e mantêm a atenção sobre o próprio objeto.[35]

Mesmo aquilo que se chama de *ornamentos* (*parerga*),[36] isto é, que não pertence à inteira representação do objeto internamente como parte integrante, mas só externamente como acréscimo e que aumenta a complacência do gosto, faz isto, porém, somente pela sua forma, como as molduras dos quadros, ou[37] as vestes em estátuas, ou as arcadas em torno de edifícios suntuosos. Mas se o próprio ornamento não consiste na forma bela, e se ele é, como a moldura dourada, adequado simplesmente para recomendar, pelo seu atrativo, o quadro ao aplauso, então ele se chama *adorno* <*Schmuck*> e rompe com autêntica beleza.

Comoção, uma sensação cuja amenidade é produzida somente através de inibição momentânea e subsequente efusão mais forte da força vital, não pertence absolutamente à beleza. Sublimidade (com a qual o sentimento de comoção está ligado)[38] requer, porém, um critério de ajuizamento diverso daquele que o gosto põe como seu fundamento; e assim um juízo de gosto puro não possui nem atrativo nem comoção como princípio determinante, em uma palavra, nenhuma sensação enquanto matéria de juízo estético.

---

35   A: e além disso pelo seu atrativo despertam e elevam a atenção sobre o próprio objeto.

36   "(*parerga*)" falta em A.

37   "as molduras dos quadros ou" falta em A.

38   "(com a qual... ligado)" falta em A.

68 • Crítica da Faculdade do Juízo • Immanuel Kant

§ 15. O juízo de gosto é totalmente independente do conceito de perfeição

A conformidade a fins *objetiva* somente pode ser conhecida através da referência do múltiplo a um fim determinado; logo, somente por um conceito. Disso, todavia, já resulta que o belo, cujo ajuizamento tem por fundamento uma conformidade a fins meramente formal, isto é, uma conformidade a fins sem fim, é totalmente independente da representação do bom, porque o último pressupõe uma conformidade a fins objetiva, isto é, a referência do objeto a um fim determinado.

A conformidade a fins objetiva é ou externa, isto é, a *utilidade*, ou interna, isto é, a *perfeição* do objeto. O fato de que a complacência em um objeto, em virtude da qual o chamamos de belo, não pode basear-se sobre a representação de sua utilidade pode concluir-se suficientemente dos dois capítulos anteriores; porque em tal caso ela não seria uma complacência imediata no objeto, a qual é a condição essencial do juízo sobre a beleza. Mas uma conformidade a fins interna objetiva, isto é, a perfeição, já se aproxima mais do predicado da beleza e, por isso, foi tomada também por filósofos ilustres – todavia com o complemento *quando ela for pensada confusamente* – como idêntica à beleza. É de máxima importância decidir em uma crítica do gosto se também a beleza pode efetivamente dissolver-se no conceito de perfeição.

Para ajuizar a conformidade a fins objetiva, precisamos sempre do conceito de um fim e (se aquela conformidade a fins não deve ser uma utilidade externa, mas interna) do conceito de um fim interno que contenha o fundamento da possibilidade interna do objeto. Ora, assim como fim em geral é aquilo cujo conceito pode ser considerado como o fundamento da possibilidade do próprio objeto, assim, para representar-se uma conformidade a fins objetiva em uma coisa, o conceito do que esta coisa deva ser precedê-la-á; e a concordância do múltiplo, na mesma coisa, com esse conceito (o qual fornece nele a regra da ligação do mesmo) é a perfeição qualitativa de uma coisa. Disso a *perfeição quantitativa*, como a completude de cada coisa em sua espécie, é totalmente distinta, e um simples conceito de grandeza (da totalidade), no qual já é antecipadamente pensado como determinado o que a coisa deva ser, e somente é perguntado se *todo* o requerido para isso esteja nele. O formal na representação de uma coisa, isto é, a concordância do múltiplo com uma unidade (seja qual for), de modo nenhum dá por si a conhecer uma conformidade a fins objetiva; pois, uma vez que se abstrai desta unidade *como fim* (o que a coisa deva ser), não resta senão a conformidade a fins subjetiva das representações no ânimo do que intui; essa conformidade presumivelmente indica certa conformidade a fins do estado da representação no sujeito, e neste uma satisfação para captar uma forma dada na faculdade da imaginação, mas nenhuma perfeição de qualquer objeto, que aqui não é pensado por nenhum conceito de fim. Como, por exemplo, quando na floresta encontro um relvado, em torno do qual as árvores estão em círculo, e não me represento aí um fim, ou seja, de que ele deva porventura servir para a dança campestre, não é dado pela simples forma o mínimo conceito de perfeição. Representar-se uma conformidade a fins *objetiva* formal mas sem fim, isto é, a simples forma de uma perfeição (sem toda matéria e *conceito* daquilo com o que é posto de acordo, mesmo que fosse meramente a ideia de uma conformidade a leis em geral),[39] é uma verdadeira contradição.

Ora, o juízo de gosto é um juízo estético, isto é, que se baseia sobre fundamentos subjetivos e cujo fundamento de determinação não pode ser nenhum conceito, por conseguinte tampouco o de um fim determinado. Logo, através da beleza como uma conformidade a fins subjetiva formal, de modo nenhum é pensada uma perfeição do objeto, como pretensamente formal, e contudo uma conformidade a fins objetiva; e a diferença entre os conceitos de belo e bom, como se ambos fossem diferentes apenas quanto à forma lógica, sendo o primeiro simplesmente um conceito confuso, e o segundo, um conceito claro de perfeição, afora isso, porém, iguais quanto ao conteúdo e à origem, é sem valor; porque então

---

39 ("mesmo que fosse... em geral)" falta em A.

70 • Crítica da Faculdade do Juízo • Immanuel Kant

não haveria entre eles nenhuma diferença *específica*, mas um juízo de gosto tanto seria um juízo de conhecimento como o juízo pelo qual algo é declarado bom; assim como porventura o homem comum, quando diz que a fraude é injusta, funda seu juízo sobre princípios confusos, e o filósofo sobre princípios claros, no fundo, porém, ambos se fundam sobre os mesmos princípios da razão. Eu, porém, já mencionei que um juízo estético é único[40] em sua espécie e não fornece absolutamente conhecimento algum (tampouco um confuso) do objeto: este último ocorre somente por um juízo lógico; já aquele, ao contrário, refere a representação, pela qual um objeto é dado simplesmente ao sujeito e não dá a perceber nenhuma qualidade do objeto, mas só a forma conforme a um fim na determinação[41] das faculdades de representação que se ocupam com aquele. O juízo chama-se estético também precisamente porque o seu fundamento de determinação não é nenhum conceito, e sim o sentimento (do sentido interno) daquela unanimidade no jogo das faculdades do ânimo, na medida em que ela pode ser somente sentida. Contrariamente, se se quisesse denominar estéticos conceitos confusos e o juízo objetivo que aquela unanimidade tem por fundamento, ter-se-ia um entendimento que julga sensivelmente, ou um sentido que representaria seus objetos mediante conceitos, o que se contradiz.[42] A faculdade dos conceitos, quer sejam eles confusos ou claros, é o entendimento; e, conquanto ao juízo de gosto, como juízo estético também pertença o entendimento (como a todos os juízos), ele contudo pertence ao mesmo, não como faculdade do conhecimento de um objeto, mas como faculdade da determinação do juízo e de sua representação (sem conceito) segundo a relação da mesma ao sujeito e seu sentimento interno, e, na verdade, na medida em que este juízo é possível segundo uma regra universal.

---

40   A, B: uno.
41   "na determinação" falta em A.
42   "o que se contradiz" falta em A.

PRIMEIRA SEÇÃO • ANALÍTICA DA FACULDADE DE JUÍZO ESTÉTICA • 71

§ 16. *O juízo de gosto, pelo qual um objeto é declarado belo sob a condição de um conceito determinado, não é puro*

Há duas espécies de beleza: a beleza livre (*pulchritudo vaga*) e a beleza simplesmente aderente (*pulchritudo adhaerens*). A primeira não pressupõe nenhum conceito do que o objeto deva ser; a segunda pressupõe um tal conceito e a perfeição do objeto segundo o mesmo. Os modos da primeira chamam-se belezas (por si subsistentes) desta ou daquela coisa; a outra, como aderente a um conceito (beleza condicionada), é atribuída a objetos que estão sob o conceito de um fim particular.

Flores são belezas naturais livres. Que espécie de coisa uma flor deva ser dificilmente o saberá alguém além do botânico; e mesmo este, que no caso conhece o órgão de fecundação da planta, se julga a respeito através de gosto, não toma em consideração este fim da natureza. Logo, nenhuma perfeição de qualquer espécie, nenhuma conformidade a fins interna, à qual se refira a composição do múltiplo, é posta a fundamento deste juízo. Muitos pássaros (o papagaio, o colibri, a ave-do-paraíso), uma porção de crustáceos do mar são belezas por si, que absolutamente não convêm a nenhum objeto determinado segundo conceitos com respeito a seu fim, mas aprazem livremente e por si. Assim, os desenhos à *la grecque*, a folhagem para molduras ou sobre papel de parede etc. por si não significam nada; não representam nada, nenhum objeto sob um conceito determinado, e são belezas livres. Também se pode computar como da mesma espécie o que na música denominam-se fantasias[43] (sem tema), e até a inteira música sem texto.

No ajuizamento de uma beleza livre (segundo a mera forma), o juízo de gosto é puro. Não é pressuposto nenhum conceito de qualquer fim, para o qual o múltiplo deva servir ao objeto dado e o qual este último deva representar, mediante o que unicamente seria limitada a liberdade da faculdade da imaginação, que na observação da figura por assim dizer joga.

---

43 C: fantasiar.

No entanto, a beleza de um ser humano (e dentro desta espécie a de um homem ou uma mulher ou um filho), a beleza de um cavalo, de um edifício (como igreja, palácio, arsenal ou casa de campo) pressupõem um conceito do fim que determina o que a coisa deva ser, por conseguinte um conceito de sua perfeição, e é, portanto, beleza simplesmente[44] aderente. Ora, assim como a ligação do agradável (da sensação) à beleza, que propriamente só concerne à forma, impedia a pureza do juízo de gosto assim, a ligação do bom (para o qual, a saber, o múltiplo é bom com respeito à própria coisa segundo o seu fim) à beleza prejudica a pureza do mesmo.

Poder-se-ia colocar em um edifício muita coisa que aprazeria imediatamente na intuição, desde que não se tratasse de uma igreja; poder-se-ia embelezar uma figura com toda sorte de floreados e com linhas leves porém regulares, assim como o fazem os neozelandeses com sua tatuagem, desde que não se tratasse de um homem; e este poderia ter traços muito mais finos e uma fisionomia com um perfil mais aprazível e suave, desde que ele não devesse representar um homem ou mesmo um guerreiro.

Ora, a complacência no múltiplo em uma coisa, em referência ao fim interno que determina sua possibilidade, é uma complacência fundada sobre um conceito; a complacência na beleza é, porém, tal que não pressupõe nenhum conceito, mas está ligada imediatamente à representação pela qual o objeto é dado (não pela qual ele é pensado). Ora, se o juízo de gosto a respeito da última complacência é tornado dependente do fim na primeira, enquanto juízo da razão, e assim é limitado, então aquele não é mais um juízo de gosto livre e puro.

Na verdade, o gosto lucra por essa ligação da complacência estética à complacência intelectual no fato de que ele é fixado; ele, com certeza, não é universal, não obstante possam ser-lhe prescritas regras como respeito a certos objetos determinados conformemente a fins. Mas estas, por sua vez, tampouco são regras de gosto, e sim meramente do acordo do gosto com a razão, isto é, do belo

---

44   "simplesmente" falta em Vorländer (C).

PRIMEIRA SEÇÃO • ANALÍTICA DA FACULDADE DE JUÍZO ESTÉTICA • 73

com o bom, pelo qual o belo é utilizável como instrumento da intenção com respeito ao bom, para submeter aquela disposição do ânimo – que se mantém a si própria e é de validade universal subjetiva – àquela maneira de pensar que somente pode ser mantida através de penoso esforço, mas é válida universal e objetivamente. Propriamente, porém, nem a perfeição lucra através da beleza, nem a beleza através da perfeição; mas visto que, quando mediante um conceito comparamos a representação, pela qual um objeto nos é dado, com o objeto (com respeito ao que ele deva ser), não se pode evitar de ao mesmo tempo compará-la com a sensação no sujeito; assim, quando ambos os estados do ânimo concordam entre si, lucra a *inteira faculdade* de representação.

Um juízo de gosto seria puro com respeito a um objeto de fim interno determinado somente se o julgante não tivesse nenhum conceito desse fim ou se abstraísse dele em seu juízo. Mas este, então, conquanto proferisse um juízo de gosto correto enquanto ajuizasse o objeto como beleza livre, seria contudo censurado e culpado de um juízo falso pelo outro que contempla a beleza nele somente como qualidade aderente (presta atenção ao fim do objeto), se bem que ambos julguem corretamente a seu modo: um, *segundo* o que ele tem diante dos sentidos; o outro, *segundo* o que ele tem no pensamento. Através desta distinção, pode-se dissipar muita dissensão dos juízos do gosto sobre a beleza, enquanto se lhes mostra que um considera[45] a beleza livre e o outro, a beleza aderente; o primeiro profere um juízo de gosto puro e o segundo, um juízo de gosto aplicado.

§ 17. Do ideal da beleza

Não pode haver nenhuma regra de gosto objetiva que determine através de conceitos o que seja belo. Pois todo o juízo proveniente desta fonte é estético; isto é, o sentimento do sujeito, e não o conceito de um objeto, é seu fundamento determinante. Procurar um princípio do gosto, que forneça o critério universal do belo

---

45   A: "se volta para".

74 • Crítica da Faculdade do Juízo • Immanuel Kant

através de conceitos determinados, é um esforço infrutífero, porque o que é procurado é impossível e em si mesmo contraditório. A comunicabilidade universal da sensação (da complacência ou descomplacência), e na verdade uma tal que ocorra sem conceito, a unanimidade, o quanto possível, de todos os tempos e povos com respeito a este sentimento na representação de certos objetos, é o critério empírico, se bem que fraco e suficiente apenas para a suposição da derivação de um gosto, tão confirmado por exemplos, do profundamente oculto fundamento comum <*gemeinschaftlichen*> a todos os homens, da unanimidade no ajuizamento das formas sob as quais lhes são dados objetos.

Por isso, consideram-se alguns produtos de gosto como *exemplares*: não como se o gosto possa ser adquirido enquanto ele imita
54 outros. Pois o gosto tem que ser uma faculdade mesmo própria; quem, porém, imita um modelo na verdade mostra, na medida em que o encontra, habilidade, mas gosto ele mostra somente na medida em que ele mesmo pode ajuizar esse modelo.[46]

Disso segue-se, porém, que o modelo mais elevado, o original <*Urbild*> do gosto é uma simples ideia que cada um tem de produzir em si próprio e segundo a qual ele tem de ajuizar tudo o que é objeto de gosto, o que é exemplo do ajuizamento pelo gosto e mesmo o gosto de qualquer um. *Ideia* significa propriamente um conceito da razão; e *ideal*, a representação de um ente individual como adequado a uma ideia. Por isso, aquele original do gosto – que certamente repousa sobre a ideia indeterminada da razão de um máximo, e no entanto não pode ser representado mediante

---

46 Modelos do gosto com respeito às artes elocutivas <*redenden Künste*> têm de ser compostos em uma língua morta e culta: o primeiro, para não ter de sofrer uma alteração,* a qual atinge inevitavelmente as línguas vivas, de modo que expressões habituais tornam-se arcaicas e expressões recriadas são postas em circulação por somente um curto período de tempo; o segundo, para que ela tenha uma gramática que não seja submetida a nenhuma mudança caprichosa da moda, mas possua** sua regra imutável. (K)
*C: alterações.
**C: conserve.

PRIMEIRA SEÇÃO • ANALÍTICA DA FACULDADE DE JUÍZO ESTÉTICA • 75

conceitos, mas somente em apresentação individual – pode ser melhormente chamado o ideal do belo, de modo que, se não estamos imediatamente de posse dele, contudo aspiramos a produzi-lo em nós. Ele, porém, será simplesmente um ideal da faculdade da imaginação, justamente porque não repousa sobre conceitos, mas sobre a apresentação; a faculdade de apresentação porém é a imaginação. Ora, como chegamos a um tal ideal da beleza? *A priori* ou empiricamente? E, do mesmo modo, que gênero de belo é capaz de um ideal?

Em primeiro lugar, cabe observar que a beleza para a qual deve ser procurado um ideal não tem de ser nenhuma beleza *vaga*, mas uma beleza *fixada* por um conceito de conformidade a fins objetiva; consequentemente, não tem de pertencer a nenhum objeto de um juízo de gosto totalmente puro, mas ao de um juízo de gosto em parte intelectualizado. Isto é, seja em que espécie de fundamentos do ajuizamento um ideal deve ocorrer, tem de jazer à sua base alguma ideia da razão segundo conceitos determinados, que determina *a priori* o fim sobre o qual a possibilidade interna do objeto repousa. Um ideal de flores belas, de um mobiliário belo, de um belo panorama não pode ser pensado. Mas tampouco se pode representar o ideal de uma beleza aderente a fins determinados; por exemplo, de uma bela residência, de uma bela árvore, de um belo jardim etc.; presumivelmente porque os[47] fins não são suficientemente determinados e fixados pelo seu conceito, consequentemente a conformidade a fins é quase tão livre como na beleza *vaga*. Somente aquilo que tem o fim de sua existência em si próprio – o *homem*, que pode determinar ele próprio seus fins pela razão –, ou onde necessita tomá-los da percepção externa, todavia, pode compará-los aos fins essenciais e universais e pode então ajuizar também esteticamente a concordância com esses fins; este *homem* é, pois, capaz de um ideal da *beleza*, assim como a humanidade em sua pessoa, enquanto inteligência, é, entre todos os objetos do mundo, a única capaz do ideal da *perfeição*.

---

47   Kant: "estes", corrigido por Erdmann.

A isso, porém, pertencem dois elementos: *primeiro*, a *ideia normal estética*, a qual é uma intuição singular (da faculdade da imaginação), que representa o padrão de medida de seu ajuizamento, como de uma coisa pertencente a uma espécie <*Spezies*> animal particular; *segundo*, a *ideia da razão*, que faz dos fins da humanidade, na medida em que não podem ser representados sensivelmente, o princípio do ajuizamento de sua[48] figura, através da qual aqueles se revelam como sem efeito no fenômeno. A ideia normal tem de tomar da experiência os seus elementos, para a figura de um animal de espécie <*Gattung*> particular; mas a máxima conformidade a fins na construção da figura, que seria apta para padrão de medida universal do ajuizamento estético de cada indivíduo desta espécie, a imagem que residiu por assim dizer intencionalmente à base da técnica da natureza, e à qual somente a espécie no seu todo, mas nenhum indivíduo separadamente, é adequada, jaz contudo simplesmente na ideia do[49] que ajuíza, a qual, porém, com suas proporções como ideia estética, pode ser apresentada inteiramente *in concreto* em um modelo <*Musterbild*>. Para tornar em certa medida compreensível como isso se passa (pois quem pode sacar totalmente da natureza seu segredo?), queremos tentar uma explicação psicológica.

Deve-se observar que a faculdade da imaginação sabe, de um modo totalmente incompreensível a nós, não somente revocar os sinais de conceitos mesmo de longo tempo atrás, mas também reproduzir a imagem e a figura do objeto a partir de um número indizível de objetos de diversas espécies ou também de uma e mesma espécie; e igualmente, se o ânimo visa a comparações, ela, de acordo com toda a verossimilhança, se bem que não suficientemente para a consciência, sabe efetivamente como deixa cair uma imagem sobre outra e, pela congruência das diversas imagens da mesma espécie, extrair uma intermediária, que serve a todas como medida comum. Alguém viu mil pessoas adultas do sexo

---

48   Kant: "uma", corrigido por Erdmann.
49   B: dos que ajuízam.

PRIMEIRA SEÇÃO • ANALÍTICA DA FACULDADE DE JUÍZO ESTÉTICA • 77

masculino. Ora, se ele quer julgar sobre a estatura normal avaliável comparativamente, então (na minha opinião) a faculdade da imaginação superpõe um grande número de imagens (talvez todas aquelas mil); e, se me for permitido utilizar, neste caso, a analogia da apresentação ótica, é no espaço, onde a maior parte delas se reúne, e dentro do contorno, onde o lugar é iluminado pela mais forte concentração de luz, que se torna cognoscível a *grandeza média*, que está igualmente afastada, tanto segundo a altura quanto a largura, dos limites extremos das estaturas máximas e mínimas; e esta é a estatura de um homem belo. Poder-se-ia descobrir a mesma coisa mecanicamente se se medissem todos os mil, somassem entre si suas altura e largura (e espessura) e se dividisse a soma por mil. Todavia, a faculdade da imaginação faz precisamente isto mediante um efeito dinâmico, que se origina da impressão variada de tais figuras sobre o órgão dos sentidos. Ora, se agora de modo semelhante procurar-se para este homem médio a cabeça média, para esta o nariz médio etc., então esta figura encontra-se a fundamento[50] da ideia normal do homem belo no país onde essa comparação for feita; por isso, sob essas condições empíricas,[51] um negro necessariamente terá uma ideia normal da beleza da figura diversa[52] da do branco, e o chinês, uma diversa da do europeu. Precisamente o mesmo se passaria com o *modelo* de um belo cavalo ou cão (de certa raça). Esta *ideia normal* não é derivada de proporções tiradas da experiência como regras determinadas; mas é de acordo com ela que regras de ajuizamento tornam-se pela primeira vez possíveis. Ela é para a espécie inteira a imagem flutuante entre todas as intuições singulares e de muitos modos diversos dos indivíduos e que a natureza colocou na mesma espécie como protótipo de suas produções, mas parece não tê-lo conseguido inteiramente em nenhum indivíduo. Ela não é de modo algum o inteiro[53] *protótipo* da *beleza* nesta espécie, mas somente a forma,

---

50   A: esta figura é a ideia.
51   "sob estas condições empíricas" falta em A.
52   A: um ideal... diverso da beleza.
53   "inteiro" falta em A.

78 • Crítica da Faculdade do Juízo • Immanuel Kant

que constitui a condição imprescindível de toda a beleza, por conseguinte simplesmente a *correção* na exposição da espécie. Ela é, como se denominava o famoso *doríforo de Policleto*, a *regra* (precisamente para isso também podia ser utilizada em sua espécie a vaca de *Miro*). Precisamente por isso, ela também não pode conter nada especificamente característico; pois, do contrário, ela não seria *ideia normal* para a espécie. Sua apresentação tampouco apraz pela beleza, mas simplesmente porque ela não contradiz nenhuma condição, sob a qual unicamente uma coisa desta espécie pode ser bela. A apresentação é apenas academicamente correta.[54]

Da *ideia normal* do belo, todavia, distingue-se ainda o *ideal* que se pode esperar unicamente na *figura humana* pelas razões já apresentadas. Ora, nesta o *ideal* consiste na expressão do *moral*, sem o qual o objeto não aprazeria universalmente e, além disso, positivamente (não apenas negativamente em uma apresentação academicamente correta). A expressão visível de ideias morais, que dominam internamente o homem, na verdade somente pode ser tirada da experiência; mas tornar por assim dizer visível na expressão corporal (como efeito do interior) a sua ligação a tudo o que nossa razão conecta ao moralmente bom na ideia da suprema conformidade a fins – a benevolência ou pureza ou fortaleza ou serenidade etc. – requer ideias puras da razão e grande poder da

---

54 Achar-se-á que um rosto perfeitamente regular, que o pintor gostaria de pedir como modelo para posar, geralmente não diz nada, porque não contém nada característico; portanto, expressa mais a ideia da espécie do que o específico de uma pessoa. O característico desta espécie, quando é exagerado, isto é, prejudica a própria ideia normal (da conformidade a fins da espécie), chama-se *caricatura*. Também a experiência mostra que aqueles rostos totalmente regulares geralmente traem também somente um homem medíocre no interior; presumivelmente (se se pode admitir que a natureza expresse no exterior as proporções do interior) porque, se nenhuma das disposições do ânimo é saliente sobre aquela proporção que é requerida para constituir simplesmente um homem livre de defeitos, nada se pode esperar daquilo que se denomina *gênio*, no qual a natureza parece afastar-se das relações normais das faculdades do ânimo em benefício de uma faculdade só. (K)

faculdade da imaginação reunidos naquele que quer apenas ajuizá-las, e muito mais ainda naquele que quer apresentá-las. A correção de um tal ideal da beleza prova-se no fato de que ele não permite a nenhum atrativo dos sentidos misturar-se à complacência em seu objeto e, não obstante, inspira um grande interesse por ele; o que então prova que o ajuizamento segundo um tal padrão de medida jamais pode ser puramente estético e o ajuizamento segundo um ideal da beleza não é nenhum simples juízo de gosto.

Explicação do belo deduzida deste terceiro momento

Beleza é a forma da *conformidade a fins* de um objeto, na medida em que ela é percebida nele *sem representação de um fim*.[55]

Quarto momento do juízo de gosto segundo a modalidade da complacência no objeto[56]

§ 18. O que é a modalidade de um juízo de gosto

De cada representação posso dizer que é pelo menos *possível* que ela (como conhecimento) seja ligada a um prazer. Daquilo que denomino *agradável* digo que ele *efetivamente* produz prazer em mim. Do *belo*, porém, se pensa que ele tenha uma referência *neces-*

---

55 Poder-se-ia alegar, como instância contra essa explicação, que existem coisas nas quais se vê uma forma conforme a fins, sem reconhecer nelas um fim; por exemplo, os utensílios de pedra, frequentemente retirados de antigos túmulos, dotados de um orifício como se fosse para um cabo, conquanto em sua figura traiam claramente uma conformidade a fins, para a qual não se conhece o fim, e nem por isso são declarados belos. Todavia o fato de que são considerados uma obra de arte é já suficiente para ter de admitir que a gente refere a sua figura a alguma intenção qualquer e a um fim determinado. Daí também a absoluta ausência de qualquer complacência imediata em sua intuição. Ao contrário, uma flor, por exemplo, uma tulipa, é tida por bela porque em sua percepção é encontrada uma certa conformidade a fins, que do modo como a ajuizamos não é referida a absolutamente nenhum fim. (K)

56 C: nos objetos.

sária à complacência. Ora, esta necessidade é de uma modalidade peculiar: ela não é uma necessidade objetiva teórica, na qual pode ser conhecido *a priori* que qualquer um *sentirá* esta complacência no objeto que denomino belo; nem será uma necessidade prática, na qual, através de conceitos de uma vontade racional pura – que serve de regra a entes que agem livremente –, esta complacência é a consequência necessária de uma lei objetiva e não significa senão que simplesmente (sem intenção ulterior) se deve agir de um certo modo. Mas, como necessidade que é pensada em um juízo estético, ela só pode ser denominada *exemplar*, isto é, uma necessidade do assentimento de todos a um juízo que é considerado como exemplo de uma regra universal que não se pode indicar, visto que um juízo estético não é nenhum juízo objetivo e de conhecimento, esta necessidade não pode ser deduzida de conceitos determinados e não é, pois, apodítica. Muito menos pode ela ser inferida da generalidade da experiência (de uma unanimidade geral dos juízos sobre a beleza de um certo objeto). Pois, não só pelo fato de que a experiência dificilmente conseguiria documentos suficientemente numerosos, nenhum conceito de necessidade pode fundamentar-se sobre juízos empíricos.

§ 19. A necessidade subjetiva que atribuímos ao juízo de gosto é condicionada

O juízo de gosto imputa o assentimento a qualquer em; e quem declara algo belo quer que qualquer um *deva* aprovar o objeto em apreço e igualmente declará-lo belo. O *dever*, no juízo estético, segundo todos os dados que são requeridos para o ajuizamento, é, portanto, ele mesmo expresso só condicionadamente. Procura-se ganhar o assentimento de cada um, porque se tem para isso um fundamento que é comum a todos; com esse assentimento[57] também se poderia contar se apenas se estivesse sempre seguro de que o caso seria subsumido corretamente sob aquele fundamento como regra da aprovação.

---

57   "assentimento" falta em A.

PRIMEIRA SEÇÃO • ANALÍTICA DA FACULDADE DE JUÍZO ESTÉTICA • 81

§ 20. A condição da necessidade que um juízo de gosto pretende é a ideia de um sentido comum

Se juízos de gosto (identicamente aos juízos de conhecimento) tivessem um princípio objetivo determinado, então aquele que os profere segundo esse princípio reivindicaria necessidade incondicionada de seu juízo. Se eles fossem desprovidos de todo princípio, como os do simples gosto dos sentidos, então ninguém absolutamente teria a ideia de alguma necessidade dos mesmos. Logo, eles têm de possuir um princípio subjetivo, o qual determine, somente através de sentimento e não de conceitos, e contudo de modo universalmente válido, o que apraz ou desapraz. Um tal princípio, porém, somente poderia ser considerado como um *sentido comum*, o qual é essencialmente distinto do entendimento comum, que às vezes também se chama senso comum (*sensus communis*); neste caso, ele não julga segundo o sentimento, mas sempre segundo conceitos, se bem que habitualmente somente ao modo de princípios obscuramente representados.

Portanto, somente sob a pressuposição de que exista um sentido comum (pelo qual, porém, não entendemos nenhum sentido externo, mas o efeito decorrente do jogo livre de nossas faculdades de conhecimento), somente sob a pressuposição, digo eu, de um tal sentido comum o juízo de gosto pode ser proferido.

§ 21. Se se pode com razão pressupor um sentido comum

Conhecimentos e juízos, juntamente com a convicção que os acompanha, têm de poder comunicar-se universalmente; pois, do contrário, eles não alcançariam nenhuma concordância com o objeto; eles seriam em suma um jogo simplesmente subjetivo das faculdades de representação, precisamente como o ceticismo o reclama. Se, porém, conhecimentos devem poder comunicar-se, então também o estado de ânimo, isto é, a disposição das faculdades de conhecimento para um conhecimento em geral, e na verdade aquela proporção que se presta a uma representação (pela qual um objeto nos é dado) para fazê-lo um conhecimento, tem de poder comunicar-se universalmente; porque, sem esta condição

82 • Crítica da Faculdade do Juízo • Immanuel Kant

subjetiva do conhecer, o conhecimento como efeito não poderia surgir. Isto também acontece efetivamente sempre que um objeto dado leva, através dos sentidos, a faculdade da imaginação à composição do múltiplo, e esta por sua vez põe em movimento o entendimento para a unidade do mesmo[58] em conceitos. Mas esta disposição das faculdades de conhecimento tem uma proporção diversa, de acordo com a diversidade dos objetos que são dados. Todavia, tem de haver uma proporção, na qual esta relação interna para a vivificação (de uma pela outra), é a mais propícia para ambas as faculdades do ânimo com vistas ao conhecimento (de objetos dados) em geral; e esta disposição não pode ser determinada de outro modo senão pelo sentimento (não segundo conceitos). Ora, visto que esta própria disposição tem de poder comunicar-se universalmente e por conseguinte também o sentimento da mesma (em uma representação dada), mas visto que a comunicabilidade universal de um sentimento pressupõe um sentido comum; assim este poderá ser admitido com razão, e na verdade sem neste caso se apoiar em observações psicológicas; mas como a condição necessária da comunicabilidade universal de nosso conhecimento a qual tem de[59] ser pressuposta em toda lógica e em todo princípio dos conhecimentos que não seja cético.

§ 22. A necessidade do assentimento universal, que é pensada em um juízo de gosto, é uma necessidade subjetiva, que sob a pressuposição de um sentido comum é representada como objetiva

Em todos os juízos pelos quais declaramos algo belo não permitimos a ninguém ser de outra opinião, sem com isso fundarmos nosso juízo sobre conceitos, mas somente sobre nosso sentimento; o qual, pois, colocamos a fundamento, não como sentimento privado, mas como um sentimento comunitário <*gemeinschaftliches*>.

---

58   Vorländer propõe que "mesmo" se refira a "múltiplo", e altera *derselben* (Kant) para *desselben*, aceito pela Academia. O texto de Kant "da mesma" remete a "composição", o que não parece despropositado.

59   "tem de" falta em B e C.

PRIMEIRA SEÇÃO • ANALÍTICA DA FACULDADE DE JUÍZO ESTÉTICA • 83

Ora, este sentido comum não pode, para este fim, ser fundado sobre a experiência; pois ele quer dar direito a juízos que contêm um dever; ele não diz que qualquer um irá concordar com nosso juízo, mas que deve concordar com ele. Logo, o sentido comum, de cujo juízo indico aqui o meu juízo de gosto como um exemplo e por cujo motivo eu lhe confiro validade exemplar, é uma simples norma ideal, sob cuja pressuposição poder-se-ia, com direito, tornar um juízo – que com ela concorde e uma complacência em um objeto, expressa no mesmo – regra para qualquer um; porque o princípio, na verdade admitido só subjetivamente, contudo como subjetivo-universal (uma ideia necessária para qualquer um), poderia, no que concerne à unanimidade de julgantes diversos, identicamente a um princípio objetivo, exigir assentimento universal, contanto que apenas se estivesse seguro de ter feito a subsunção correta.

Esta norma indeterminada de um sentido comum é efetivamente pressuposta por nós, o que prova nossa presunção de proferir juízos de gosto. Se de fato existe um tal sentido comum como princípio constitutivo da possibilidade da experiência, ou se um princípio ainda superior da razão no-lo torne somente princípio regulativo, antes de tudo para produzir em nós um sentido comum para fins superiores; se, portanto, o gosto é uma faculdade original e natural, ou somente a ideia de uma faculdade fictícia e a ser ainda adquirida de modo que um juízo de gosto, com a sua pretensão a um assentimento universal, de fato seja somente uma exigência da razão de produzir uma tal unanimidade do modo de sentir, e que o dever, isto é, a necessidade objetiva da confluência do sentimento de qualquer um com o sentimento particular de cada um, signifique somente a possibilidade dessa unanimidade e um juízo de gosto forneça um exemplo somente de aplicação deste princípio; aqui não queremos, e não podemos, ainda investigar isso; por ora, cabe-nos somente decompor a faculdade do gosto em seus elementos e[60] uni-la finalmente na ideia de um sentido comum.

---

60 C: para.

84 • Crítica da Faculdade do Juízo • Immanuel Kant

Explicação do belo inferida do quarto momento

Belo é o que é conhecido sem conceito como objeto de uma complacência *necessária*.

* * *

OBSERVAÇÃO GERAL SOBRE A PRIMEIRA SEÇÃO DA ANALÍTICA

Se se extrai o resultado das análises precedentes, descobre-se que tudo decorre do conceito de gosto; que ele é uma faculdade de ajuizamento de um objeto em referência à *livre conformidade a leis* da faculdade da imaginação. Ora, se no juízo de gosto tiver que ser considerada a faculdade da imaginação em sua liberdade, então ela será tomada primeiro não reprodutivamente, como ela é submetida às leis de associação, mas como produtiva e espontânea (como autora de formas arbitrárias de intuições possíveis); e embora na apreensão de um dado objeto dos sentidos ela, na verdade, esteja vinculada a uma forma determinada deste objeto e nesta medida não possua nenhum jogo livre (como na poesia), todavia ainda se pode compreender bem que precisamente o objeto pode fornecer-lhe uma tal forma, que contém uma composição do múltiplo, como a faculdade da imaginação – se fosse entregue livremente a si própria – projetá-la-ia em concordância com a *legalidade do entendimento* em geral. Todavia, o fato de que a *faculdade da imaginação seja livre* e apesar disso *por si mesma conforme a leis*, isto é, que ela contenha uma autonomia, é uma contradição. Unicamente o entendimento fornece a lei. Se, porém, a faculdade da imaginação é coagida a proceder segundo uma lei determinada, então o seu produto é, quanto à forma, determinado por conceitos como ele deve ser; mas em tal caso, como foi mostrado acima, a complacência não é a no belo e sim no bom (na perfeição, conquanto apenas na perfeição formal), e o juízo não é nenhum juízo pelo gosto. Portanto, unicamente uma conformi-

PRIMEIRA SEÇÃO • ANALÍTICA DA FACULDADE DE JUÍZO ESTÉTICA • 85

dade a leis sem lei, e uma concordância subjetiva da faculdade da imaginação com o entendimento sem uma concordância objetiva, já que a representação é referida a um conceito determinado de um objeto, pode coexistir com a livre conformidade a leis do entendimento (a qual também foi denominada conformidade a fins sem fim) e com a peculiaridade de um juízo de gosto.

Ora, figuras geométrico-regulares, a figura de um círculo, de um quadrado, de um cubo etc., são comumente citadas por críticos do gosto como os exemplos mais simples e indubitáveis da beleza; e, contudo, são denominadas regulares exatamente porque não se pode representá-las de outro modo pelo fato de que são consideradas simples exposições de um conceito determinado, que prescreve àquela figura a regra (segundo a qual ela unicamente é possível). Portanto, um dos dois tem de estar errado: ou aquele juízo dos críticos, de atribuir beleza às sobreditas figuras; ou o nosso, que considera a conformidade a fins sem conceito necessária à beleza.

Ninguém admitirá facilmente que seja necessário um homem de gosto para encontrar mais complacência na figura de um círculo do que num perfil rabiscado, em um quadrilátero equilátero e equiangular mais do que em um quadrilátero oblíquo, de lados desiguais e, por assim dizer, deformado; pois isso concerne somente ao entendimento comum e de modo algum ao gosto. Onde for percebida[61] uma intenção, por exemplo, de ajuizar a grandeza de um lugar ou de tornar compreensível a relação das partes entre si e com o todo em uma divisão, aí são necessárias figuras regulares e na verdade aquelas da espécie mais simples; e a complacência não assenta imediatamente na visão da figura, mas da utilidade da mesma para toda espécie de intenção possível. Um quarto, cujas paredes formam ângulos oblíquos; uma praça de jardim da mesma espécie, e mesmo toda violação da simetria, tanto na figura dos animais (por exemplo, de ter um olho) como na dos edifícios ou dos canteiros de flores, desaprazem porque contrariam o fim, não apenas praticamente com respeito a um uso determinado desta coisa,

---

61   A: onde há uma intenção.

86 • Crítica da Faculdade do Juízo • Immanuel Kant

mas também para o ajuizamento em toda espécie de intenção possível; o que não é o caso no juízo de gosto, que, se é puro, liga imediatamente e sem consideração do uso ou de um fim complacência ou descomplacência à simples *contemplação* do objeto.

A conformidade a regras que conduz ao conceito de um objeto é na verdade a condição indispensável (*conditio sine qua non*) para captar o objeto em uma única representação e determinar o múltiplo da forma do mesmo. Esta determinação é um fim com respeito ao conhecimento; e em referência a este ela também está sempre ligada à complacência (a qual acompanha a efetuação de cada intenção mesmo simplesmente problemática). Mas em tal caso se trata simplesmente da aprovação da solução que satisfaz a uma questão, e não de um entretenimento livre a indeterminadamente conforme a um fim, das faculdade do ânimo com o que denominamos belo, e onde o entendimento está a serviço da faculdade da imaginação e não esta a serviço daquele.

Em uma coisa que é possível somente através de uma intenção, em um edifício, mesmo em um animal, a conformidade a regras que consiste na simetria tem de expressar a unidade da intuição que acompanha o conceito de fim, e copertence ao conhecimento. Mas onde somente deve ser entretido um jogo livre das faculdades de representação (contudo sob a condição de que o entendimento não sofra aí nenhuma afronta), em parques, decoração de aposentos, toda espécie de utensílios de bom gosto etc., a conformidade a regras, que se anuncia como coerção, é tanto quanto possível evitada; por isso, o gosto inglês por jardins, o gosto barroco por móveis impulsionam a liberdade da faculdade da imaginação até perto do grotesco, e nesta abstração de toda coerção da regra precisamente admitem que o gosto pode mostrar a sua máxima perfeição em projetos da faculdade da imaginação.

Todo rigidamente regular (o que se aproxima da regularidade matemática) tem em si o mau gosto de que ele não proporciona nenhum longo entretenimento com a sua contemplação, mas, na medida em que ele não tem expressamente por intenção o conhecimento ou um determinado fim prático, produz tédio. Contra-

PRIMEIRA SEÇÃO • ANALÍTICA DA FACULDADE DE JUÍZO ESTÉTICA • 87

riamente aquilo com que a faculdade da imaginação pode jogar naturalmente e conforme a fins é-nos sempre novo, e não se fica enfastiado com sua visão. *Marsden*,[62] em sua descrição de Sumatra, faz a observação de que nesse lugar as belezas livres da natureza circundam por toda a parte o observador e por isso já têm pouco atrativo para ele; contrariamente, se ele encontrasse em meio a uma floresta um jardim de pimenta, onde as hastes sobre as quais este vegetal enrola-se formassem entre si alamedas em linhas paralelas, esse jardim teria muito atrativo para ele; e conclui disso que a beleza selvagem, irregular na aparência, somente apraz como variação àquele que se fartou da beleza conforme a regras. Todavia, ele poderia somente fazer a tentativa de um dia deter-se junto a seu jardim de pimenta para perceber que, se o entendimento pela conformidade a regras traspôs-se uma vez para a disposição à ordem, que ele necessita por toda parte, o objeto já não o entretém por mais tempo, muito antes faz uma violência indesejável à faculdade da imaginação; contrariamente, a natureza, aí pródiga em variedades até a luxúria, e que não é submetida a nenhuma coerção de regras artificiais, pode alimentar constantemente o seu gosto. Mesmo o canto dos pássaros, que nós não podemos submeter a nenhuma regra musical, parece conter mais liberdade, e por isso mais para o gosto, do que mesmo um canto humano, que é executado segundo todas as regras da música; porque a gente enfada-se do último muito antes se ele é repetido frequentemente e por longo tempo. Entretanto, aqui confundimos presumivelmente nossa participação na alegria de um pequeno e estimado animalzinho com a beleza de um canto, que, se é imitado bem exatamente pelo homem (como ocorre às vezes com o cantar do rouxinol), parece ao nosso ouvido ser totalmente sem gosto.

Ainda devem distinguir-se objetos belos de vistas belas sobre objetos (que frequentemente, devido à distância, não podem mais ser reconhecidos distintamente). Na últimas, o gosto parece ater-

---

62   Marsden, linguista e etnólogo inglês (1754-1836), autor de *History of Sumatra*, que Kant utilizou também na *Metafísica dos costumes*.

88 • Crítica da Faculdade do Juízo • Immanuel Kant

-se não tanto no que a faculdade da imaginação *apreende* nesse campo, mas muito antes no que com isso lhe dá motivo para *compor poeticamente*, isto é, nas verdadeiras fantasias com as quais o ânimo entretém-se enquanto é continuamente despertado pela multiplicidade na qual o olho choca; como é talvez o caso na visão das figuras mutáveis de um fogo de lareira ou de um riacho murmurejante, as quais não constituem nenhuma beleza, todavia comportam um atrativo para a faculdade da imaginação porque entretêm o seu livre jogo.

74

Segundo Livro

ANALÍTICA DO SUBLIME

§ 23. Passagem da faculdade de ajuizamento do belo à de ajuizamento do sublime

O belo concorda com o sublime no fato de que ambos aprazem por si próprios; ulteriormente, no fato de que ambos não pressupõem nenhum juízo dos sentidos, nem um juízo lógico-determinante, mas um juízo de reflexão; consequentemente, a complacência não se prende a uma sensação como a do agradável, nem a um conceito determinado como a complacência no bom, e contudo é referida a conceitos, se bem que sem determinar quais; por conseguinte, a complacência está vinculada à simples *apresentação* ou à faculdade de apresentação, de modo que esta faculdade ou a faculdade da imaginação é considerada, em uma intuição dada, em concordância com a *faculdade dos conceitos* do entendimento ou da razão, como promoção desta última. Por isso, também ambas as espécies de juízos são *singulares* e contudo juízos que se anunciam como universalmente válidos com respeito a cada sujeito, se bem que na verdade reivindiquem simplesmente o sentimento de prazer e não o conhecimento do objeto.

75

Entretanto, saltam também aos olhos consideráveis diferenças entre ambos. O belo da natureza concerne à forma do objeto, que consiste na limitação; o sublime, contrariamente, pode também ser encontrado em um objeto sem forma, na medida em que seja re-

PRIMEIRA SEÇÃO • ANALÍTICA DA FACULDADE DE JUÍZO ESTÉTICA • 89

presentada ou que o objeto enseje representar nele uma *ilimitação*, pensada, além disso, em sua totalidade; de modo que o belo parece ser considerado como apresentação de um conceito indeterminado do entendimento, o sublime, porém, como apresentação de um conceito semelhante da razão. Portanto, a complacência lá é ligada à representação da *qualidade*; aqui, porém, à da *quantidade*. A última complacência também se distingue muito da primeira quanto à espécie: enquanto o belo[63] comporta diretamente um sentimento de promoção da vida, e por isso é vinculável a atrativos e a uma faculdade de imaginação lúdica, o sentimento do sublime[64] é um prazer que surge só indiretamente, ou seja, ele é produzido pelo sentimento de uma momentânea inibição das forças vitais e pela efusão imediatamente consecutiva e tanto mais forte das mesmas; por conseguinte, enquanto comoção, não parece ser nenhum jogo, mas seriedade na ocupação da faculdade da imaginação. Por isso, também é incompatível com atrativos, e enquanto o ânimo não é simplesmente atraído pelo objeto, mas alternadamente também sempre de novo repelido por ele, a complacência no sublime contém[65] não tanto prazer positivo, quanto muito mais admiração ou respeito, isto é, merece ser chamada de prazer negativo.

Mas a diferença interna mais importante entre o sublime e o belo é antes esta: que, se, como é justo, aqui consideramos antes de mais nada somente o sublime em objetos da natureza (pois o sublime da arte é sempre limitado às condições da concordância com a natureza), a beleza da natureza (autossubsistente) inclui uma conformidade a fins em sua forma, pela qual o objeto, por assim dizer, parece predeterminado para nossa faculdade de juízo, e assim constitui em si um objeto de complacência; contrariamente, aquilo que, sem raciocínio, produz em nós e simplesmente na apreensão o sentimento do sublime, na verdade pode, quanto à forma, aparecer como contrário a fins para nossa faculdade de juí-

---

63   A: "enquanto esta" (referindo-se a "espécie"); B: "enquanto esta (o belo)".
64   A: aquele porém; B: aquele porém (o sentimento do sublime).
65   "contém" falta em A.

90 • Crítica da Faculdade do Juízo • Immanuel Kant

zo, inconveniente à nossa faculdade de apresentação e, por assim dizer, violento para a faculdade da imaginação, mas apesar disso e só por isso é julgado ser tanto mais sublime.

Disso, porém, se vê imediatamente que em geral nos expressamos incorretamente quando denominamos sublime qualquer *objeto da natureza*, embora na verdade possamos de modo inteiramente correto denominar belos numerosos objetos da natureza; pois como pode ser caracterizado com uma expressão de aprovação o que em si é apreendido como contrário a fins? Não podemos dizer mais senão que o objeto é apto à apresentação de uma sublimidade que pode ser encontrada no ânimo; pois o verdadeiro sublime não pode estar contido em nenhuma forma sensível, mas concerne somente a ideias da razão, que, embora não possibilitem nenhuma representação adequada a elas, são avivadas e evocadas ao ânimo precisamente por essa inadequação, que se deixa apresentar sensivelmente. Assim extenso oceano, revolto por tempestades, não pode ser denominado sublime. Sua contemplação é horrível e já se tem de ter ocupado o ânimo com muitas ideias, se é que ele deva, através de uma tal intuição, dispor-se a um sentimento que é ele mesmo sublime, enquanto o ânimo é incitado a abandonar a sensibilidade e ocupar-se com ideias que possuem uma conformidade a fins superior.

A beleza autossubsistente da natureza revela-nos uma técnica da natureza que a torna representável como um sistema segundo leis, cujo princípio não é encontrado em nossa inteira faculdade do entendimento, ou seja, segundo uma conformidade a fins respectivamente ao uso da faculdade do juízo com vistas aos fenômenos, de modo que estes têm de ser ajuizados como pertencentes não simplesmente à natureza em seu mecanismo sem fim, mas também à analogia com a arte.[66] Portanto, ela na verdade não estende efetivamente o nosso conhecimento dos objetos da natureza, mas o nosso conceito da natureza, ou seja, enquanto simples mecanismo, ao conceito da mesma como arte; o que convida a aprofundar as investigações sobre a possibilidade

---

66   A: mas também à arte.

PRIMEIRA SEÇÃO • ANALÍTICA DA FACULDADE DE JUÍZO ESTÉTICA • 91

de uma tal forma. Mas naquilo que nela costumamos denominar sublime não há assim absolutamente[67] nada que conduza a princípios objetivos especiais e a formas da natureza conforme a estes, de modo que a natureza, muito antes, em seu caos ou em suas mais selvagens e desregradas desordem e devastação, suscita as ideias do sublime quando somente poder e grandeza podem ser vistos.[68] Disso vemos que o conceito do sublime da natureza não é de longe tão importante e rico em consequências como o do belo na mesma; e que ele em geral não denota nada conforme a fins na própria natureza, mas somente no *uso* possível de suas intuições, para suscitar em nós próprios o sentimento de conformidade a fins totalmente independente da natureza. Do belo da natureza temos que procurar um fundamento fora de nós; do sublime, porém, simplesmente em nós e na maneira de pensar que introduz à representação da primeira sublimidade; esta é uma observação provisória muito necessária que separa totalmente as ideias do sublime da ideia de uma conformidade a fins da *natureza* e torna a sua teoria um simples apêndice com vistas ao ajuizamento estético da conformidade a fins da natureza, porque assim não é representada nenhuma forma particular na natureza, mas somente é desenvolvido um uso conforme a fins, que a faculdade da imaginação faz da sua representação.

§ 24. Da divisão de uma investigação do sentimento do sublime

79

No que concerne à divisão dos momentos do ajuizamento estético dos objetos em referência ao sentimento do sublime, a Analítica poderá seguir o mesmo princípio ocorrido na análise dos juízos de gosto. Pois, enquanto juízo da faculdade de juízo estético-reflexiva, a complacência no sublime, tanto como no belo, tem de representar[69] segundo a *quantidade,* de modo universalmente

---

67 Kant: "mesmo (*sogar*)"; corrigido por Hartenstein "(*so gar*)".

68 A: ela permite ver.

69 A frase kantiana parece, com respeito à quantidade e à qualidade, sem objeto (a nosso ver refere-se ao sublime), tendo Erdmann, seguido por Vor-

92 • Crítica da Faculdade do Juízo • Immanuel Kant

válido; segundo a *qualidade*, sem interesse; e tem de representar, segundo a *relação*, uma conformidade a fins subjetiva; e, segundo a *modalidade*, essa última como necessária. Nisso, portanto, o método não diferirá do método da seção anterior, pois ter-se-ia que tomar em conta o fato de que lá, onde o juízo estético concernia à forma do objeto, começamos da investigação da qualidade; aqui porém, no caso da ausência de forma, que pode convir ao que denominamos sublime, começaremos da quantidade como o primeiro momento do juízo estético sobre o sublime; a razão deste procedimento pode ser deduzida do parágrafo precedente.[70]

Mas a análise do sublime necessita de uma divisão da qual a análise do belo não carece, a saber: em *matemático-sublime* e em *dinâmico-sublime*.

Pois, visto que o sentimento do sublime comporta, como característica própria, um *movimento* do ânimo ligado ao ajuizamento do objeto, ao passo que o gosto no belo pressupõe e mantém o ânimo em *serena* contemplação, mas visto que este movimento deve ser ajuizado como subjetivamente conforme a fins (porque o sublime apraz), assim ele é referido pela faculdade da imaginação ou à *faculdade do conhecimento* ou à *faculdade da apetição*, mas em ambos os casos a conformidade a fins da representação dada é ajuizada somente com vistas e estas *faculdades* (sem fim ou interesse); nesse caso, então, a primeira é atribuída ao objeto como disposição *matemática*; a segunda, como disposição *dinâmica* da

---

länder, acrescentado para os dois primeiros casos o verbo "ser", deixando "representar" para os demais.

---

70 Como se vê, também na análise do sublime, Kant guia-se pela tábua das categorias: no § 26, da quantidade; no § 27, da qualidade; no § 28, da relação; no § 29, da modalidade. Posteriormente, ele privilegiará, com respeito ao juízo sobre o sublime, a categoria da relação; com respeito ao juízo sobre o belo, a da qualidade; com respeito ao juízo sobre o agradável, a da quantidade; e com respeito ao juízo sobre o bom, a da modalidade (cf. p. 113-114).

PRIMEIRA SEÇÃO • ANALÍTICA DA FACULDADE DE JUÍZO ESTÉTICA • 93

faculdade da imaginação e por conseguinte esse objeto é representado como sublime dos dois modos mencionados.

A. DO MATEMÁTICO-SUBLIME

§ 25. Definição nominal do sublime

Denominamos *sublime* o que é *absolutamente grande*. Mas grande e grandeza[71] são conceitos totalmente distintos (*magnitudo e quantitas*). Do mesmo modo *dizer simplesmente (simpliciter)* que algo é grande é totalmente diverso de dizer que ele seja *absolutamente grande (absolute, non comparative, magnum)*. O último é *o que é grande acima de toda a comparação*. Que significa então a expressão: "algo é grande ou pequeno ou médio"? Não é um conceito puro do entendimento que é denotado através dela;[72] menos ainda uma intuição dos sentidos; e tampouco um conceito da razão, porque não comporta absolutamente nenhum princípio do conhecimento. Logo, tem de se tratar de um conceito da faculdade do juízo, ou derivar de um tal conceito e pôr como fundamento uma conformidade a fins subjetiva da representação em referência à faculdade do juízo. Que algo seja uma grandeza (*quantum*) pode-se reconhecer desde a própria coisa sem nenhuma comparação com outras, a saber, quando a pluralidade do homogêneo, tomado em conjunto, constitui uma unidade. *Quão grande*, porém, o seja, requer sempre para sua medida algo diverso que também seja uma grandeza. Visto, porém, que no ajuizamento da grandeza não se trata simplesmente da pluralidade (número) mas também da grandeza da unidade (da medida) e a grandeza desta última sempre precisa por sua vez algo diverso como medida, com a qual ela possa ser comparada, assim vemos que toda determinação de

---

71 Kant joga aqui com os termos *gross* (grande) e *Grosse* (= grandeza, magnitude, quantidade). Neste contexto, porém, o termo "grandeza" assumirá, além da conotação matemática, um sentido estético, justificando a opção por esta tradução.

72 "que é denotado através disso" falta em A.

94 • Crítica da Faculdade do Juízo • Immanuel Kant

grandeza dos fenômenos simplesmente não pode fornecer nenhum conceito absoluto de uma grandeza, mas sempre somente um conceito de comparação.

Ora, se eu digo simplesmente que algo seja grande, então parece que eu absolutamente não tenho em vista nenhuma comparação, pelo menos com alguma medida objetiva, porque desse modo não é absolutamente determinado quão grande o objeto seja. Mas, se bem que o padrão de medida da comparação seja meramente subjetivo, o juízo nem por isso reclama assentimento[73] universal; os juízos "o homem é belo" e "ele é grande" não se restringem meramente ao sujeito que julga, mas reivindicam, como juízos teóricos, o assentimento de qualquer um.

Mas porque em um juízo, pelo qual algo é denotado simplesmente como grande, não se quer meramente dizer que o objeto tenha uma grandeza, e sim que esta ao mesmo tempo lhe é atribuída de preferência a muitas outras da mesma espécie, sem contudo indicar determinadamente esta preferência; assim certamente é posto como fundamento da mesma um padrão de medida que se pressupõe poder admitir como o mesmo para qualquer um, que, porém, não é utilizável para nenhum ajuizamento lógico (matematicamente determinado), mas somente estético da grandeza, porque ele é um padrão de medida que se encontra só subjetivamente à base do juízo reflexivo sobre grandeza. Ele pode, aliás, ser empírico, como, por assim dizer, a grandeza média dos a nós conhecidos homens, animais de certa espécie, árvores, casas, montes etc., ou um padrão de medida dado *a priori*, que, pelas deficiências do sujeito ajuizante,[74] é limitado a condições subjetivas da apresentação *in concreto*, como no prático a grandeza de uma certa virtude ou da liberdade e justiça públicas em um país; ou no teórico a grandeza da correção ou incorreção de uma observação ou mensuração feita etc.

---

73   Kant: determinação <*Bestimmung*>; corrigido por Hartenstein e Rosenkranz para "assentimento" <*Beistimmung*>.
74   "ajuizante" falta em A.

Primeira Seção • Analítica da Faculdade de Juízo Estética • 95

Ora, é aqui digno de nota que, conquanto não tenhamos absolutamente nenhum interesse no objeto, isto é, a existência do mesmo é-nos indiferente, todavia a simples grandeza do mesmo, até quando ele é observado como sem forma, possa comportar uma complacência que é comunicável universalmente, por conseguinte contém consciência de uma conformidade a fins subjetiva no uso de nossa faculdade de conhecimento; mas não, por assim dizer, uma complacência no objeto como no belo (porque ele pode ser sem forma) – em cujo caso a faculdade de juízo reflexiva encontra-se disposta conformemente a fins em referência ao conhecimento em geral – e sim na ampliação da faculdade da imaginação em si mesma.

Se (sob a limitação mencionada acima) dizemos simplesmente de um objeto que ele é grande, então este não é nenhum juízo matematicamente determinante, mas um simples juízo de reflexão sobre sua representação, que é subjetivamente conforme aos fins de um certo uso de nossas faculdade de conhecimento na apreciação da grandeza; e nós, então, ligamos sempre à representação uma espécie de respeito, assim como ao que denominamos simplesmente pequeno um desrespeito. Aliás, o ajuizamento das coisas como grandes ou pequenas concerne a tudo, mesmo a todas as propriedades das coisas: por isso nós próprios denominamos a beleza grande ou pequena; a razão disto deve ser procurada no fato de que o que quer que segundo a prescrição da faculdade do juízo possamos apresentar na intuição (por conseguinte representar esteticamente) é em suma fenômeno, por conseguinte também um *quantum*.

Se, porém, denominamos algo não somente grande, mas simplesmente, absolutamente e em todos os sentidos (acima de toda a comparação) grande, isto é, sublime, então se tem a imediata perspiciência de que não permitimos procurar para o mesmo nenhum padrão de medida adequado a ele fora dele, mas simplesmente nele. Trata-se de uma grandeza que é igual simplesmente a si mesma. Disso segue-se, portanto, que o sublime não deve ser procurado nas coisas da natureza, mas unicamente em nossas ideias; em quais delas, porém, ele se situa é algo que tem de ser reservado para a dedução.

96 • Crítica da Faculdade do Juízo • Immanuel Kant

A definição acima também pode ser expressa assim: *subli-me é aquilo em comparação com o qual tudo o mais é pequeno.* Aqui se vê facilmente que na natureza nada pode ser dado, por grande que ele também seja ajuizado por nós, que, considerado em uma outra relação, não pudesse ser degradado até o infinitamente pequeno; e inversamente nada tão pequeno que, em comparação com padrões de medida ainda menores, não se deixasse ampliar para a nossa faculdade de imaginação, até uma grandeza cósmica. Os telescópios forneceram-nos rico material para fazer a primeira observação, os microscópios, para fazermos a última. Nada, portanto, que pode ser objeto dos sentidos, visto sobre essa base, deve denominar-se sublime. Mas precisamente pelo fato de que em nossa faculdade da imaginação encontra-se uma aspiração ao progresso até o infinito, e em nossa razão, porém, uma pretensão à totalidade absoluta como uma ideia real, mesmo aquela inadequação a esta ideia de nossa faculdade de avaliação da grandeza das coisas do mundo dos sentidos desperta o sentimento de uma faculdade suprassensível em nós; e o que é absolutamente grande não é, porém, o objeto dos sentidos, e sim o uso que a faculdade do juízo naturalmente faz de certos objetos para o fim daquele (sentimento), com respeito ao qual, todavia, todo outro uso é pequeno. Por conseguinte, o que deve denominar-se sublime não é o objeto e sim a disposição de espírito através de uma certa representação que ocupa a faculdade de juízo reflexiva.

Podemos, pois, acrescentar às fórmulas precedentes de definição do sublime ainda esta: *sublime é o que somente pelo fato de poder também pensá-lo prova uma faculdade do ânimo que ultrapassa todo padrão de medida dos sentidos.*

§ 26. Da avaliação das grandezas das coisas da natureza que é requerida para a ideia do sublime

A avaliação das grandezas através de conceitos numéricos (ou seus sinais na álgebra) é matemática, mas a sua avaliação na simples intuição (segundo a medida ocular) é estética. Ora, na verdade, somente[75] através de números podemos obter determinados

---

75 "somente" falta em A.

PRIMEIRA SEÇÃO • ANALÍTICA DA FACULDADE DE JUÍZO ESTÉTICA • 97

conceitos de quão *grande* seja algo (quando muito, aproximações através de séries numéricas prosseguindo até o infinito), cuja unidade é a medida; e deste modo toda avaliação de grandezas lógica é matemática. Todavia, visto que a grandeza da medida tem de ser admitida como conhecida, assim, se esta agora tivesse que ser avaliada de novo somente por números, cuja unidade tivesse de ser uma outra medida, por conseguinte devesse ser avaliada matematicamente, jamais poderíamos ter uma medida primeira ou fundamental, por conseguinte tampouco algum conceito determinado de uma grandeza dada. Logo, a avaliação da grandeza da medida fundamental tem de consistir simplesmente no fato de que se pode captá-la imediatamente em uma intuição e utilizá-la pela faculdade da imaginação para a apresentação dos conceitos numéricos, isto é, toda avaliação das grandezas dos objetos da natureza é por fim estética (isto é, determinada subjetivamente e não objetivamente).

Ora, para a avaliação matemática das grandezas, na verdade não existe nenhum máximo (pois o poder dos números vai até o infinito); mas para a avaliação estética das grandezas certamente existe um máximo; e acerca deste digo que, se ele é ajuizado como medida absoluta, acima da qual não é subjetivamente (ao sujeito ajuizador) possível medida maior, então ele comporta a ideia do sublime e produz aquela comoção que nenhuma avaliação matemática das grandezas pode efetuar através de números (a não ser que e enquanto aquela medida fundamental estética, presente à faculdade da imaginação, seja mantida viva); porque a última sempre apresenta somente a grandeza relativa por comparação com outras da mesma espécie; a primeira, porém, a grandeza simplesmente, na medida em que o ânimo pode captá-la em uma intuição.

Admitir intuitivamente em *quantum* na faculdade da imaginação, para poder utilizá-lo como medida ou como unidade para a avaliação da grandeza por números, implica duas ações desta faculdade: *apreensão*[76] (*apprehensio*) e *compreensão* (*comprehen-*

---

76 Para os termos "apreensão" e "compreensão" Kant usa, respectivamente, *Auffassung* e *Zusammenfassung*, seguidos de seus correspondentes latinos.

98 • Crítica da Faculdade do Juízo • Immanuel Kant

sio aesthetica). Com a apreensão isso não é difícil, pois com ela pode-se ir até o infinito; mas a compreensão torna-se sempre mais difícil quanto mais a apreensão avança e atinge logo o seu máximo, a saber, a medida fundamental esteticamente máxima da avaliação das grandezas. Pois quando a apreensão chegou tão longe, a ponto de as representações parciais da intuição sensorial, primeiro apreendidas, já começarem a extinguir-se na faculdade da imaginação, enquanto esta avança na apreensão de outras representações, então ela perde de um lado tanto quanto ganha de outro e na compreensão há um máximo que ela não pode exceder.

Isto permite explicar o que *Savary*,[77] em suas notícias do Egito, observa que não se tem de chegar muito perto das pirâmides e tampouco se tem de estar muito longe delas para obter a inteira comoção de sua grandeza. Pois, se ocorre o último, então as partes que são apreendidas (as pedras das mesmas umas sobre as outras) são representadas só obscuramente e sua representação não produz nenhum efeito sobre o sentimento estético do sujeito. Se, porém, ocorre o primeiro, então o olho precisa de algum tempo para completar a apreensão da base até o ápice; neste, porém, sempre se dissolve em parte as primeiras representações antes que a faculdade da imaginação tenha acolhido as últimas e a compreensão jamais é completada. O mesmo pode também bastar para explicar a estupefação ou espécie de perplexidade que, como se conta, acomete o observador por ocasião da primeira entrada na Igreja de São Pedro em Roma. Pois se trata aqui de um sentimento da inadequação de sua faculdade da imaginação à exposição da ideia[78] de um todo, no que a faculdade da imaginação atinge o seu máximo, e, na ânsia de ampliá-lo, recai em si, mas desta maneira é transposta a uma comovedora complacência.

---

77   Savary, Nicolau (1750-1785), viajante e autor de *Lettres sur L'Egypte*, Paris, 1788-1789. A informação de Vorländer (p. 96) a respeito é visivelmente incorreta, pois não se coaduna com a data da edição da *Crítica da faculdade do juízo*.

78   Kant: ideias; corrigido por Windelband.

PRIMEIRA SEÇÃO • ANALÍTICA DA FACULDADE DE JUÍZO ESTÉTICA • 99

Por enquanto não quero apresentar nada acerca do fundamento desta complacência, que está ligada a uma representação da qual menos se deveria esperar que nos desse a perceber a inadequação, consequentemente também a desconformidade a fins subjetiva da representação à faculdade do juízo na avaliação da grandeza; mas observo apenas que, se o juízo estético deve ser *puro* (não *mesclado* com *nenhum* juízo *teleológico* como juízo da razão), e disso deve ser dado um exemplo inteiramente adequado à crítica da faculdade de juízo *estética*, não se tem de apresentar o sublime em produtos da arte (por exemplo, edifícios, colunas etc.), onde um fim humano determina tanto a forma como a grandeza, nem em coisas da natureza, *cujo conceito já comporta um fim determinado* (por exemplo, animais de conhecida determinação natural), mas na natureza bruta (e nesta inclusive somente enquanto ela não comporta nenhum atrativo ou comoção por perigo efetivo), simplesmente enquanto ela contém grandeza. Pois nesta espécie de representação a natureza não contém nada que fosse monstruoso (nem o que fosse suntuoso ou horrível); a grandeza que é apreendida pode ser aumentada tanto quanto se queira, desde que, somente, possa ser compreendida pela imaginação em um todo. Um objeto é *monstruoso* se ele pela sua grandeza anula o fim que constitui o seu conceito. *Colossal*, porém, é denominada a simples apresentação de um conceito, o qual[79] é para toda exposição quase grande demais (confina com o relativamente monstruoso); porque o fim da exposição de um conceito é dificultado pelo fato de que a intuição do objeto é quase grande demais para a nossa faculdade de apreensão. Um juízo puro sobre o sublime, porém, não tem de ter como fundamento de determinação absolutamente nenhum fim do objeto, se ele deve ser estético e não mesclado com qualquer juízo do entendimento ou da razão.

* * *

---

79   Nas edições originais A, B, C constou "a qual" (*die*), apesar de Kant tê-lo corrigido na errata para "o qual" (*der*).

100 • Crítica da Faculdade do Juízo • Immanuel Kant

Visto que tudo o que deve aprazer sem interesse à faculdade do juízo meramente reflexiva tem de comportar em sua representação uma conformidade a fins subjetiva e, como tal, universalmente válida, se bem que aqui não se encontre como fundamento nenhuma conformidade a fins da *forma* do objeto (como no belo), pergunta-se: qual é esta conformidade a fins subjetiva? E através de que é ela prescrita como norma, para na simples apreciação da grandeza – e na verdade daquela que foi impelida até a inadequação de nossa faculdade da imaginação na apresentação do conceito de uma grandeza – fornecer um fundamento para a complacência universalmente válida?

Na composição[80] que é requerida para a representação da grandeza, a faculdade da imaginação avança por si, sem qualquer impeditivo, até o infinito; o entendimento, porém, a guia através de conceitos numéricos, para os quais ela tem de fornecer o esquema; e neste procedimento, enquanto pertencente à avaliação lógica da grandeza, na verdade há algo objetivamente conforme a fins segundo o conceito de um fim (tal como toda medição o é), mas nada conforme a fins e aprazível à faculdade de juízo estética. Nesta conformidade a fins intencional tampouco há algo que forçasse a impulsionar a grandeza da medida, por conseguinte a *compreensão* do muito em uma intuição até o limite da faculdade da imaginação e tão longe quanto esta em apresentações sempre possa alcançar. Pois na avaliação intelectual das grandezas (da aritmética) chega-se igualmente tão longe, quer se impulsione a compreensão das unidades até o número 10 (na escala decimal) ou somente até 4 (na quaternária); mas a ulterior produção de grandeza no compor,[81] ou, se o *quantum* é dado na intuição, no apreender, realiza-se apenas progressivamente (não compreensivamente) segundo um princípio de progressão admitido. Nessa avaliação matemática da grandeza o entendimento é igualmente bem servido

---

80   Corrigido por Erdmann para "compreensão" (*Zusammenfassung* em vez de *Zusammensetzung*) e aceito por Vorländer sob o argumento de que "além do mais assim ocorre em Kant neste e nos parágrafos seguintes" (p. 98).

81   Erdmann: compreender.

PRIMEIRA SEÇÃO • ANALÍTICA DA FACULDADE DE JUÍZO ESTÉTICA • 101

e satisfeito, quer a faculdade da imaginação escolha para unidade uma grandeza que se pode captar de uma olhada, por exemplo um pé ou uma vara, ou uma milha, ou até um diâmetro da Terra, cuja apreensão na verdade é possível, mas não a compreensão em uma intuição da faculdade da imaginação (não pela *comprehensio aesthetica*, embora perfeitamente bem por *comprehensio logica* em um conceito numérico). Em ambos os casos a avaliação lógica da grandeza vai sem impedimento até o infinito.

Ora bem, o ânimo escuta em si a voz da razão, a qual exige a totalidade para todas as grandezas dadas, mesmo para aquelas que na verdade jamais podem ser apreendidas inteiramente, embora sejam ajuizadas como inteiramente dadas (na representação sensível); por conseguinte, reivindica compreensão em *uma* intuição e apresentação para todos os membros de uma série numérica progressivamente crescente e não exclui desta exigência nem mesmo o infinito (espaço e tempo decorrido), torna, muito antes, inevitável pensá-lo no juízo da razão comum como *inteiramente dado* (segundo sua totalidade).

O infinito, porém, é absolutamente (não apenas comparativamente) grande. Comparado com ele, tudo o mais (da mesma espécie de grandezas) é pequeno. Mas, o que é mais notável, tão só poder pensá-lo *como um todo* denota uma faculdade do ânimo que excede todo padrão de medida. Pois para isso se requereria uma compreensão que fornecesse como unidade um padrão de medida que tivesse uma suposta relação determinada e numérica com o infinito; o que é impossível. No entanto, para *tão só poder pensar* sem contradição o infinito dado,[82] requer-se no ânimo humano uma faculdade que seja ela própria suprassensível. Pois somente através desta e de sua ideia de um número – que não permite ele mesmo nenhuma intuição e contudo é submetido como substrato à intuição do mundo enquanto simples fenômeno – o infinito do mundo dos sentidos é compreendido *totalmente sob* um conceito na avaliação pura e intelectual da grandeza, conquanto na

---

82   "dado" falta em A.

102 • Crítica da Faculdade do Juízo • Immanuel Kant

93 avaliação matemática *através de conceitos numéricos* jamais possa ser totalmente pensado. Mesmo uma faculdade de poder pensar o infinito da intuição suprassensível como dado (em seu substrato inteligível) excede todo padrão de medida da sensibilidade e é grande acima de toda comparação mesmo com a faculdade da avaliação matemática; certamente não de um ponto de vista teórico para o fim da faculdade do conhecimento, e contudo como ampliação do ânimo, que de um outro ponto de vista (o prático) sente-se apto a ultrapassar as barreiras da sensibilidade.

A natureza é, portanto, sublime naquele entre os seus fenômenos cuja intuição comporta a ideia de sua infinitude. Isto não pode ocorrer senão pela própria inadequação do máximo esforço de nossa faculdade da imaginação na avaliação da grandeza de um objeto. Ora bem, a imaginação é capaz da avaliação matemática da grandeza de cada objeto, com o fito de fornecer uma medida suficiente para a mesma, porque os conceitos numéricos do entendimento podem através de progressão tornar toda medida adequada a cada grandeza dada.[83] Portanto, tem de ser na avaliação *estética* da grandeza que o esforço de compreensão – que[84] ultrapassa a faculdade da imaginação de conceber a apreensão progressiva

94 em um todo das intuições – é sentido e onde ao mesmo tempo é percebida a inadequação desta faculdade, ilimitada no progredir, para com o mínimo esforço do entendimento captar uma medida fundamental apta à avaliação da grandeza e usá-la para a avaliação da grandeza. Ora, a verdadeira e invariável medida fundamental da natureza é o todo absoluto da mesma, o qual é nela, como fenômeno, infinitude compreendida. Visto que porém esta medida fundamental é um conceito que se contradiz a si próprio (devido à impossibilidade da totalidade absoluta de um progresso sem fim), assim aquela grandeza de um objeto da natureza, na qual a faculdade da imaginação aplica infrutiferamente sua inteira faculdade de compreensão, tem de conduzir o conceito da natureza a um

---

83 "dada" falta em A.

84 "que" é acréscimo de Windelband.

PRIMEIRA SEÇÃO • ANALÍTICA DA FACULDADE DE JUÍZO ESTÉTICA • 103

substrato suprassensível (que se encontra à base dela e, ao mesmo tempo, de nossa faculdade de pensar), o qual é grande acima de todo padrão de medida dos sentidos e por isso permite ajuizar como *sublime* não tanto o objeto quanto, antes, a disposição de ânimo na avaliação do mesmo.

Portanto, do mesmo modo como a faculdade de juízo estética no ajuizamento do belo refere a faculdade da imaginação, em seu jogo livre, ao entendimento para concordar com seus *conceitos* em geral (sem determinação dos mesmos), assim no ajuizamento de uma coisa como sublime ela[85] refere a mesma faculdade *à razão* para concordar subjetivamente com suas *ideias* (sem determinar quais), isto é, para produzir uma disposição de ânimo que é conforme e compatível com aquela que a influência de determinadas ideias (práticas) efetuaria sobre o sentimento.

Disso vê-se também que a verdadeira sublimidade tenha de ser procurada só no ânimo daquele que julga e não no objeto da natureza cujo ajuizamento enseja essa disposição de ânimo. Quem quereria denominar sublimes também massas uniformes de cordilheiras amontoadas umas sobre outras em desordem selvagem com suas pirâmides de gelo, ou o sombrio mar furioso etc.? Mas o ânimo sente-se elevado em seu próprio ajuizamento quando ele, na contemplação dessas coisas,[86] sem consideração de sua forma, entrega-se ao cuidado da faculdade da imaginação, e de uma razão meramente ampliadora dela, conquanto posta em ligação com ela totalmente sem fim determinado, no entanto, considera o poder inteiro da faculdade da imaginação inadequado[87] às ideias da razão.

Exemplos do matemático sublime da natureza na simples intuição fornecem a todos nós os casos em que nos é dado não tanto

---

85   B, C: refere-se (em vez de "ela refere").

86   Na tradução desta passagem seguimos o texto da 1ª edição (A): (*wenn es sich in der Betrachtung*), já que o da segunda (B) e terceira (C) (*wenn es, indem es sich in der Betrachtung*) é intraduzível e gramaticalmente incorreto. Cf. tb. Vorländer (p. 101).

87   C: adequado <*angemessen*>; segundo Vorländer, *unangemessen* é erro de impressão.

104 • Crítica da Faculdade do Juízo • Immanuel Kant

um conceito de número maior quanto antes uma grande unidade como medida (para abreviação das séries numéricas) para a faculdade da imaginação. Uma árvore, que avaliamos segundo uma escala humana, fornece em todo caso um padrão de medida para um monte; e esse, se por acaso tiver uma milha de altura, pode servir de medida para o número que expressa o diâmetro da Terra para tornar o último intuível; o diâmetro da Terra, para o sistema de planetas conhecido por nós; este, para o da Via Láctea; e a quantidade incomensurável de tais sistemas de vias lácteas sob o nome de nebulosas, as quais presumivelmente constituem por sua vez um semelhante sistema entre si, não nos permitem esperar aqui nenhum limite. Ora, no ajuizamento estético de um todo tão incomensurável, o sublime situa-se menos na grandeza do número que no fato de que progredindo chegamos sempre a unidades cada vez maiores; para o que contribui a divisão sistemática do universo, a qual nos representa todo o grande na natureza sempre por sua vez como pequeno, propriamente, porém, representa nossa faculdade da imaginação em sua total ilimitação e com ela a natureza como dissipando-se contra as ideias da razão, desde que ela deva proporcionar uma apresentação adequada a elas.

§ 27. Da qualidade da complacência no ajuizamento do sublime

O sentimento da inadequação de nossa faculdade para alcançar uma ideia, *que é lei para nós*, é **respeito**. Ora, a ideia da compreensão de cada fenômeno suscetível de nos ser dado na intuição de um todo é uma ideia que nos é imposta por uma lei da razão que não conhece nenhuma outra medida determinada, válida e invariável[88] para qualquer um senão o todo absoluto. Nossa faculdade da imaginação, porém, prova, mesmo no seu máximo esforço com respeito à, por ela reclamada, compreensão de um objeto dado em um todo da intuição (por conseguinte, para a apresentação da ideia da razão), suas barreiras e inadequação, contudo ao mesmo tempo sua determinação para a efetuação da adequação à mesma como

---

88   A: variável.

PRIMEIRA SEÇÃO • ANALÍTICA DA FACULDADE DE JUÍZO ESTÉTICA • 105

uma lei. Portanto, o sentimento do sublime na natureza é respeito por nossa própria destinação, que testemunhamos a um objeto da natureza por uma certa sub-repção (confusão de um respeito pelo objeto como respeito pela ideia da humanidade em nosso sujeito), o que, por assim dizer, nos torna intuível a superioridade da determinação racional de nossas faculdades de conhecimento sobre a faculdade máxima da sensibilidade.

O sentimento do sublime é, portanto, um sentimento do desprazer a partir da inadequação da faculdade da imaginação, na avaliação estética da grandeza, à avaliação pela razão e, neste caso, ao mesmo tempo um prazer despertado a partir da concordância precisamente deste juízo da inadequação da máxima faculdade sensível, com ideias racionais, na medida em que o esforço em direção às mesmas é lei para nós. Ou seja, é para nós lei (da razão) e pertence à nossa determinação avaliar como pequeno em comparação com ideias da razão tudo o que a natureza como objeto dos sentidos contém de grande para nós; e o que ativa em nós o sentimento desta destinação suprassensível concorda com aquela lei. Ora, o esforço máximo da faculdade da imaginação na exposição da unidade para a avaliação da grandeza é uma referência a algo *absolutamente grande*, consequentemente é também uma referência à lei da razão admitir unicamente esta lei como medida suprema das grandezas. Portanto, a percepção interna da inadequação de todo padrão de medida sensível para a avaliação de grandeza da razão é uma concordância com leis da mesma e um desprazer que ativa em nós o sentimento de nossa destinação suprassensível, segundo a qual é conforme a fins, por conseguinte é prazer, considerar todo o padrão de medida da sensibilidade inadequado[89] às ideias da razão.[90]

Na representação do sublime na natureza o ânimo sente-se *movido*, já que em seu juízo estético sobre o belo ele está em *tranquila* contemplação. Este movimento pode ser comparado (prin-

---

89 C: adequado.
90 Kant: "do entendimento"; corrigido por Erdmann.

106 • Crítica da Faculdade do Juízo • Immanuel Kant

cipalmente no seu início) a um abalo, isto é, a uma rápida alternância de atração e repulsão do mesmo objeto. O excessivo para a faculdade da imaginação (até o qual ela é impelida na apreensão da intuição) é, por assim dizer, um abismo, no qual ela própria teme perder-se; contudo, para a ideia da razão do suprassensível não é também excessivo, mas conforme a leis produzir um tal esforço da faculdade da imaginação: por conseguinte, é por sua vez atraente precisamente na medida em que era repulsivo para a simples sensibilidade. Mas o próprio juízo permanece no caso sempre somente estético, porque, sem ter como fundamento um conceito determinado do objeto, representa como harmônico apenas o jogo subjetivo das faculdades do ânimo (imaginação e razão), mesmo através de seu contraste. Pois assim como faculdade da imaginação e *entendimento* no ajuizamento do belo através de sua unanimidade, assim faculdade da imaginação e *razão* produzem aqui,[91] através de seu conflito, conformidade a fins subjetiva das faculdades do ânimo; ou seja, um sentimento de que nós possuímos uma razão pura, independente, ou[92] uma faculdade da avaliação da grandeza, cuja excelência não pode ser feita intuível através de nada a não ser da insuficiência daquela faculdade que na apresentação das grandezas (objetos sensíveis) é ela própria ilimitada.

Medição de um espaço (como apreensão) é ao mesmo tempo descrição do mesmo, por conseguinte movimento objetivo na imaginação <*Einbildung*> e um progresso; a compreensão da pluralidade na unidade, não do pensamento mas da intuição, por conseguinte do sucessivamente apreendido em um instante, é contrariamente um regresso, que de novo anula a condição temporal no progresso da faculdade da imaginação e torna intuível a simultaneidade. Ela é, pois (já que a sucessão temporal é uma condição do sentido interno e de uma intuição), um movimento subjetivo da faculdade da imaginação, pelo qual ela faz violência ao sentido interno, a qual é tanto mais perceptível quanto maior é

---

91   "aqui" falta em A.
92   "ou" falta em A.

Primeira Seção • Analítica da Faculdade de Juízo Estética • 107

o *quantum* que a faculdade da imaginação compreende em uma intuição. O esforço, portanto, de acolher em uma única intuição uma medida para grandezas, cuja apreensão requer um tempo considerável, é um modo de representação que, considerado subjetivamente, é contrário a fins; objetivamente, porém, é necessário à avaliação da grandeza, por conseguinte conforme a fins: no que contudo a mesma violência que é feita ao sujeito através da faculdade da imaginação é ajuizada como conforme a fins com respeito à destinação inteira do ânimo.

A qualidade do sentimento do sublime consiste em que ela[93] é, relativamente à faculdade de ajuizamento estética, um sentimento de desprazer em um objeto, contudo representado ao mesmo tempo como conforme a fins; o que é possível pelo fato de que a incapacidade (*Unvermögen*) própria descobre a consciência de uma faculdade (*Vermögen*) ilimitada do mesmo sujeito, e que o ânimo só pode ajuizar esteticamente a última através da primeira.

Na avaliação lógica da grandeza, a impossibilidade de jamais chegar à totalidade absoluta através do progresso da medição das coisas do mundo dos sentidos no tempo e no espaço foi reconhecida como objetiva, isto é, como uma impossibilidade de pensar o infinito como simplesmente dado[94] e não como meramente subjetiva, isto é, como incapacidade de *captá-lo*, porque aí absolutamente não se presta atenção ao grau da compreensão em uma intuição como medida, mas tudo tem a ver com um conceito de número. Todavia, em uma avaliação estética da grandeza, o conceito de número tem de ser suprimido ou modificado e a compreensão da faculdade da imaginação é unicamente para ela conforme a fins com respeito à unidade da medida (por conseguinte evitando os conceitos de uma lei da geração sucessiva dos conceitos de grandeza). Se, pois, uma grandeza quase atinge em uma intuição o extremo de nossa faculdade de compreensão e a faculdade da imaginação

101

---

93   Vorländer propõe "ele".

94   De acordo com B e C; em A, e também segundo Erdmann, "totalmente dado"; segundo Windelband (Acad.), "como dado".

108 • Crítica da Faculdade do Juízo • Immanuel Kant

é contudo desafiada, através de grandezas numéricas (com relação às quais somos conscientes de nossa faculdade como ilimitada), à compreensão estética em uma unidade maior, então nos sentimos no ânimo como que esteticamente encerrados dentro de limites; e contudo o desprazer é representado como conforme a fins com respeito à ampliação necessária da faculdade da imaginação para a adequação ao que em nossa faculdade da razão é ilimitado, ou seja, à ideia do todo absoluto; por conseguinte, a desconformidade a fins da faculdade da imaginação a ideias da razão e a seu suscitamento é efetivamente representada como conforme a fins. Mas justamente por isso o próprio juízo estético torna-se subjetivamente conforme a fins para a razão como fonte das ideias, isto é, de uma tal compreensão intelectual, para a qual toda compreensão estética é pequena; e o objeto é admitido como sublime com um prazer que só é possível mediante um desprazer.

B. DO DINÂMICO-SUBLIME DA NATUREZA

§ 28. Da natureza como um poder

Poder <*Macht*> é uma faculdade que se sobrepõe a grandes obstáculos. Esta se chama *força* <*Gewalt*> quando se sobrepõe também à resistência daquilo que possui ele próprio poder. A natureza, considerada no juízo estético como poder que não possui nenhuma força sobre nós, é *dinamicamente sublime*.

Se a natureza deve ser julgada por nós dinamicamente como sublime, então ela tem de ser representada como suscitando medo (embora inversamente nem todo objeto que suscita medo seja considerado sublime em nosso juízo estético). Pois no ajuizamento estético (sem conceito) a superioridade sobre obstáculos pode ser ajuizada somente segundo a grandeza da resistência. Ora bem, aquilo ao qual nos esforçamos por resistir é um mal e, se não consideramos nossa faculdade à altura dele, é um objeto de medo. Portanto, para a faculdade de juízo estética, a natureza somente pode valer como poder, por conseguinte como dinamicamente sublime, na medida em que ela é considerada como objeto de medo.

Primeira Seção • Analítica da Faculdade de Juízo Estética • 109

Pode-se, porém, considerar um objeto como temível sem se temer *diante* dele, a saber: quando o ajuizamos *imaginando* simplesmente o caso em que porventura quiséssemos opor-lhe resistência e que em tal caso toda resistência seria de longe vã. Assim o virtuoso teme a Deus sem temer a si diante dele, porque querer resistir a Deus e a seus mandamentos não é um caso que ele imagine preocupá-lo, mas em cada um desses casos, que ele não imagina como em si impossível, ele O reconhece como temível.

Quem teme a si não pode absolutamente julgar sobre o sublime da natureza, tampouco sobre o belo quem é tomado de inclinação e apetite. Aquele foge da contemplação de um objeto que lhe incute medo; e é impossível encontrar complacência em um terror que fosse tomado a sério. Por isso o agrado resultante da cessação de uma situação penosa é o *contentamento*. Este, porém, devido à libertação de um perigo, é um contentamento com o propósito de jamais se expor de novo a ele; antes, não se gosta de recordar-- se uma vez sequer daquela sensação, quanto mais de procurar a ocasião para tanto.

Rochedos audazes sobressaindo-se, por assim dizer, ameaçadores, nuvens carregadas acumulando-se no céu, avançando com relâmpagos e estampidos, vulcões em sua inteira força destruidora, furacões com a devastação deixada para trás, o ilimitado oceano revolto, uma alta queda-d'água de um rio poderoso etc. tornam a nossa capacidade de resistência de uma pequenez insignificante em comparação com o seu poder. Mas o seu espetáculo só se torna tanto mais atraente quanto mais terrível ele é, contanto que, somente, nos encontremos em segurança; e de bom grado denominamos estes objetos sublimes, porque eles elevam a fortaleza da alma acima de seu nível médio e permitem descobrir em nós uma faculdade de resistência de espécie totalmente diversa, a qual nos encoraja a medir-nos com a aparente onipotência da natureza.

Pois, assim como na verdade encontramos a nossa própria limitação na incomensurabilidade da natureza e na insuficiência da nossa faculdade para tomar um padrão de medida proporcionado à avaliação estética da grandeza de seu *domínio*, e contudo

110 • Crítica da Faculdade do Juízo • Immanuel Kant

também ao mesmo tempo encontramos em nossa faculdade da razão um outro padrão de medida não sensível, que tem sob si como unidade aquela própria infinitude e em confronto com o qual tudo na natureza é pequeno, por conseguinte encontramos em nosso ânimo uma superioridade sobre a própria natureza em sua incomensurabilidade; assim também o caráter irresistível de seu poder dá-nos a conhecer, a nós considerados como entes da natureza, a nossa impotência física,[95] mas descobre ao mesmo tempo uma faculdade de ajuizar-nos como independentes dela e uma superioridade sobre a natureza, sobre a qual se funda uma autoconservação de espécie totalmente diversa daquela que pode ser atacada e posta em perigo pela natureza fora de nós, com o que a humanidade em nossa pessoa não fica rebaixada, mesmo que o homem tivesse de sucumbir àquela força. Dessa maneira, a natureza não é ajuizada como sublime em nosso juízo estético enquanto provocadora de medo, porque ela convoca a nossa força (que não é natureza) para considerar como pequeno aquilo com o qual estamos preocupados (bens, saúde e vida) e por isso, contudo, não considerar seu poder (ao qual sem dúvida estamos submetidos com respeito a essas coisas) absolutamente como uma tal[96] força para nós e nossa personalidade, e sob a qual tivéssemos de nos curvar, quando se tratasse dos nossos mais altos princípios e da sua afirmação ou seu abandono. Portanto, a natureza aqui chama-se sublime simplesmente porque ela eleva a faculdade da imaginação à apresentação daqueles casos nos quais o ânimo pode tornar capaz de ser sentida a sublimidade própria de sua destinação, mesmo acima da natureza. Esta autoestima não perde nada pelo fato de que temos de sentir-nos seguros para poder sentir esta complacência entusiasmante; por conseguinte, o fato de o perigo não ser tomado a sério não implica que (como poderia parecer) tampouco se tomaria a sério a sublimidade de nossa faculdade espiritual. Pois a complacência concerne aqui somente à *destinação*

---

95   "física" falta em A.
96   "tal" falta em A.

PRIMEIRA SEÇÃO • ANALÍTICA DA FACULDADE DE JUÍZO ESTÉTICA • 111

de nossa faculdade que se descobre em tal caso, do modo como a disposição a esta encontra-se em nossa natureza, enquanto o desenvolvimento e o exercício dessa faculdade são confiados a nós e permanecem[97] obrigação nossa. E isto é verdadeiro por mais que o homem, quando estende sua reflexão até aí, possa ser consciente de uma efetiva impotência atual.

Esse princípio na verdade parece ser demasiadamente pouco convincente e demasiadamente racionalizado, por conseguinte exagerado para um juízo estético; todavia, a observação do homem prova o contrário, e que ele pode jazer como fundamento dos ajuizamentos mais comuns, embora não se seja sempre consciente do mesmo. Pois que é isto que, mesmo para o selvagem, é um objeto da máxima admiração? Um homem que não se apavora, que não teme a si, portanto, que não cede ao perigo, mas ao mesmo tempo procede energicamente com inteira reflexão. Até no estado maximamente civilizado prevalece este apreço superior pelo guerreiro; só que ainda se exige, além disso, que ele ao mesmo tempo comprove possuir todas as virtudes da paz, mansidão, compaixão e mesmo o devido cuidado por sua própria pessoa; justamente porque nisso é conhecida a invencibilidade de seu ânimo pelo perigo. Por isso se pode ainda polemizar tanto quanto se queira na comparação do estadista com o general sobre a superioridade do respeito que um merece sobre o outro; o juízo estético decide em favor do último. Mesmo a guerra, se é conduzida com ordem e com sagrado respeito pelos direitos civis, tem em si algo de sublime e ao mesmo tempo torna a maneira de pensar do povo que a conduz assim tanto mais sublime quanto mais numerosos eram os perigos a que ele estava exposto e sob os quais tenha podido afirmar-se valentemente; já que contrariamente uma paz longa encarrega-se de fazer prevalecer o mero espírito de comércio,[98] com ele, porém, o baixo interesse pessoal, a covardia e moleza, e de humilhar a maneira de pensar do povo.

---

97 A: é.
98 Corrigido em C de *Handlungsgeist* para *Handelsgeist*, adotado também pela ed. Acad.

112 • Crítica da Faculdade do Juízo • Immanuel Kant

Parece conflitar com essa análise do conceito de sublime, na medida em que este é atribuído ao poder, o fato de que, nas intempéries, na tempestade, no terremoto etc., costumamos representar Deus em estado de cólera, mas também como se apresentando em sua sublimidade, no que contudo a imaginação de uma superioridade de nosso ânimo sobre os efeitos e, como parece, até sobre as intenções de um tal poder, seria tolice e ultraje ao mesmo tempo. Aqui parece que nenhum sentimento da sublimidade de nossa própria natureza, mas muito mais submissão, anulação e sentimento de total impotência constitua a disposição de ânimo que convém ao fenômeno de um tal objeto e também costumeiramente trata de estar ligada à ideia do mesmo em semelhante evento da natureza. Na religião em geral parece que o prostrar-se, a adoração com a cabeça inclinada, com gestos e vozes contritos, cheios de temor, sejam o único comportamento conveniente em presença da divindade, que por isso também a maioria dos povos adotou e ainda observa. Todavia, tampouco esta disposição de ânimo nem de longe está em si e necessariamente ligada à *ideia da sublimidade* de uma religião e de seu objeto. O homem que efetivamente teme a si porque ele encontra em si razão para tal enquanto é autoconsciente de, com sua condenável atitude, faltar a um poder cuja vontade é irresistível e ao mesmo tempo justa, não se encontra absolutamente na postura de ânimo para admirar a grandeza divina, para a qual são requeridos uma disposição à calma contemplação e um juízo totalmente livre.[99] Somente quando ele é autoconsciente de sua atitude sincera e agradável a Deus, aqueles efeitos do poder servem para despertar nela a ideia da sublimidade deste ente, na medida em que ele reconhece em si próprio uma sublimidade de atitude conforme àquela vontade e deste modo é elevado acima do medo em face de tais efeitos da natureza, que ele não considera como expressões de sua cólera. Mesmo a humildade, como ajuizamento não conveniente de suas falhas, que, do contrário, na consciência de atitudes boas facilmente poderiam ser encobertas

---

99 A: "juízo livre de coerção".

PRIMEIRA SEÇÃO • ANALÍTICA DA FACULDADE DE JUÍZO ESTÉTICA • 113

com a fragilidade da natureza humana, é uma disposição de ânimo sublime de submissão espontânea à dor da autorrepreensão para eliminar pouco a pouco sua causa. Unicamente deste modo a religião distingue-se internamente da superstição, a qual não funda no ânimo a veneração pelo sublime, mas o medo e a angústia diante do ente todo-poderoso, a cuja vontade o homem aterrorizado vê-se submetido, sem contudo a apreciar muito; do que, pois, certamente não pode surgir nada senão granjeamento de favor e de simpatia em vez de uma religião da vida reta.

Portanto, a sublimidade não está contida em nenhuma coisa da natureza, mas só em nosso ânimo, na medida em que podemos ser conscientes de ser superiores à natureza em nós e através disso também à natureza fora de nós (na medida em que ela influi sobre nós). Tudo o que suscita este sentimento em nós, a que pertence o *poder* da natureza que desafia nossas forças, chama-se então (conquanto impropriamente) sublime; e somente sob a pressuposição desta ideia em nós e em referência a ela somos capazes de chegar à ideia da sublimidade daquele ente, que provoca respeito interno em nós não simplesmente através de seu poder, que ele demonstra na natureza, mas ainda mais através da faculdade, que se situa em nós, de ajuizar sem medo esse poder e pensar nossa destinação como sublime para além dele.

§ 29. Da modalidade do juízo sobre o sublime da natureza

110

Há inúmeras coisas da bela natureza sobre as quais podemos imputar unanimidade de juízo com o nosso, e também sem errar muito podemos esperá-la diretamente de qualquer um; mas com nossos juízos sobre o sublime na natureza não podemos iludir-nos tão facilmente sobre a adesão de outros. Pois parece exigível uma cultura de longe mais vasta, não só da faculdade de juízo estética, mas também da faculdade do conhecimento, que se encontra à sua base, para poder proferir um juízo sobre esta excelência dos objetos da natureza.

A disposição de ânimo para o sentimento do sublime exige uma receptividade do mesmo para ideias; pois precisamente na inade-

114 • Crítica da Faculdade do Juízo • Immanuel Kant

quação da natureza às últimas, por conseguinte só sob a pressuposição das mesmas e do esforço da faculdade da imaginação em tratar a natureza como um esquema para as ideias, consiste o terrificante para a sensibilidade, o qual, contudo, é ao mesmo tempo atraente; porque ele é uma violência que a razão exerce sobre a faculdade da imaginação somente para ampliá-la convenientemente para o seu domínio próprio (o prático) e propiciar-lhe uma perspectiva para o infinito, que para ela é um abismo. Na verdade aquilo que nós, preparados pela cultura, chamamos sublime, sem desenvolvimento de ideias morais, apresentar-se-á ao homem inculto simplesmente de um modo terrificante. Ele verá, nas demonstrações de violência da natureza em sua destruição e na grande medida de seu poder, contra o qual o seu é anulado, puro sofrimento, perigo e privação, que envolveria o homem que fosse banido para lá. Assim, o bom camponês savoiano, aliás, dotado de bom-senso (como narra o Sr. *de Saussure*),[100] sem hesitar chamava de loucos todos os amantes das geleiras. Quem sabe também se ele desse modo absolutamente não teria tido razão, se aquele observador tivesse assumido os perigos, aos quais se expunha, simplesmente, como o costuma a maioria dos viajantes, por capricho ou para algum dia poder fornecer descrições patéticas a respeito. Sua intenção com isso era, porém, instruir os homens; e esse homem excelente tinha as sensações que transportam a alma e além disto as oferecia aos leitores de suas viagens.

O juízo sobre o sublime da natureza, embora necessite cultura (mais do que o juízo sobre o belo), nem por isso foi primeiro produzido precisamente pela cultura e como que introduzido simplesmente por convenção na sociedade, mas ele tem seu fundamento na natureza humana e, na verdade, naquela que com o são entendimento se pode ao mesmo tempo imputar a qualquer um e exigir-lhe, a saber, na disposição ao sentimento para ideias (práticas), isto é, ao sentimento moral.[101]

---

100 De Saussure, H. B. (1709-1790), de Genebra, aos 78 anos, um dos primeiros escaladores do Montblanc e autor de *Voyages dans les Alpes* (4 vols.), editados em 1779 e anos seguintes.

101 A: "morais", remetia a ideias.

PRIMEIRA SEÇÃO • ANALÍTICA DA FACULDADE DE JUÍZO ESTÉTICA • 115

Sobre isso se funda então a necessidade de assentimento do juízo de outros com o nosso acerca do sublime, a qual ao mesmo tempo incluímos neste juízo. Pois, assim como censuramos de carência de *gosto* aquele que é indiferente ao ajuizamento de um objeto da natureza que achamos belo, assim dizemos que não tem nenhum *sentimento* aquele que permanece inerte junto ao que julgamos ser sublime. Exigimos, porém, ambas as qualidades de cada homem e também as pressupomos nele se ele tem alguma cultura; com a diferença apenas de que exigimos a primeira terminantemente de qualquer um, porque a faculdade do juízo aí refere a imaginação apenas ao entendimento como faculdade dos conceitos; a segunda, porém, porque ela aí refere a faculdade da imaginação à razão como faculdade das ideias, exigimos somente sob uma pressuposição subjetiva (que porém nos cremos autorizados a poder imputar a qualquer um), ou seja, a do sentimento moral no homem,[102] e com isso também atribuímos necessidade a este juízo estético.

Nesta modalidade dos juízos estéticos, a saber, da necessidade a eles atribuída, situa-se um momento capital da crítica da faculdade do juízo. Pois aquela torna precisamente conhecido neles um princípio *a priori* e eleva-os da psicologia empírica, onde do contrário ficariam sepultados sob os sentimentos do deleite e da dor[103] (somente com o epíteto, que nada diz, de um sentimento *mais fino*), para colocar esses juízos, e mediante eles a faculdade do juízo, na classe daqueles que possuem como fundamento princípios *a priori* e como tais porém fazê-los passar para a filosofia transcendental.

---

102 "no homem" falta em A.

103 A oposição *Vergnügen und Schmerz* (deleite e dor) é uma espécie de gênero *Lust und Unlust* (prazer e desprazer). Essa diferença é explicitada também na *Antropologia* (I parte do livro II, A, Ed. Acad. p. 230 e segs.). Aí o *Geschmack* (gosto) é considerado um prazer, mediante a faculdade da imaginação, em parte sensível e em parte intelectual na intuição refletida.

116 • Crítica da Faculdade do Juízo • Immanuel Kant

OBSERVAÇÃO GERAL SOBRE A EXPOSIÇÃO DOS JUÍZOS REFLEXIVOS ESTÉTICOS

Em referência ao sentimento de prazer, um objeto deve contar-se como pertencente ao *agradável*, ou ao *belo*, ou ao *sublime*, ou ao *bom* (absolutamente) (*iucundum, pulchrum, sublime, honestum*).

O *agradável* é, como mola propulsora dos apetites, universalmente da mesma espécie, seja de onde ele possa vir e quão especificamente diversa possa também ser a representação (do sentido e da sensação, objetivamente considerada). Por isso no ajuizamento da influência do mesmo sobre o ânimo importa somente o número dos estímulos (simultâneos e sucessivos) e por assim dizer somente a massa da sensação agradável; e esta não pode tornar-se compreensível senão pela *quantidade*. Ele tampouco cultiva, mas pertence ao simples gozo. O belo contrariamente reclama a representação de uma certa *qualidade* do objeto, que também pode tornar-se compreensível e conduzir a conceitos (conquanto no juízo estético não seja conduzido a eles), e cultiva enquanto ao mesmo tempo ensina a prestar atenção à conformidade a fins no sentimento de prazer. O *sublime* consiste simplesmente na *relação* em que o sensível na representação da natureza é ajuizado como apto a um possível uso suprassensível do mesmo. O *absolutamente bom*, ajuizado subjetivamente segundo o sentimento que ele inspira (o objeto do sentimento moral), enquanto determinabilidade das forças do sujeito pela representação de uma lei que *obriga absolutamente*, distingue-se principalmente pela *modalidade* de uma necessidade que assenta sobre conceitos *a priori* e que contém em si não simplesmente pretensão, mas também *mandamento de aprovação* para qualquer um, e em si na verdade não pertence à faculdade de juízo estética, mas à faculdade de juízo intelectual pura; ele tampouco é atribuído a um juízo meramente reflexivo <*reflectierend*>, mas determinante, não à natureza mas à liberdade. Porém a *determinabilidade do sujeito* por esta ideia, e na verdade de um sujeito que em si pode ter na sensibilidade sensação de *obstáculos*, mas ao mesmo tempo de superioridade sobre a sensi-

PRIMEIRA SEÇÃO • ANALÍTICA DA FACULDADE DE JUÍZO ESTÉTICA • 117

bilidade pela superação dos mesmos como *modificação do seu estado*, isto é, o sentimento moral, é contudo aparentada à faculdade de juízo estética e suas *condições formais*, na medida em que pode servir para representar a conformidade a leis da ação por dever ao mesmo tempo como estética, isto é, como sublime, ou também como bela, sem prejuízo de sua pureza, o que não ocorreria se se quisesse pô-la em ligação natural com o sentimento do agradável.

Se se extrai o resultado da exposição precedente dos dois modos de juízos estéticos, decorrerão deles[104] as seguintes breves definições:

Belo é o que apraz no simples ajuizamento (logo, não mediante a sensação sensorial segundo um conceito de entendimento). Disso resulta espontaneamente que ele tem de comprazer sem nenhum interesse.

Sublime é o que apraz imediatamente por sua resistência contra o interesse dos sentidos.

Ambas, como explicações do ajuizamento estético universalmente válido, referem-se a fundamentos subjetivos, a saber, por um lado da sensibilidade, do modo como eles em favor do entendimento contemplativo, por outro lado como eles, contra a sensibilidade para os fins da razão prática, e não obstante unidos no mesmo sujeito, são conformes a fins em referência ao sentimento moral. O belo prepara-nos para amar sem interesse algo, mesmo a natureza; o sublime, para estimá-lo, mesmo contra nosso interesse (sensível).

Pode-se descrever o sublime da seguinte maneira: ele é um objeto (da natureza), *cuja representação determina o ânimo a imaginar a inacessibilidade da natureza como apresentação de ideias.*

Tomadas literalmente e consideradas logicamente, ideias não podem ser apresentadas. Mas, se ampliamos matemática ou dinamicamente nossa faculdade empírica de representação para

---

104   Esta frase, como a anterior, oferece problemas de concordância gramatical. Veja a respeito, na ed. da Acad., I, p. 517, a observação do editor sobre a linguagem de Kant.

a intuição da natureza, então inevitavelmente se juntará a ela a razão como faculdade de independência da totalidade absoluta, e produzirá o esforço do ânimo, conquanto vão, de tornar adequadas a elas[105] a representação dos sentidos. Este esforço e o sentimento da inacessibilidade da ideia à faculdade da imaginação são eles mesmos uma apresentação da conformidade a fins subjetiva de nosso ânimo no uso da faculdade da imaginação para sua destinação suprassensível e obrigam-nos a *pensar* subjetivamente a própria natureza em sua totalidade como apresentação de algo suprassensível, sem poder realizar *objetivamente* essa apresentação.

Com efeito, em seguida nos damos conta de que o incondicionado – por conseguinte também a grandeza absoluta, que no entanto é reivindicada pela razão mais comum – afasta-se totalmente da natureza no espaço e no tempo. Precisamente deste modo somos também lembrados de que somente temos a ver com uma natureza enquanto fenômeno, e que esta mesma ainda tem de ser considerada como simples apresentação de uma natureza em si (que a razão tem na ideia). Mas esta ideia do suprassensível, que na verdade não determinamos ulteriormente – por conseguinte não *conhecemos* mas só podemos *pensar* a natureza como apresentação da mesma – é despertada em nós por um objeto, cujo ajuizamento estético aplica até seus limites a faculdade da imaginação, seja à ampliação (matematicamente) ou ao seu poder sobre o ânimo (dinamicamente), enquanto ele se funda sobre o sentimento de uma destinação do mesmo, a qual ultrapassa totalmente o domínio da faculdade da imaginação (quanto ao sentimento moral), com respeito ao qual a representação do objeto é ajuizada como subjetivamente conforme a fins.

De fato não se pode muito bem pensar um sentimento para com o sublime da natureza sem ligar a isso uma disposição do ânimo que é semelhante à disposição para o sentimento moral; e embora o prazer imediato no belo da natureza igualmente pressu-

---

105 Windelband propõe *dieser* (a essa), que então remeteria a razão, em vez do plural *diesen* (a essas), que remete a ideias.

ponha e cultive uma certa *liberalidade* da maneira de pensar, isto é, independência da complacência do simples gozo dos sentidos, ainda assim a liberdade é representada antes no *jogo* do que sob uma *ocupação* legal, a qual constitui o autêntico caráter da moralidade do homem, onde a razão tem de fazer violência à sensibilidade, só que no juízo estético sobre o sublime esta violência é representada como exercida pela própria faculdade da imaginação, em vez de por um instrumento da razão.

A complacência no sublime da natureza é por isso também somente *negativa* (em vez disso, a no belo é *positiva*), ou seja, um sentimento da faculdade da imaginação de privar-se por si própria da liberdade, na medida em que ela é determinada conformemente a fins segundo uma lei diversa da do uso empírico. Desse modo, a faculdade da imaginação obtém uma ampliação e um poder maior do que aquele que ela sacrifica e cujo fundamento, porém, está oculto a ela própria; em vez disso, ela *sente* o sacrifício ou a privação e ao mesmo tempo a causa à qual ela é submetida. A *estupefação* – que confina com o pavor, o horror e o estremecimento sagrado que apanha o observador à vista de cordilheiras que se elevam aos céus, de gargantas profundas e águas que irrompem nelas, de solidões cobertas por sombras profundas que convidam à meditação melancólica etc. – não é, na segurança em que o observador se sente, um medo efetivo, mas somente uma tentativa de abandonar-nos a ela com a imaginação, para sentir o poder da mesma faculdade, ligar assim suscitado movimento do ânimo com o seu estado de repouso e deste modo ser superior à natureza em nós próprios, por conseguinte também à natureza fora de nós, na medida em que ela pode ter influência sobre o sentimento de nosso bem-estar. Pois a faculdade da imaginação, quando opera segundo a lei da associação, torna o nosso estado de contentamento fisicamente dependente; mas a mesma, quando opera segundo princípios do esquematismo da faculdade do juízo (consequentemente enquanto subordinada à liberdade), é instrumento da razão e de suas ideias, como tal, porém, é um poder de afirmar nossa independência contra as influências da natureza, de

120 • Crítica da Faculdade do Juízo • Immanuel Kant

rebaixar como pequeno o que de acordo com a primeira[106] é grande e, deste modo, pôr o absolutamente grande somente em sua própria destinação (isto é, do sujeito). Esta reflexão da faculdade de juízo estética para elevar-se[107] à adequação à razão (embora sem um conceito determinado da mesma) representa contudo o objeto como subjetivamente conforme a fins, mesmo através da inadequação objetiva da faculdade da imaginação em sua máxima ampliação em relação à razão (enquanto faculdade das ideias).

Aqui em geral se tem de prestar atenção ao fato, já recordado acima, de que na estética transcendental da faculdade do juízo se tem de falar unicamente de juízos estéticos puros, consequentemente os exemplos não podem ser extraídos de tais objetos belos ou sublimes da natureza que pressupõe o conceito de um fim; pois então se trataria ou de conformidade a fins teleológica ou de conformidade a fins fundando-se sobre simples sensações de um objeto (deleite ou dor); por conseguinte, no primeiro caso não se trataria de conformidade a fins estética e no segundo não se trataria de simples conformidade a fins normal. Se, pois, se chama de *sublime* a visão do céu estrelado, então não se tem que pôr como fundamento do seu ajuizamento conceitos de mundos habitados por entes racionais e a seguir os pontos luminosos, dos quais vemos repleto o espaço sobre nós, como seus sóis movidos em órbitas dispostas para eles bem conformemente a fins, mas se tem que considerá-lo simplesmente do modo como vemos, como uma vasta abóbada que tudo engloba; e simplesmente a esta representação temos de submeter a sublimidade que um juízo estético puro atribui a este objeto. Do mesmo modo não temos de considerar a vista do oceano como o *pensamos*, enriquecidos com toda espécie de conhecimentos (que porém não estão contidos na intuição imediata), por assim dizer como um vasto reino de criaturas aquáticas, como o grande reservatório de água para os vapores que impregnam o

---

106 Erdmann propõe aí o plural "as primeiras"; em C consta "as últimas".
107 Acompanhamos a ed. da Acad., onde Windelband, seguido por Vorländer, torna *erheben* (elevar) reflexivo. Erdmann propõe, em vez, "elevar a natureza".

PRIMEIRA SEÇÃO • ANALÍTICA DA FACULDADE DE JUÍZO ESTÉTICA • 121

ar com nuvens em benefício da terra, ou também como um elemento que na verdade separa entre si partes do mundo, conquanto, porém, torne possível a máxima comunidade entre eles: pois isto fornece puros juízos teleológicos; mas se tem de poder considerar o oceano simplesmente, como o fazem os poetas, segundo o que a vista mostra, por assim dizer se ele é contemplado em repouso, como um claro espelho de água que é limitado apenas pelo céu, mas se ele está agitado, como um abismo que ameaça tragar tudo, e apesar disso como sublime. O mesmo precisa ser dito do sublime e do belo na figura humana, onde não temos de recorrer a conceitos de fins, enquanto fundamento determinantes do juízo e *em vista dos quais* todos os seus membros existem, nem deixar a concordância com eles *influir* sobre o nosso (então não mais puro) juízo estético, embora o fato de que não os contradigam certamente seja uma condição necessária também da complacência estética. A conformidade a fins estética é a conformidade a leis da faculdade do juízo em sua liberdade. A complacência no objeto depende da relação na qual queremos colocar a faculdade da imaginação, desde que ela entretenha por si própria o ânimo em livre ocupação. Se contrariamente alguma outra coisa, seja ela sensação sensorial ou conceito de entendimento, determina o juízo, então ela na verdade é conforme a leis, mas não o juízo de uma *livre* faculdade do juízo.

Portanto, se se fala da beleza ou sublimidade intelectual, então, *em primeiro lugar*, essas expressões não são totalmente corretas, porque são maneiras de representação estéticas que, se fôssemos simplesmente inteligências puras (ou também nos transmutássemos em pensamento nessa qualidade), não se encontrariam absolutamente em nós; *em segundo lugar*, embora ambas, como objetos de uma complacência intelectual (moral), na verdade sejam conciliáveis com a complacência estética na medida em que não *repousam* sobre nenhum interesse, sua unificação com ela é porém difícil, porque deve produzir um interesse que, se a apresentação deve concordar com a complacência no ajuizamento estético, jamais ocorreria neste senão por um interesse sensível conjunto na apresentação, ao preço, porém, de uma ruptura com a conformidade a fins intelectual e de uma perda de pureza.

122 • Crítica da Faculdade do Juízo • Immanuel Kant

O objeto de uma complacência intelectual pura e incondicionada é a lei moral em seu poder, que ela exerce em nós sobre todos e cada um dos motivos do ânimo *que a antecedem*; e visto que este poder propriamente só se dá a conhecer esteticamente por sacrifícios (o que é uma privação, embora em favor da liberdade interna e que, em compensação, descobre em nós uma profundidade imperscrutável desta faculdade suprassensível com suas consequências que se estendem até o imprevisível): assim a complacência do lado estético (em referência à sensibilidade) é negativa, isto é, contrária a esse interesse, porém do lado intelectual é considerada positiva e ligada a um interesse. Disso segue-se que o (moralmente) bom intelectual e em si mesmo conforme a fins, se ajuizado esteticamente, tem de ser representado não tanto como belo quanto, antes, como sublime, de modo que ele desperta mais o sentimento de respeito (o qual despreza o atrativo) do que o de amor e da inclinação íntima; porque a natureza humana *não concorda* com aquele bom tão espontaneamente, mas somente mediante violência que a razão exerce sobre a sensibilidade. Inversamente também aquilo que denominamos sublime na natureza fora de nós ou também em nós (por exemplo, certos afetos) é representado, e assim pode tornar-se interessante somente como um poder de ânimo de elevar-se sobre *certos* obstáculos[108] da sensibilidade através de princípios morais.[109]

Quero deter-me um pouco sobre o último aspecto. A ideia do bom com afeto chama-se *entusiasmo*. Este estado de ânimo parece ser a tal ponto sublime, que comumente se afirma que sem ele nada de grande pode ser feito. Ora bem, todo afeto[110] é cego,

---

108   A: sobre os obstáculos

109   Kant: princípios humanos; corrigido por Hartenstein.

110   *Afetos* são especificamente distintos de *paixões*. Aqueles referem-se meramente ao sentimento; estas pertencem à faculdade de apetição e são inclinações que dificultam ou tornam impossível toda determinabilidade do arbítrio por princípios. Aqueles são impetuosos e impremeditados; estas, duradouras e refletidas; assim a indignação como cólera é um afeto; porém como ódio (sede de vingança) é uma paixão. A última não pode jamais e em nenhuma relação ser denominada sublime, porque no afeto em verdade a liberdade do ânimo é *inibida*; na paixão, porém, é suprimida. (K)

PRIMEIRA SEÇÃO • ANALÍTICA DA FACULDADE DE JUÍZO ESTÉTICA • 123

quer na escolha de um fim, quer na sua execução, mesmo que este tenha sido dado pela razão; pois ele é aquele movimento do ânimo que torna incapaz de promover uma reflexão livre sobre princípios para determinar-se segundo ela.[111] Portanto, ele não pode de maneira alguma merecer uma complacência da razão. Esteticamente, contudo, o entusiasmo é sublime, porque ele é uma tensão das forças mediante ideias, que dão ao ânimo um elã que atua bem mais poderosa e duradouramente que o impulso por representações dos sentidos. Mas (o que parece estranho) mesmo a *ausência de afeto* (*apatheia, phlegma in significatu bono*) de um ânimo que segue enfaticamente seus princípios imutáveis é sublime, e na verdade de um modo muito mais primoroso, porque ela ao mesmo tempo tem do seu lado a complacência da razão pura. Unicamente um tal modo de ser do ânimo chama-se nobre, cuja expressão é posteriormente aplicada também a coisas, por exemplo, edifícios, um vestido, um estilo de escrever, postura corporal etc., quando ela provoca não tanto *estupefação* <*Verwunderung*>, afeto na representação da novidade que ultrapassa a expectativa, quanto *admiração* <*Bewunderung*>, uma estupefação que não cessa com a perda da novidade, o que ocorre quando ideias em sua apresentação concordam sem intenção e sem artifício <*Kunst*> com a complacência estética.

Cada afeto do gênero vigoroso (*animi strenui* – ou seja, que desperta a consciência de nossas forças a vencer toda resistência) é *esteticamente sublime*, por exemplo, a cólera e mesmo o desespero (ou seja, o *indignado*, não o *desencorajado*). Mas o afeto do gênero lânguido (*animum languidum*) – o qual faz mesmo do esforço para resistir um objeto de desprazer, não contém nada de *nobre*, mas pode ser contado como belo do tipo sensível. Por isso as *comoções*, que podem tornar-se fortes até o afeto, são também muito diversas. Têm-se comoções *fortes* e comoções *ternas*. As últimas, quando se elevam até o afeto, não valem nada; a tendência a elas chama-se *sentimentalismo*. Uma dor compassiva que não quer ser consolada, ou à qual nos entregamos premeditadamente quando

---

111   A: torna incapaz determinar-se segundo reflexão livre mediante princípios.

124 • Crítica da Faculdade do Juízo • Immanuel Kant

concerne a males fictícios, até a ilusão pela fantasia como se fossem efetivos, prova e constitui uma alma doce, mas ao mesmo tempo fraca, que mostra um lado belo e na verdade pode ser denominada fantástica, mas nem uma vez sequer entusiástica. Romances, espetáculos chorosos, insípidos preceitos morais que brincam com as chamadas (embora falsamente) atitudes nobres, de fato, porém, tornam o coração seco e insensível à prescrição rigorosa do dever, incapaz de todo respeito pela honra da humanidade em nossa pessoa e pelo direito dos homens (o qual é algo totalmente diverso de sua felicidade) e em geral de todos os princípios sólidos, mesmo um discurso religioso, que recomenda um rastejante e vil granjeamento de favor e simpatia, que abandona toda confiança na capacidade própria de resistência contra o mal em nós, em vez da vigorosa resolução de tentar todas as forças que apesar de toda a nossa fragilidade ainda nos restam, para a superação das inclinações; a falsa humildade, que põe no desprezo de si, no arrependimento lamentoso e fingido e em uma postura meramente sofredora do ânimo a maneira como unicamente se pode ser agradável ao ente supremo; não se conciliam uma vez sequer com aquilo que pode ser contado como beleza, mas muito menos ainda com o que pode ser contado como sublimidade do caráter <Gemütsart>.

Mas também emoções turbulentas, quer sejam ligadas, sob o nome de edificação, a ideias da religião ou a ideias pertencentes simplesmente à cultura, possuidoras de um interesse em sociedade, por mais que elas também ponham em tensão a faculdade da imaginação, de modo nenhum podem reclamar a honra de uma apresentação *sublime* se não abandonam uma disposição de ânimo que, conquanto só indiretamente, tenha influência sobre a consciência de sua força e decisão em relação ao que uma conformidade a fins pura e intelectual comporta (ao suprassensível). Pois, afora isso, todas estas comoções pertencem somente ao *movimento* que de bom grado se exercita em vista da saúde. A agradável fadiga, que se segue a uma tal agitação pelo jogo dos afetos, é um gozo do bem-estar proveniente do restabelecido equilíbrio das diversas forças vitais em nós e que no fim culmina em algo idêntico ao gozo que os libertinos do Oriente consideram tão

PRIMEIRA SEÇÃO • ANALÍTICA DA FACULDADE DE JUÍZO ESTÉTICA • 125

deleitoso, quando eles, por assim dizer, massageiam os seus corpos e suavemente pressionam e deixam vergar todos os seus músculos e artérias; só que lá o princípio motor encontra-se em grande parte em nós; aqui, ao contrário, totalmente fora de nós. Lá alguém crê--se edificado por um sermão, no qual[112] contudo nada é construído (nenhum sistema de máximas boas), ou ter-se tornado melhor por uma tragédia, enquanto simplesmente está contente por um tédio felizmente eliminado. Portanto, o sublime sempre tem de referir--se à *maneira de pensar*, isto é, a máximas para conseguir o domínio do intelectual e das ideias da razão sobre a sensibilidade.

Não se deve recear que o sentimento do sublime venha a perder-se por um tal modo de apresentação abstrato, que em confronto com a sensibilidade é inteiramente negativo; pois a faculdade da imaginação, embora ela acima do sensível não encontre nada sobre o que possa apoiar-se, precisamente por esta eliminação das barreiras da mesma sente-se também ilimitada; e aquela abstração é, pois, uma apresentação do infinito, a qual na verdade, precisamente por isso, jamais pode ser outra coisa que uma apresentação meramente negativa, que, entretanto, alarga a alma. Talvez não haja no Código Civil dos judeus nenhuma passagem mais sublime que o mandamento: "Tu não deves fazer-te nenhuma efígie nem qualquer prefiguração, quer do que está no céu ou na terra ou sob a terra" etc.; este mandamento por si só pode explicar o entusiasmo que o povo judeu em seu período[113] civilizado sentia por sua religião quando se comparava com outros povos, ou aquele orgulho que o maometismo inspirava. Precisamente o mesmo vale também acerca da representação da lei moral e da disposição à moralidade em nós. É uma preocupação totalmente errônea supor que, se a gente se priva de tudo o que ela pode recomendar aos sentidos, ela então não comporte senão uma aprovação fria e sem vida e nenhuma força motriz ou comoção. Trata-se exatamente do contrário; pois lá onde agora os sentidos nada mais veem diante de

---

112 Kant: *indem* (enquanto), corrigido por Erdmann para *in dem* (no qual).
113 A e B: época.

si e a inconfundível e inextinguível ideia da moralidade contudo permanece, seria antes preciso moderar o elã de uma faculdade da imaginação ilimitada para não o deixar elevar-se até o entusiasmo, como, por medo de debilidade dessas ideias, procurar ajuda para elas em imagens e em um aparato infantil. Por isso também governos de bom grado permitiram que se provesse ricamente a religião com o último apetrecho, e assim procuraram tirar do súdito o esforço, mas ao mesmo tempo também a faculdade de estender as suas forças da alma para além das barreiras que se podem pôr arbitrariamente a ele e através das quais se pode mais facilmente manejá-lo como meramente passivo.

Esta apresentação pura, elevadora da alma e meramente negativa da moralidade, não oferece ao contrário nenhum perigo de *exaltação <Schwärmerei>*, a qual *é uma ilusão de ver algo para além de todos os limites da sensibilidade*,[114] isto é, de querer sonhar segundo princípios (delirar com a razão), precisamente porque a apresentação é naquela meramente negativa. Pois a *imperscrutabilidade da ideia da liberdade* impede completamente toda a apresentação positiva; a lei moral, porém, é, em si mesma, suficiente e originalmente determinante em nós, de modo que ela não permite uma vez sequer procurar um fundamento de determinação fora dela. Se o entusiasmo pode comparar-se à *demência*, a *exaltação* pode comparar-se ao desvario, entre os quais o último é o que menos de todas se concilia com o sublime, porque ele é profundamente *<grüblerisch>* ridículo. No entusiasmo, como afeto, a faculdade da imaginação é desenfreada; na exaltação, como paixão arraigada e cismadora, é desregrada. O primeiro é um acidente passageiro, que às vezes pode atingir o entendimento mais sadio; a segunda é uma doença que o destroça.

Simplicidade (conformidade a fins sem artifício *<Kunst>*) é como que o estilo da natureza no sublime, e assim também da moralidade, que é uma segunda natureza (suprassensível), da qual conhecemos somente as leis sem a faculdade suprassensível em

---

114   A: moralidade.

Primeira Seção • Analítica da Faculdade de Juízo Estética • 127

nós próprios de poder alcançar por intuição aquilo que contém o fundamento dessa legislação.

Deve-se observar ainda que, embora a complacência no belo como a no sublime seja nitidamente distinta dos demais ajuizamentos estéticos não somente pela *comunicabilidade* universal, mas que também por esta propriedade ela adquire um interesse em relação à sociedade (na qual ela se deixa comunicar), todavia também o *isolamento de toda a sociedade* é considerado algo sublime se ele repousa sobre ideias que não fazem caso de nenhum interesse sensível. Ser autossuficiente, por conseguinte não precisar de sociedade, sem ser com isso insociável, isto é fugir dela, é algo que se aproxima do sublime, assim como toda liberação de necessidades. Contrariamente, fugir dos homens por *misantropia*, porque se os hostiliza, ou por *antropofobia* (timidez), porque se os teme como inimigos, é em parte odioso, e em parte desprezível. Todavia, existe uma (muito impropriamente chamada) misantropia cuja disposição costuma aparecer com a idade no ânimo de muitos homens bem pensantes, a qual, na verdade, no que concerne à *benevolência*, é suficientemente filantrópica, mas por uma experiência longa e triste desviou-se muito da complacência nos homens; do que dá testemunho a tendência, o retraimento, o desejo fantástico de uma casa de campo retirada, ou também (em pessoas jovens) a felicidade imaginária de poder passar com uma pequena família o tempo de sua vida em uma ilha desconhecida do resto do mundo, a qual os escritores de romances ou os poetas do robinsonadas sabem usar tão bem. Falsidade, ingratidão, injustiça, a infantilidade nos fins por nós próprios considerados importantes e grandes, em cuja persecução os homens cometem mesmo entre si todos os males imagináveis, estão a tal ponto em contradição com a ideia daquilo que eles poderiam ser se quisessem e são tão contrários ao desejo vivo de vê-los melhor, que, para não os odiar já que não se pode amá-los, a renúncia a todas as alegrias em sociedade parece ser somente um sacrifício pequeno. Esta tristeza, não pelos males que o destino inflige a outros homens (da qual a simpatia é a causa), mas pelos que eles cometem contra si próprios (a qual repousa sobre a antipatia em questões de princípios) é sublime porque repou-

128 • Crítica da Faculdade do Juízo • Immanuel Kant

sa sobre ideias, enquanto a primeira somente pode valer, quando muito, como bela. O tão engenhoso quanto profundo Saussure diz, na descrição de suas viagens aos Alpes de Bonhomme, uma das cordilheiras da Savoia: "Reina aí uma certa tristeza insípida." Por isso ele conhecia também uma tristeza interessante, que a vista de um deserto inspira e para o qual os homens gostariam de retirar- -se para não ouvir nem experimentar mais nada do mundo, o qual contudo não tem de ser tão inóspito que ofereça somente uma es- tada altamente penosa para os homens. Faço esta observação so- mente com a intenção de recordar que também a desolação (não a tristeza deprimente) pode ser contada entre os afetos vigorosos, se ela tem seu fundamento em ideias morais; se, porém, é fundada em simpatia e como tal também é amável, ela pertence meramente aos afetos lânguidos, para desse modo chamar a atenção para a disposição de ânimo, que somente no primeiro caso é sublime.

* * *

Pode-se agora comparar com a recém-concluída exposição transcendental dos juízos estéticos também a fisiológica,[115] como um *Burke* e muitos homens perspicazes, entre nós, a elaboraram, para ver aonde leva uma exposição meramente empírica do su- blime e do belo. *Burke*,[116] que nesta espécie de abordagem mere- ce ser considerado como o autor mais importante, descobre por esta via (p. 223 de sua obra) "que o sentimento do sublime fun- damenta-se sobre o instinto de autoconservação e sobre o *medo*, isto é, sobre uma dor que, pelo fato de ela não chegar ao efetivo desmantelamento das partes do corpo, produz movimentos que, pelo fato de purificarem os vasos mais finos ou mais grossos de obstruções perigosas e incômodas, são capazes de provocar sen- sações agradáveis, na verdade não um prazer, mas uma espécie de calafrio complacente, uma certa calma que é mesclada com ter-

---

115 A: psicológica.
116 Burke, Edmund (1729-1797), citado por Kant segundo a tradução alemã de Chr. Garve (Riga, bei Hartknoch 1773) de seu escrito: *Investigações filo- sóficas sobre a origem de nossos conceitos do belo e do sublime.*

PRIMEIRA SEÇÃO • ANALÍTICA DA FACULDADE DE JUÍZO ESTÉTICA • 129

ror". Ele remete (p. 251-252) o belo, que ele funda sobre o amor (e do qual ele contudo quer ver distinguidos os desejos), "ao relaxamento, à distensão e ao adormecimento das fibras do corpo, por conseguinte a um amolecimento, desagregamento, esmorecimento, desfalecimento, a uma morte, um desaparecimento progressivo por deleite". E agora ele confirma este modo de explicação não unicamente através de casos, nos quais a faculdade da imaginação em ligação com o entendimento possa provocar em nós o sentimento tanto do belo como do sublime, mas até com a sensação sensorial <*Sinnesempfindung*>. Como observaçõea psicológicas, essas análises dos fenômenos de nosso ânimo são extremamente belas e fornecem rico material para as pesquisas mais populares da antropologia empírica. Tampouco se pode negar que todas as representações em nós, quer sejam objetivamente apenas sensíveis ou totalmente intelectuais, possam contudo estar ligadas subjetivamente a deleite ou dor, por imperceptíveis que ambas sejam (porque elas em suma afetam o sentimento da vida e nenhuma, enquanto modificação do sujeito, pode ser-lhes indiferente); não se pode sequer negar, como Epicuro afirmava, que *deleite* e *dor* sejam sempre,[117] em última análise, corporais, quer comecem da imaginação ou até de representações do entendimento, porque a vida sem o sentimento do organismo corporal é simplesmente consciência de sua existência, mas nenhum sentimento de bem--estar ou mal-estar, isto é, da promoção ou inibição das forças vitais; porque o ânimo é por si só inteiramente vida, e obstáculos ou promoções têm de ser procurados fora dela e contudo no próprio homem, por conseguinte na ligação com seu corpo.

Se porém se puser a complacência no objeto total e absolutamente no fato que este deleita por atrativo ou comoção, então não se tem de pretender também de nenhum outro que ele dê seu assentimento ao juízo estético que nós proferimos; pois sobre isso interroga cada um com direito somente a seu sentido particular. Em tal caso, porém, cessa também completamente toda censura do

---

117   A: todos.

130 • Crítica da Faculdade do Juízo • Immanuel Kant

gosto; pois se teria que tornar o exemplo, que outros dão pela concordância acidental de seus juízos, um mandamento de aprovação para nós, contra cujo princípio nós contudo presumivelmente nos aporíamos e recorreríamos ao direito natural de submeter o juízo, que repousa sobre o sentimento imediato do próprio bem-estar, ao seu próprio sentido e não o juízo de outros ao sentido deles.

Se, portanto, o juízo de gosto não tiver que valer *egoisticamente*, mas, de acordo com sua natureza interna, isto é, por ele próprio e não em virtude dos exemplos que outros dão de seu gosto, tiver que valer necessariamente como *plural*, se a gente o reconhece como algo que ao mesmo tempo pode reclamar que qualquer um deva dar-lhe sua adesão, então é necessário que tenha como fundamento algum princípio *a priori* (seja ele objetivo ou subjetivo) ao qual jamais se pode chegar por reconhecimento de leis empíricas das mudanças de ânimo; porque estas somente dão a conhecer como se julga, mas não ordenam como se deve julgar, e na verdade de tal modo que o mandamento seja *incondicionado*; os juízos de gosto pressupõem isso enquanto querem ver a complacência conectada *imediatamente* com uma representação. Portanto, a exposição empírica dos juízos estéticos pode sempre constituir o início, com o fim de arranjar a matéria para uma investigação superior; uma exposição transcendental desta faculdade é contudo possível e pertencente essencialmente à crítica do gosto.[118] Pois, sem que o mesmo tivesse princípios *a priori*, ser-lhe-ia impossível dirigir os juízos de outros e, com pelo menos alguma aparência de direito, apresentar pretensões[119] de aprovação ou rejeição a respeito deles.

O resto, pertencente à analítica da faculdade de juízo estética, contém antes de mais nada a[120]

---

118 A: assim, pois, uma exposição transcendental desta faculdade pertence essencialmente à crítica do gosto; pois sem que este...
119 A: juízos.
120 Esta frase faltou na 1ª edição. A dedução que se segue foi aí assinalada como *terceiro livro*. Segundo correspondência de Kant a Kiesewetter, de 20 de abril de 1790, e também segundo Vorländer (p. 127), tratou-se de uma inserção de Kiesewetter, em vez da equivocadamente escrita por Kant

DEDUÇÃO DOS JUÍZOS ESTÉTICOS PUROS[121]

§ 30. *A dedução dos juízos estéticos sobre os objetos da natureza não pode ser dirigida àquilo que nesta chamamos de sublime, mas somente ao belo*

A pretensão de um juízo estético à validade universal para todo sujeito carece, como um juízo que tem de apoiar-se sobre algum princípio *a priori*, de uma dedução (isto é, de uma legitimação de sua presunção) que tem de ser acrescida ainda à sua exposição sempre que uma complacência ou descomplacência concerne à *forma* do *objeto*. Tal é o caso dos juízos de gosto sobre o belo da natureza. Pois a conformidade a fins tem então o seu fundamento no objeto e em sua figura, conquanto ela não indique a relação do mesmo com outros objetos segundo conceitos (para o juízo de conhecimento), mas concerne em geral simplesmente à apreensão desta forma, enquanto ela no ânimo se mostra conforme à *faculdade* tanto dos conceitos como da apresentação dos mesmos (que é idêntica à faculdade de apreensão). Por isso também a respeito do belo da natureza pode-se levantar diversas questões, que concernem à causa desta conformidade a fins de sua forma: por exemplo, como se pode explicar por que a natureza disseminou a beleza tão prodigamente por toda parte, mesmo no fundo do oceano, onde só raramente chega o olho humano (para o qual contudo aquela é unicamente conforme a fins) etc.

Todavia, o sublime da natureza – se proferimos a respeito um juízo estético puro, que não é mesclado com conceitos de perfeição enquanto conformidade a fins objetiva, em cujo caso ele seria um juízo teleológico – pode ser considerado totalmente como sem

---

"terceira seção da analítica da faculdade de juízo estética". Kant considerou adequada a alteração, e mesmo assim preferiu a sua eliminação pura e simples, como pediu que constasse na errata. Cumpre, contudo, ressaltar que esta dedução é independente da Analítica do Sublime.

---

121 "puros" faltou em A.

132 • Crítica da Faculdade do Juízo • Immanuel Kant

forma ou sem figura, contudo como objeto de uma complacência pura, e mostrar conformidade a fins subjetiva da representação dada; e então se pergunta se para o juízo estético desta espécie, além da exposição daquilo que é pensado nele, também pode ser reclamada ainda uma dedução de sua pretensão a algum princípio *a priori* (subjetivo).

A isso responde-se que o sublime da natureza só impropriamente é chamado assim e propriamente só tem que ser atribuído à maneira de pensar, ou muito antes ao fundamento da mesma na natureza humana. A apreensão de um objeto, aliás, sem forma e não conforme a fins, dá meramente motivo para tornar-se consciente deste fundamento, e o objeto é deste modo *usado* subjetivamente conforme a fins, mas não é ajuizado como tal *por si* e em virtude de sua forma (por assim dizer, *species finalis accepta, non data*). Por isso a nossa exposição dos juízos sobre o sublime da natureza era ao mesmo tempo sua dedução. Pois quando decompusemos nos mesmos a reflexão da faculdade do juízo, encontramos neles uma relação conforme a fins das faculdades do conhecimento, que tem de ser posta *a priori* como fundamento da faculdade dos fins (a vontade) e por isso é ela mesma *a priori* conforme a fins: o que pois contém[122] imediatamente a dedução, isto é, a justificação da pretensão de um semelhante juízo a validade universalmente necessária.

Portanto, temos que investigar somente a dedução dos juízos de gosto, isto é, dos juízos sobre a beleza das coisas da natureza e assim resolver em seu todo o problema da inteira faculdade de juízo estética.

§ 31. Do método da dedução dos juízos de gosto

A incumbência de uma dedução, isto é, da garantia da legitimidade de uma espécie de juízos, somente se apresenta quando o juízo reivindica necessidade; o que é também o caso quando ele exige universalidade subjetiva, isto é, o assentimento de qualquer

---

122 A: é.

PRIMEIRA SEÇÃO • ANALÍTICA DA FACULDADE DE JUÍZO ESTÉTICA • 133

um. Apesar disso, ele não é nenhum juízo de conhecimento, mas somente do prazer ou desprazer em um objeto dado, isto é, a presunção de uma conformidade a fins subjetiva válida para qualquer um sem exceção e que não deve fundar-se sobre nenhum conceito da coisa, porque ele é um juízo de gosto.

Já que no último caso não temos de efetuar nenhum juízo de conhecimento, nem teórico, que põe como fundamento pelo entendimento o conceito de uma *natureza* em geral, nem prático (puro), que põe como fundamento a ideia da *liberdade* como dada *a priori* pela razão; e, portanto, não temos de justificar segundo sua validade *a priori* nem um juízo que representa o que uma coisa é, nem que eu tenha de fazer algo para produzi-la; *assim*, deve ser demonstrada para a faculdade do juízo em geral *simplesmente a validade universal* de um juízo *singular*, que expressa a conformidade a fins subjetiva de uma representação empírica da forma de um objeto, para explicar como é possível que algo possa aprazer simplesmente no ajuizamento (sem sensação ou conceito) e – assim como o ajuizamento de um objeto em vista de um *conhecimento* em geral tem regras universais – também a complacência de cada um possa ser proclamada como regra para todo outro.

Se, pois, esta validade universal não deve fundamentar-se sobre uma reunião de votos e uma coleta de informações junto a outros acerca de seu modo de ter sensações <*empfinden*>, mas deve assentar, por assim dizer, sobre uma autonomia do sujeito que julga sobre o sentimento de prazer (na representação dada), isto é, sobre o seu gosto próprio, conquanto não deva tampouco ser derivada de conceitos; assim, um tal juízo – como o juízo de gosto de fato é – tem uma peculiaridade dupla e na verdade lógica; ou seja, *primeiramente* validade universal *a priori*, e contudo não uma universalidade lógica segundo conceitos, mas a universalidade de um juízo singular; *em segundo lugar*, uma necessidade (que sempre tem de assentar sobre fundamentos *a priori*), que, porém, não depende de nenhum argumento *a priori*, através de cuja representação a aprovação, que o juízo de gosto imputa a qualquer um, pudesse ser imposta.

134 • Crítica da Faculdade do Juízo • Immanuel Kant

A resolução destas peculiaridades lógicas, em que um juízo de gosto distingue-se de todos os juízos de conhecimento, se aqui inicialmente abstraímos de todo o conteúdo do mesmo, ou seja, do sentimento de prazer, e comparamos simplesmente a forma estética com a forma dos juízos objetivos, como a lógica os prescreve, será por si só suficiente para a dedução desta singular faculdade. Queremos, portanto, expor antes, elucidadas através de exemplos, estas propriedades características do gosto.

§ 32. Primeira peculiaridade do juízo de gosto

O juízo de gosto determina seu objeto com respeito à complacência (como beleza) com uma pretensão de assentimento de *qualquer um*, como se fosse objetivo.

Dizer "esta flor é bela" significa apenas expressar a própria pretensão à complacência de qualquer um. A amenidade de seu odor não lhe propicia absolutamente nenhuma pretensão. A um este odor deleita, a outro ele faz perder a cabeça. Ora, que outra coisa dever-se-ia presumir disso, senão que a beleza tem de ser tomada como uma propriedade da própria flor, a qual não se guia pela diversidade das cabeças e de tantos sentidos, mas pela qual estes têm que se guiar se querem julgar a respeito? E todavia as coisas não se passam assim. Pois o juízo de gosto consiste precisamente no fato de que ele chama uma coisa de bela somente segundo aquela qualidade, na qual ela se guia pelo nosso modo de acolhê-la.

Além disso, de cada juízo que deve provar o gosto do sujeito, é reclamado que o sujeito[123] deva julgar por si, sem ter necessidade de, pela experiência, andar tateando entre os juízos de outros e através dela instruir-se previamente sobre a complacência ou descomplacência deles no mesmo objeto; por conseguinte, deve proferir seu juízo de modo *a priori* e não só imitação porque uma coisa talvez apraza efetivamente de um modo geral. Dever-se-ia, porém, pensar

---

123 Cf. no original da 1ª edição (A 137) uma outra redação menos clara desta passagem.

Primeira Seção • Analítica da Faculdade de Juízo Estética • 135

que um juízo *a priori* tem de conter um conceito do objeto para cujo conhecimento ele contém o princípio; o juízo de gosto, porém, não se funda absolutamente sobre conceitos e não é em caso algum um conhecimento,[124] mas somente um juízo estético.

Por isso um jovem poeta não se deixa dissuadir, nem pelo juízo do público nem de seus amigos, da persuasão de que sua poesia seja bela; e, se ele lhes der ouvido, isto não ocorre porque ele agora a ajuíza diversamente, mas porque ele encontra em seu desejo de aprovação uma razão para contudo acomodar-se (mesmo contra seu juízo) à ilusão comum, mesmo que (do seu ponto de vista) o público todo tivesse um gosto falso. Só mais tarde, quando a sua faculdade do juízo tiver sido aguçada mais pelo exercício, ele se distanciará espontaneamente de seu juízo anterior, procedendo do mesmo modo com seus juízos que assentem totalmente sobre a razão. O gosto reivindica simplesmente[125] autonomia. Fazer de juízos estranhos fundamentos de determinação do seu seria heteronomia.

Que a gente, com razão, enalteça como modelos as obras dos antigos e chame seus autores de clássicos, como uma espécie de nobreza entre os escritores que pelo seu exemplo dão leis ao povo, parece indicar fontes *a posteriori* do gosto e refutar a autonomia do mesmo em cada sujeito. Todavia poder-se-ia dizer do mesmo modo que os antigos matemáticos, que até agora são considerados modelos propriamente indispensáveis da mais alta solidez e elegância do método sintético, também provaram a nosso respeito uma razão imitadora e uma incapacidade dela de produzir desde si mesma demonstrações rigorosas com a máxima intuição mediante construção de conceitos. Não há absolutamente nenhum uso das nossas forças, por livre que ele possa ser, e mesmo da razão (que tem de haurir todos os seus juízos da fonte comum <*gemeinschaftlichen*> *a priori*), que não incidiria em falsas tentativas se cada sujeito sempre devesse começar totalmente da disposição bruta de sua índole, se outros não o tivessem precedido com as suas tentativas, não

---

124 Erdmann propôs "juízo de conhecimento", com base nas páginas originais 134, 147 e 152, onde essa expressão ocorre.
125 "simplesmente" falta em A.

136 • Crítica da Faculdade do Juízo • Immanuel Kant

para fazer dos seus sucessores simples imitadores, mas para pôr outros a caminho pelo seu procedimento, a fim de procurarem em si próprios os princípios e assim tornarem o seu caminho próprio e frequentemente melhor. Mesmo na religião, onde certamente cada um tem de tomar de si mesmo a regra de seu comportamento, porque ele próprio também permanece responsável por ele e não pode atribuir a outros, enquanto mestres ou predecessores, a culpa de suas faltas, jamais se conseguirá tanto mediante preceitos gerais, que se podem obter de padres ou filósofos ou que também podem ser tomados de si próprio, quanto mediante um exemplo de virtude ou santidade, o qual, estabelecido na história, não torna dispensável a autonomia da virtude a partir da ideia própria e originária da moralidade (*a priori*) ou transforma esta em um mecanismo de imitação. Sucessão, que se refere a um precedente, e não imitação, é a expressão correta para toda influência que produtos de um autor original podem ter sobre outros; o que somente significa: haurir das mesmas fontes das quais aquele próprio hauriu e apreender imitativamente de seu predecessor somente a maneira de proceder no caso. Mas entre todas as faculdades e talentos o gosto é aquele que, porque seu juízo não é determinável mediante conceitos e preceitos, maximamente precisa de exemplos daquilo que na evolução da cultura durante maior tempo recebeu aprovação, para não se tornar logo de novo grosseiro e recair na rudeza das primeiras tentativas.

§ 33. *Segunda peculiaridade do juízo de gosto*

O juízo de gosto não é absolutamente determinável por argumentos como se ele fosse simplesmente subjetivo.

Se alguém não considera belo um edifício ou uma vista ou uma poesia, então, *em primeiro lugar*, ele não se deixa constranger interiormente à aprovação nem mesmo por 100 vozes, que o exaltem todas em alto grau. Ele, na verdade, pode apresentar-se como se essas coisas também lhe aprouvessem, para não ser considerado sem gosto; ele pode até começar a duvidar se ele também formou suficientemente o seu gosto pelo conhecimento de um número satisfa-

PRIMEIRA SEÇÃO • ANALÍTICA DA FACULDADE DE JUÍZO ESTÉTICA • 137

tório de objetos de uma certa espécie (como alguém que a distância crê reconhecer como uma floresta algo que todos os outros consideram uma cidade duvida do juízo de sua própria vista). Ele, no entanto, tem a perspiciência clara de que a aprovação de outros não fornece absolutamente nenhuma prova válida para o ajuizamento da beleza; que outros quando muito podem ver e observar por ele, e o que vários viram da mesma maneira pode servir para o juízo teórico, por conseguinte lógico,[126] como um argumento suficiente para ele que creu tê-lo visto diferentemente, jamais porém o que aprouve a outros pode servir como fundamento de um juízo estético. O juízo de outros desfavorável a nós na verdade pode com razão tornar-nos hesitantes com respeito ao nosso juízo, jamais porém pode convencer-nos da sua incorreção. Portanto, não existe nenhum *argumento* empírico capaz de impor um juízo de gosto a alguém.

Em segundo lugar, uma prova *a priori* segundo regras determinadas pode menos ainda determinar o juízo sobre a beleza. Se alguém me lê sua poesia ou leva-me a um espetáculo que ao final não satisfará meu gosto, então ele pode invocar *Batteux*[127] ou *Lessing* ou críticos do gosto ainda mais antigos e mais famosos e todas as regras estabelecidas por eles como prova de que sua poesia é bela; também certas passagens que precisamente não me aprazem podem perfeitamente concordar com regras da beleza (assim como lá são dadas e reconhecidas universalmente): eu tapo os meus ouvidos, não quero ouvir nenhum princípio e nenhum raciocínio, e antes admitirei que aquelas regras dos críticos são falsas ou que pelo menos aqui não é o caso de sua aplicação, do que devesse eu deixar determinar meu juízo por argumentos *a priori*, já que ele deve ser um juízo de gosto e não do entendimento ou da razão.

Parece que esta é uma das razões principais pelas quais se reservou a esta faculdade de juízo estética precisamente o nome de gosto. Pois alguém pode enumerar-me todos os ingredientes de uma comida e observar sobre cada um que ele aliás me é agradá-

---

126   "por conseguinte lógico" falta em A.
127   Batteux, Charles (1713-1780), estético francês.

138 • Crítica da Faculdade do Juízo • Immanuel Kant

vel, além disso pode, com razão, elogiar o caráter saudável dessa comida; todavia sou surdo a todos esses argumentos, eu provo o prato em *minha* língua e meu paladar, e, de acordo com isso, não segundo princípios universais, profiro meu juízo.

De fato o juízo de gosto é sempre proferido como um juízo singular sobre o objeto. O entendimento pode, pela comparação do objeto sob o aspecto da complacência com o juízo de outros, formar um juízo universal: por exemplo, "todas as tulipas são belas", mas este então não é nenhum juízo de gosto e sim um juízo lógico, que faz da relação de um objeto ao gosto o predicado das coisas de uma certa espécie em geral. Unicamente aquilo, porém, pelo qual considero uma dada tulipa singular bela, isto é, considero minha complacência nela válida universalmente, é um juízo de gosto. Sua peculiaridade, porém, consiste em que, embora ela tenha validade meramente subjetiva, ele contudo estende a sua pretensão a *todos* os sujeitos, como se ele pudesse ocorrer sempre caso fosse um juízo objetivo, que assenta sobre fundamentos cognitivos, e pudesse ser imposto mediante uma prova.

§ 34. *Não é possível nenhum princípio objetivo de gosto*

Por um princípio de gosto entender-se-ia uma premissa sob cuja condição se pudesse subsumir o conceito de um objeto e então, por uma inferência, descobrir que ele é belo. Mas isto é absolutamente impossível. Pois eu tenho de sentir o prazer imediatamente na representação do objeto, e ele não pode ser-me impingido por nenhum argumento. Pois embora os críticos, como diz *Hume*, possam raciocinar mais plausivelmente do que cozinheiros, possuem contudo destino idêntico a estes. Eles não podem esperar o fundamento de determinação de seu juízo da força de argumentos, mas somente da reflexão do sujeito sobre seu próprio estado (de prazer ou desprazer), com rejeição de todos os preceitos e regras.

Aquilo, porém, sobre o que os críticos podem e devem raciocinar, de modo que se alcance a correção e amplificação de nossos juízos de gosto, não consiste na exposição em uma forma universal e aplicável do fundamento da determinação desta espécie de juí-

PRIMEIRA SEÇÃO • ANALÍTICA DA FACULDADE DE JUÍZO ESTÉTICA • 139

zos estéticos, o que é impossível; mas na investigação da faculdade 144
de conhecimento e sua função nestes juízos e na decomposição
em exemplos da recíproca conformidade a fins subjetiva, acerca
da qual foi mostrado acima que sua forma em uma representação dada é a beleza do seu objeto. Portanto, a própria crítica do
gosto é somente subjetiva com respeito à representação pela qual
o objeto nos é dado; ou seja, ela é a arte ou ciência de submeter a
regras a relação recíproca do entendimento e da sensibilidade na
representação dada (sem referência a sensação ou conceito precedentes), por conseguinte a unanimidade ou não unanimidade de
ambos, e de determiná-los com respeito às suas condições. Ela é
arte, se mostra isso somente por meio de exemplos; ela é *ciência*,
se deduz a possibilidade de um tal ajuizamento da natureza desta
faculdade como faculdade de conhecimento em geral. Aqui só temos a ver com a última enquanto crítica transcendental. Ela deve
desenvolver e justificar o princípio subjetivo do gosto como um
princípio *a priori* da faculdade do juízo. A crítica como arte procura meramente aplicar as regras fisiológicas (aqui psicológicas),
por conseguinte empíricas, segundo as quais o gosto efetivamente
procede (sem refletir sobre a sua possibilidade), ao ajuizamento de
seus objetos e critica os produtos da arte bela, assim como *aquela*
critica a própria faculdade de ajuizá-los.

§ 35. O princípio do gosto é o princípio subjetivo da faculdade do juízo em geral

145

O juízo do gosto distingue-se do juízo lógico no fato de que o
último subsume uma representação a conceitos do objeto, enquanto o primeiro não subsume absolutamente a um conceito, porque
do contrário a necessária aprovação universal poderia ser imposta
através de provas. Não obstante, ele é semelhante ao juízo lógico no
fato de que ele afirma uma universalidade e necessidade, mas não
segundo conceitos do objeto, consequentemente apenas subjetiva.
Ora, visto que em um juízo os conceitos formam o seu conteúdo (o
pertencente ao conhecimento do objeto), porém o juízo de gosto
não é determinável por conceitos, assim ele se funda somente so-

bre a condição formal subjetiva de um juízo em geral. A condição subjetiva de todos os juízos é a própria faculdade de julgar ou a faculdade do juízo. Utilizada com respeito a uma representação pela qual um objeto é dado, esta faculdade requer a concordância de duas faculdades de representação, a saber, da faculdade da imaginação (para a intuição e a composição[128] do múltiplo da mesma) e do entendimento (para o conceito como representação da unidade desta compreensão). Ora, visto que aqui não se encontra nenhum conceito de objeto como fundamento do juízo, assim ele somente pode consistir na subsunção da própria faculdade da imaginação (em uma representação pela qual um objeto é dado) à condição[129] de que o entendimento em geral chegue da intuição a conceitos. Isto é, visto que a liberdade da faculdade da imaginação consiste no fato de que esta esquematiza sem conceitos, assim o juízo de gosto tem que assentar sobre uma simples sensação das faculdades reciprocamente vivificantes da imaginação em sua *liberdade* e do entendimento com sua *conformidade a leis*, portanto, sobre um sentimento que permite ajuizar o objeto segundo a conformidade final da representação (pela qual um objeto é dado) à promoção da faculdade de conhecimento[130] em seu livre jogo; e o gosto enquanto faculdade de juízo subjetiva contém um princípio da subsunção, mas não das intuições sob *conceitos* e sim da *faculdade* das intuições ou apresentações (isto é, da faculdade da imaginação) sob a *faculdade* dos conceitos (isto é, o entendimento), na medida em que a primeira em *sua liberdade* concorda com a segunda *em sua conformidade a leis*.

Para agora descobrir, mediante uma dedução dos juízos de gosto, este fundamento de direito, somente podem servir-nos de fio condutor as peculiaridades formais desta espécie de juízos, por conseguinte na medida em que seja considerada neles simplesmente a forma lógica.

---

128   Erdmann: compreensão.
129   Kant: condição; corrigido por Windelband.
130   Erdmann: das faculdades de conhecimento.

PRIMEIRA SEÇÃO • ANALÍTICA DA FACULDADE DE JUÍZO ESTÉTICA • 141

§ 36. *Do problema de uma dedução dos juízos de gosto*

Pode-se ligar imediatamente à percepção de um objeto, para um juízo de conhecimento, o conceito de um objeto em geral, do qual aquela contém os predicados empíricos, e deste modo produzir um juízo de experiência. Ora, à base deste juízo situam-se conceitos *a priori* da unidade sintética do múltiplo da intuição para pensá-lo como determinação de um objeto; e estes conceitos (as categorias) requerem uma dedução, que também foi fornecida na *crítica da razão pura*, pela qual, pois, também pôde efetuar-se a solução do problema: como são possíveis juízos de conhecimento sintéticos *a priori*? Portanto, este problema concerniu aos princípios *a priori* do entendimento puro e de seus juízos teóricos.

Mas se pode também ligar imediatamente a uma percepção um sentimento de prazer (ou desprazer) e uma complacência, que acompanha a representação do objeto e serve-lhe de predicado, e assim pode surgir um juízo estético que não é nenhum juízo de conhecimento. Se um tal juízo não é um simples juízo de sensação, mas um juízo de reflexão formal que imputa esta complacência a qualquer um como necessária, tem de encontrar-se à sua base algo como princípio *a priori*, o qual, todavia, pode ser um princípio simplesmente subjetivo (na suposição de que um princípio objetivo devesse ser impossível a tal espécie de juízos), mas também como tal precisa de uma dedução, para que se compreenda como um juízo estético possa reivindicar necessidade. Ora, sobre isso funda-se o problema com o qual nos ocupamos agora: como são possíveis juízos de gosto? Portanto, este problema concerne aos princípios *a priori* da faculdade de juízo pura em juízos estéticos, isto é, naqueles em que ela não tem de simplesmente subsumir (como nos teóricos) sob conceitos objetivos do entendimento e não está sob uma lei, mas em que ela é subjetivamente para si própria tanto objeto como lei.

Este problema também pode ser representado do seguinte modo: como é possível um juízo que, simplesmente a partir do sentimento *próprio* de prazer em um objeto, independentemente de seu conceito, ajuíze *a priori*, isto é, sem precisar esperar por

142 • Crítica da Faculdade do Juízo • Immanuel Kant

assentimento estranho, este prazer como unido à representação do mesmo objeto *em todo outro sujeito?*

O fato de que juízos de gosto são sintéticos pode descortinar-se facilmente, porque eles ultrapassam o conceito e mesmo a intuição do objeto e acrescentam a esta, como predicado, algo que absolutamente jamais é conhecimento, a saber, o sentimento de prazer (ou desprazer). Mas que, apesar de o predicado (do prazer *próprio* ligado à representação) ser empírico, esses juízos, contudo, no que concerne ao requerido assentimento *de qualquer um*, sejam *a priori* ou queiram ser considerados como tais, já estão igualmente contidos nas expressões de uma pretensão: e assim este problema da *crítica da faculdade do juízo* pertence ao problema geral da filosofia transcendental: como são possíveis juízos sintéticos *a priori?*

§ 37. Que é propriamente afirmado a priori de um objeto em um juízo de gosto?

O fato de que a representação de um objeto seja ligada imediatamente a um prazer somente pode ser percebido internamente e, se não se quisesse denotar nada além disso, forneceria um simples juízo empírico. Pois não posso ligar *a priori* um conceito determinado (de prazer ou desprazer) a nenhuma representação, a não ser onde um princípio *a priori* determinante da vontade encontra-se como fundamento na razão. Já que, pois, o prazer (em sentido moral) é a consequência desta determinação, ele não pode ser de modo algum comparado com o prazer no gosto, porque ele requer um conceito determinado de uma lei; contrariamente, o prazer no gosto deve ser ligado imediatamente ao simples ajuizamento antes de todo conceito. Por isso também todos os juízos de gosto são juízos singulares, pois eles ligam seu predicado da complacência não a um conceito mas a uma representação empírica singular dada.

Portanto, não é o prazer, mas a *validade universal deste prazer*, que é percebida como ligada no ânimo ao simples ajuizamento de um objeto, e que é representada *a priori* em um juízo de gosto como regra universal para a faculdade do juízo e válida para qual-

PRIMEIRA SEÇÃO • ANALÍTICA DA FACULDADE DE JUÍZO ESTÉTICA • 143

quer um. É um juízo empírico o fato de que eu perceba e ajuíze um objeto com prazer. É porém um juízo *a priori* que eu o considere belo, isto é, que eu devo imputar aquela complacência a qualquer um como necessária.

§ 38. *Dedução dos juízos de gosto*

Se se admite que um puro juízo de gosto a complacência no objeto esteja ligada ao simples ajuizamento de sua forma, então não resta senão a conformidade a fins subjetiva desta com respeito à faculdade do juízo, que temos a sensação de estar ligada no ânimo à representação do objeto. Ora, visto que a faculdade do juízo com respeito às regras formais do ajuizamento e sem nenhuma matéria (nem sensação sensorial nem conceito) somente pode estar dirigida às condições subjetivas do uso da faculdade do juízo em geral (que não está ordenada[131] nem ao particular modo de ser do sentido, nem a um particular conceito do entendimento), e consequentemente àquele subjetivo que se pode pressupor em todos os homens (como requerido para o conhecimento possível em geral); assim a concordância de uma representação com estas condições da faculdade do juízo tem de poder ser admitida *a priori* como válida para qualquer um. Isto é, o prazer ou a conformidade a fins subjetiva da representação com respeito à relação das faculdades de conhecimento no ajuizamento de um objeto sensível em geral pode ser, com razão, imputada a qualquer um.[132]

151

---

131 A: limitada.
132 Para ter direito a reivindicar um assentimento universal em um juízo da faculdade de juízo estética, baseado simplesmente sobre fundamentos subjetivos, é suficiente que se conceda: 1) que em todos os homens as condições subjetivas desta faculdade são idênticas com respeito à relação das faculdades de conhecimento aí postas em atividade em vista de um conhecimento em geral; o que tem de ser verdadeiro, pois do contrário os homens não poderiam comunicar entre si suas representações e mesmo o conhecimento; 2) que o juízo tomou em consideração simplesmente esta relação (por conseguinte a *condição formal* da faculdade do juízo) e é puro, isto é, não está mesclado nem com conceitos do objeto nem com sensações

OBSERVAÇÃO

Esta dedução é tão fácil porque ela não tem necessidade de justificar nenhuma realidade objetiva de um conceito; pois beleza é nenhum conceito do objeto, e o juízo de gosto não é nenhum juízo de conhecimento.[133] Ele afirma somente que estamos autorizados a pressupor universalmente em cada homem as mesmas condições subjetivas da faculdade do juízo que encontramos em nós, e, ainda, que sob estas condições subsumimos corretamente o objeto dado. Ora, conquanto este último ponto contenha dificuldades inevitáveis, que não são inerentes à faculdade de juízo lógica porque nesta se subsume sob conceitos, na faculdade de juízo estética, porém sob uma relação – que meramente pode ser sentida – da faculdade da imaginação e do entendimento reciprocamente concordantes entre si na forma representada do objeto, em cujo caso a subsunção facilmente pode enganar; mas com isso não se tira nada da legitimidade da pretensão da faculdade do juízo de contar com um assentimento universal, a qual somente termina no julgar a correção do princípio a partir de fundamentos subjetivos de um modo válido para qualquer um. Pois, no que concerne à dificuldade e à dúvida quanto à correção da subsunção àquele princípio, ela torna tampouco duvidosa a legitimidade da pretensão a esta validade de um juízo estético em geral, por conseguinte o próprio princípio, quanto à igualmente errônea (embora não tão frequente e fácil) subsunção da faculdade de juízo lógica ao seu princípio pode tornar duvidoso

---

enquanto razões determinantes. Se também a respeito deste último ponto foi cometido algum erro, então ele concerne somente à aplicação incorreta a um caso particular da autorização que uma lei nos dá; mas com isso a autorização em geral não é suprimida. (K)

---

133 Fica claro que Kant concluiu aqui a presente Dedução, embora os §§ 39 e 40 possam considerar-se complementares a sua argumentação. O que importa é ter em mente que os parágrafos subsequentes até o § 54 nada mais têm a ver com a Dedução, apesar da falha de ordenação e de apresentação dos mesmos. Constitui, pois, um erro, não só de algumas traduções mas da própria edição da Academia, encabeçar todas estas páginas com a repetição do título "Dedução dos juízos estéticos".

PRIMEIRA SEÇÃO • ANALÍTICA DA FACULDADE DE JUÍZO ESTÉTICA • 145

este princípio, que é objetivo. Se, porém, a questão fosse como é possível admitir *a priori* a natureza como um complexo de objetos do gosto, então este problema teria relação com a teleologia; porque teria de ser considerado como um fim da natureza – que seria essencialmente inerente a seu conceito – apresentar formas conformes a fins para a nossa faculdade do juízo. Mas a correção desta suposição é ainda muito duvidosa, enquanto a efetividade das belezas da natureza permanece aberta à experiência.

§ 39. *Da comunicabilidade de uma sensação*

Quando a sensação, como o real da percepção, é referida ao conhecimento, ela se chama sensação sensorial <*Sinnesempfindung*> e o específico de sua qualidade pode ser representado como exaustivamente comunicável da mesma maneira, desde que se admita que qualquer um tenha um sentido igual ao nosso; mas isto não se pode absolutamente pressupor de uma sensação sensorial. Assim esta espécie de sensação não pode ser comunicada àquele a quem falta o sentido do olfato; e mesmo quando ele não lhe falta não se pode contudo estar seguro de que ele tenha de uma flor exatamente a mesma sensação que nós temos. Mas temos de nos representar uma diferença ainda maior entre os homens com respeito à *amenidade* ou *desamenidade* na sensação do mesmo objeto dos sentidos, e não se pode absolutamente pretender que o prazer em semelhantes objetos seja reconhecido por qualquer um. Pode-se chamar esta espécie de prazer de prazer do *gozo*, porque ele nos advém ao ânimo pelo sentido, e nós, neste caso, somos, portanto, passivos.

A complacência em uma ação em vista de sua natureza moral não é, contrariamente, nenhum prazer do gozo, mas da autoatividade e da sua conformidade à ideia de uma destinação. Este sentimento, que se chama moral, requer, porém, conceitos e não apresenta nenhuma conformidade a fins livre mas legal; portanto, não permite também comunicar-se universalmente senão pela razão e, se o prazer deve ser idêntico em qualquer um, por bem determinados conceitos práticos da razão.

O prazer no sublime da natureza, enquanto prazer da contemplação raciocinante, na verdade, reivindica também participação universal, mas já pressupõe um outro sentimento, a saber, o de sua destinação suprassensível, o qual, por mais obscuro que possa ser, tem uma base moral. Não estou absolutamente autorizado a pressupor que outros homens tomem esse sentimento em consideração e encontrem na contemplação da grandeza selvagem da natureza uma complacência (que verdadeiramente não pode ser atribuída a seu aspecto e que é antes aterrorizante). Todavia, considerando que em cada ocasião propícia se devesse ter em vista aquelas disposições morais, posso também imputar a qualquer um aquela complacência, mas somente através da lei moral, que é por sua vez fundada sobre conceitos da razão.

155   Contrariamente, o prazer no belo não é nem um prazer do gozo, nem de uma atividade legal, tampouco da contemplação raciocinante segundo ideias; mas um prazer da simples reflexão. Sem ter por guia qualquer fim ou princípio, este prazer acompanha a apreensão comum de um objeto pela faculdade da imaginação enquanto faculdade da intuição, em relação com o entendimento enquanto faculdade dos conceitos, mediante um procedimento da faculdade do juízo, o qual tem de exercê-la também em vista da experiência mais comum; só que aqui ela é obrigada a fazê-lo para perceber um conceito objetivo empírico; lá, porém (no ajuizamento estético), simplesmente para perceber a conveniência da representação à ocupação harmônica (subjetivamente conforme a fins) de ambas as faculdades de conhecimento em sua liberdade, isto é, ter a sensação de prazer do estado da representação. Em qualquer um este prazer necessariamente tem de assentar sobre idênticas condições, porque elas são condições subjetivas da possibilidade de um conhecimento em geral, e a proporção destas faculdades de conhecimento, que é requerida para o gosto, também é exigida para o são e comum entendimento que se pode pressupor em qualquer um. Justamente por isso também aquele que julga com gosto (contanto que ele não se engane nesta consciência e não tome a matéria
156   pela forma, o atrativo pela beleza) pode imputar a qualquer outro a

Primeira Seção • Analítica da Faculdade de Juízo Estética • 147

conformidade a fins subjetiva, isto é, a sua complacência no objeto, e admitir o seu sentimento como universalmente comunicável e na verdade sem mediação dos conceitos.

§ 40. *Do gosto como uma espécie de* sensus communis

Frequentemente se dá à faculdade do juiz, quando é perceptível não tanto a sua reflexão mas muito mais o seu resultado, o nome de um sentido e fala-se de um sentido de verdade, de um sentido de conveniência, de justiça etc.; conquanto sem dúvida se saiba, pelo menos razoavelmente se deveria saber, que não é num sentido que estes conceitos podem ter sua sede e menos ainda que um sentido tenha a mínima capacidade de pronunciar-se sobre regras universais, mas que um representação desta espécie sobre verdade, conveniência, beleza ou justiça jamais poderia ocorrer-nos ao pensamento se não pudéssemos elevar-nos sobre os sentidos até faculdades de conhecimento superiores. *O entendimento humano comum <der gemeine Menschenverstand>*, que como simples são entendimento (ainda não cultivado), é considerado o mínimo que sempre se pode esperar de alguém que pretenda chamar-se homem, tem por isso também a honra não lisonjeira de ser cunhado pelo nome de senso comum (*sensus communis*); e na verdade[134] de tal modo que pelo termo *comum* (não meramente em nossa língua, que, nesse caso, efetivamente contém uma ambiguidade, mas também em várias outras) entende-se algo como o *vulgare*, que se encontra por toda a parte e cuja posse absolutamente não é nenhum mérito ou vantagem.

Por *sensus communis*, porém, tem-se que entender a ideia de um sentido *comunitário <gemeinschaftlichen>*, isto é, de uma faculdade de ajuizamento que em sua reflexão toma em consideração em pensamento (*a priori*) o modo de representação de qualquer *outro*, como que para ater o seu juízo à inteira razão humana e assim escapar à ilusão que, a partir de condições privadas subjetivas – as quais facilmente poderiam ser tomadas por objetivas – teria

---

134 "na verdade" falta em A.

148 • Crítica da Faculdade do Juízo • Immanuel Kant

influência prejudicial sobre o juízo. Ora, isto ocorre pelo fato de que a gente atém seu juízo a juízos não tanto efetivos quanto, antes, meramente possíveis de outros e transpõe-se ao lugar de qualquer outro, na medida em que simplesmente abstrai das limitações que acidentalmente aderem ao nosso próprio ajuizamento; o que é por sua vez produzido pelo fato de que na medida do possível elimina-se aquilo que no[135] estado da representação é matéria, isto é, sensação, e presta-se atenção pura e simplesmente às peculiaridades formais de sua representação ou de seu estado de representação. Ora, esta operação da reflexão talvez pareça ser demasiadamente artificial para atribuí-la à faculdade que chamamos de sentido *comum*; ela, todavia, só se parece assim se a gente expressa-a em fórmulas abstratas; em si nada é mais natural do que abstrai de atrativo e comoção se se procura um juízo que deve servir de regra universal.

As seguintes máximas do entendimento humano comum na verdade não contam aqui como partes da crítica do gosto, e contudo podem servir para a elucidação de seus princípios: 1. pensar por si; 2. pensar no lugar de qualquer outro; 3. pensar sempre em acordo consigo próprio. A primeira é a máxima da maneira de pensar livre de preconceito[136] <*Vorurteil*>; a segunda, a da maneira

---

135 A: no nosso.

136 Em português, com a tradução do termo alemão *Vorurteil* (com a mesma estrutura do termo latino *praeiudicium*) por "preconceito", a referência ao juízo, que lhe é essencial, fica perdida. O dicionário *Wahrig* define *Vorurteil* como uma "opinião antecipada sem exame dos fatos", o que nós poderíamos chamar de juízo acrítico ou irrefletido = um pré-juízo. O nosso *Aurélio* não define preconceito diferentemente: "1. Conceito ou opinião formados antecipadamente, sem maior ponderação ou conhecimento dos fatos...; 2. Julgamento ou opinião formada sem se levar em conta o fato que os conteste; prejuízo". Em português, "prejuízo" tem o sentido dominante, por assim dizer exclusivo, de dano (veja acima nessa mesma alínea a expressão "influência prejudicial" <*nachteiliger Einfluss*>); quando ao invés em latim (cf. o dicionário latino-alemão *Georges*) este último (o dano) é apenas secundariamente o sentido do resultado (da desvantagem) de uma decisão preconcebida, isto é, de um *prae-iudicium*. Querer reformar no português a tradução desse termo, tanto mais insatisfatória quando se insere no âmbito de uma teoria do juízo, parece a esta altura como pretender

PRIMEIRA SEÇÃO • ANALÍTICA DA FACULDADE DE JUÍZO ESTÉTICA • 149

de pensar *alargada*; a terceira, a da maneira de pensar consequente. A primeira é a máxima de uma razão jamais *passiva*. A propensão a esta, por conseguinte a heteronomia da razão, chama-se *preconceito*; e o maior de todos eles é o de representar-se a natureza como não submetida a regras que o entendimento por sua própria lei essencial põe-lhe como fundamento, isto é, a *superstição*. Libertação da superstição chama-se *esclarecimento*,[137] porque, embora esta denominação também convenha à libertação de preconceitos em geral, aquela contudo merece preferentemente (*in sensu eminenti*) ser denominada um preconceito, na medida em que a cegueira, na qual a superstição lança alguém e que até impõe como obrigação, dá a conhecer principalmente a necessidade de ser guiado por outros, por conseguinte o estado de uma razão passiva. No que concerne à segunda máxima da maneira de pensar, estamos afora isso bem acostumados a chamar de limitado (estreito, o contrário de alargado) aquele cujos talentos não bastam para nenhum grande uso (principalmente intensivo). Todavia, aqui não se trata da faculdade de conhecimento, mas da maneira de pensar, de fazer dela um uso conveniente <*zweckmässig*>;

---

remar contra a maré. E no entanto uma língua não deveria constituir-se somente a partir do uso, mas também da razão. Uma língua desprovida de razão, de acordo com Kant, a seguir, cede à heteronomia, isto é, ao preconceito. Cumpre todavia ressaltar que para Kant o preconceito não é um simples juízo provisório e irrefletido, e sim um juízo provisório *tomado com o princípio*, gerando consequentemente juízos falsos. Ele não é um simples juízo falso, mas dele *derivam* juízos falsos (cf. Lógica A, p. 116 e segs.).

---

137 Vê-se logo que o Esclarecimento <*Aufklärung*> na verdade *in thesi* é fácil, *in hypothesi*, porém, é uma coisa difícil e lentamente realizável, porque não ser com sua razão passivo mas sempre a si próprio legislador é na verdade algo totalmente fácil ao homem que quer ser conforme apenas ao seu fim essencial e não pretende conhecer o que está acima de seu entendimento. Mas visto que a aspiração ao último não é sequer evitável e que jamais faltarão outros que prometem com muita segurança poder satisfazer esse apetite de saber, assim tem de ser muito difícil conservar ou produzir na maneira de pensar (tanto mais na pública) o simplesmente negativo (que constitui o verdadeiro esclarecimento). (K)

150 • Crítica da Faculdade do Juízo • Immanuel Kant

a qual, por menores que também sejam o âmbito e o grau que o dom natural do homem atinja, mesmo assim denota uma pessoa com *maneira de pensar alargada*, quando ela não se importa com as condições privadas subjetivas do juízo, dentro das quais tantos outros estão como que postos entre parênteses, e reflete sobre o seu juízo desde um *ponto de vista universal* (que ele somente pode determinar enquanto se imagina no ponto de vista dos outros). A terceira máxima, ou seja, a da maneira de pensar *consequente*, é a mais difícil de se alcançar e também só pode ser alcançada pela ligação das duas primeiras e segundo uma observância reiterada da mesma, convertida em perfeição. Pode-se dizer: a primeira dessas máximas é a máxima do entendimento; a segunda, a da faculdade do juízo; a terceira, a da razão.

Eu retomo o fio interrompido por este episódio e digo que o gosto com maior direito que o são entendimento pode ser chamado de *sensus communis*; e que a faculdade de juízo estética, antes que a intelectual, pode usar o nome de um sentido comunitário,[138] se se quiser empregar o termo "sentido" como um efeito da simples reflexão sobre o ânimo, pois então se entende por sentido o sentimento de prazer. Poder-se-ia até definir o gosto pela faculdade de ajuizamento daquilo que torna o nosso sentimento *universalmente comunicável* em uma representação dada, sem mediação de um conceito.

A aptidão do homem para comunicar seus pensamentos requer também uma relação entre a faculdade de imaginação e o entendimento para remeter intuições a conceitos e por sua vez[139] conceitos a intuições, que confluem em um conhecimento; mas em tal caso a consonância de ambas as faculdades do ânimo é *legal* sob a coerção de conceitos determinados. Somente onde a faculdade da imaginação em sua liberdade desperta o entendimento, e este sem conceitos traslada a faculdade da imaginação a um jogo regular, aí a representação comunica-se não como pensamento mas como sentimento interno de um estado de ânimo conforme a fins.

---

138 Pode-se designar o gosto como *sensus communis aestheticus* e o entendimento humano comum como *sensus communis logicus*. (K)

139 "por sua vez" falta em A.

PRIMEIRA SEÇÃO • ANALÍTICA DA FACULDADE DE JUÍZO ESTÉTICA • 151

Portanto, o gosto é a faculdade de ajuizar *a priori* a comunicabilidade dos sentimentos que são ligados a uma representação dada (sem mediação de um conceito).

Se se pudesse admitir que a simples comunicabilidade universal de seu sentimento já tem de comportar em si um interesse por nós (o que, porém, não se está autorizado a concluir a partir da natureza de uma faculdade de juízo meramente reflexiva), então poder-se-ia explicar a si próprio a partir de que o sentimento no juízo do gosto é atribuído quase como um dever a qualquer um.

§ 41. Do interesse empírico pelo belo

Foi suficientemente demonstrado acima que o juízo de gosto, pelo qual algo é declarado belo, não tem de possuir como *fundamento determinante* nenhum interesse. Mas disso não se segue que depois que ele foi dado como juízo estético não se lhe possa ligar nenhum interesse. Esta ligação, porém, sempre poderá ser somente indireta, isto é, o gosto tem de ser representado antes de mais nada como ligado a alguma outra coisa para poder ainda conectar, com a complacência da simples reflexão sobre um objeto, um *prazer na existência* do mesmo (no qual consiste todo interesse). Pois aqui no juízo estético vale o que é dito no juízo de conhecimento (sobre coisas em geral): *a posse ad esse non valet consequentia*. Ora, esta outra coisa pode ser algo empírico, a saber, uma inclinação que é própria da natureza humana, ou algo intelectual como propriedade da vontade de poder ser determinada *a priori* pela razão. Ambas contêm uma complacência na existência de um objeto e assim podem colocar o fundamento de um interesse naquilo que já aprouve por si sem consideração de qualquer interesse.

Empiricamente o belo interessa somente em sociedade; e se se admite o impulso *à* sociedade como natural ao homem, *mas* a aptidão e a propensão a ela, isto é, a *sociabilidade*, como requisito do homem enquanto criatura destinada à sociedade, portanto como propriedade pertencente à *humanidade*, então não se pode também deixar de considerar o gosto como uma faculdade de ajuizamento de tudo aquilo pelo qual se pode comunicar mesmo sem o seu *sentimento* a qualquer outro, por conseguinte como meio de promoção daquilo que a inclinação natural de cada um reivindica.

152 • Crítica da Faculdade do Juízo • Immanuel Kant

Um homem abandonado em uma ilha deserta não adornaria para si só nem sua choupana nem a si próprio, nem procuraria flores, e muito menos as plantaria para enfeitar-se com elas; mas só em sociedade ocorre-lhe ser não simplesmente homem, mas também um homem fino à sua maneira (o começo da civilização); pois como tal ajuiza-se aquele que é inclinado e apto a comunicar seu prazer a outros e ao qual um objeto não satisfaz se não pode sentir a complacência do mesmo em comunidade com outros. Cada um também espera e exige de qualquer outro a consideração pela comunicação universal, como que a partir de um contrato originário que é ditado pela própria humanidade. E assim certamente de início somente atrativos, por exemplo, cores para pintar-se (*rocou* entre os caribenhos e cinabre entre os iroqueses), ou flores, conchas, penas de pássaros belamente coloridas, com o tempo porém também belas formas (como em canoas, vestidos etc.), que não comportam absolutamente nenhum deleite, isto é, complacência do gozo, em sociedade tornam-se importantes e são objeto de grande interesse; até que finalmente a civilização, chegada ao ponto mais alto, faz disso quase a obra-prima da inclinação refinada, e sensações serão consideradas somente tão valiosas quanto elas permitam comunicar-se universalmente. Neste estágio, conquanto o prazer que cada um tem em um tal objeto seja irrelevante e por si sem interesse visível, todavia a ideia de sua comunicabilidade universal aumenta quase que infinitamente o ser valor.

Este interesse indiretamente inerente ao belo mediante inclinação para a sociedade, e por conseguinte empírico, não tem contudo aqui para nós nenhuma importância, a qual somente vemos naquilo que possa referir-se *a priori*, embora só indiretamente, ao juízo de gosto. Pois se se devesse descobrir também nessa forma um interesse ligado ao belo, então o gosto descobriria uma passagem de nossa faculdade de ajuizamento do gozo dos sentidos para o sentimento moral; e desse modo não somente se estaria mais bem orientado para ocupar o gosto conformemente a fins, mas também se apresentaria um termo médio da cadeia das faculdades humanas *a priori*, das quais tem de depender toda legislação. Pode-se dizer do interesse empírico por objetos do gosto e pelo próprio

PRIMEIRA SEÇÃO • ANALÍTICA DA FACULDADE DE JUÍZO ESTÉTICA • 153

gosto que, pelo fato de que o gosto se entrega à inclinação, por mais refinada que ela ainda possa ser, ele deixa-se de bom grado confundir com todas as inclinações e paixões que alcançam na sociedade a sua máxima diversidade e seu mais alto grau, e o interesse pelo belo, quando está fundado nele, pode fornecer somente uma passagem muito equívoca do agradável ao bom. Temos razão para investigar se esta passagem não pode ser contudo promovida pelo gosto, quando ele é tomado em sua pureza.

§ 42. Do interesse intelectual pelo belo

Foi com as melhores intenções que aqueles que de bom grado quiseram dirigir para o fim último da humanidade, ou seja, o moralmente bom, todas as ocupações dos homens, às quais a disposição interna da natureza os impele, consideraram o interesse pelo belo em geral um sinal de um bom caráter moral. Não sem razão foi-lhes todavia contestado por outros que apelam ao fato da experiência, que virtuosos do gosto são não só frequentemente[140] mas até habitualmente vaidosos, caprichosos, entregues a perniciosas paixões, e talvez pudessem ainda menos que outros reivindicar o mérito da afeição a princípios morais; e assim parece que o sentimento pelo belo é não apenas especificamente (como também de fato) distinto do sentimento moral, mas que ainda o interesse que se pode ligar àquele é dificilmente compatível com o interesse moral, de modo algum, porém, por afinidade interna.

Ora, na verdade concedo de bom grado que o interesse pelo *belo da arte* (entre o qual conto também o uso artificial das belezas da natureza para o adorno, por conseguinte, para a vaidade) não fornece absolutamente nenhuma prova de uma maneira de pensar afeiçoada ao moralmente bom ou sequer inclinada a ele. Contrariamente, porém, afirmo que tomar um *interesse imediato* pela beleza da natureza (não simplesmente ter gosto para ajuizá-la) é sempre um sinal de uma boa alma; e que, se este interesse é habitual e liga-se de bom grado à *contemplação da natureza*, ele denota pelo

---

140   A: às vezes; C: frequentemente.

154 • Crítica da Faculdade do Juízo • Immanuel Kant

menos uma disposição de ânimo favorável ao sentimento moral. Mas é preciso recordar-se bem que aqui propriamente tenho em mente as belas *formas* da natureza e, contrariamente, ponho ainda de lado os *atrativos* que ela também cuida de ligar tão ricamente a elas, porque o interesse por eles na verdade é também imediato, mas empírico.

Aquele que contempla solitariamente (e sem intenção de comunicar a outros suas observações) a bela figura de uma flor silvestre, de um pássaro, de um inseto etc., para admirá-los, amá-los e que não quereria que ela faltasse na natureza em geral, mesmo que isso lhe acarretasse algum dano e, muito menos, se distinguisse nisso uma vantagem para ele, toma um interesse imediato e na verdade intelectual pela beleza da natureza. Isto é, não apenas o seu produto apraz a ele segundo[141] a forma, mas também a sua existência, sem que um atrativo sensorial tenha participação nisso ou também ligue a isso qualquer fim.

É todavia digno de nota a esse respeito que, se se tivesse secretamente enganado esse amante do belo, plantando na terra flores artificiais (que se podem confeccionar bem semelhantemente às naturais) ou pondo, sobre ramos de árvores, pássaros entalhados artificialmente e ele além disso descobrisse a fraude, o interesse imediato que ele antes demonstrava por esses objetos logo desaparecia, mas talvez se apresentasse em seu lugar um outro, ou seja, o interesse da vaidade de decorar com eles seu quarto para olhos estranhos. O pensamento de que a natureza produziu aquela beleza tem de acompanhar a intuição e a reflexão; e unicamente sobre ele funda-se o interesse imediato que se toma por ele. Do contrário, resta ou um simples juízo de gosto, sem nenhum interesse, ou somente um juízo ligado a um interesse meramente mediato, ou seja, referido à sociedade, o qual não fornece nenhuma indicação segura de uma maneira de pensar moralmente boa.

Esta prerrogativa da beleza da natureza em face da beleza da arte (embora aquela até fosse sobrepujada por esta quanto à for-

---

141 "a ele" falta em A.

Primeira Seção • Analítica da Faculdade de Juízo Estética • 155

ma), de contudo despertar sozinha um interesse imediato, concorda com a apurada e sólida maneira de pensar de todos os homens que cultivaram o seu sentimento moral. Se uma pessoa, que tem gosto suficiente para julgar sobre produtos da arte bela com a máxima correção e finura, de bom grado abandona o quarto no qual se encontram aquelas belezas que entretêm a vaidade e em todo caso os prazeres em sociedade, e volta-se para o belo da natureza para encontrar aqui uma espécie de volúpia por seu espírito em um curso de pensamento que ele jamais pode desenvolver completamente, então nós próprios contemplaremos essa sua escolha com veneração e pressuporemos nele uma alma bela, que nenhum versado em arte e seu amante pode reivindicar em virtude do interesse que ele toma por seus objetos. – Qual é, pois, a diferença desta avaliação tão diversa de duas espécies de objetos, que no juízo do simples gosto sequer disputariam entre si a preferência?

Nós temos uma faculdade de juízo simplesmente estética, de julgar sem conceitos sobre formas e encontrar no simples ajuizamento das mesmas uma complacência que ao mesmo tempo tornamos regra para qualquer um, sem que este juízo se funda sobre um interesse nem o produza. Por outro lado, temos também uma faculdade de juízo intelectual *a priori* para simples formas de máximas práticas (enquanto elas se qualificam espontaneamente para uma legislação universal), uma complacência que tornamos lei para qualquer um, sem que nosso juízo se funds sobre qualquer interesse, *contudo, produz um tal interesse*. O prazer ou desprazer no primeiro juízo chama-se o prazer do gosto; o segundo, o do sentimento moral.

Mas visto que à razão também interessa que as ideias (pelas quais ela produz um interesse imediato no sentimento moral) tenham por sua vez realidade objetiva, isto é, que a natureza pelo menos mostre um vestígio ou nos avise de que ela contém em si algum fundamento para admitir uma concordância legal de seus produtos com a nossa complacência independente de todo interesse (a qual reconhecemos *a priori* como lei para qualquer um, sem poder fundá-la em provas), assim a razão tem de tomar um inte-

156 • Crítica da Faculdade do Juízo • Immanuel Kant

resse por toda manifestação da natureza acerca de uma semelhante concordância; em consequência disso, o ânimo não pode refletir sobre a beleza da *natureza* sem se encontrar ao mesmo tempo interessado por ela. Este interesse, porém, é, pela sua afinidade, moral; e aquele que toma um tal interesse pelo belo da natureza somente pode tomá-lo na medida em que já tenha fundado solidamente seu interesse no moralmente bom. Portanto, naquele a quem a beleza da natureza interessa imediatamente temos motivo para supor pelo menos uma disposição para a atitude moral e boa.

Dir-se-á que esta interpretação dos juízos estéticos sobre a base de um parentesco com o sentimento moral parece demasiado estudada para considerá-la a verdadeira exegese da linguagem cifrada pela qual a natureza, em suas belas formas, fala-nos figuradamente. Em primeiro lugar, contudo, este interesse imediato pelo belo da natureza não é efetivamente comum, mas somente próprio daqueles cuja maneira de pensar já foi treinada para o bem, ou é eminentemente receptiva a esse treinamento; e a seguir a analogia entre o juízo de gosto puro, que sem depender de qualquer interesse permite sentir uma complacência e ao mesmo tempo a representa *a priori* como conveniente à humanidade, em geral, e[142] o juízo moral, que faz o mesmo a partir de conceitos, conduz, mesmo sem uma reflexão clara, sutil e deliberada, a um igual interesse imediato pelo objeto de ambos; só que aquele é um interesse livre e este é um interesse fundado sobre leis objetivas. A isso se acresce a admiração da natureza, que se mostra em seus belos produtos como arte, não simplesmente por acaso, mas por assim dizer intencionalmente, segundo uma ordenação conforme a leis e como conformidade a fins sem fim; este, como não o encontramos exteriormente em lugar nenhum, procuramo-lo naturalmente em nós próprios e, em verdade, naquilo que constitui o fim último de nossa existência, a saber, a destinação moral (mas a investigação do fundamento da possibilidade de uma tal conformidade a fins da natureza somente será tratada na Teleologia).

---

142   Kant: com; alterado por Erdmann e Windelband.

PRIMEIRA SEÇÃO • ANALÍTICA DA FACULDADE DE JUÍZO ESTÉTICA • 157

O fato de que no juízo de gosto puro a complacência na arte bela não está ligada a um interesse imediato, do mesmo modo que a complacência na natureza bela, é também fácil de explicar. Pois a arte bela ou é uma imitação desta a ponto de chegar ao engano, e então ela produz o efeito de (ser tida por) uma beleza da natureza; ou ela é uma arte visível e intencionalmente dirigida à nossa complacência; mas neste caso a complacência nesse produto na verdade ocorreria através do gosto, e não despertaria[143] senão um interesse mediato pela causa que se encontraria como fundamento, a saber, por uma arte que somente pode interessar por seu fim, jamais em si mesma. Talvez se dirá que este também seja o caso quando um objeto da natureza interessa por sua beleza somente na medida em que lhe é associada uma ideia moral: mas não é isso que interessa imediatamente e sim a sua propriedade em si mesma, o fato de que ela se qualifica para uma tal associação que, pois, lhe convém internamente.

Os atrativos na bela natureza, que tão frequentemente são encontrados como que amalgamados com a bela forma, pertencem ou às modificações da luz (na coloração) ou às do som (em tons). Pois estas são as únicas sensações que permitem não somente um sentimento sensorial <Sinnengefühl>, mas também reflexão sobre a forma destas modificações dos sentidos, e assim contêm como que uma linguagem que a natureza dirige a nós e que parece ter um sentido superior. Assim a cor branca dos lírios parece dispor o ânimo para ideias de inocência e, segundo a ordem das sete cores, da vermelha até a violeta: 1. a ideia de sublimidade; 2. de audácia; 3. de franqueza; 4. de amabilidade; 5. de modéstia; 6. de constância; 7. de ternura. O canto dos pássaros anuncia alegria e contentamento com sua existência. Pelo menos interpretamos assim a natureza, quer seja essa a sua intenção, quer não. Mas este interesse que aqui tomamos pela beleza necessita absolutamente de que se trate de beleza da natureza, e ele desaparece completamente tão logo se note que se é enganado e que se trata somente de arte, a

---

143   "despertaria", acréscimo de Erdmann.

158 • Crítica da Faculdade do Juízo • Immanuel Kant

ponto de mesmo o gosto em tal caso não poder achar nisso mais nada belo ou à vista mais nada atraente. Que é mais altamente apreciado pelos poetas do que o fascinantemente belo canto do rouxinol em bosques solitários numa plácida noite de verão à suave luz da Lua? No entanto, têm-se exemplos de que, onde nenhum desses cantores é encontrado, algum jocoso hospedeiro, para contentar maximamente seus hóspedes alojados com ele para o gozo dos ares do campo, os tenha iludido escondendo em uma moita um rapaz travesso que sabia imitar de modo totalmente semelhante à natureza esse canto (com um junco ou tubo à boca). Tão logo, porém, a gente se dê conta de que se trata de fraude, ninguém suportará ouvir por longo tempo esse canto antes tido por tão atraente, e o mesmo se passa com toda outra ave canora. Tem de tratar-se da natureza ou ser tida por nós como tal para que possamos tomar um *interesse* imediato no belo enquanto tal; tanto mais, porém, se podemos pretender que outros devam tomar interesse por ele; o que na verdade ocorre na medida em que consideramos grosseira e vulgar a maneira de pensar daqueles que não têm nenhum *sentimento* pela bela natureza (pois assim denominamos a receptividade de um interesse por sua contemplação) e que à refeição ou diante da bebida atêm-se ao gozo de simples sensações do sentido.

§ 43. Da arte em geral

1) A *arte* distingue-se da *natureza*, como o fazer (*facere*) distingue-se do agir ou atuar em geral (*agere*), e o produto ou a consequência da primeira, enquanto obra (*opus*), distingue-se da última como efeito[144] (*effectus*).

A rigor, dever-se-ia chamar de arte somente a produção mediante liberdade, isto é, mediante um arbítrio que põe a razão como fundamento de suas ações. Pois embora agrade denominar o produto das abelhas (os favos de cera construídos regularmente) uma obra de arte, isto contudo ocorre somente devido à analogia

---

144 Kant joga aqui com os termos *wirken* (atuar), *Werk* (obra) e *Wirkung* (efeito).

Primeira Seção • Analítica da Faculdade de Juízo Estética • 159

com a arte; tão logo nos recordemos que elas não fundam o seu trabalho sobre nenhuma ponderação racional própria, dizemos imediatamente que se trata de um produto de sua natureza (do instinto) e enquanto arte é atribuída somente a seu criador.

Se, na escavação de um banhado, se encontra como às vezes ocorreu, um pedaço de madeira talhada, então não se diz que ele é um produto da natureza mas da arte; sua causa produtora imaginou-se um fim ao qual esse deve sua forma. Afora isso, vê-se também de bom grado arte em tudo o que é feito de modo que uma representação do mesmo tenha de ter precedido em sua causa sua realidade efetiva (como até entre as abelhas), sem que, contudo, o efeito justamente devesse ter sido *pensado* pela causa; se, porém, se denomina algo, em sentido absoluto, uma obra de arte, para distingui-lo de um efeito da natureza, então se entende sempre por isso uma obra dos homens.

2) A *arte*, enquanto habilidade do homem, também se distingue da *ciência* (o *poder* distingue-se do *saber*), assim como faculdade prática distingue-se de faculdade teórica, e técnica distingue-se de teoria (como a agrimensura distingue-se da geometria). E neste caso também não é precisamente denominado arte aquilo que se *pode* fazer tão logo se *saiba* o que deva ser feito e, portanto, se conheça suficientemente o efeito desejado. Nesta medida somente pertence à arte aquilo que, embora o conheçamos da maneira mais completa, nem por isso possuímos imediatamente a habilidade para fazê-lo. Camper[145] descreve de modo preciso como o melhor sapato teria de ser confeccionado, mas ele com certeza não podia fazer nenhum.[146]

3) A arte distingue-se também do *ofício* <*Handwerke*>; a primeira chama-se *arte livre*, a outra pode também chamar-se *arte*

---

145 Camper, Petrus (1722-1790), anatomista holandês.
146 Na minha região diz o homem comum, quando se lhe propõe um problema como o do ovo de Colombo: *isto não é nenhuma arte, é somente uma ciência*. Isto é, quando *se sabe algo, pode-se fazê-lo*; e justamente isso ele diz de todas as pretensas artes do prestidigitador. Contrariamente, ele não hesitará em chamar a arte do funâmbulo de arte. (K).

160 • Crítica da Faculdade do Juízo • Immanuel Kant

remunerada. Observa-se a primeira como se ela pudesse ter êxito (ser bem-sucedida) conforme a um fim somente enquanto jogo, isto é, ocupação que é agradável por si própria; observa-se a segunda enquanto trabalho, isto é, ocupação que por si própria é desagradável (penosa) e é atraente somente por seu efeito (por exemplo, pela remuneração), que, por conseguinte, pode ser imposta coercitivamente. A questão, se na escala das profissões relojoeiros devem ser considerados como artistas e contrariamente ferreiros como artesões, requer um ponto de vista do ajuizamento diverso daquele que tomamos aqui, a saber, a proporção dos talentos que têm de encontrar-se como fundamento de uma ou outra destas profissões. Sobre a questão, se entre as chamadas sete artes livres não teriam podido ser incluídas também algumas que são atribuíveis às ciências e algumas outras que são comparáveis a ofícios,[147] não quero falar aqui. Não é inoportuno lembrar que em todas as artes livres requer-se, todavia, algo coercitivo ou, como se diz, um *mecanismo*, sem o qual o *espírito*, que na arte tem de ser *livre* e que, unicamente, vivifica a obra, não teria absolutamente nenhum corpo e volatilizar-se-ia integralmente (por exemplo, na poesia, a correção e a riqueza de linguagem, igualmente a prosódia e a métrica), já que alguns mais recentes pedagogos creem promover da melhor maneira uma arte livre quando eliminam dela toda coerção e a convertem de trabalho em simples jogo.

§ 44. Da arte bela

Não há uma ciência do belo, mas somente crítica, nem uma ciência bela, mas somente arte bela. Pois, no que concerne à primeira, deveria então ser decidido *cientificamente*, isto é, por argumentos, se algo deve ser tido por belo ou não; portanto, se o juízo sobre a beleza pertencesse à ciência, ele não seria nenhum juízo de gosto. No que concerne ao segundo aspecto, uma ciência que como tal deve ser bela é um contrassenso. Pois se nela, como ciência, se perguntasse por razões e provas, ela responder-nos-ia

---

147 C: artífice.

PRIMEIRA SEÇÃO • ANALÍTICA DA FACULDADE DE JUÍZO ESTÉTICA • 161

com frases de bom gosto (*bon-mots*). O que ocasionou a expressão habitual *ciências belas* não foi sem dúvida outra coisa que o ter-se observado bem corretamente que para a arte bela em sua inteira perfeição requer-se muita ciência, como por exemplo o conhecimento de línguas antigas, o conhecimento literário de autores que são considerados clássicos, história, o conhecimento da antiguidade etc., e por isso estas ciências históricas, pelo fato de constituírem a preparação necessária e a base para a arte bela, em parte também porque nelas foi compreendido mesmo o conhecimento dos produtos da arte bela (oratória e poesia), foram por um equívoco terminológico chamadas ciências belas.

Se a arte, conformemente ao *conhecimento* de um objeto possível, simplesmente executa as ações requeridas para torná-lo efetivo, ela é arte *mecânica*; se, porém, ela tem por intenção imediata o sentimento de prazer, ela se chama arte *estética*. Esta é ou arte *agradável* ou arte *bela*; ela é arte agradável se o seu fim é que o prazer acompanhe as representações enquanto simples *sensações*; ela é arte bela se o seu fim é que o prazer as acompanhe enquanto *modos de conhecimento*.

Artes agradáveis são aquelas que têm em vista simplesmente o gozo; são de tal espécie todos os atrativos que podem deleitar a sociedade em uma mesa: narrar, entretanto, conduzir os comensais a uma conversação franca e viva, dispô-la pelo chiste e o riso a um certo tom de jovialidade, no qual, como se diz, se pode tagarelar a torto e a direito e ninguém quer ser responsável pelo que fala, porque ele está disposto somente para o entretenimento momentâneo e não para uma matéria sobre a qual deva demorar-se para refletir ou repetir. (A isto pertence também a maneira como a mesa está arranjada para o gozo, ou mesmo em grandes banquetes, a música de mesa: uma coisa singular, que deve entreter somente como um rumor agradável a disposição dos ânimos à alegria e, sem que alguém preste a mínima atenção a sua composição, favorece a livre conversação entre um vizinho e outro.) A isso pertencem ulteriormente todos os jogos que não comportam nenhum interesse, afora o de deixar passar imperceptivelmente o tempo.

162 • Crítica da Faculdade do Juízo • Immanuel Kant

179   Arte bela, ao contrário, é um modo de representação que é por si própria conforme a fins e, embora sem fim, todavia promove a cultura das faculdades do ânimo para a comunicação em sociedade. A comunicabilidade universal de um prazer já envolve em seu conceito que o prazer não tem de ser um prazer do gozo a partir de simples sensação, mas um prazer da reflexão; e assim a arte estética é, enquanto arte bela, uma arte que tem por padrão de medida a faculdade de juízo reflexiva e não a sensação sensorial.

§ 45. Arte bela é uma arte enquanto ela ao mesmo tempo parece ser natureza

      Diante de um produto da arte bela tem-se que tomar consciência de que ele é arte e não natureza. Todavia, a conformidade a fins na forma do mesmo tem de parecer tão livre de toda coerção de regras arbitrárias como se ele fosse um produto da simples natureza. Sobre este sentimento de liberdade no jogo de nossas faculdades de conhecimento, que, pois, tem de ser ao mesmo tempo conforme a fins, assenta aquele prazer que, unicamente, é universalmente comunicável, sem contudo se fundar em conceitos. A natureza era bela se ela ao mesmo tempo parecia ser arte; e a arte somente pode ser denominada bela se temos consciência de que ela é arte e de que ela, apesar disso, nos parece ser natureza.

180   Com efeito, quer se trate da beleza da natureza ou da arte, podemos dizer de um modo geral: *belo é aquilo que apraz no simples ajuizamento* (não na sensação sensorial nem mediante um conceito). Ora, a arte tem sempre uma determinada intenção de produzir algo. Se este, porém, fosse uma simples sensação (algo simplesmente subjetivo) que devesse ser acompanhada de prazer, então este produto somente agradaria no ajuizamento mediante o sentimento sensorial. Se a intenção estivesse voltada para a produção de um determinado objeto, então, no caso de ela ser alcançada pela arte, o objeto aprazeria somente através de conceitos. Em ambos os casos, porém, a arte não aprazeria no *simples ajuizamento*, isto é, não enquanto arte bela mas como arte mecânica.

      Portanto, embora a conformidade a fins no produto da arte bela na verdade seja intencional, ela contudo não tem de parecer intencional; isto é, a arte bela tem de *passar por natureza*, conquanto a gente na verdade tenha consciência dela como arte. Um produto da arte, porém, aparece como natureza pelo fato de que na verdade foi encontrada toda a *exatidão* no acordo com regras segundo as quais, unicamente, o produto pode tornar-se aquilo que ele deve ser, mas sem *esforço*, sem que transpareça a forma acadêmica,[148] isto é, sem mostrar um vestígio de que a regra tenha estado diante dos olhos do artista e tenha algemado as faculdades de seu ânimo.

§ 46. *Arte bela é arte do gênio*

Gênio é o talento (dom natural) que dá a regra à arte. Já que o próprio talento enquanto faculdade produtiva inata do artista pertence à natureza, também se poderia expressar assim: *Gênio* é a inata disposição de ânimo (*ingenium*) pela qual a natureza dá a regra à arte.

Seja como for com esta definição e quer seja ela simplesmente arbitrária ou adequada ao conceito que se está habituado a ligar à palavra *gênio* (o que deve ser discutido no próximo parágrafo), pode-se, não obstante, demonstrar já de antemão que, segundo a aqui admitida significação da palavra, belas artes necessariamente têm de ser consideradas como artes do *gênio*.

Pois cada arte pressupõe regras, através de cuja fundamentação um produto, se ele deve chamar-se artístico, é pela primeira vez representado como possível. O conceito de arte bela, porém, não permite que o juízo sobre a beleza de seu produto seja deduzido de qualquer regra que tenha um *conceito* como fundamento determinante, por conseguinte que ponha como fundamento ou conceito da maneira como ele é possível. Portanto, a própria arte bela não pode ter ideia da regra segundo a qual ela deva realizar o seu produto. Ora, visto que contudo sem uma regra que o anteceda um produto jamais pode chamar-se arte, assim a natureza do sujeito (e pela disposição da faculdade do mesmo) tem de dar a regra à arte, isto é, a arte bela é possível somente como produto do gênio.

---

148 "sem que transpareça a forma acadêmica", acréscimo de B.

164 • Crítica da Faculdade do Juízo • Immanuel Kant

Disso se vê que o gênio: 1) é um *talento* para produzir aquilo para o qual não se pode fornecer nenhuma regra determinada, e não uma disposição de habilidade para o que possa ser aprendido segundo qualquer regra; consequentemente, *originalidade* tem de ser sua primeira propriedade; 2) que, visto que também pode haver uma extravagância original, seus produtos têm de ser ao mesmo tempo modelos, isto é, *exemplares*, por conseguinte, eles próprios não surgiram por imitação e, pois, têm de servir a outros como padrão de medida ou regra de ajuizamento; 3) que ele próprio não pode descrever ou[149] indicar cientificamente como ele realiza sua produção, mas que ela como *natureza* fornece a regra; e por isso o próprio autor de um produto, que ele deve a seu gênio, não sabe como as ideias para tanto encontram-se nele e tampouco tem em seu poder imaginá-las arbitrária ou planejadamente e comunicá-las a outros em tais prescrições, que as ponham em condição de produzir produtos homogêneos. (Eis por que presumivelmente a palavra "gênio" foi derivada de *genius*, o espírito peculiar, protetor e guia, dado conjuntamente a um homem por ocasião do nascimento, e de cuja inspiração aquelas ideias originais procedem.); 4) que a natureza através do gênio prescreve a regra não à ciência mas à arte, e isto também somente na medida em que esta última deva ser arte bela.

§ 47. Elucidação e confirmação da precedente explicação do gênio

Qualquer um concorda em que o gênio opõe-se totalmente ao *espírito de imitação*. Ora, visto que aprender <*lernen*> não é senão imitar, senão a máxima aptidão ou docilidade (capacidade) enquanto tal não pode absolutamente ser considerada gênio. Se, porém, a gente mesma também pensa ou imagina e não simplesmente apreende <*aufasst*> o que outros pensaram, e até descobre algo no campo de arte e ciência, esta contudo não é ainda a razão correta para chamar de *gênio* um tal (frequentemente grande) cé-

---

149 "descrever ou", acréscimo de B.

PRIMEIRA SEÇÃO • ANALÍTICA DA FACULDADE DE JUÍZO ESTÉTICA • 165

rebro (em oposição àquele que, pelo fato[150] de jamais poder algo mais que simplesmente aprender e imitar, se denomina um *pateta*). Pois justamente isso também teria *podido* ser aprendido, portanto, se situa no caminho natural do investigar e refletir segundo regras e não se distingue especificamente do que com aplicação pode ser adquirido mediante a imitação. Assim se pode perfeitamente aprender tudo o que *Newton* expôs[151] em sua obra imortal *Princípios da filosofia natural*, por mais que a descoberta de tais coisas exigisse um grande cérebro; mas não se pode aprender a escrever com engenho, por mais minuciosos que possam ser todos os preceitos da arte poética e por mais primorosos que possam ser os seus modelos. A razão é que Newton poderia mostrar, não somente a si próprio mas a qualquer outro, de modo totalmente intuitivo e determinado para a sua sucessão, todos os passos que ele devia dar desde os primeiros elementos da Geometria até as suas grandes e profundas descobertas; mas nenhum *Homero* ou *Wieland* pode indicar como suas ideias ricas de fantasia e contudo ao mesmo tempo densas de pensamento surgem e se reúnem em sua cabeça, porque ele mesmo não o sabe, e, portanto, também não pode ensiná-lo a nenhum outro. No campo científico, portanto, o maior descobridor não se distingue do mais laborioso imitador e aprendiz senão por uma diferença de grau; contrariamente se distingue especificamente daquele que a natureza dotou para a arte bela. Entretanto, não há nisso nenhuma depreciação daqueles grandes homens, aos quais o gênero humano tanto deve, em confronto com os preferidos pela natureza relativamente ao seu talento para a arte bela. Justamente no fato de que aquele talento é feito para a perfeição sempre maior e crescente dos conhecimentos e de toda utilidade que deles depende, e igualmente para a instrução de outros nos mesmos conhecimentos, reside uma grande van-

---

150   Forma dada por Kiesewetter à frase de Kant, na correção das provas da primeira edição, conforme sua carta a Kant de 03.03.1790. Vorländer, em sua edição da KdU, reintroduziu a forma menos clara do manuscrito de Kant (v. p. 162).
151   "expôs" falta em A.

185 tagem dos primeiros em face daquelas que merecem a honra de chamar-se gênios; porque para estes a arte cessa em algum ponto enquanto lhe é posto um limite além do qual ela não pode avançar e que presumivelmente já foi alcançado a tempo e não pode mais ser ampliado; e além disso uma tal habilidade tampouco se deixa comunicar, mas quer ser outorgada a cada um imediatamente pela mão da natureza; portanto, morre com ele, até que a natureza em contrapartida dote igualmente um outro, que não necessite de mais um exemplo para deixar atuar de modo semelhante o talento do qual ele é consciente.

Já que o dom natural tem de dar a regra à arte (enquanto arte bela), de que espécie é, pois, esta regra? Ela não pode ser captada em uma fórmula[152] e servir como preceito; pois, do contrário, o juízo sobre o belo seria determinável segundo conceitos; mas a regra tem de ser abstraída do ato, isto é, do produto, no qual outros possam testar o seu próprio talento para se servirem daquele enquanto modelo não da *cópia* mas da *imitação*.[153] É difícil explicar como isto seja possível. As ideias do artista provocam ideias semelhantes em seu aprendiz, se a natureza o proveu com uma proporção semelhante de faculdades do ânimo. Os modelos da arte bela são por isto os únicos meios de orientação para conduzir a arte

186 à posteridade; o que não poderia ocorrer por simples descrições (principalmente no ramo das artes elocutivas) e também nestas somente podem tornar-se clássicos os modelos em línguas antigas, mortas, e agora conservadas apenas como línguas cultas.

Conquanto arte mecânica e arte bela sejam muito distintas entre si, a primeira enquanto simples arte da diligência e da aprendizagem, a segunda, enquanto arte do gênio, não há nenhuma arte bela na qual algo mecânico, que pode ser captado e seguido segundo regras, e portanto algo *acadêmico*, não constitua a condição es-

---

152 Erdmann: forma.

153 "Cópia" e "Imitação" são expressões devidas a Kiesewetter em sua aludida revisão. No manuscrito de Kant constou *Nachahmung... Nachahmung* (imitação... imitação). Kant teria querido escrever *Nachahmung... Nachfolge* (imitação... sucessão). Cf. Vorländer, p. 163.

PRIMEIRA SEÇÃO • ANALÍTICA DA FACULDADE DE JUÍZO ESTÉTICA • 167

sencial da arte. Pois neste caso algo tem de ser pensado como fim; do contrário, não se pode atribuir seu produto a absolutamente nenhuma arte: seria um simples *produto do acaso*. Mas para pôr um fim em ação são requeridas determinadas regras, as quais não se pode dispensar. Ora, visto que a originalidade do talento constitui um (mas não o único) aspecto essencial do caráter do gênio, espíritos superficiais creem que eles não podem mostrar melhor que eles seriam gênios brilhantes do que quando renunciam à coerção escolar de todas as regras, e creem que se desfile melhor sobre um cavalo desvairado do que sobre um cavalo treinado. O gênio pode somente fornecer uma *matéria* rica para produtos de arte bela; a elaboração da mesma e a *forma* requerem um talento moldado pela escola, para fazer dele um uso que possa ser justificado perante a faculdade do juízo. Se, porém, alguém fala e decide como um gênio até em assuntos da mais cuidadosa investigação da razão, ele é completamente ridículo; não se sabe direito se se deve rir mais do impostor que espalha tanta fumaça em torno de si, em que não se pode ajuizar nada claramente mas imaginar quanto se queira, ou se se deve rir mais do público que candidamente imagina que sua incapacidade de reconhecer e captar claramente a obra-prima da perspiciência[154] provenha de que verdades novas sejam-lhe lançadas em blocos, contra o que o detalhe (através de explicações precisas e exame sistemático dos princípios) lhe pareça ser somente obra de ignorante.

§ 48. Da relação do gênio com o gosto

Para o *ajuizamento* de objetos belos enquanto tais requer-se *gosto*, mas para a própria arte, isto é, para[155] a *produção* de tais objetos, requer-se *gênio*.

Se se considera o gênio como o talento para a arte bela (que a significação peculiar da palavra implica) e em vista disso se quer desmembrá-lo nas faculdades que têm de convergir para constituir

---

154 Veja nota 45 sobre o termo *Einsicht*.
155 A e B: da.

168 • Crítica da Faculdade do Juízo • Immanuel Kant

um tal talento, é necessário determinar antes com exatidão a distinção entre a beleza da natureza, cujo ajuizamento requer somente gosto, e a beleza da arte, cuja possibilidade (que também tem de ser considerada no ajuizamento de um tal objeto) requer gênio.

Uma beleza da natureza é uma *coisa bela*; a beleza da arte é uma *representação bela* de uma coisa.

Para ajuizar uma beleza da natureza enquanto tal, não preciso ter antes um conceito de que coisa um objeto deva ser; isto é, não preciso conhecer a conformidade a fins material (o fim); mas a simples forma sem conhecimento do fim apraz por si própria no ajuizamento. Se, porém, o objeto é dado como um produto da arte e como tal deve ser declarado belo, então tem de ser posto antes como fundamento um conceito daquilo que a coisa deva ser, porque a arte sempre pressupõe um fim na causa (e na sua causalidade); e, visto que a consonância do múltiplo em uma coisa em vista de uma destinação interna da mesma enquanto fim é a perfeição da coisa, assim no ajuizamento de uma beleza da arte tem de ser tida em conta ao mesmo tempo a perfeição da coisa, que no ajuizamento de uma beleza da natureza (enquanto tal) absolutamente não entra em questão. Na verdade, no ajuizamento principalmente dos objetos animados da natureza, por exemplo, do homem ou de um cavalo, é habitualmente tomada também em consideração a conformidade a fins objetiva para julgar sobre a beleza dos mesmo; então, porém, o juízo também não é mais puramente estético, isto é, um simples juízo de gosto. A natureza não é mais ajuizada como ela aparece enquanto arte, mas na medida em que ela é efetivamente arte (embora sobre-humana); e o juízo teleológico serve ao juízo estético como fundamento e condição que este tem de tomar em consideração. Em um tal caso – por exemplo, quando se diz: "esta é uma mulher bonita" – também não se pensa senão isto: a natureza representa belamente em sua figura os fins presentes na estatura feminina; com efeito, tem-se de estender a vista, para além da simples forma, até o conceito, para que o objeto seja desta maneira pensado através de um juízo estético logicamente condicionado.

A arte bela mostra a sua preeminência precisamente no fato de que ela descreve belamente as coisas que na natureza seriam

PRIMEIRA SEÇÃO • ANALÍTICA DA FACULDADE DE JUÍZO ESTÉTICA • 169

feias ou desaprazíveis. As fúrias, doenças, devastações da guerra etc., enquanto coisas danosas,[156] podem ser descritas muito belamente, até mesmo ser representadas em pinturas; somente uma espécie de feiura não pode ser representada de acordo com a natureza sem deitar por terra toda a complacência estética, por conseguinte a beleza da arte: a saber, a feiura que desperta *asco*. Pois porque nesta sensação peculiar, que assenta sobre mera imaginação, o objeto é representado como se ele se impusesse ao gozo, ao qual contudo resistimos com violência, assim a representação artística do objeto não se distingue mais, em nossa sensação, da natureza deste próprio objeto, e então é impossível que aquela seja tomada como bela. Também a escultura exclui de suas figurações a representação imediata de objetos feios, porque em seus produtos a arte é como que confundida com a natureza e em vez disso permite representar, por exemplo, a morte (em um belo anjo tutelar), o valor guerreiro (em Marte), por uma alegoria ou atributos que se apresentam prazerosamente, por conseguinte só indiretamente mediante uma interpretação da razão e não por uma faculdade de juízo meramente estética.

Isto basta acerca da representação bela de um objeto, a qual é propriamente só a forma da apresentação de um conceito, pela qual este é comunicado universalmente. Mas para dar esta forma ao produto da arte bela requer-se simplesmente gosto, no qual o artista, depois de o ter exercitado e corrigido através de diversos exemplos da arte ou da natureza, atém sua obra e para o qual encontra, depois de muitas tentativas frequentemente laboriosas para satisfazê-lo, aquela forma que o contenta; por isso esta não é como que uma questão de inspiração ou de um elã livre das faculdades de ânimo, mas de uma remodelação lenta e até mesmo penosa para torná-la adequada ao pensamento, sem todavia prejudicar a liberdade no jogo daquelas faculdades.

O gosto é, porém, simplesmente uma faculdade de ajuizamento e não uma faculdade produtiva, e o que lhe é conforme nem

---

156 "enquanto coisas danosas", acréscimo de B.

170 • Crítica da Faculdade do Juízo • Immanuel Kant

por isso é uma obra de arte bela; pode ser um produto pertencente à arte útil e mecânica ou até mesmo à ciência segundo determinadas regras que podem ser aprendidas e têm de ser rigorosamente seguidas. Mas a forma prazenteira que se lhe dá é somente o veículo da comunicação e uma maneira por assim dizer da apresentação, com respeito à qual em certa medida ainda se permanece livre, embora ela de resto esteja comprometida com um determinado fim. Assim se reivindica que o serviço de mesa ou também um tratado moral ou mesmo um sermão tem de conter esta forma de arte bela, sem, entretanto, parecer procurada; mas nem por isso se chamará a elas de obras da arte bela. Entre estas, porém, se contam uma poesia, uma música, uma galeria de pinturas e outras; e assim se pode perceber, em uma obra que deve ser de arte bela, frequentemente um gênio sem gosto, e em uma outra, um gosto sem gênio.

§ 49. Das faculdades do ânimo que constituem o gênio

Diz-se de certos produtos, dos quais se esperaria que devessem pelo menos em parte mostrar-se como arte bela, que eles são sem *espírito*, embora no que concerne ao gosto não se encontre neles nada censurável. Uma poesia pode ser verdadeiramente graciosa e elegante, mas é sem espírito. Uma história é precisa e ordenada, mas sem espírito. Um discurso festivo é profundo e requintado, mas sem espírito. Muita conversação não carece de entretenimento, mas é contudo sem espírito; até de uma mulher diz-se: ela é bonita, comunicável e correta, mas sem espírito. Que é, pois, que se entende aqui por espírito?

Espírito, em sentido estético, significa o princípio vivificante no ânimo. Aquilo, porém, pelo qual este princípio vivifica a alma, o material que ele utiliza para isso, é o que, conformemente a fins, põe em movimento as forças do ânimo, isto é, em um jogo tal que se mantém por si mesmo e ainda fortalece as forças para ele.

Ora, eu afirmo que este princípio não é nada mais que a faculdade da apresentação de *ideias estéticas*; por uma ideia estética entendo, porém, aquela representação da faculdade da imaginação que dá muito a pensar, sem que contudo qualquer pensamento

PRIMEIRA SEÇÃO • ANALÍTICA DA FACULDADE DE JUÍZO ESTÉTICA • 171

determinado, isto é, *conceito*, possa ser-lhe adequado, que consequentemente nenhuma linguagem alcança inteiramente nem pode tornar compreensível. Vê-se facilmente que ela é a contrapartida <*Pendant*> de uma *ideia da razão*, que inversamente é um conceito ao qual nenhuma *intuição* (representação da faculdade da imaginação) pode ser adequada.

A faculdade da imaginação (enquanto faculdade de conhecimento produtiva) é mesmo muito poderosa na criação como que de uma outra natureza a partir da matéria que a natureza efetiva lhe dá. Nós nos entretemos com ela sempre que a experiência pareça-nos demasiadamente trivial; também a remodelamos de bom grado, na verdade sempre ainda segundo leis analógicas, mas também segundo princípios que se situam mais acima na razão (e que nos são tão naturais como aqueles segundo os quais o entendimento apreende a natureza empírica); neste caso sentimos nossa liberdade da lei da associação (a qual é inerente ao uso empírico daquela faculdade), de modo que segundo ela na verdade tomamos emprestado da natureza a matéria, a qual porém pode ser reelaborada por nós para algo diverso,[157] a saber, para aquilo que ultrapassa a natureza.

Tais representações da faculdade da imaginação podem chamar-se ideias, em parte porque elas pelo menos aspiram a algo situado acima dos limites da experiência, e assim procuram aproximar-se de uma apresentação dos conceitos da razão (das ideias intelectuais), o que lhes dá a aparência de uma realidade objetiva; por outro lado, e na verdade principalmente porque nenhum conceito pode ser plenamente adequado a elas enquanto intuições internas. O poeta ousa tornar sensíveis ideias racionais de entes invisíveis, o reino dos bem-aventurados, o reino do inferno, a eternidade, a criação etc. Ou também aquilo que na verdade encontra exemplos na experiência, por exemplo, a morte, a inveja e todos os vícios, do mesmo modo que o amor, a glória etc., mas,

---

157   A: "para algo totalmente diverso e que ultrapassa a natureza". A edição da Academia optou pela manutenção desta versão da 1ª edição.

172 • Crítica da Faculdade do Juízo • Immanuel Kant

transcendendo as barreiras da experiência mediante uma faculdade de imaginação que procura competir com o jogo <*Vorspiel*> da razão no alcance de um máximo, ele ousa torná-lo sensível em uma completude para a qual não se encontra nenhum exemplo na natureza. E é propriamente na poesia que a faculdade de ideias estéticas pode mostrar-se em sua inteira medida. Esta faculdade, porém, considerada somente em si mesma, é propriamente só um talento (da faculdade da imaginação).

Ora, se for submetida a um conceito uma representação da faculdade da imaginação que pertence à sua apresentação, mas por si só dá tanto a pensar que jamais deixa compreender-se em um conceito determinado, por conseguinte amplia esteticamente o próprio conceito de maneira ilimitada, então a faculdade da imaginação é criadora e põe em movimento a faculdade de ideias intelectuais (a razão), ou seja, põe a pensar, por ocasião de uma representação (o que na verdade pertence ao conceito do objeto), mais do que nela pode ser apreendido e distinguido.[158]

Aquelas formas que não constituem a apresentação de um próprio conceito dado, mas somente expressam, enquanto representações secundárias da faculdade da imaginação, as consequências conectadas com elas e o parentesco do conceito com outros, são chamados de *atributos* (estéticos) de um objeto, cujo conceito, enquanto ideia da razão, não pode ser apresentado adequadamente. Assim a águia de Júpiter com relâmpago nas garras é um atributo do poderoso rei do céu, e o pavão, da esplêndida rainha do céu. Eles não representam como os *atributos lógicos* aquilo que se situa em nossos conceitos de sublimidade e majestade da criação mas algo diverso que dá ensejo à faculdade da imaginação de alastrar-se por um grande número de representações afins, que permitem pensar mais do que se pode expressar, em um conceito determinado por palavras; e fornecem uma *ideia estética* que serve de apresentação lógica daquela ideia da razão, propriamente, porém, para vivificar o ânimo enquanto ela abre a este a perspectiva de um

---

158   A: pensado.

campo incalculável de representações afins. A arte bela, porém, não precede deste modo somente na pintura ou na escultura (onde se usa habitualmente o nome dos atributos); a poesia e a retórica também tiram o espírito, que vivifica sua obras, unicamente dos atributos estéticos dos objetos que acompanham os atributos lógicos e impulsionam a faculdade da imaginação para nesse caso pensar, embora de modo não desenvolvido, mais do que se deixa compreender em um conceito, por conseguinte em uma expressão linguística determinada. Para ser breve tenho de me limitar a somente poucos exemplos.

Quando o grande rei assim se expressa em uma poesia:

> *Oui, finissons sans trouble, et mourons sans regrets.*
> *En laissant l'Univers comblé de nos bienfaits.*
> *Ainsi l'Astre du jour, au bout de sa carrière,*
> *Repand sur l'horizon une douce lumière.*
> *Et les derniers rayons qu'il darde dans les airs,*
> *Sont les derniers soupirs qu'il donne à l'Univers;*[159]

então ele vivifica ainda ao fim da vida a sua ideia racional de intenção cosmopolita mediante um atributo que a faculdade da imaginação (na recordação de todas as amenidades de um belo dia de verão que chega ao fim e a qual um sereno entardecer evoca nosso ânimo) associa àquela representação e que provoca um grande número de sensações e representações secundárias, para as quais não se encontra nenhuma expressão. Por outro lado, até um conceito intelectual pode inversamente servir como atributo de uma representação dos sentidos e assim vivificar esta última[160] através da ideia do suprassensível, mas somente mediante o uso do elemento estético, que é subjetivamente inerente à consciência do suprassensível. Assim diz, por exemplo, um certo poeta na descri-

---

159 Kant apresentou no texto uma tradução alemã desses versos franceses de Frederico II (*Oeuvres de Frédéric le Grand*, X, 203).
160 A e B: estes últimos.

174 • Crítica da Faculdade do Juízo • Immanuel Kant

ção de uma bela manhã: "Nascia o sol, como a tranquilidade nasce da virtude."[161] A consciência da virtude, se a gente se põe, mesmo que só em pensamento, no lugar de uma pessoa virtuosa, difunde no ânimo um grande número de sentimentos sublimes e tranquilizantes e uma visão ilimitada de um futuro feliz, que nenhuma expressão que seja adequada a um conceito determinado alcança inteiramente.[162]

Em uma palavra, a ideia estética é uma representação da faculdade da imaginação associada a um conceito dado, a qual se liga a uma tal multiplicidade da representações parciais no uso livre das mesmas, que não se pode encontrar para ela nenhuma expressão que denote um conceito determinado, a qual,[163] portanto, permite pensar de um conceito muita coisa inexprimível, cujo sentimento vivifica as faculdades de conhecimento, e à linguagem, enquanto simples letra, insufla espírito.

198   Portanto, as faculdades do ânimo, cuja reunião (em certas relações) constitui o *gênio*, são as da imaginação e do entendimento. Só que, visto que no seu uso para o conhecimento a faculdade da imaginação está submetida à coerção do entendimento e à limitação de ser adequada ao conceito do mesmo; e que do ponto de vista estético contrariamente a faculdade da imaginação é livre para fornecer, além daquela concordância com o conceito, todavia espontaneamente, uma matéria rica e não elaborada para o entendimento, a qual este em seu conceito não considerou e a qual

---

161   Este verso (*die Sonne quoll hervor, wie Ruh' aus Tugend quillt*), ligeiramente modificado por Kant, substituindo bondade por virtude, é de autoria de J. Ph. L. *Withoff* (1725-1789), *Akademische Gedichte*, Leipzig, 1782.

162   Talvez jamais tenha sido dito algo mais sublime do que naquela inscrição sobre o templo de *Isis* (a mãe *natureza*): "Eu sou tudo o que é, que foi e que será e nenhum mortal descerrou meu véu." *Segner** utilizou esta ideia através de uma vinheta significativa colocada no frontispício de sua doutrina da natureza, para antes encher seu discípulo, que ele estava prestes a introduzir nesse templo, do estremecimento sagrado que deve dispor o ânimo para uma atenção solene. (K)
       Segner foi um matemático contemporâneo de Kant.

163   A e B: o qual.

PRIMEIRA SEÇÃO • ANALÍTICA DA FACULDADE DE JUÍZO ESTÉTICA • 175

este, porém, aplica não tanto objetivamente para o conhecimento quanto subjetivamente para a vivificação das faculdades de conhecimento, indiretamente, portanto, também para conhecimentos; assim, o gênio consiste na feliz disposição, que nenhuma ciência pode ensinar e nenhum estudo pode exercitar, de encontrar ideias para um conceito dado e, por outro lado, de encontrar para elas a *expressão* pela qual a disposição subjetiva do ânimo daí resultante, enquanto acompanhamento de um conceito, pode ser comunicada a outros. O último talento é propriamente aquilo que se denomina espírito; pois expressar o inefável no estado de ânimo por ocasião de uma certa representação e torná-lo universalmente comunicável – quer a expressão consista na linguagem, na pintura ou na arte plástica – requer uma faculdade de apreender o jogo fugaz da faculdade da imaginação e reuni-lo em um conceito de coerção das regras[164] (e que justamente por isso é original e ao mesmo tempo inaugura uma nova regra, que não pode ser inferida de quaisquer princípios ou exemplos anteriores).

199

* * *

Se depois destas análises lançamos um olhar retrospectivo sobre a explicação dada acima acerca do que se denomina *gênio*, encontramos: *primeiro*, que ele é um talento para a arte, não para a ciência, a qual tem de ser precedida por regras claramente conhecidas que têm de determinar o seu procedimento; *segundo*, que como talento artístico ele pressupõe um conceito determinado do produto como fim, por conseguinte entendimento, mas também uma representação (se bem que indeterminada) da matéria, isto é, da intuição, para a apresentação deste conceito, por conseguinte uma relação da faculdade da imaginação ao entendimento; *terceiro*, que ele se mostra não tanto na realização do fim proposto na exibição de um *conceito* determinado, quanto muito mais na exposição ou expressão de *ideias estéticas*, que contêm uma rica matéria para aquele fim, por conseguinte ele representa a faculda-

---

164 "das regras" falta em A.

de da imaginação em sua liberdade de toda a instrução das regras e no entanto como conforme a fins para a exibição do conceito dado; finalmente, *quarto*, que a subjetiva conformidade a fins espontânea e não intencional, na concordância livre da faculdade da imaginação com a legalidade do entendimento, pressupõe uma tal proporção e disposição destas faculdades como nenhuma observância de regras, seja da ciência ou da imitação mecânica, pode efetuar, mas simplesmente a natureza do sujeito pode produzir.

De acordo com estes pressupostos, o gênio é a originalidade exemplar do dom natural de um sujeito no uso *livre* de suas faculdades de conhecimento. Deste modo, o produto de um gênio (de acordo com o que nele é atribuível ao gênio e não ao possível aprendizado ou à escola) é um exemplo não para a imitação (pois neste caso o que aí é gênio e constitui o espírito da obra perder-se--ia),[165] mas para sucessão por um outro gênio, que por este meio é despertado para o sentimento de sua própria originalidade, exercitando na arte uma tal liberdade da coerção de regras, que a própria arte obtém por este meio uma nova regra, pela qual o talento mostra-se como exemplar. Mas, visto que o gênio é um favorito da natureza, que somente se pode presenciar como aparição rara, assim o seu exemplo produz para outros bons cérebros uma escola, isto é, um ensinamento metódico segundo regras, na medida em que se tenha podido extraí-lo daqueles produtos do espírito e de sua peculiaridade; e nesta medida a arte bela é para essas uma imitação para a qual a natureza deu através de um gênio a regra.

Mas aquela imitação torna-se *macaquice* se o aluno *copia* tudo, até aquilo que enquanto deformidade o gênio somente teve de conceder porque ele não podia eliminá-la sem enfraquecer a ideia. Unicamente num gênio esta coragem é mérito; e uma certa audácia na expressão e em geral algum desvio da regra comum fica-lhe bem, mas de nenhum modo é digno de imitação, permanecendo em si sempre um erro que se tem de procurar extirpar, para o qual, porém, o gênio é como que privilegiado, já que o ini-

---

165 A: seria eliminado.

PRIMEIRA SEÇÃO • ANALÍTICA DA FACULDADE DE JUÍZO ESTÉTICA • 177

mitável de seu elã espiritual sofreria sob uma precaução receosa. O *maneirismo* é uma outra espécie de macaquice, ou seja, da simples *peculiaridade* (originalidade) em geral, para distanciar-se o mais possível dos imitadores, sem contudo possuir o talento para ser ao mesmo tempo *exemplar*. Em verdade, há na exposição dois modos (*modus*) em geral de composição de seus pensamentos, um dos quais se chama *maneira* (*modus aestheticus*), e o outro, *método* (*modus logicus*), que se distinguem entre si no fato de que o primeiro modo não possui nenhum outro padrão que o *sentimento* da unidade na apresentação, enquanto o outro segue *princípios* determinados; para a arte bela vale, portanto, só o primeiro modo. Um produto chama-se *maneirista* unicamente se a apresentação de sua ideia *visar* nele à singularidade e não for tornada adequada à ideia. O brilhante (precioso), o rebuscado e o afetado, somente para se distinguirem do comum (mas sem espírito), são semelhantes ao comportamento daquele do qual se diz que ele se ouve a si próprio ou que para e anda como se estivesse sobre um palco para ser olhado boquiaberto, o que sempre trai um incompetente.

§ 50. Da ligação do gosto com o gênio em produtos da arte bela

Perguntar-se o que importa mais em assuntos da arte bela, que neles se mostre gênio ou se mostre gosto, equivaleria a perguntar-se se neles importa mais imaginação do que faculdade do juízo. Ora, visto que uma arte em relação ao gênio merece ser antes chamada de uma arte *rica de espírito*, mas unicamente em relação ao gosto, ela merece ser chamada de arte bela; assim este último é, pelo menos enquanto condição indispensável (*conditio sine qua non*), o mais importante que se tem de considerar no ajuizamento da arte como arte bela. Ser rico e original em ideias não é tão necessário para a beleza quanto para a conformidade daquela faculdade da imaginação, em sua liberdade, à legalidade do entendimento. Pois toda a riqueza da primeira faculdade não produz, em sua liberdade sem leis, senão disparates; a faculdade do juízo, ao contrário, é a faculdade de ajustá-la ao entendimento.

O gosto é, assim como a faculdade do juízo em geral, a disciplina (ou cultivo) do gênio, corta-lhe muito as asas e torna-o morejado e polido; ao mesmo tempo, porém, dá-lhe uma direção sobre o que e até onde ele deve estender-se para permanecer conforme a fins; e na medida em que ele introduz clareza e ordem na profusão de pensamentos, torna as ideias consistentes, capazes de uma aprovação duradoura e ao mesmo tempo universal, da sucessão de outros e de uma cultura sempre crescente. Se, portanto, no conflito de ambas as espécies de propriedades algo deve ser sacrificado em um produto, então isto terá de ocorrer antes do lado gênio; e a faculdade do juízo, que sobre assuntos da arte bela profere a sentença a partir de princípios próprios, permitirá prejudicar antes a liberdade e a riqueza da faculdade da imaginação do que o entendimento.

Portanto, para a arte bela seriam requeridos *faculdade da imaginação, entendimento, espírito e gosto.*[166]

§ 51. Da divisão das belas artes

Pode-se em geral denominar a beleza (quer ela seja beleza da natureza ou da arte) a *expressão* de ideias estéticas, só que na arte bela esta ideia tem de ser ocasionada por um conceito do objeto; na natureza bela, porém, a simples reflexão sobre uma intuição dada, sem conceito do que o objeto deva ser, é suficiente para despertar e comunicar a ideia da qual aquele objeto é considerado a *expressão.*

Portanto, se queremos dividir as belas artes, não podemos, pelo menos como tentativa, escolher para isso nenhum princípio mais cômodo que o da analogia da arte como o modo de expressão de que homens se servem no falar para se comunicarem entre si tão perfeitamente quanto possível, isto é, não simplesmente

---

166 As três primeiras faculdades obtêm a sua unificação antes de tudo pela quarta. Em sua *História*,* Hume dá a entender aos ingleses que, embora em suas obras eles não se deixassem vencer por nenhum povo no mundo com respeito às demonstrações das três primeiras qualidades consideradas *separadamente*, todavia naquela que as unifica eles teriam de ficar atrás de seus vizinhos, os franceses. (K)
* *History of England*, 6 vols., Londres, 1763, traduzida para o alemão em 1767-1771.

PRIMEIRA SEÇÃO • ANALÍTICA DA FACULDADE DE JUÍZO ESTÉTICA • 179

segundo conceitos mas também segundo suas sensações.[167] Este modo de expressão consiste na *palavra*, no *gesto*, e no *som* (articulação, gesticulação e modulação). Somente a ligação destes três modos de expressão constitui a comunicação completa do falante. Pois pensamento, intuição e sensação são assim simultâneas e unificadamente transmitidas aos outros.

Há, pois, somente três espécies de belas artes: as *elocutivas* <*redende*>, as figurativas <*bildende*> e a arte do *jogo das sensações* (enquanto impressões externas dos sentidos). Poder-se-ia ordenar esta divisão também dicotomicamente, de modo que a arte bela seria dividida na da expressão dos pensamentos ou das intuições, e esta, por sua vez, simplesmente segundo a sua forma ou sua matéria (da sensação). Todavia, ela se pareceria então demasiado abstrata e não tão adequada aos conceitos comuns.

1) **As artes elocutivas** são a eloquência <*Beredsamkeit*> e a poesia <*Dichtkunst*>. *Eloquência* é a arte de exercer um ofício do entendimento como um jogo livre da faculdade da imaginação; *poesia* é a arte de executar um jogo livre da faculdade da imaginação como um ofício do entendimento.

O *orador*, portanto, anuncia um ofício e executa-o como se fosse simplesmente um *jogo* com ideias para entreter os ouvintes.[168] O poeta simplesmente anuncia um *jogo* que entretém com ideias e do qual contudo se manifesta tanta coisa para o entendimento, como se ele tivesse simplesmente tido a intenção de impulsionar o seu ofício. A ligação e harmonia de ambas as faculdades de conhecimento, da sensibilidade e do entendimento, que na verdade não podem dispensar-se uma à outra, mas tampouco permitem de bom grado unificar-se sem coerção e ruptura recíprocas, tem de parecer ser não intencional e assim parecer conformar-se espontaneamente; do contrário, não é arte *bela*. Por isso todo o procurado e penoso tem de ser aí evitado, pois arte bela tem de ser arte

---

167   O leitor não ajuizará este projeto de uma possível divisão das belas artes como teoria proposital. Trata-se apenas de uma das muitas tentativas que ainda se podem e devem empreender. (K)

168   B e C: observadores.

180 • Crítica da Faculdade do Juízo • Immanuel Kant

livre em um duplo sentido: tanto no que ela não seja um trabalho enquanto atividade remunerada, cuja magnitude possa ser julgada, imposta ou paga segundo um determinado padrão de medida; como também no sentido de que o ânimo na verdade sinta-se ocupado, mas, sem com isso ter em vista um outro fim, sinta-se, pois (independentemente de remuneração), satisfeito e despertado.

Portanto, o orador na verdade dá algo que ele não promete, a saber, um jogo que entretém a faculdade da imaginação; mas ele também deixa de cumprir algo que ele promete e que é, pois, o seu anunciado ofício, a saber, ocupar o entendimento conforme a um fim. O poeta, ao contrário, promete pouco e anuncia um simples jogo com ideias, porém realiza algo que é digno de um ofício, ou seja, proporcionar ludicamente alimento para o entendimento e mediante a faculdade da imaginação dar vida a seus conceitos; por conseguinte, aquele no fundo realiza menos e este mais do que promete.[169]

2) **As artes figurativas** ou da expressão por ideia na *intuição dos sentidos* (não por representações da simples faculdade da imaginação, que são excitadas por palavras) são ou as da *verdade dos sentidos* ou as da *aparência dos sentidos*. A primeira chama-se *plástica <Plastik>*; a segunda, pintura *<Malerei>*. Ambas formam figuras no espaço, para a expressão por ideias: aquela dá a conhecer figuras por dois sentidos, a vista e o tato (embora pelo último não com vistas à beleza); a segunda, somente pela primeira. A ideia estética (*archetypon*, modelo) encontra-se como fundamento de ambas as faculdades da imaginação, porém a figura que constitui a expressão das mesmas (*ektypon*, cópias) é dada ou em sua extensão corporal (como o próprio objeto existe) ou segundo o modo como esta se pinta no olho (segundo a sua aparência em uma superfície); ou então, embora se trate também do primeiro caso, ou a referência a um fim efetivo ou somente a aparência dele é tornada condição da reflexão. À *plástica*, como primeira espécie de belas artes figurativas, pertencem a escultura *<Bildhauerkunst>*

---

169 "por conseguinte... promete" falta em A.

e a arquitetura <*Baukunst*>. A *primeira* é aquela que apresenta corporalmente conceitos de coisas como elas *poderiam existir na natureza* (todavia enquanto arte bela com vistas à conformidade a fins estética); a *segunda* é a arte de apresentar conceitos de coisas que *somente pela arte* são possíveis e cuja forma não tem como fundamento determinante a natureza mas um fim arbitrário, com este propósito, contudo, ao mesmo tempo esteticamente conforme a fins. Na última, o principal é um certo *uso* do objeto artístico a cuja condição as ideias estéticas são limitadas. Na primeira, o objetivo principal é a simples *expressão* de ideias estéticas. Assim estátuas de homens, de deuses, de animais etc. são da primeira espécie; mas templos ou edifícios suntuosos para fins de assembleias públicas, ou também casas, arcos honoríficos, colunas, mausoléus etc., erigidos como monumentos comemorativos, pertencem à arquitetura. Com efeito, todo o mobiliário (o trabalho do marceneiro e outras coisas semelhantes para o uso) pode ser além disso computado,[170] porque a conformidade do produto a um certo uso constitui o essencial de uma obra de *construção*; contrariamente, uma *simples obra de figuração*, que é feita apenas para ser olhada e deve aprazer por si própria, enquanto apresentação corporal, é simples imitação da natureza, todavia atendendo a ideias estéticas, quando então a *verdade dos sentidos* não pode ir tão longe, ao ponto de deixar de aparecer como arte e produto do arbítrio.

A arte pictórica <*Malerkunst*>, como segunda espécie de arte figurativa que apresenta a aparência *sensível* como artisticamente ligada a ideias, eu a dividiria em arte da *descrição* bela da *natureza* e em arte da *composição* bela de seus *produtos*. A primeira seria a *pintura propriamente dita*; a segunda, a *jardinagem ornamental*. Pois a primeira dá só a aparência da extensão corporal; a segunda sem dúvida a dá de acordo com a verdade, mas dá somente a aparência de utilização e uso para outros fins, enquanto simplesmente destinada ao jogo da imaginação na contemplação de

---

170 B: escolhido.

182 • Crítica da Faculdade do Juízo • Immanuel Kant

suas formas.[171] A última não é outra coisa que a decoração do solo com a mesma variedade (relvas, flores, arbustos e árvores, mesmo riachos, colinas e vales) com que a natureza expõe-no ao olhar, somente composta de modo diverso e conformemente a certas ideias. Mas a bela composição de coisas corporais também é dada somente para o olho, como a pintura; o sentido do tato não pode obter nenhuma representação intuitiva de tal forma. Na pintura, em sentido amplo, eu incluiria ainda a ornamentação dos aposentos com tapeçarias, adereços e todo o belo mobiliário, que serve só para *a vista*; do mesmo modo, a arte da indumentária segundo o gosto (anéis, tabaqueiras etc.), pois um canteiro com toda espécie de flores, um aposento com toda espécie de adornos (compreendido entre eles o luxo das damas) constituem em uma festa suntuosa uma espécie de pintura que, como as propriamente assim chamadas (que por assim dizer não têm a intenção de *ensinar* história ou conhecimento da natureza), está aí simplesmente para ser vista, para entreter a faculdade da imaginação no jogo livre com ideias e ocupar a faculdade de juízo estética sem um fim determinado. O saber técnico em todo esse ornamento pode ser mecanicamente muito distinto e requerer artistas totalmente diversos; todavia, o juízo de gosto sobre o que nessa arte é belo é sob esse aspecto de-

---

171 Parece estranho que a jardinagem, embora apresente corporalmente as suas formas, possa ser considerada uma espécie de arte pictórica; visto porém que ela toma as suas formas efetivamente da natureza (as árvores, os arbustos, as gramíneas e flores do mato e do campo, pelo menos originalmente), e na medida em que por assim dizer não é arte como a plástica, também não tem como condição de sua composição nenhum conceito do objeto e do seu fim (como talvez a arquitetura), mas simplesmente o jogo livre da faculdade da imaginação na contemplação: assim e nesta medida esta concorda com a pintura simplesmente estética, que não tem nenhum tema determinado (combina ar, terra e água, entretendo através de luz e sombra). De modo geral o leitor ajuizará isto somente como uma tentativa de ligação das artes belas sob um princípio, que desta vez deve ser o da expressão de ideias estéticas (segundo a analogia* de uma linguagem) e não deve considerá-lo como uma dedução da mesma tida por decidida. (K)
*A: disposição.

PRIMEIRA SEÇÃO • ANALÍTICA DA FACULDADE DE JUÍZO ESTÉTICA • 183

terminado de modo uniforme: a saber, ajuizar somente as formas (sem consideração de um fim) da maneira como se oferecem ao olho, individualmente ou em sua composição segundo o efeito que elas produzem sobre a faculdade da imaginação. O modo, porém, como a arte figurativa possa ser computada como gesticulação em uma linguagem (segundo a analogia) é justificado pelo fato de que o espírito do artista dá através dessas figuras uma expressão corporal daquilo, que e como ele pensou, e faz a própria coisa como que falar mimicamente; o que é um jogo muito habitual de nossa fantasia, que atribui a coisas sem vida, conforme à sua forma, um espírito que fala a partir delas.

3) A arte do **belo jogo das sensações** (as quais são geradas externamente e o qual contudo tem de poder comunicar-se universalmente) não pode concernir senão à proporção dos diversos graus da disposição (tensão) do sentido ao qual a sensação pertence, isto é, ao seu som: e nesta significação ampla do termo ela pode ser dividida no jogo artístico das sensações[172] do ouvido e da vista, por conseguinte em *música* e *arte das cores*. É digno de nota que estes dois sentidos, com exceção da receptividade para sensações, na medida do que é requerido para obter por intermédio delas conceitos de objetos exteriores, são ainda capazes de uma sensação particular ligada a eles, sobre a qual não se pode decidir com certeza se ela tem por fundamento o sentido ou a reflexão; e que esta afectibilidade não obstante pode por vezes faltar, embora de resto o sentido, no que concerne a seu uso para o conhecimento dos objetos, não seja absolutamente falho, mas até especialmente fino, isto é, não se pode dizer com certeza se uma cor ou um tom (som) são simplesmente sensações agradáveis, ou se já se trata em si de um jogo belo de sensações e se, como tal, comporta, no ajuizamento estético, uma complacência na forma. Se se considera a rapidez das vibrações da luz ou, na segunda espécie, das vibrações do ar, que ultrapassa de longe toda a nossa faculdade de ajuizar imediatamente na percepção a proporção da divisão do

---

172   A: jogo com o tom da sensação.

tempo por elas, então se deveria acreditar que somente o *efeito* desses estremecimentos sobre as partes elásticas do nosso corpo é sentido, mas que a *divisão do tempo* pelos mesmos não é notada e trazida a julgamento, por conseguinte que com cores e sons só se liga a amenidade e não a beleza de sua composição. Mas se contrariamente se considera *primeiro* aquilo que de matemático se deixa expressar sobre a proporção dessas vibrações na música e no seu ajuizamento, e se ajuíza o contraste das cores, como é justo, segundo a analogia com a última; *segundo*, se se consultam os exemplos, conquanto raros, de homens que com a melhor vista não puderam distinguir as cores do mundo e com o ouvido mais apurado não puderam distinguir os sons, do mesmo modo como para aqueles que o podem, a percepção de uma qualidade alterada (não simplesmente do grau da sensação) nas diversas intensidades da escala de cores ou sons e além disso o fato de que o número das mesmas é determinado para diferenças *concebíveis*; então poderíamos ver-nos coagidos e não considerar as sensações de ambos como simples impressão dos sentidos, mas como efeito de um ajuizamento da forma no jogo de muitas sensações. A diferença que uma ou outra opinião oferece no ajuizamento do fundamento da música somente mudaria a definição no fato de que a explicamos ou, como nós fizemos, como o jogo *belo* das sensações (pelo ouvido) ou como sensações *agradáveis*. Somente de acordo com o primeiro modo de explicação a música será representada inteiramente como arte bela; de acordo com o segundo, porém, como arte *agradável* (pelo menos em parte).

§ 52. Da ligação das belas artes em um e mesmo produto

A eloquência pode ligar-se a uma apresentação pictórica de seus sujeitos também como objetos em um *espetáculo*; a poesia pode ligar-se à música no *canto*; este, porém, ao mesmo tempo à apresentação pictórica (teatral) em uma *ópera*; o *jogo* das sensações em uma música pode ligar-se ao jogo das figuras na *dança* etc. Também a apresentação do sublime, na medida em que pertence à arte bela, pode unificar-se com a beleza em uma *tragédia rimada*,

PRIMEIRA SEÇÃO • ANALÍTICA DA FACULDADE DE JUÍZO ESTÉTICA • 185

em um *poema didático*, em um *oratório*, e nessas ligações a arte bela é ainda mais artística; se, porém, também mais bela (já que se entrecruzam espécies diversas tão variadas de complacência), pode em alguns desses casos ser posto em dúvida. Pois em toda arte bela o essencial consiste na forma, que convém à observação e ao ajuizamento e cujo prazer é ao mesmo tempo cultura e dispõe o espírito para ideias; por conseguinte o torna receptivo a prazeres e entretenimentos diversos; não consiste na matéria da sensação (no atrativo ou na comoção), disposta apenas para o gozo, o qual não deixa nada à ideia, torna o espírito embotado, o objeto pouco a pouco[173] repugnante e o ânimo insatisfeito consigo e instável pela consciência de sua disposição adversa a fins no juízo da razão.

Se as belas artes não são próxima ou remotamente postas em ligação com ideias morais, que unicamente comportam uma complacência independente, então o seu destino final é o apontado por último. Elas, então, servem somente para a dispersão, da qual sempre nos tornamos tanto mais carentes quanto mais nos servimos dela para afugentar o descontentamento do ânimo consigo próprio através de um tornar-nos sempre ainda mais inúteis e descontentes com nós próprios. Em geral, as belezas da natureza são as mais suportáveis para o primeiro objetivo, se cedo nos habituamos a observá-las, a ajuizá-las e a admirá-las.

§ 53. *Comparação do valor estético das belas artes entre si*

Entre todas as artes, a *poesia* (que deve sua origem quase totalmente ao gênio e é a que menos quer ser guiada por prescrição ou exemplos) ocupa a posição mais alta. Ela alarga o ânimo pelo fato de pôr em liberdade a faculdade da imaginação e de oferecer, dentro dos limites de um conceito dado sob a multiplicidade ilimitada de formas possíveis concordantes com ele aquela que conecta a sua apresentação com uma profusão de pensamentos, à qual nenhuma expressão linguística é inteiramente adequada, e, portanto, elevar-se esteticamente a ideias. Ela fortalece o ânimo

---

173   "pouco a pouco" falta em A.

186 • Crítica da Faculdade do Juízo • Immanuel Kant

enquanto permite sentir sua faculdade livre, espontânea e independente da determinação da natureza, para contemplar e ajuizar a natureza como fenômeno segundo pontos de vista que ela não oferece por si na experiência nem ao sentido nem ao entendimento, e, portanto, para utilizá-la em vista e por assim dizer como esquema do suprassensível. Ela joga com a aparência que produz à vontade, sem contudo enganar através disso; pois ela declara a sua própria ocupação como simples jogo, que, no entanto, pode ser utilizado conformemente a fins pelo entendimento e seu ofício. A eloquência, na medida em que por ela se entende a arte de persuadir, isto é, de iludir pela bela aparência (como *ars oratoria*) e não um simples falar bem (eloquência e estilo), é uma dialética que somente toma emprestado da poesia o quanto seja necessário para, antes do ajuizamento, ganhar os ânimos para o orador e em seu benefício, tirando-lhe a liberdade; portanto, não pode ser recomendada nem para os limites do tribunal nem para os púlpitos. Pois se se trata de leis civis, do direito de pessoas individuais ou de ensinamento duradouro e determinação dos ânimos ao conhecimento correto e à conscienciosa observância de seu dever, então está aquém da dignidade de um ofício tão importante deixar ver sequer um vestígio de exuberância do engenho e da faculdade da imaginação, porém mais ainda da arte de persuadir e de tirar proveito para qualquer um.[174] Pois, embora ela por vez possa ser empregada para objetivos em si legítimos e louváveis, contudo torna-se censurável pelo fato de que desse modo as máximas e disposições são subjetivamente pervertidas, embora o ato seja objetivamente conforme à lei; nesta medida não basta fazer o que é justo, mas executá-lo também pela única razão de que é justo. Já o simples conceito claro destas espécies de assuntos humanos, ligado a uma apresentação viva através de exemplos e sem infração das regras de eufonia da língua ou da conveniência da expressão para ideias da razão (que conjuntamente constituem a arte de

---

174 A: em seu proveito.

PRIMEIRA SEÇÃO • ANALÍTICA DA FACULDADE DE JUÍZO ESTÉTICA • 187

falar bem), possui em si[175] influência suficiente sobre os ânimos humanos para que ainda fosse preciso instalar aí as máquinas da persuasão, que, uma vez que podem ser usadas tanto para o embelezamento como para o encobrimento do vício e do erro, não podem eliminar completamente a secreta suspeita de uma ardil da arte. Na poesia tudo se passa honrada e lealmente. Ela declara querer estimular um simples jogo de entretenimento com a faculdade da imaginação, e na verdade formalmente de acordo com as leis do entendimento; e não pretende colher de surpresa e enredar o entendimento através de exposição sensível.[176]

Depois da poesia, *se o que importa é o movimento do ânimo*, eu poria aquela que entre as artes elocutivas mais se lhe aproxima e assim também permite unificar-se muito naturalmente com ela, a saber, *a arte do som <Tonkunst>*. Pois, embora ela fale por meras sensações sem conceitos, por conseguinte não deixa como a poesia sobrar algo para a reflexão, ela contudo move o ânimo de modo

218

---

175 A: por si.
176 Tenho de confessar que uma bela poesia sempre me produziu um deleite puro enquanto a melhor leitura de um discurso de um orador popular romano ou de um atual orador do parlamento ou púlpito estava sempre mesclado do sentimento desagradável de desaprovação de uma arte insidiosa, que em coisas importantes entende mover os homens como máquinas a um juízo que na reflexão serena perderia nelas todo o peso. Eloquência e bem-falar (em conjunto a retórica) pertencem à arte bela; mas arte retórica (*ars oratoria*), enquanto arte de se servir das fraquezas dos homens para seus propósitos (estes podem ser tão bem-intencionados ou efetivamente bons quanto quiserem), não é absolutamente digna de nenhum *apreço <Achtung>*. Tanto em Atenas como em Roma ela só se elevou ao mais alto grau porque o Estado se aprestava para a sua ruína e a verdadeira maneira de pensar patriótica estava extinta. Quem na clara perspiciência das matérias tem em seu poder a linguagem na sua riqueza e pureza e com uma fecunda faculdade da imaginação apta à apresentação de suas ideias participa vivamente e com o coração do verdadeiro bem é o *vir bonus dicendi peritus*, o orador sem arte porém cheio de ênfase, como o quer ter *Cícero*,* sem contudo ter ele mesmo permanecido sempre fiel a esse ideal.
* O texto citado é em realidade de Catão: *M. Catonis fragmenta*. Ed. Jordan, 1860. p. 80 (cf. Vorländer, p. 185).

188 • Crítica da Faculdade do Juízo • Immanuel Kant

mais variado e, embora só passageiro, no entanto mais íntimo; mas ela é certamente mais gozo que cultura (o jogo de pensamento, que incidentemente é com isso suscitado, é simplesmente o efeito de uma associação, por assim dizer, mecânica); e, ajuizada pela razão, possui valor menor que qualquer outra das belas artes. Por isso ela reivindica, como todo gozo, alternância mais frequente e não suporta a repetição reiterada sem produzir tédio. O seu atrativo, que se deixa comunicar tão universalmente, parece repousar sobre o fato de que cada expressão da linguagem possui no conjunto um som que é adequado ao seu sentido; que este som mais ou menos denota um afeto do falante e reciprocamente também o produz no ouvinte, que então inversamente incita também neste a ideia que é expressa na linguagem com tal som; e que, assim como a modulação é por assim dizer uma linguagem universal das sensações compreensível a cada homem, a arte do som exerce por si só esta linguagem em sua inteira ênfase, a saber, como linguagem dos afetos, e assim comunica universalmente segundo a lei da associação as ideias estéticas naturalmente ligadas a ela; mas que, pelo fato de aquelas ideias estéticas não serem nenhum conceito e pensamento determinado, a forma da composição[177] destas sensações (harmonia e melodia) serve somente de forma de uma linguagem para, mediante uma disposição proporcionada das mesmas (a qual pode ser submetida matematicamente a certas regras, porque nos sons ela assenta sobre a relação do número das vibrações de ar no mesmo tempo, na medida em que os sons são ligados simultânea ou também sucessivamente), expressar a ideia estética de um todo coerente de uma indizível profusão de pensamentos, conforme a um certo tema que constitui na peça o afeto dominante. A esta forma matemática, embora não representada por conceitos determinados, unicamente se prende a complacência que a simples reflexão conecta – acerca de um tão grande número de sensações que se acompanham ou se sucedem umas às outras – com este

---

177 Erdmann: compreensão.

PRIMEIRA SEÇÃO • ANALÍTICA DA FACULDADE DE JUÍZO ESTÉTICA • 189

jogo delas como condição de sua beleza, válida para qualquer um; e somente segundo ela o gosto pode arrogar-se um direito de pronunciar-se antecipadamente sobre o juízo de qualquer um.

Mas no atrativo e no movimento do ânimo, que a música <*Musik*> produz, a matemática não tem certamente a mínima participação; ela é somente a condição indispensável (*conditio sine qua non*) daquela proporção das impressões, tanto em sua ligação como em sua mudança, tal qual se torna possível compreendê-las e impedir que elas se destruam mutuamente, mas concordem com um movimento contínuo e uma vivificação do ânimo através de afetos consonantes com eles e assim concordem com uma agradável autofruição.

Se, contrariamente, se apreciar o valor das belas artes segundo a cultura que elas proporcionam ao ânimo e tomar como padrão de medida o alargamento das faculdades que na faculdade do juízo tem de concorrer para o conhecimento, então a música possui entre as belas artes o último lugar (assim como talvez o primeiro entre aquelas que são apreciadas simultaneamente segundo a sua amenidade), porque ela joga simplesmente com sensações. Sob este aspecto, portanto, as artes figurativas precedem-na de longe; pois, enquanto elas conduzem a faculdade da imaginação a um jogo livre e contudo ao mesmo tempo conforme ao entendimento, incitam ao mesmo tempo a um ofício na medida em que realizam um produto que serve aos conceitos do entendimento como um veículo duradouro e por si mesmo recomendável para promover a unificação dos mesmos com a sensibilidade, e assim como que promover a urbanidade das faculdades de conhecimento superiores. Ambas as espécies de artes tomam um curso totalmente diverso: a primeira, de sensações a ideias indeterminadas; a segunda, porém, de ideias determinadas a sensações. As últimas causam uma impressão *permanente*; as primeiras, só uma impressão *transitória*. A faculdade da imaginação pode reevocar aquelas para entreter-se agradavelmente com elas; estas, porém, se extinguem completamente ou, quando são inadvertidamente repetidas pela faculdade da imaginação, são antes enfadonhas que

190 • Crítica da Faculdade do Juízo • Immanuel Kant

agradáveis. Além disso,[178] é inerente à música uma certa falta de urbanidade, pelo fato de que, principalmente de acordo com a natureza dos instrumentos, ela estende a sua influência além do que se pretende dela (à vizinhança) e assim como que se impõe, por conseguinte causa dano à liberdade de outros, estranhos à sociedade musical; as artes que falam aos olhos não fazem isto, enquanto se deve apenas desviar os olhos quando não se quer admitir sua influência. Ocorre aqui quase o mesmo que com a fruição de uma fragrância que se propaga amplamente. Aquele que tira do bolso o seu perfumado lenço de assoar trata todos a seu redor e a seu lado contrariamente à vontade deles e os coage, quando querem respirar, a ao mesmo tempo fruí-lo; por isso também saiu da moda.[179] Entre as artes figurativas, eu daria preferência à *pintura*, em parte porque, como arte do desenho, ela está à base de todas as demais artes figurativas, em parte porque ela pode adentrar-se muito mais na região das ideias e também pode estender, de acordo com estas, o campo da intuição mais do que é permitido às demais artes.

§ 54.[180] *Observação*

Entre *o que apraz simplesmente no ajuizamento* e o que *deleita* (apraz na sensação) há, como o mostramos frequentemente, uma diferença essencial. O último é algo que não se pode imputar a qualquer um do mesmo modo como o primeiro. O deleite (por mais que sua causa possa encontrar-se também em ideias) parece consistir sempre num sentimento de promoção da vida inteira do

---

178 Daqui, "Além disso" até "... saiu da moda", incluindo a nota que se segue, é um acréscimo da segunda edição. A edição C faz seguir-lhe uma nova alínea.

179 Aqueles que recomendaram entoar cânticos espirituais por ocasião das devoções domésticas não pensaram que através de um tal culto *ruidoso* (justamente por isso habitualmente farisaico) infligiam* um grande incômodo ao público ao coagirem a vizinhança a cantar junto ou abdicar da ocupação com os seus pensamentos. (K)
   * B: infligem... coagem.

180 Faltou a numeração do § 54, acrescentada por Hartenstein.

PRIMEIRA SEÇÃO • ANALÍTICA DA FACULDADE DE JUÍZO ESTÉTICA • 191

homem, por conseguinte também do bem-estar corporal, isto é, da [223] saúde; de modo que *Epicuro*, que fazia todo deleite passar basicamente por sensação corporal, sob este aspecto talvez não deixasse de ter razão e se equivocasse apenas quando computava a complacência intelectual e mesmo a prática como deleite. Se se tem a última diferença diante dos olhos, pode-se explicar a si próprio como um deleite possa desaprazer mesmo àquele que tem a sensação dele (como a alegria de um homem necessitado, mas bem-pensante, sobre a herança do pai a quem ama, mas que é avarento), ou como uma dor profunda possa contudo aprazer àquele que a padece (a tristeza de uma viúva pela morte de seu marido cheio de méritos), ou como um deleite possa de mais a mais aprazer (como nas ciências às quais nos dedicamos), ou como uma dor (por exemplo, ódio, inveja, sede de vingança) possa, além disso, desaprazer-nos. A complacência ou descomplacência assenta aqui sobre a razão e identifica-se com a *aprovação* ou *desaprovação*; mas prazer e dor podem assentar somente sobre o sentimento ou a perspectiva de um *bem-estar* ou *mal-estar* (seja qual for a sua razão).

Todo cambiante jogo livre das sensações (que não têm por fundamento nenhuma intenção) deleita, porque promove o sentimento de saúde, quer tenhamos ou não no ajuizamento da razão uma complacência em seu objeto e mesmo nesse deleite; e esse deleite pode elevar-se até o afeto, embora não tomemos pelo objeto nenhum interesse, pelo menos um que fosse proporcional ao grau desse afeto. Podemos dividi-lo em *jogo de sorte, jogo de sons e jogo de pensamentos*. O *primeiro* exige um *interesse*, quer da vaidade ou do egoísmo, que nem de longe é tão grande como o interesse [224] pelo modo como procuramos consegui-lo; o *segundo* exige simplesmente a alternância das *sensações*, cada uma das quais tem sua relação com o afeto, mas sem o grau de um afeto, e desperta ideias estéticas; o *terceiro* surge simplesmente da alternância de representações na faculdade do juízo, pela qual na verdade não é produzido nenhum pensamento que comportasse qualquer interesse e contudo é vivificado o ânimo.

Quão deleitáveis os jogos tenham de ser, sem que se tivesse necessidade de pôr-lhes como fundamento uma intenção interes-

192 • Crítica da Faculdade do Juízo • Immanuel Kant

sada, mostram-no todos os nossos saraus sociais; pois sem jogo nenhum deles pode propriamente entreter-se. Mas os afetos da esperança, do medo, da alegria, da raiva, do escárnio estão aí em jogo, na medida em que eles a todo momento trocam de papel,[181] e são tão vivos, que através deles parece promover-se no corpo, como uma moção interna, a inteira função da vida, como o prova uma vivacidade do ânimo engendrada por eles, embora não se tenha ganho ou aprendido algo com isso. Mas, já que o jogo de sorte não é nenhum jogo belo, queremos aqui pô-lo de lado. Contrariamente, a música e a matéria para o riso são duas espécies de jogo com ideias estéticas ou também com representações do entendimento, pelas quais enfim nada é pensado e as quais só podem deleitar pela sua alternância, e contudo[182] vivamente; por ela dão a conhecer bastante claramente que a vivificação em ambas é simplesmente corporal, embora elas sejam suscitadas por ideias do ânimo, e que o sentimento de saúde constitui por um movimento das vísceras correspondente àquele jogo o todo de uma sociedade despertada para um deleite tão fino e espirituoso. Não é o ajuizamento da harmonia de sons ou ocorrências espirituosas que com sua beleza serve somente de veículo necessário, mas é a função vital promovida no corpo, o afeto, que move as vísceras e o diafragma, em uma palavra, o sentimento de saúde (que sem aquela iniciativa não se deixaria contrariamente sentir), que constitui o deleite que se encontra no fato de poder-se chegar ao corpo também pela alma e utilizar esta como médico daquele.

Na música este jogo vai de sensação do corpo a ideias estéticas (dos objetos para afetos) e destas então de volta ao corpo, mas com força conjugada. No gracejo (que como aquela merece ser computado antes como arte agradável do que como arte bela) o jogo parte de pensamentos, que todos juntos, na medida em que querem expressar-se sensivelmente, ocupam também o corpo; e, na medida em que o entendimento subitamente cede nesta

---

181 A: variam a cada momento.
182 "e contudo" falta em A.

PRIMEIRA SEÇÃO • ANALÍTICA DA FACULDADE DE JUÍZO ESTÉTICA • 193

apresentação em que não encontra o esperado, sente-se no corpo o efeito desse enfraquecimento pela pulsação dos órgãos, a qual promove o restabelecimento de seu equilíbrio e tem um efeito benéfico sobre a saúde.

Em tudo o que pode suscitar um riso vivo e abalador tem de haver algo absurdo (em que, portanto, o entendimento não pode em si encontrar nenhuma complacência). *O riso é um afeto resultante da súbita transformação de uma tensa expectativa em nada.* Precisamente esta transformação, que certamente não alegra o entendimento, alegra contudo indiretamente por um momento de modo muito vivo. Portanto, a sua causa tem de residir na influência da representação sobre o corpo e em sua ação recíproca sobre o ânimo; e na verdade não na medida em que a representação é objetivamente um objeto do deleite[183] (pois como pode uma expectativa frustrada deleitar?), mas meramente pelo fato de que ela, enquanto simples jogo das representações, produz um equilíbrio[184] das forças vitais.

Se alguém conta que um índio – que à mesa de um inglês em Surate viu abrirem uma garrafa de cerveja e toda ela, transformada em espuma, derramar-se – mostrava com muitas exclamações sua grande estupefação e à pergunta do inglês – "que há aqui para supreender-se tanto?" – respondeu: "eu também não me admiro de que ela saia, mas de como vocês conseguiram metê-la aí dentro", então rimos e sentimos um afetuoso prazer, não porque porventura nos consideremos mais inteligentes que esse néscio ou por algo complacente que o entendimento nos tenha permitido observar aí. Mas nossa expectativa estava tensa e subitamente se dissipa em nada. Ou se o herdeiro de um parente rico quer promover para este um funeral realmente solene, mas lamenta que não o consegue direito, pois (diz ele): "quanto mais dinheiro eu dou às minhas carpideiras para parecerem tristes tanto mais diverti-

226

---

183   Na primeira edição segue-se aqui ainda: "como porventura de alguém que recebe a notícia de um grande ganho comercial".

184   A: um jogo.

194 • Crítica da Faculdade do Juízo • Immanuel Kant

das elas parecem", então rimos ruidosamente e a razão reside em que uma expectativa converte-se subitamente em nada. É preciso observar que ela não tem de converter-se no oposto positivo[185] de um objeto esperado – pois esse é sempre algo e frequentemente pode entristecer –, mas sim em nada. Pois se com a narração de uma história alguém nos suscita grande expectativa e nós ao final já descortinamos a sua inverdade, então isto nos causa descomplacência; como, por exemplo, a inverdade de que pessoas em face de grande desgosto devam ter obtido em uma noite cabelos grisalhos. Se, contrariamente, como réplica a uma semelhante narração, um finório conta muito circunstanciadamente o desgosto de um comerciante, que, retornando da Índia à Europa com todo o seu capital em mercadorias, foi coagido em meio a uma forte tempestade a deitar tudo ao mar e que se entristeceu a tal ponto, que além disso a sua *peruca* na mesma noite tornou-se grisalha, então rimos e deleitamo-nos com isso porque jogamos por ainda um tempo com o nosso próprio desacerto em relação a um objeto, de mais a mais indiferente a nós, ou muito antes com a ideia perseguida por nós como uma bola que atiramos de um lado e para outro, enquanto simplesmente temos em mente pegá-la ou segurá-la. Aqui não é o desconcerto de um mentiroso ou de um bobo que desperta o deleite, pois a última história contada com suposta seriedade também por si levaria uma sociedade a um sonoro riso; e a primeira não seria habitualmente sequer digna de atenção.[186]

É digno de nota que em todos esses casos o chiste tem de conter sempre algo que num momento pode enganar; daí que, se a aparência termina em nada, o ânimo rememora-o para tentá-lo ainda uma vez, e assim, através de uma rápida sucessão de tensão e distensão, ricocheteia de um lado a outro e é posto em oscilação; esta, pelo fato de que a retirada daquilo que por assim dizer esticava a corda ocorreu subitamente, tem de dar origem a um movimento do ânimo e a um movimento do corpo harmonizando-se

---

185 "positivo" falta em A.
186 A: não valeria a pena.

PRIMEIRA SEÇÃO • ANALÍTICA DA FACULDADE DE JUÍZO ESTÉTICA • 195

internamente com aquele, que perdura involuntariamente e produz fadiga, mas também divertimento (os efeitos de uma moção proveitosa à saúde).

Pois, se se admite que a todos os nossos pensamentos ao mesmo tempo se liga harmonicamente algum movimento nos órgãos do corpo, compreender-se-á razoavelmente como àquela súbita transposição do ânimo, ora a um ponto de vista, ora a outro, para contemplar seu objeto pode corresponder uma recíproca tensão e distensão das partes elásticas de nossas vísceras, que se comunica ao diafragma (idêntica à que sentem pessoas que têm cócegas), de modo que o pulmão expele o ar a intervalos rapidamente sucessivos e assim efetua um movimento favorável à saúde, o qual somente, e não aquilo que ocorre no ânimo, é a verdadeira causa do deleite em um pensamento que no fundo não representa nada. Voltaire dizia que o céu nos deu duas coisas como contrapeso às muitas misérias da vida: a *esperança* e o *sono*. Ele teria ainda podido acrescentar-lhe o *riso*, contanto que os meios para suscitá-lo entre pessoas racionais estivessem tão facilmente à mão e o engenho ou a originalidade do humor requeridos para ele não fossem justamente tão raros como frequentemente o é o talento de escrever, *quebrando a cabeça <kopfbrechend>* como sonhadores místicos, *arriscando o pescoço <halsbrechend>* como os gênios *ou destroçando o coração <herzbrechend>* como os romancistas sentimentais (e também moralistas dessa espécie).

Portanto, pode-se, como me parece, conceder a Epicuro que todo deleite, mesmo que seja ocasionado por conceitos que despertam ideias estéticas, é sensação *animal*, isto é, corporal, sem com isso prejudicar minimamente o sentimento *espiritual* de respeito por ideias morais, o qual não é um deleite mas uma autoapreciação (da humanidade em nós), que nos eleva sobre sua necessidade sem mesmo prejudicar uma única vez o sentimento menos nobre do *gosto*.

Algo composto de ambos encontra-se na *ingenuidade*, que é a erupção da franqueza originariamente natural, em oposição à arte da dissimulação tornada uma outra natureza. Nós nos rimos

196 • Crítica da Faculdade do Juízo • Immanuel Kant

da simplicidade que ainda não sabe dissimular-se e contudo nos regozijamos também com a simplicidade da natureza, que aqui prega um revés àquela arte. Esperávamos pelo hábito quotidiano da expressão artificial e cuidadosamente voltada para a bela aparência; e vejam só! Trata-se da natureza íntegra, inocente, que absolutamente não esperávamos encontrar e que aquele que permitiu vê-la tampouco pensava despir. O fato de que a bela porém falsa aparência, que habitualmente significa muitíssimo em nosso juízo, aqui subitamente se transforma em nada e que o finório, por assim dizer, é em nós próprios posto a nu, produz o movimento do ânimo sucessivamente em duas direções opostas, o qual ao mesmo tempo agita salutarmente o corpo. Mas o fato de que algo que é infinitamente melhor do que todo admitido hábito, a pureza da maneira de pensar (pelo menos a disposição para ela), não se extinguiu totalmente na natureza humana; mistura seriedade e veneração a esse jogo da faculdade do juízo. Como, porém, se trata de um fenômeno que se evidencia somente por curto tempo e a cortina da arte da dissimulação é logo fechada de novo, assim ao mesmo tempo junta-se a isso um pesar, que é uma emoção de ternura, que como jogo se deixa ligar de muito bom grado a um tal riso cordial e também efetivamente se liga habitualmente a ele, tratando ao mesmo tempo de compensar aquele que fornece o material para o riso pelo embaraço por ainda não ser experimentado nas convenções humanas. Por isso uma arte de ser *ingênuo* é uma contradição; no entanto, representar a ingenuidade em uma pessoa fictícia é certamente possível e é uma arte bela, embora também rara. Não se tem de confundir com a ingenuidade a simplicidade sincera que a natureza simplesmente não artificializada porque ela não sabe o que é a arte da convivência.

Entre aquilo que, alegrando, é bastante afim ao deleite proveniente do riso e pertence à originalidade do espírito, mas não precisamente ao talento da arte bela, pode-se computar também a maneira humorística. *Humor* em bom sentido significa o talento de poder arbitrariamente transportar-se a uma certa disposição de ânimo, em que todas as coisas são ajuizadas de modo inteiramente diverso do habitual (até inversamente a ele) e contudo conformemente a certos princípios da razão em uma tal disposição de ânimo. Quem é involuntariamente submetido a tais mudanças chama-se *caprichoso*; quem, porém, é capaz de admiti-las arbitrária e conformemente a fins (com vistas a uma apresentação viva através de um contraste suscitador de riso) chama-se – ele e seu modo de falar – *humorístico*. Esta maneira pertence contudo mais à arte agradável do que à arte bela, porque o objeto da última sempre tem de mostrar em si alguma dignidade e por isso requer uma certa seriedade na apresentação, assim como o gosto no ajuizamento.

Segunda Seção

DIALÉTICA DA FACULDADE DE JUÍZO ESTÉTICA

§ 55

Uma faculdade do juízo que deva ser dialética tem de ser antes raciocinante <*vernünftelnd, ratiocinans*>, isto é, os seus juízos têm de reivindicar universalidade, e, na verdade, *a priori*,[1] pois a dialética consiste na contraposição de tais juízos. Por isso a incompatibilidade de juízos estéticos do sentido (sobre o agradável e desagradável) não é dialética. Tampouco o conflito dos juízos de gosto, na medida em que cada um refere-se simplesmente ao seu próprio gosto, constitui uma dialética do gosto, porque ninguém pensa em tornar seu juízo uma regra universal. Portanto, não resta nenhum conceito de uma dialética que pudesse concernir ao gosto senão o de uma dialética da *crítica* do gosto (não do próprio gosto) com respeito a seus *princípios*, já que sobre o fundamento da possibilidade dos juízos de gosto em geral surgem natural e inevitavelmente conceitos conflitantes entre si. Nesta medida, portanto, uma crítica transcendental do gosto conterá somente uma parte, que poderá levar o nome de uma dialética da faculdade de juízo estética, se se encontrar uma antinomia dos princípios desta faculdade que ponha em dúvida a sua conformidade a leis, por conseguinte também sua possibilidade interna.

---

1   Juízo raciocinante (*iudicium ratiocinans*) pode chamar-se todo aquele que se proclama universal, pois enquanto tal ele pode servir como premissa maior em um silogismo. Contrariamente juízo da razão (*iudicium ratiocinatum*) só pode denominar-se aquele que é pensado como conclusão de um silogismo, consequentemente como fundado *a priori*. (K)

SEGUNDA SEÇÃO • DIALÉTICA DA FACULDADE DE JUÍZO ESTÉTICA • 199

§ 56. *Representação da antinomia do gosto*

O primeiro lugar-comum do gosto está contido na proposição com a qual cada pessoa sem gosto pensa precaver-se contra a censura: *cada um tem seu próprio gosto*. Isto equivale a dizer o princípio determinante deste juízo é simplesmente subjetivo (deleite ou dor) e que o juízo não tem nenhum direito ao necessário assentimento de outros.

O segundo lugar-comum do gosto, que também é usado até por aqueles que concedem ao juízo de gosto o direito de expressar-se validamente por qualquer um, é: *não se pode disputar sobre o gosto*. O que equivale a dizer que o princípio determinante de um juízo de gosto na verdade pode ser também objetivo, mas que ele não se deixa conduzir a conceitos determinados; por conseguinte que nada pode ser *decidido* sobre o próprio juízo através de provas, conquanto se possa perfeitamente e com direito *discutir a respeito*. Pois *discutir <Streiten>* e *disputar <Disputieren>* são na verdade idênticos no fato de que procuram produzir sua unanimidade através de oposição recíproca dos juízos; são, porém, diferentes no fato de que o último espera produzir essa oposição segundo conceitos determinados enquanto argumentos, por conseguinte admite *conceitos objetivos* como fundamentos do juízo. Onde isso, porém, não for considerado factível, aí tampouco o *disputar* será ajuizado como factível.

Vê-se facilmente que entre esses dois lugares-comuns falta uma proposição, que na verdade não está proverbialmente em voga, mas está contida no sentido de qualquer um, nomeadamente: *pode-se discutir sobre o gosto* (embora não disputar). Esta proposição contém, porém, o oposto da primeira. Pois sobre o que deva ser permitido discutir tem de haver esperança de chegar a um acordo entre as partes; por conseguinte se tem de poder contar com fundamentos do juízo que não tenham validade simplesmente privada e, portanto, não sejam simplesmente subjetivos; ao que se contrapõe precisamente aquela proposição fundamental: *cada um tem seu próprio gosto*.

233

234   Portanto evidencia-se a seguinte antinomia com vistas ao princípio do gosto:

1) *Tese*: o juízo de gosto não se funda sobre conceitos, pois do contrário se poderia disputar sobre ele (decidir mediante demonstrações).

2) *Antítese*: o juízo de gosto funda-se sobre conceitos, pois do contrário não se poderia, não obstante a diversidade do mesmo, discutir sequer uma vez sobre ele (pretender a necessária concordância de outros com este juízo).

§ 57. Resolução da antinomia do gosto

Não há nenhuma possibilidade de eliminar o conflito entre aqueles princípios subjacentes a cada juízo de gosto (os quais não são senão as duas peculiaridades do juízo de gosto representadas acima na Analítica), a não ser que mostremos que o conceito, ao qual referimos o objeto nesta espécie de juízos, não é tomado em sentido idêntico em ambas as máximas da faculdade de juízo estética; que este duplo sentido ou ponto de vista do ajuizamento é necessário à faculdade de juízo transcendental; mas que também a aparência na confusão de um com o outro é inevitável como ilusão natural.

235   A algum conceito o juízo de gosto tem de se referir, pois do contrário ele não poderia absolutamente reivindicar validade necessária para qualquer um. Mas ele precisamente não deve ser demonstrável *a partir de* um conceito, porque um conceito pode ser ou determinável ou também em si indeterminado e ao mesmo tempo indeterminável. Da primeira espécie é o conceito do entendimento, que é determinável por predicados da intuição sensível que lhe correspondem; da segunda espécie, porém, é o conceito racional transcendental do suprassensível que se encontra como fundamento de toda aquela intuição, o qual não pode, pois, ser ulteriormente determinado teoricamente.[2]

---

2   "teoricamente" falta em A.

Ora, o juízo de gosto tem a ver com objetos dos sentidos, mas não para determinar um *conceito* dos mesmos para o entendimento. Por isso, enquanto representação singular intuitiva referida ao sentimento de prazer, ele é somente um juízo privado; e nesta medida ele seria limitado, quanto à sua validade, unicamente ao indivíduo que julga: o objeto é *para mim* um objeto de complacência; para outros pode ocorrer diversamente; cada um tem seu gosto.

Todavia, no juízo de gosto está sem dúvida contida uma referência ampliada à representação do objeto (ao mesmo tempo também do sujeito), na qual fundamos uma extensão desta espécie de juízos como necessária para qualquer um, em cujo fundamento, pois, tem de se encontrar algum conceito; mas um conceito que não se pode absolutamente determinar por intuição, pelo qual não se pode conhecer nada, por conseguinte também não *permite apresentar nenhuma prova* para o juízo de gosto. Um conceito dessa espécie é porém o simples conceito racional puro do suprassensível, que se encontra como fundamento do objeto (e também do sujeito que julga) enquanto objeto dos sentidos, por conseguinte enquanto fenômeno. Pois, se não se tomasse isso em consideração, a pretensão do juízo de gosto à validade universal não se salvaria; se o conceito no qual ele se funda fosse apenas um simples conceito intelectual confuso, como o de perfeição, ao qual se pudesse de modo correspondente associar[3] a intuição sensível do belo, então seria pelo menos em si possível fundar o juízo de gosto sobre provas; o que contradiz a tese.

Ora, toda a contradição, porém, desaparece se eu digo: o juízo de gosto funda-se sobre um conceito (de um fundamento em geral da conformidade a fins subjetiva da natureza para a faculdade do juízo), a partir do qual, porém, nada pode ser conhecido e provado acerca do objeto, porque esse conceito é em si indeterminável e inadequado para o conhecimento; mas o juízo ao mesmo tempo alcança justamente por esse conceito validade para qualquer um (em cada um na verdade como juízo singular que acompanha

---

3   A: dar.

202 • Crítica da Faculdade do Juízo • Immanuel Kant

237
imediatamente a intuição), porque o seu princípio determinante talvez se situe no conceito daquilo que pode ser considerado como o substrato suprassensível da humanidade.

Na resolução de uma antinomia trata-se somente da possibilidade de que duas proposições aparentemente contraditórias entre si de fato não se contradigam, mas possam coexistir uma ao lado da outra, mesmo que a explicação da possibilidade de seu conceito ultrapasse a nossa faculdade de conhecimento. Disso pode resultar igualmente compreensível que essa aparência também seja natural e inevitável à razão humana, independentemente da razão pela qual ela o seja e persista e embora após a resolução da aparente contradição ela não engane.

Ou seja, em ambos os juízos conflitantes nós tomamos o conceito, sobre o qual a validade universal de um juízo tem de fundamentar-se, em sentido idêntico e contudo afirmamos dele dois predicados opostos. Por isso na tese dever-se-ia dizer: o juízo de gosto não se fundamenta sobre conceitos *determinados*; na antítese, porém: o juízo de gosto contudo se funda sobre um conceito, conquanto *indeterminado* (nomeadamente do substrato suprassensível dos fenômenos); e então não haveria entre eles nenhum conflito.

238
Mais do que eliminar este conflito nas pretensões e contrapretensões do gosto não podemos fazer. É absolutamente impossível fornecer um determinado princípio objetivo do gosto, de acordo com o qual os seus juízos pudessem ser guiados, examinados e provados, pois se não não se trataria de um juízo de gosto. O princípio subjetivo, ou seja, a ideia indeterminada do suprassensível em nós somente pode ser-nos indicada como a única chave para o deciframento desta faculdade oculta a nós próprios em suas fontes, mas não pode ser tornada compreensível por nada ulterior.

Na base da antinomia aqui exposta e resolvida situa-se o conceito correto de gosto, ou seja, enquanto uma faculdade de juízo estética simplesmente reflexiva; e com isso ambos os princípios aparentemente conflitantes foram compatibilizados entre si, na medida em que *ambos podem ser verdadeiros*, o que também basta. Se contrariamente fosse admitido como princípio determinan-

SEGUNDA SEÇÃO • DIALÉTICA DA FACULDADE DE JUÍZO ESTÉTICA • 203

te do gosto (em virtude da singularidade da representação que se encontra no fundamento do juízo de gosto) a *amenidade*, como ocorre a alguns, ou o princípio da *perfeição* (em virtude de sua validade universal). Como o querem outros, e a definição do gosto fosse estabelecida de acordo com ele, então surgiria disso uma antinomia que não seria absolutamente resolvida, a não ser que se mostrasse que *ambas as proposições* contrapostas (mas não apenas contraditoriamente) *são falsas*; o que então prova que o conceito sobre o qual cada um está fundado contradiz-se a si próprio. Vê-se, portanto, que a eliminação da antinomia da faculdade de juízo estética toma um caminho semelhante ao que a *Crítica* seguiu na resolução das antinomias da razão teórica pura; e que aqui, do mesmo modo, como na *Crítica da razão prática*, as antinomias coagem a contragosto a olhar para além do sensível e a procurar no suprassensível o ponto de convergência de todas as nossas faculdades *a priori*, pois não resta nenhuma outra saída para fazer a razão concordar consigo mesma.

OBSERVAÇÃO I

Visto que na filosofia transcendental encontramos tão frequentemente ocasião para distinguir ideias de conceitos do entendimento, pode ser útil introduzir termos técnicos correspondentes à sua diferença. Creio que não se objetará nada se eu propuser alguns. Ideias, na significação mais geral, são representações referidas a um objeto de acordo com um certo princípio (subjetivo ou objetivo), na medida contudo em que elas jamais podem tornar-se um conhecimento desse objeto. Elas são referidas ou a uma intuição segundo um princípio simplesmente subjetivo da concordância das faculdades de conhecimento entre si (da imaginação e do entendimento), e então se chamam ideias estéticas, ou a um conceito segundo um princípio objetivo, sem contudo poderem jamais fornecer um conhecimento do objeto, e chamam-se ideias da razão; neste caso, o conceito é um conceito *transcendente*, que se distingue do conceito do entendimento, ao qual sempre pode

204 • Crítica da Faculdade do Juízo • Immanuel Kant

ser atribuída uma experiência que lhe corresponda adequadamente e que por isso se chama *imanente*.

Uma *ideia estética* não pode tornar-se um conhecimento porque ela é uma *intuição* (da faculdade da imaginação), para a qual jamais se pode encontrar adequadamente um conceito. Uma *ideia da razão* jamais pode tornar-se conhecimento, porque ela contém um *conceito* (do suprassensível) ao qual uma intuição jamais pode ser convenientemente dada.

Ora, eu creio que se possa chamar a ideia estética de uma representação *inexponível* da faculdade da imaginação; a ideia da razão, porém, um conceito *indemonstrável* da razão. De ambas pressupõe-se que não sejam geradas como que infundadamente, mas (de acordo com a explicação anterior de uma ideia em geral) conformemente a certos princípios das faculdades de conhecimento, aos quais elas pertencem (aquela aos princípios subjetivos; esta, aos objetivos).

Conceitos do entendimento enquanto tais têm de ser sempre demonstráveis (se por demonstrar entender-se, como na anatomia, simplesmente o *exibir*),[4] isto é, o objeto correspondente a eles tem de poder ser sempre dado na intuição (pura ou empírica), pois unicamente através dela eles podem tornar-se conhecimentos. O conceito de *grandeza* pode ser dado na intuição espacial *a priori*, por exemplo, de uma linha reta; o conceito de causa, na impenetrabilidade, no choque dos corpos etc. Por conseguinte, ambos podem ser provados por uma intuição empírica, isto é, o pensamento respectivo pode ser mostrado (demonstrado, apresentado) em um exemplo; e este tem de poder ocorrer, do contrário não se está seguro se o pensamento é vazio, isto é, carente de qualquer *objeto*.

Na Lógica servimo-nos comumente dos termos "demonstrável" ou "indemonstrável" somente com respeito às *proposições*, já que os primeiros poderiam ser designados melhor pela denominação de proposições só mediatamente *certas*, e os segundos, de proposições *imediatamente certas*, pois a Filosofia pura também

---

4   "(se por demonstrar... exibir)" é acréscimo de B.

SEGUNDA SEÇÃO • DIALÉTICA DA FACULDADE DE JUÍZO ESTÉTICA • 205

tem proposições de ambas as espécies, se por elas entenderem-se proposições capazes de prova e proposições incapazes de prova. Na verdade, enquanto Filosofia ela pode unicamente provar a partir de fundamentos *a priori*, mas não demonstrar, desde que não se queira prescindir inteiramente da significação do termo, segundo o qual demonstrar (*ostendere, exhibere*) equivale a (quer no provar ou também simplesmente no definir) apresentar ao mesmo tempo o seu conceito na intuição; a qual, se é intuição *a priori*, se chama a construção do conceito, mas se é também empírica permanece contudo a apresentação do objeto pela qual é assegurada ao conceito a realidade objetiva. Assim se diz de um anatomista; ele demonstra o olho humano se ele torna intuível mediante análise desse órgão o conceito que ele antes expôs discursivamente.

Em consequência disso o conceito racional de substrato suprassensível de todos os fenômenos em geral ou também daquilo que deve ser posto na base de nosso arbítrio em referência a leis morais, ou seja, da liberdade transcendental, é já quanto à espécie um conceito indemonstrável e uma ideia da razão, mas a virtude o é segundo o grau, porque ao primeiro não pode em si ser dado na experiência absolutamente nada que lhe corresponda quanto à qualidade, mas na segunda nenhum produto da experiência daquela causalidade alcança o grau que a ideia da razão prescreve como regra.

Assim como numa ideia da razão a *faculdade da imaginação* 242 não alcança com suas intuições o conceito dado, assim numa ideia estética o *entendimento* jamais alcança através de seus conceitos a inteira intuição interna da faculdade da imaginação, que ela liga a uma representação dada. Ora, visto que conduzir a conceitos uma representação da faculdade da imaginação equivale a *expô-la*, assim a ideia pode denominar-se uma representação *inexponível* da mesma (em seu jogo livre). Ainda terei ocasião de dizer a seguir algo sobre esta espécie de ideias; agora observo apenas que ambas as espécies de ideias, tanto as ideias da razão como as ideias estéticas, têm de possuir os seus princípios e na verdade ambas na razão, aquelas nos princípios objetivos, estas nos princípios subjetivos de seu uso.

206 • Crítica da Faculdade do Juízo • Immanuel Kant

Em consequência disso, podemos explicar o *gênio* também pela faculdade de *ideias estéticas*, com o que é ao mesmo tempo indicada a razão pela qual em produtos do gênio a natureza (do sujeito) e não um fim refletido dá a regra à arte (à produção do belo). Pois, visto que o belo não tem de ser ajuizado segundo conceitos, mas segundo a disposição, conformemente a fins, da faculdade da imaginação à concordância com a faculdade dos conceitos em geral: assim, regra e prescrição não podem servir de padrão da medida subjetivo àquela conformidade a fins estética porém incondicionada na arte bela, que legitimamente deve reivindicar ter de aprazer a qualquer um, mas somente o pode aquilo que no sujeito é simples natureza e não pode ser captado sob regras ou conceitos, isto é, o substrato suprassensível de todas as suas faculdades (o qual nenhum conceito do entendimento alcança), consequentemente, aquilo em referência ao qual o fim último dado pelo inteligível à nossa natureza é tornar concordantes todas as nossas faculdades de conhecimento. Somente assim é também possível que um princípio subjetivo e contudo universalmente válido encontre-se como fundamento dessa conformidade a fins, à qual não se pode prescrever nenhum princípio objetivo.

OBSERVAÇÃO II

A seguinte importante observação se oferece aqui por si própria, ou seja, que há *três espécies de antinomia* da razão pura, as quais, porém, concordam no fato de que a coagem a abandonar o pressuposto, de resto muito natural, de tomar os objetos dos sentidos pelas coisas em si mesmas e muito antes fazê-los valer simplesmente como fenômenos e atribuir-lhes um substrato inteligível (algo suprassensível, do qual o conceito é somente ideia e que não admite nenhum autêntico conhecimento). Sem uma tal antinomia, a razão jamais se decidiria pela aceitação de um tal princípio tão estreitador do campo de sua especulação e por sacrifícios em que tantas esperanças, afora isso muito brilhantes, têm de desaparecer totalmente; pois mesmo agora que, para reparação de suas perdas, se abre a ela um uso tanto maior do ponto de vista prático, ela parece não poder separar-se sem dor daquelas esperanças e livrar-se da antiga dependência.

Que haja três espécies de antinomia tem seu fundamento no fato de que há três faculdades de conhecimento: entendimento, faculdade do juízo e razão, cada uma das quais (enquanto faculdade de conhecimento superior) tem de possuir seus princípios *a priori*; pois então a razão, na medida em que ela julga sobre esses mesmos princípios, e seu uso exige incessantemente, com respeito a todos eles, para todo condicionado o incondicionado, que jamais pode ser encontrado se se considera o sensível como pertencente às coisas em si mesmas e, muito antes, não se lhe atribui, enquanto simples fenômeno, algo suprassensível (o substrato inteligível da natureza fora de nós e em nós) enquanto coisa em si mesma. Há, pois: 1. uma antinomia da razão para a *faculdade de conhecimento* com respeito ao uso teórico do entendimento até o incondicionado; 2. uma antinomia da razão para o *sentimento de prazer* e *desprazer* com respeito ao uso estético da faculdade do juízo; 3. uma antinomia para a *faculdade de apetição* com respeito ao uso prático da razão em si mesma legisladora; nessa medida, todas essas faculdades possuem os seus princípios superiores *a priori* e, em conformidade com uma exigência incontornável da razão, também têm de poder julgar *incondicionalmente* e determinar[5] seu objeto segundo esses princípios.

Com respeito a duas antinomias, a do uso teórico e a do uso prático daquelas faculdades de conhecimento superiores, mostramos já em outra passagem a sua *inevitabilidade* quando tais juízos não remetem a um substrato suprassensível dos objetos dados enquanto fenômenos, mas contrariamente também a sua *resolubilidade* tão logo ocorra o uso prático. Ora, no que concerne à antinomia no uso da faculdade do juízo conformemente à exigência da razão e sua resolução aqui dada, não existe nenhum outro meio de esquivar-se dela *senão* negando que qualquer princípio *a priori*

---

5   A: devem poder determinar.

208 • Crítica da Faculdade do Juízo • Immanuel Kant

situa-se à base do juízo de gosto estético, de modo que toda reivindicação de necessidade de assentimento universal seja ilusão infundada e vazia e que um juízo de gosto somente mereça ser considerado correto porque *sucede* que muitos concordam entre si a seu respeito e isto também propriamente não em virtude de que *se presuma* um princípio *a priori* por trás desta concordância, mas (como no gosto do paladar) porque os sujeitos casualmente estejam uniformemente organizados; *ou* se teria de admitir que o juízo de gosto seja propriamente um oculto juízo da razão sobre a descoberta perfeição de uma coisa e a referência do múltiplo nele a um fim, por conseguinte somente seja denominado estético em virtude da confusão que é inerente a esta nossa reflexão, embora no fundo ele seja teleológico; neste caso, poder-se-ia declarar desnecessária e nula a solução da antinomia por ideias transcendentais e assim se poderiam unificar aquelas leis do gosto com os objetos dos sentidos, não enquanto simples fenômenos, mas também enquanto coisas em si mesmas. Mas quão pouco um ou outro subterfúgio importa mostrou-se em diversas passagens da exposição dos juízos de gosto.

Se, porém, se conceder à nossa dedução pelo menos que ela procede no caminho correto, conquanto ainda não tenha sido tornada suficientemente clara em todas as partes, então se evidenciam três ideias: *primeiro*, do suprassensível em geral, sem ulterior determinação, enquanto substrato da natureza; *segundo*, do mesmo enquanto princípio da conformidade a fins subjetiva da natureza para nossa faculdade de conhecimento; *terceiro*, do mesmo enquanto princípios dos fins da liberdade e princípio da concordância desses fins com a liberdade no campo moral.

§ 58. Do idealismo da conformidade a fins tanto da natureza como da arte, como o único princípio da faculdade de juízo estética

Pode-se, antes de mais nada, ou pôr o princípio do gosto no fato de que este sempre julga segundo fundamentos de determinação empíricos, que só são dados *a posteriori* pelos sentidos, ou pode-se conceder que o gosto julgue a partir de um fundamento *a priori*. O primeiro consistiria no *empirismo* da crítica do gosto; o segundo, no seu *racionalismo*. De acordo com o primeiro, o objeto de nossa complacência não seria distinto do agradável, e de acordo com o segundo, se o juízo assentasse sobre conceitos determinados, não seria distinto do *bom*; e assim toda *beleza* seria banida do mundo e restaria em seu lugar somente um nome particular, talvez para uma certa mistura das duas espécies de complacência antes mencionadas. Todavia, mostramos que há também fundamentos de complacência *a priori* que podem, pois, coexistir com o princípio do racionalismo, apesar de não poderem ser captados em *conceitos determinados*.

O racionalismo do princípio do gosto é, contrariamente, ou do *realismo* da conformidade a fins ou do *idealismo* da mesma. Ora, visto que considerado em si um juízo de gosto não é nenhum juízo de conhecimento e a beleza não é nenhuma qualidade do objeto, assim o racionalismo do princípio de gosto jamais pode ser posto no fato de que nesse juízo a conformidade a fins seja pensada como objetiva, isto é, que o juízo tenha a ver teoricamente, por conseguinte também logicamente (se bem que somente em um ajuizamento confuso), com a perfeição do objeto, mas só *esteticamente* no sujeito com a concordância de sua representação na faculdade da imaginação com os princípios essenciais da faculdade do juízo em geral. Consequentemente, e mesmo de acordo com o princípio do reacionalismo, o juízo do gosto e a diferença entre seu realismo e idealismo somente podem ser postos no fato de que ou, no primeiro caso aquela conformidade a fins subjetiva seja admitida como *fim* efetivo (intencional) da natureza (ou da arte) para concordar com nossa faculdade do juízo, ou, no segundo caso,[6] somente com uma concordância final e sem fim – que se sobressai espontânea e acidentalmente – com a necessidade da faculdade do juízo, relativamente à natureza e às suas formas produzidas segundo leis particulares.

---

6   "no segundo caso" é acréscimo de B.

210 • Crítica da Faculdade do Juízo • Immanuel Kant

As belas formações no reino da natureza organizada falam muito em prol do realismo da conformidade a fins estética da natureza, já que se poderia admitir que na causa produtora à base da produção do belo tenha jazido uma ideia dele, a saber, um *fim* favorável à nossa faculdade de imaginação. As flores, as florações e até as figuras de plantas inteiras, a elegância das formações animais de todas as espécies, desnecessárias ao próprio uso mas por assim dizer escolhidas para o nosso gosto; principalmente a multiplicidade das cores, tão complacente e atraente aos nossos olhos, e a sua composição harmônica (no faisão, em crustáceos, em insetos e até nas flores mais comuns), que, enquanto concernem simplesmente à superfície e também nesta nem sequer à figura das criaturas – a qual contudo ainda poderia ser requerida para os fins internos das mesmas – parecem visar inteiramente à contemplação externa: conferem um grande peso ao modo de explicação mediante adoção de fins efetivos da natureza para nossa faculdade de juízo estética.

Por outro lado, não somente a razão se opõe a essa admissão pelas suas máximas[7] de evitar na medida do possível a desnecessária multiplicação dos princípios por toda parte, mas a natureza mostra em suas livres formações em toda parte uma tão grande tendência mecânica à produção de formas, que por assim dizer parecem ter sido feitas para o uso estético de nossa faculdade do juízo, sem sugerirem a menor razão para a suposição de que para isso seja preciso ainda algo mais do que o seu mecanismo, simplesmente como natureza, de acordo com o qual essas formas, mesmo independentemente de toda ideia subjacente a elas como fundamento, podem ser conformes a fins para a nossa faculdade de juízo. Eu, porém, entendo por uma *formação livre* da natureza aquela pela qual, a partir de um *fluido em repouso* e por volatilização ou separação de uma de suas partes (às vezes simplesmente da matéria calórica), a parte restante assume pela solidificação uma figura ou textura determinada, que é diferente de acordo com a diversidade específica das matérias, mas que é exatamente idêntica

---

7   Schöndörffler: pela sua máxima.

SEGUNDA SEÇÃO • DIALÉTICA DA FACULDADE DE JUÍZO ESTÉTICA • 211

na mesma matéria. Para isso, porém, pressupõe-se o que sempre se entende por um verdadeiro fluido, ou seja, que a matéria nele se dissolve inteiramente, isto é, não seja considerada uma simples mescla de partes sólidas e meramente flutuantes nele.

A formação ocorre, pois, por uma *união repentina*, isto é, por uma solidificação rápida e não por uma passagem progressiva do estado fluido ao sólido, mas como que por um salto, cuja passagem é também denominada *cristalização*. O exemplo mais comum desta espécie de formação é a água que se congela, na qual se produzem primeiro pequenas agulhas retas de gelo, que se juntam em ângulos de 60 graus, enquanto outras igualmente se fixam a elas em cada ponto até que tudo se tenha tornado gelo; assim que durante esse período a água entre as agulhas de gelo não se torne progressivamente mais resistente, mas esteja tão completamente líquida como o estaria durante um calor muito maior e contudo possua o frio inteiro do gelo. A matéria que se separa e que escapa rapidamente no instante da solidificação é um *quantum* considerável de matéria calórica, cuja perda, pelo fato de que ela era requerida meramente para a fluidez, não deixa este gelo atual minimamente mais frio do que a água pouco antes líquida.

Muitos sais e igualmente pedras que têm uma figura cristalina são também produzidos, sabe lá por que mediação, através de uma substância terrosa dissolvida na água. Do mesmo modo se formam as configurações adenoides de muitos minerais, da galena cúbica, da prata vermelha etc., presumivelmente também na água e por união repentina das partes, na medida em que são coagidas por alguma causa a abandonar este veículo e a reunir-se entre si em determinadas figuras exteriores.

Mas também internamente todas as matérias, que eram fluidas simplesmente pelo calor e obtiveram solidez por resfriamento, mostram ao romperem-se uma textura determinada e permitem julgar a partir disso que, se o seu próprio peso ou o contato com o ar não tivesse impedido, elas teriam revelado também externamente a sua figura especificamente peculiar; a mesma coisa foi observada em alguns metais que depois da fusão estavam exteriormente endurecidos mas interiormente ainda fluidos, pelo decantamento da parte interna ainda fluida e pela solidificação agora repousada da parte restante que remanesceu interiormente. Muitas dessas cristalizações minerais, como as drusas de espato, a hematita, a aragonita, oferecem frequentemente figuras extremamente belas, como a arte sempre poderia apenas imaginar; e a estalactite na caverna de Antíparos é simplesmente o produto da água que perpassa camadas de gesso.

Tudo indica que o fluido é em geral mais antigo que o sólido e que tanto as plantas como os corpos animais são formados a partir da matéria nutritiva líquida, enquanto ela se forma em repouso, na última certamente segundo uma certa disposição originária dirigida a fins (que, como será mostrado na segunda parte, não tem de ser ajuizada esteticamente mas teleologicamente segundo o princípio do realismo), mas além disso talvez também enquanto se solidificando e se formando livremente segundo a lei universal da afinidade das matérias. Ora, assim como os líquidos aquosos diluídos em uma atmosfera, que é um misto de diversas espécies de ar, se eles pela queda do calor se separam destas, geram figuras de neve, que, segundo a diversidade da anterior mistura de ar, apresentam frequentemente figura que parece muito artística e extremamente bela; do mesmo modo, sem subtrair algo ao princípio teleológico do ajuizamento da organização, pode-se perfeitamente pensar que, no que concerne à beleza das flores, das penas dos pássaros, das conchas, relativamente à sua figura e à sua cor, ela possa ser atribuída à natureza e à sua faculdade de livremente se formar também estético-finalisticamente, sem fins particulares e segundo leis químicas, por acumulação da matéria requerida para a sua organização.

O que, porém, o princípio da *idealidade* da conformidade a fins no belo da natureza diretamente prova, enquanto princípio que nós mesmos sempre pomos à base do juízo estético e que não nos permite utilizar nenhum realismo de um fim da natureza como princípio explicativo para nossa faculdade de representação, é que no ajuizamento da beleza em geral nós procuramos o seu

SEGUNDA SEÇÃO • DIALÉTICA DA FACULDADE DE JUÍZO ESTÉTICA • 213

padrão de medida em nós mesmos *a priori* e a faculdade de juízo estética é ela mesma legisladora com respeito ao juízo se algo é belo ou não, o que na admissão do realismo da conformidade a fins da natureza não pode ocorrer; pois neste caso teríamos que aprender da natureza o que deveríamos considerar belo, e o juízo de gosto seria submetido a princípios empíricos. Com efeito, em um tal ajuizamento não se trata de saber o que a natureza é, ou tampouco o que ela é como fim para nós, mas como a acolhemos. Se ela tivesse constituído as suas formas para a nossa complacência, tratar-se-ia sempre de uma conformidade a fins objetiva da natureza, e não de uma conformidade a fins subjetiva que repousasse sobre o jogo da faculdade da imaginação em sua liberdade, onde há um favor no modo pelo qual acolhemos a natureza e não um favor que ela nos mostre. A propriedade da natureza, de conter para nós a ocasião de perceber a conformidade a fins interna na relação de nossas faculdades mentais no ajuizamento de certos produtos da mesma, e na verdade enquanto uma conformidade que deve ser explicada como necessária e universalmente válida a partir de um fundamento suprassensível, não pode ser fim da natureza ou muito menos ser ajuizado por nós como um tal fim, porque do contrário o juízo que seria[8] determinado através dele seria uma heteronomia e não seria livre nem teria a autonomia por fundamento, como convém a um juízo de gosto.

Na arte bela o princípio do idealismo da conformidade a fins pode ser conhecido ainda mais claramente. Pois ela tem em comum com a bela natureza que aqui não pode ser admitido um realismo estético dela mediante sensações (em cujo caso ela seria em vez de arte bela simplesmente arte agradável). Todavia, o fato de que a complacência mediante ideias estéticas não tem de depender do alcance de fins determinados (enquanto arte mecanicamente intencional), que consequentemente mesmo no racionalismo do princípio se encontra à base uma idealidade dos fins e não uma realidade dos mesmos, salta aos olhos já pelo fato de que a arte

---

8   Kant: "fora", corrigido por Erdmann.

214 • Crítica da Faculdade do Juízo • Immanuel Kant

bela enquanto tal não tem de ser considerada um produto do entendimento e da ciência, mas do gênio, e, portanto, obtém a sua regra através de ideias *estéticas*, que são essencialmente distintas de ideias racionais de fins determinados.

Assim como a *idealidade* dos objetos dos sentidos enquanto fenômenos é a única maneira de explicar a possibilidade de que suas formas venham a ser determinadas *a priori*, do mesmo modo também o *idealismo* da conformidade a fins no ajuizamento do belo da natureza e da arte é o único pressuposto sob o qual a crítica pode explicar a possibilidade de um juízo de gosto, o qual exige *a priori* validade para qualquer um (sem contudo fundar sobre conceitos a conformidade a fins que é representada no objeto).

§ 59. Da beleza como símbolo da moralidade

A prova da realidade de nossos conceitos requer sempre intuições. Se se trata de conceitos empíricos, as intuições chamam-se *exemplos*. Se aqueles são conceitos de entendimento puros, elas são chamadas *esquemas*. Se além disso se pretende que seja provada a realidade objetiva dos conceitos da razão, isto é, das ideias, e na verdade com vistas ao conhecimento teórico das mesmas, então se deseja algo impossível, porque absolutamente nenhuma intuição pode ser-lhes dada adequadamente.

Toda *hipotipose* (apresentação, *subjectio sub adspectum*) enquanto sensificação é dupla: ou *esquemática*, em cujo caso a intuição correspondente a um conceito que o entendimento capta é dada *a priori*; ou *simbólica*, em cujo caso é submetida a um conceito, que somente a razão pode pensar e ao qual nenhuma intuição sensível pode ser adequada, uma intuição tal que o procedimento da faculdade do juízo é[9] mediante ela simplesmente analógico ao que ela observa no esquematismo, isto é, concorda com ele simplesmente segundo a regra deste procedimento e não da própria intuição, por conseguinte simplesmente segundo a forma da reflexão, não do conteúdo.

---

9   "é", acrescido por Erdmann.

SEGUNDA SEÇÃO • DIALÉTICA DA FACULDADE DE JUÍZO ESTÉTICA • 215

Trata-se de um uso na verdade admitido pelos mais recentes lógicos, mas incorreto e subvertedor do sentido da palavra *simbólico*, quando se opõe ao modo de representação *intuitivo*; pois o modo de representação simbólico é somente uma espécie do modo de representação intuitivo. Ou seja, este (o intuitivo) pode ser dividido em modo de representação *esquemático* e em modo de representação *simbólico*. Ambos são hipotiposes, apresentações (*exhibitiones*); não são simples *caracteres* <*Charakterismen*>, isto é, denotações dos conceitos por sinais sensíveis que os acompanham e que não contêm absolutamente nada pertencente à intuição do objeto, mas somente servem a esses segundo a lei da associação da faculdade da imaginação, por conseguinte como meio de reprodução de um ponto de vista subjetivo; tais sinais são ou palavras ou sinais visíveis (algébricos e mesmo numéricos) enquanto simples *expressão* de conceitos.[10]

Todas as intuições que submetemos a conceitos *a priori* são ou *esquemas* ou *símbolos*, dos quais os primeiros contêm apresentações diretas, e os segundos, apresentações indiretas do conceito. Os primeiros fazem isto demonstrativamente e os segundos mediante uma analogia (para a qual nos servimos também de intuições empíricas), na qual a faculdade do juízo cumpre uma dupla função: primeiro, de aplicar o conceito ao objeto de uma intuição sensível e então, segundo, de aplicar a simples regra da reflexão sobre aquela intuição a um objeto totalmente diverso, do qual o primeiro é somente o símbolo. Assim um estado monárquico é representado por um corpo animado, se ele é governado segundo leis populares internas, mas por uma simples máquina (como porventura um moinho), se ele é governado por uma única vontade absoluta, em ambos os casos, porém, só *simbolicamente*. Pois entre um Estado despótico e um moinho não há na verdade nenhuma semelhança, mas certamente entre as regras[11] de refletir sobre

---

10 O intuitivo do conhecimento tem de ser oposto ao discursivo (não ao simbólico). Ora, o primeiro é ou *esquemático* por *demonstração*, ou *simbólico* enquanto representação segundo uma simples *analogia*. (K)

11 Kant: "a regra", corrigido por Erdmann e Windelband.

216 • Crítica da Faculdade do Juízo • Immanuel Kant

257 ambos e sua causalidade. Este assunto até agora ainda foi pouco analisado, embora ele mereça uma investigação mais profunda; só que este não é o lugar para ater-se a ele. A nossa linguagem está repleta de semelhantes apresentações indiretas segundo uma analogia, pela qual a expressão não contém o esquema próprio para o conceito, mas simplesmente um símbolo para a reflexão. Assim as palavras *fundamento* (apoio, base), *depender* (ser segurado de cima), *fluir* de algo (em vez de suceder), *substância* (como Locke se expressa: o portador dos acidentes) e inumeráveis outras hipotiposes e expressões não são esquemáticas, mas simbólicas para conceitos, não mediante uma intuição direta mas somente segundo uma analogia com ela, isto é, segundo a transferência da reflexão sobre um objeto da intuição a um conceito totalmente diverso, ao qual talvez uma intuição jamais poderá corresponder diretamente. Se um simples modo de representação já pode ser denominado conhecimento (o que é perfeitamente permitido), se aquele modo é um princípio não da determinação teórica do objeto, do que ele é[12] em si, mas da determinação prática, do que a ideia dele deve ser para nós e para o uso dela conforme a fins. Assim, todo o nosso conhecimento de Deus é simplesmente simbólico; e aquele que o toma por esquemático com as propriedades de entendimento, vontade etc., que provam unicamente a realidade objetiva de entes

258 mundanos, cai no antropomorfismo, assim como, se ele abandona todo o intuitivo, cai no deísmo, pelos quais absolutamente nada será conhecido, nem mesmo em sentido prático.

Ora, eu digo: o belo é o símbolo do moralmente bom; e também somente sob este aspecto (uma referência que é natural a qualquer um e que também se exige de qualquer outro como dever) ele apraz com uma pretensão de assentimento de qualquer outro, em cujo caso o ânimo é ao mesmo tempo consciente de um certo enobrecimento e elevação sobre a simples receptividade de um prazer através de impressões dos sentidos e aprecia também o valor de outros segundo uma máxima semelhante de sua faculda-

---

12 "é", acréscimo de Erdmann; Windelband propõe "seja".

de do juízo. É o *inteligível* que, como o parágrafo anterior indicou, o gosto tem em mira, com o qual concordam mesmo as nossas faculdades de conhecimento superiores e sem o qual cresceriam meras contradições entre sua natureza e as pretensões do gosto. Nesta faculdade o juízo *<die Urteilskraft>* não se vê submetido a uma heteronomia das leis da experiência, como de mais a mais ocorre no ajuizamento empírico: ela dá a si própria a lei com respeito aos objetos de uma complacência tão pura, assim como a razão o faz com respeito à faculdade de apetição; e ela vê-se referida, quer devido a esta possibilidade interna no sujeito, quer devido à possibilidade externa de uma natureza concordante com ela, a algo no próprio sujeito e fora dele que não é natureza e tampouco liberdade, mas que está conectado com o fundamento desta, ou seja, o suprassensível no qual a faculdade teórica está ligada, em vista da unidade, com a faculdade prática de um modo comum *<gemeinschaftlichen>* e desconhecido. Queremos apresentar alguns elementos desta analogia, sem ao mesmo tempo deixar de observar sua diferença. 259

1) O belo apraz *imediatamente* (mas somente na intuição reflexiva, não como a moralidade no conceito). 2) Ele apraz *independentemente de todo interesse* (o moralmente bom na verdade apraz necessariamente ligado a um interesse, mas não a um interesse que preceda o juízo sobre a complacência e sim que é pela primeira vez produzido através dele). 3) A *liberdade* da faculdade da imaginação (portanto, da sensibilidade de nossa faculdade) é representada no ajuizamento do belo como concordante com a legalidade do entendimento (no juízo moral a liberdade da vontade é pensada como concordância da vontade consigo própria segundo leis universais da razão). 4) O princípio subjetivo do ajuizamento do belo é representado como *universal*, isto é, como válido para qualquer um, mas não como cognoscível por algum conceito universal (o princípio objetivo da moralidade é também declarado universal, isto é, como cognoscível por todos os sujeitos, ao mesmo tempo por todas as ações do mesmo sujeito e isso através de um conceito universal). Por isso o juízo moral não unicamente 260

218 • Crítica da Faculdade do Juízo • Immanuel Kant

é capaz de determinados princípios constitutivos, mas *somente* é possível pela fundação de máximas sobre os mesmos e sobre sua universalidade.

A consideração desta analogia é também habitual ao entendimento comum; e nós frequentemente damos a objetos belos da natureza ou da arte nomes que parecem pôr como fundamento um ajuizamento moral. Chamamos edifícios ou árvores de majestosos ou suntuosos, ou campos, de risonhos e alegres, mesmo cores são chamadas de inocentes, modestas, ternas, porque elas suscitam sensações que contêm algo analógico à consciência de um estado de ânimo produzido por juízos morais. O gosto torna, por assim dizer, possível a passagem do atrativo dos sentidos ao interesse moral habitual sem um salto demasiado violento, na medida em que ele representa a faculdade da imaginação como determinável também em sua liberdade como conforme a fins para o entendimento e ensina a encontrar uma complacência livre, mesmo em objetos dos sentidos e sem um atrativo dos sentidos.

261

§ 60. Apêndice
Da doutrina do método do gosto

A divisão de uma crítica em doutrina elementar e em doutrina do método, que precede à ciência, não se deixa aplicar à crítica de gosto, porque não há nem pode haver uma ciência do belo e o juízo de gosto não é determinável por princípios. Pois em cada arte o científico, que se refere *à verdade* na apresentação de seu objeto, é com efeito a condição indispensável (*conditio sine qua non*) da arte bela mas não a própria arte. Portanto, há somente uma *maneira* (*modus*) e não um *método* (*methodus*) de arte bela. O mestre tem de mostrar o que o discípulo deve realizar e como deve realizá-lo; e as regras universais, às quais ele em última análise submete o seu procedimento, podem servir antes para ocasionalmente recordar seus momentos principais do que para prescrevê-los a ele. Com isso, contudo, tem-se de tomar em consideração um certo ideal que a arte tem de ter em vista, embora no seu exercício jamais o

Segunda Seção • Dialética da Faculdade de Juízo Estética • 219

alcance inteiramente. Somente pelo despertar da faculdade da imaginação do discípulo para a conformidade com um conceito dado, pela observada insuficiência da expressão para a ideia, que o próprio conceito não alcança porque ela é estética, e pela crítica penetrante pode ser evitado que os exemplos que lhe são apresentados não sejam tomados por ele imediatamente como protótipos e como modelos de imitação porventura submetidos a uma norma ainda superior e a um ajuizamento próprio, e assim seja asfixiado o gênio, mas com ele também a própria liberdade da faculdade da imaginação em sua conformidade a leis, sem a qual não é possível nenhuma arte bela, nem sequer um correto gosto próprio que a ajuíze.

A propedêutica de toda arte bela, na medida em que está disposta para o mais alto grau de sua perfeição, não parece encontrar-se em preceitos mas na cultura das faculdades do ânimo através daqueles conhecimentos prévios que se chamam *humaniora*, presumivelmente porque *humanidade <Humanität>* significa de um lado o universal *sentimento de participação* e, de outro, a faculdade de poder *comunicar-se* íntima e universalmente; estas propriedades coligadas constituem a sociabilidade[13] conveniente à humanidade *<Menschheit>*, pela qual ela se distingue da limitação animal. A época e os povos, nos quais o ativo impulso à sociabilidade *legal*, pela qual um povo constitui uma coletividade duradoura, lutaram com as grandes dificuldades que envolvem a difícil tarefa de unir liberdade (e portanto, também, igualdade) à coerção (mais do respeito e da submissão por dever do que por medo): uma tal época e um tal povo teriam de inventar primeiro a arte da comunicação recíproca das ideias da parte mais culta com a mais inculta,[14] o acordo da ampliação e do refinamento da primeira com a natural simplicidade e originalidade da última e, deste modo, inventar primeiro aquele meio-termo entre a cultura superior e a simples natureza, o qual constitui também para o gosto, enquanto sentido

---

13   B e C: a felicidade (*Glückseligkeit* em vez de *Geselligkeit*).
14   Vorländer propõe: "com as (ideias) da mais inculta".

humano universal, o padrão de medida correto que não pode ser indicado por nenhuma regra universal.

Será difícil numa época posterior tornar aqueles modelos dispensáveis, porque ela estará sempre menos próxima da natureza e finalmente, sem ter exemplos permanentes dela, não poderia estar em condição de formar sequer um conceito da unificação feliz em um e mesmo povo da coerção legal da mais elevada cultura com a força e correção da natureza livre que sente seu próprio valor. Mas, visto que o gosto é no fundo uma faculdade de ajuizamento da sensificação de ideias morais (mediante uma certa analogia da reflexão sobre ambas as coisas), da qual também e de uma maior receptividade – que se funda sobre ela – para o sentimento a partir daquelas ideias (que se chama sentimento moral) deriva aquele prazer que o gosto declara válido para a humanidade em geral e não simplesmente para o sentimento privado de cada um; assim parece evidente que a verdadeira propedêutica para a fundação do gosto seja o desenvolvimento de ideias morais e a cultura do sentimento moral, já que somente se a sensibilidade concordar com ele pode o verdadeiro gosto tomar uma forma determinada e imutável.

Segunda Parte

Crítica da Faculdade de Juízo Teleológica

§ 61. Da conformidade a fins objetiva da natureza

Temos boas razões para aceitar, segundo princípios transcendentais, uma conformidade a fins subjetiva da natureza nas suas leis particulares, relativamente à sua compreensão para a faculdade de juízo humana e à possibilidade da conexão das experiências particulares num sistema dessa mesma natureza; é assim que, entre os seus muitos produtos, podemos esperar que sejam possíveis alguns contendo formas específicas que lhe são adequadas, como se afinal estivessem dispostos para a nossa faculdade do juízo. Tais formas, através da sua multiplicidade e unidade, servem para simultaneamente fortalecer e entreter as forças do ânimo (que estão em jogo por ocasião do uso desta faculdade) e às quais por isso atribuímos o nome de formas *belas*.

Mas que as coisas da natureza sirvam umas às outras como meios para fins e que a sua possibilidade só seja suficientemente compreensível mediante esta espécie de causalidade é algo para que não temos nenhuma razão na ideia universal da natureza, enquanto globalidade dos objetos dos sentidos. Na verdade, neste caso, a representação das coisas podia ser perfeitamente pensada *a priori* como conveniente e útil à disposição interiormente conforme a fins das nossas faculdades de conhecimento, já que essa representação é algo em nós. Mas de que modo fins que não são os nossos e que também não cambem à natureza (a qual não admitimos como um ser inteligente) podem ou devem todavia constituir uma espécie determinada de causalidade ou, pelo menos, uma legislação própria, eis o que não é possível *a priori* presumir com nenhum fundamento. Mais ainda, a própria experiência não pode assim demonstrar a efetividade desses fins; para tanto seria necessário previamente um sofisma que introduzisse sem seriedade o conceito do fim na natureza das coisas, mas que não o retirasse dos objetos e do seu conhecimento de experiência, usando-o, sim, mais para nos tornar compreensível a natureza segundo a analogia com um fundamento subjetivo da conexão das representações em nós do que para a conhecer a partir de fundamentos objetivos.

Além disso a conformidade a fins objetiva, como princípio da possibilidade das coisas da natureza, está tão longe de se articular *necessariamente* com o conceito dessa mesma natureza, que ela é precisamente o que mais se invoca para demonstrar a contingência daquela (da natureza) e das suas formas. Na verdade quando, por exemplo, mencionamos a anatomia de um pássaro, o oco dos seus ossos, a posição das asas com vistas ao voo e da cauda para a direção etc., dizemos, sem termos de recorrer ainda a um tipo especial da causalidade, isto é, à dos fins (*nexus finalis*), *que tudo isto é altamente contingente segundo o mero nexus efectivus* na natureza. Isso quer dizer que a natureza, considerada como simples mecanismo, poderia ter formado as coisas de mil outras maneiras, sem precisamente ter encontrado a unidade segundo um tal princípio e por isso não seria de esperar encontrar para aquela a menor razão *a priori* no conceito de natureza, mas somente fora deste.

Contudo o ajuizamento teleológico pode, ao menos de uma forma problemática, ser usado corretamente na investigação da natureza; mas somente para submetê-la a princípios da observação e da investigação da natureza segundo a *analogia* com a causalidade segundo fins, sem por isso pretender *explicá-lo* através daqueles. Esse ajuizamento pertence por isso à faculdade reflexiva do juízo e não à faculdade determinante. O conceito das ligações e das formas da natureza segundo fins é, pois, pelo menos, *um princípio a mais* para submeter os fenômenos da mesma a regras, onde as leis da causalidade segundo o mero mecanismo da mesma não chegam. Então nós introduzimos um fundamento teleológico quando

SEGUNDA PARTE • CRÍTICA DA FACULDADE DE JUÍZO TELEOLÓGICA • 225

atribuímos a um conceito de objeto causalidade a respeito de um objeto, como se ele se encontrasse[1] na natureza (não em nós), ou representamos até a possibilidade do objeto segundo a analogia de uma tal causalidade (semelhante à que encontramos em nós) e por conseguinte pensamos a natureza *tecnicamente* mediante a sua própria faculdade. É por isso que se não lhe atribuirmos uma tal forma de atuar a sua causalidade, teria de ser representada como um mecanismo cego. No caso de, pelo contrário, atribuirmos causas atuantes com *intencionalidade*, por conseguinte no caso de colocarmos no fundamento da teologia, não meramente um princípio *regulativo* para o simples ajuizamento dos fenômenos – aos quais a natureza, segundo as suas leis particulares, deve ser pensada como estando a eles subordinada – mas também um princípio constitutivo da dedução dos seus produtos a partir das suas causas, então, nesse caso, o conceito de um fim natural já não pertenceria à faculdade de juízo reflexiva, mas sim à determinante. Não seria então, na verdade, específico da faculdade de juízo (como o conceito do belo enquanto conformidade a fins subjetiva formal), mas enquanto conceito da razão introduziria uma nova causalidade na ciência da natureza, a qual, no entanto, retiramos de nós próprios e atribuímos a outros seres, sem contudo admitir que nos são semelhantes.

270

---

1   A: justificasse.

Primeira Divisão

ANALÍTICA DA FACULDADE DE JUÍZO TELEOLÓGICA

§ 62. Da conformidade a fins objetiva, a qual é meramente formal, diferentemente da material

Todas as figuras geométricas que são desenhadas segundo um princípio mostram uma conformidade a fins múltipla e objetiva que é muitas vezes digna de admiração. É o que acontece com a aptidão para a resolução de tantos problemas segundo um único princípio e também cada um deles por si de modo infinitamente variado. É claro que aqui a conformidade a fins é objetiva e intelectual e não simplesmente subjetiva e estética. É que ela exprime a adequação da figura à produção de muitas formas finais e é conhecida pela razão. Só que a conformidade a fins não torna o conceito de um objeto por si mesmo possível, isto é, não é considerado possível simplesmente por relação a este uso.

Numa figura tão simples, como é o círculo, encontramos o princípio para a resolução de uma imensidade de problemas, os quais, cada um por si, exigiriam numerosos preparativos, solução que aparece como que por si mesma, na qualidade de uma das muitas notáveis propriedades desta figura. É por exemplo o que acontece quando se constrói um triângulo a partir da base dada e do ângulo oposto. Neste caso, o exercício é indeterminado, isto é, é possível resolvê-lo de infinitas maneiras. Só o círculo contém todas as soluções na sua globalidade, na medida em que é o lugar geométrico para todos os triângulos que satisfazem esta condição. Ou, por exemplo, duas linhas devem cortar-se de tal modo que o retân-

PRIMEIRA DIVISÃO • ANALÍTICA DA FACULDADE DE JUÍZO TELEOLÓGICA • 227

gulo formado pelos dois segmentos seja igual ao retângulo formado pelos dois segmentos do outro. Assim a solução do problema parece apresentar muitas dificuldades. Mas todas as linhas que se cortam no interior do círculo, cuja circunferência limita cada uma delas, dividem-se por si mesmas nesta proporção. As outras linhas curvas fornecem por sua vez outras soluções conformes a fins, em que não se tinha pensado por ocasião da regra da sua construção. Todas as seções cônicas, consideradas em si e em comparação com outras, são ricas em princípios para a resolução de uma quantidade enorme de problemas possíveis, por mais simples que seja a definição que determina o seu conceito. É um verdadeiro prazer observar o fervor com que os antigos geômetras investigavam estas propriedades desta espécie de linhas, sem se deixar influenciar por perguntas próprias de espíritos limitados, como, por exemplo: para que servirá afinal este conhecimento? Por exemplo, as propriedades da parábola por eles eram estudadas sem conhecerem a lei da gravidade terrestre, lei que lhes teria dado a aplicação da mesma à trajetória dos corpos graves (cuja direção pode ser considerada paralela à dos graves no respectivo movimento). Ou as propriedades da elipse, sem supor que também existe uma gravidade dos corpos celestes e sem conhecer a sua lei em diversas distâncias do ponto de atração, pelo qual eles descrevem esta linha num movimento livre. Trabalhando desse modo inconscientemente para a posteridade, deleitavam-se com uma conformidade a fins na essência das coisas que poderiam expor *a priori* na sua necessidade. Platão, ele próprio mestre nesta ciência – ao deparar com uma tal constituição original das coisas (a qual para ser descoberta implica que possamos afastar toda a experiência) e ao deparar também com a faculdade do ânimo que consiste em poder criar a harmonia dos seres a partir do seu princípio suprassensível (ao que ainda se acrescentam as propriedades dos números com os quais o ânimo joga na música) – caiu num entusiasmo que o elevou, por cima dos conceitos de experiência, a ideias que lhe pareceram somente explicar-se mediante uma comunidade intelectual com a origem de todos os seres. Não é pois de admirar que ele tenha expulsado da sua escola os desconhecedores da arte de medir, na medida em que

228 • Crítica da Faculdade do Juízo • Immanuel Kant

pensava deduzir da intuição pura, que habita o íntimo do espírito humano, aquilo que Anaxágoras deduziu dos objetos da experiência e da respectiva ligação final. Na verdade é na necessidade daquilo que é conforme a fins e constituído como se fosse preparado intencionalmente para o nosso uso, parecendo, no entanto, convir originalmente ao ser das coisas sem se referir ao nosso uso, que precisamente se encontra a razão da grande admiração pela natureza, não tanto fora de nós como na nossa própria razão; pelo que é perdoável que esta admiração, por um mal-entendido, se tenha pouco a pouco transformado em exaltação <Schawärmerei>.

Contudo esta conformidade a fins intelectual, ainda que seja objetiva (e não subjetiva, como a estética) é no entanto compreensível, segundo a sua possibilidade, como simplesmente formal (e não real), isto é, como conformidade a fins, sem que porém se lhe deva colocar um fim como fundamento, por conseguinte sem que uma teleologia seja para tanto necessária. Isto é bem compreensível, mas somente se deixa apreender em geral. A figura do círculo é uma intuição que foi determinada mediante o entendimento segundo um princípio. A unidade deste princípio, o qual livremente admito e coloco como fundamento enquanto conceito, aplicado a uma forma da intuição (o espaço) – forma que de igual modo se encontra em mim como representação e até *a priori* –, torna compreensível a unidade de muitas regras resultantes da construção daquele conceito, as quais são conformes a fins sob muitos pontos de vista, sem que tenhamos de atribuir a esta conformidade a fins um *fim* ou qualquer outro fundamento da mesma. Outra coisa se passa quando eu encontro numa globalidade de *coisas* fora de mim, encerrada em certos limites, como, por exemplo, num jardim, a ordenação e a regularidade das árvores, dos canteiros, dos passeios etc. Não posso esperar deduzi-las *a priori* graças[1] a minha própria delimitação de um espaço segundo uma qualquer regra. É que são coisas existentes que devem ser dadas empiricamente para poderem ser conhecidas e não uma simples representação determinada

---

1   A: de uma delimitação minha qualquer.

PRIMEIRA DIVISÃO • ANALÍTICA DA FACULDADE DE JUÍZO TELEOLÓGICA • 229

em mim *a priori*. Por isso esta última (empírica) conformidade a fins, enquanto *real*, é dependente do conceito de um fim.

Mas também é perfeitamente descortinável e na verdade justificável a razão da admiração de uma conformidade a fins, ainda que percebida no ser das coisas (na medida em que os seus conceitos possam ser construídos). As múltiplas regras, cuja unidade (obtida a partir de um princípio) provoca esta admiração, são no seu conjunto sintéticas e não se seguem de um *conceito* do objeto, por exemplo do círculo, mas, pelo contrário, exigem que este objeto seja dado na intuição. Mas por isso é como se esta unidade parecesse ter empiricamente um princípio exterior dessas regras e diferente da nossa faculdade de representação, e por isso o acordo do objeto com a necessidade das regras que é própria do entendimento é em si contingente, e por conseguinte somente possível através de um fim possível expressamente dirigido nesse sentido. Ora, justamente porque esta harmonia (já que ela, independentemente de toda esta conformidade a fins, não é todavia conhecível empiricamente mas sim *a priori*) deveria levar-nos por si mesma a saber que o espaço – mediante a determinação da qual (através da faculdade da imaginação segundo um conceito) o objeto somente é possível – não é uma qualidade das coisas fora de mim, mas sim um simples modo de representação em mim. Por isso sou eu que *introduzo a conformidade a fins* na figura que desenho *de acordo com um conceito*, isto é, segundo o meu modo de representação daquilo que me é exteriormente dado, seja o que isso for em si. Não é o que me é exterior que me ensina empiricamente o que seja essa conformidade e por isso para aquela figura não necessita de nenhum conceito fora de mim, no objeto. Mas, porque esta reflexão já exige um uso crítico da razão e desse modo não pode ser de imediato envolvida no ajuizamento do objeto segundo as suas qualidades, aquele somente dá a unificação de regras heterogêneas (e até no que elas possuem de diferente entre si) num princípio que é reconhecido por mim *a priori* como verdadeiro, sem exigir para tanto um fundamento particular *a priori*, exterior ao meu conceito e sobretudo à minha representação. Ora, a estupefação <*Verwun-*

230 • Crítica da Faculdade do Juízo • Immanuel Kant

derung> é um impulso do ânimo produzido pela impossibilidade de unificação de uma representação e da regra por ela dada, com os princípios que já lhe servem de fundamento, enquanto ânimo. Tal estupefação produz sempre assim uma dúvida em relação a saber se vimos ou julgamos bem. Contudo a admiração *<Bewunderung>* é uma estupefação que constantemente retorna apesar do desaparecimento dessa dúvida. Por consequência, a admiração é um efeito perfeitamente natural daquela conformidade a fins observada na essência das coisas (enquanto fenômenos) e que não pode desse modo ser censurada, pois que a possibilidade de unificar aquela forma da intuição sensível (a que chamamos espaço) com a faculdade dos conceitos (o entendimento) não só nos é inexplicável pelo fato de aquela forma ser precisamente esta e não outra, mas além disso é ainda um alargamento para o ânimo, como que para este pressentir algo que se situa acima daquelas representações sensíveis, algo em que se pode encontrar, ainda que nos seja desconhecido, o fundamento último deste acordo. Na verdade, se se trata simplesmente da conformidade a fins formal das nossas representações *a priori*, não temos necessidade de conhecer aquele fundamento. No entanto só o fato de o termos que visar inspira-nos ao mesmo tempo admiração relativamente ao objeto que a isso mesmo nos obriga.

278   Habitualmente damos o nome de *beleza* tanto às propriedades mencionadas das figuras geométricas como também dos números, por causa de uma certa e inesperada conformidade a fins *a priori* dos mesmos para todo uso do conhecimento, proveniente da simplicidade da sua construção. Falamos, por exemplo, desta ou daquela propriedade *bela* do círculo que teria sido descoberta desta ou daquela maneira. Só que não um é ajuizamento estético aquele que nos permite achar tais propriedades conformes a fins, nem tampouco um ajuizamento sem conceito que evidenciaria somente uma simples conformidade a fins *subjetiva* no livre jogo das nossas faculdades cognitivas; pelo contrário, é um ajuizamento intelectual segundo conceitos, o qual dá claramente a conhecer uma conformidade a fins objetiva, isto é, a aptidão a uma diversidade

PRIMEIRA DIVISÃO • ANALÍTICA DA FACULDADE DE JUÍZO TELEOLÓGICA • 231

ilimitada de fins. Ter-se-ia que chamá-la uma *perfeição relativa* antes que uma beleza das figuras matemáticas. A designação *beleza intelectual* não deve ser entendida como a correta em geral, pois do contrário a palavra "beleza" teria de perder todo o significado determinado, e o mesmo aconteceria com a complacência intelectual, que perderia toda a vantagem em relação à complacência sensível. É sobretudo uma *demonstração* de tais propriedades que podemos designar como bela, já que através desta o entendimento, como faculdade dos conceitos e a imaginação, como faculdade da apresentação daqueles *a priori*, se sentem fortalecidos (o que, juntamente com a precisão que a razão introduz, se chama elegância da demonstração). Aqui ao menos, todavia, a complacência é subjetiva, ainda que o seu fundamento se encontre em conceitos, já que a perfeição arrasta consigo uma complacência objetiva.

§ 63. Da conformidade a fins relativa da natureza e da diferença da conformidade a fins interna

A experiência conduz a nossa faculdade do juízo ao conceito de uma conformidade a fins objetiva e material, isto é, ao conceito de um fim da natureza, somente quando se tem de ajuizar uma relação da causa com o efeito,[2] a qual só conseguimos descortinar como legal pelo fato de colocarmos a ideia do efeito no fundamento desta causalidade da causa, como a condição de possibilidade desse feito. No entanto isto pode acontecer de duas maneiras: ou consoante consideramos o efeito imediatamente como produto da arte ou somente como material para a arte de outros possíveis seres naturais; por conseguinte, quer como fim, quer como meio para o uso conforme a fins de outras causas. A última conformidade a fins chama-se utilidade (para os homens) ou também conveniên-

---

2   Na medida em que na matemática pura não se pode tratar da existência, mas sim da possibilidade das coisas, isto é, de uma intuição que corresponde ao seu conceito, e por conseguinte de modo nenhum da causa e do efeito, temos de considerar essa mesma conformidade a fins simplesmente como formal e nunca como fim natural.(K)

232 • Crítica da Faculdade do Juízo • Immanuel Kant

cia <Zuträglichkeit> (em relação a qualquer outra criatura) e ela é simplesmente relativa, enquanto a primeira é uma conformidade a fins interna do ser natural.

Os rios levam consigo, por exemplo, toda espécie de terras úteis para o crescimento das plantas e que eles depositam em terra firme ou muitas vezes também nos respectivos estuários. A corrente conduz esta lama para junto de muitas costas, passando pelas terras, ou deposita nas margens daquelas, e, no caso de os homens até providenciarem no sentido de o refluxo não desviar essa lama, a terra fecunda aumenta e o reino das plantas ganha lugar onde antes tinham habitado peixes e crustáceos. A maior parte destas extensões de terras foi realizada pela própria natureza e é um processo que continua, ainda que lentamente. Perguntamo-nos então se isto deve ser ajuizado como um fim da natureza, pois que contém uma utilidade para o homem; na verdade a utilidade para o reino vegetal não pode ser invocada, pois, pelo contrário, tanto foi o retirado às criaturas marítimas quanto a vantagem para as terras aumenta.

Ou, para dar um exemplo da conveniência de certas coisas da natureza como meios para outras criaturas (quando as pressupomos como fins): não há solo onde o pinheiro se dê melhor do que num solo arenoso. Ora, o antigo mar, antes de se ter retirado das terras, deixou tantos bancos de areia nas nossas regiões do norte que neste solo impróprio para qualquer cultura foi possível plantarem-se extensos campos de pinheiros por cujo extermínio insensato frequentemente censuramos os nossos antepassados. Pode-se então perguntar se este depósito primitivo de bancos de areia foi um fim da natureza a favor dos campos de pinheiros que poderiam aí crescer. A verdade é que, quando se aceita este depósito como fim da natureza, deve-se também considerar como tal aquela areia, mas somente como fim relativo, para o que, por sua vez, a antiga costa marítima e o respectivo recuo foi o meio. Com efeito, na série dos membros subordinados uns aos outros de uma ligação de fins, cada membro intermédio tem de ser considerado como fim (ainda que não como fim terminal <Endzweck>, para o qual é meio a sua causa mais próxima. É assim que, pelo fato de dever existir no mundo gado, ovelhas, cavalos etc., deveria existir erva na terra e

PRIMEIRA DIVISÃO • ANALÍTICA DA FACULDADE DE JUÍZO TELEOLÓGICA • 233

seria também necessário que existissem ervas salgadas na areia dos desertos, para que os camelos pudessem desenvolver-se, ou deveriam encontrar-se estas e aquelas espécies herbívoras em quantidade, para que existissem lobos, tigres e leões. Por conseguinte, a conformidade a fins objetiva, que se fundamenta na conveniência, não é uma conformidade a fins das coisas em si mesmas, como se a areia tomada em si como efeito da sua causa, o mar, não pudesse ser concebida sem atribuir um fim a este último e sem considerar o efeito, a areia, como obra de arte. Ela é uma conformidade a fins puramente relativa e contingente relativamente à própria coisa a que é atribuída, e, ainda que dentre os exemplos apresentados as espécies herbívoras devam ser ajuizadas em si mesmas como produtos organizados da natureza, por conseguinte como pertencendo ao reino das coisas produzidas com arte *<Kunstreinch>*, a verdade é que devem ser consideradas em relação a animais que delas se alimentam como simples matéria bruta.

Contudo, se o homem através da liberdade da sua causalidade acha convenientes, em relação aos seus propósitos frequentemente arbitrários (penas de pássaros coloridas para ornamento dos seus vestidos, as terras de cor ou sucos vegetais para se arrebicar), as coisas naturais ou, muitas vezes também, com propósitos razoáveis, acha conveniente o cavalo para se deslocar, o touro e em Minorca até o burro e[3] o porco para lavrar, então também não se pode aceitar um fim natural relativo (a esse uso). É que a razão humana sabe dar às coisas um acordo com as suas ideias arbitrárias, para o que o próprio homem não estava predestinado pela natureza. Somente *se* admitirmos que os homens tinham de viver na terra, então não podiam faltar ao menos os meios sem os quais os homens, enquanto animais, e mesmo enquanto animais racionais (mesmo que seja num grau tão baixo quanto se queira), não poderiam subsistir. Donde se segue, porém, que aquelas coisas naturais, que para esse propósito são indispensáveis, deveriam também ser consideradas como fins naturais.

282

---

3   "o burro e" falta em A.

234 • Crítica da Faculdade do Juízo • Immanuel Kant

283 A partir disso descortina-se facilmente que a conformidade a fins externa (conveniência de uma coisa a outra), somente sob a condição que a existência daquilo, em relação a que a coisa é conveniente imediatamente ou de modo afastado, seja para si mesma fim da natureza, é que pode ser considerada como um fim natural externo. Mas, porque isso nunca será descoberto mediante a simples observação da natureza, segue-se daí porém que a conformidade a fins relativa, ainda que forneça hipoteticamente indicações sobre fins naturais, não legitima nenhum juízo teleológico absoluto.

Nas terras frias a neve protege as sementes contra a geada; facilita a sociabilidade humana (por meio dos trenós); o habitante da Lapônia encontra aí animais que tornam possível tal sociabilidade (as renas), as quais acham suficiente alimento num musgo seco que elas próprias tiveram de descobrir sob a neve e não obstante deixam-se facilmente domesticar e roubar a liberdade que bem poderiam preservar. Para outros povos das mesmas zonas geladas, o mar contém uma rica provisão de animais que, para além da alimentação e do vestuário que lhes fornecem e da madeira que o mar de igual modo lhes oferece para as habitações, fornecem-lhes ainda os materiais combustíveis para aquecer as suas cabanas. Ora, aqui existe um concurso admirável produzido artisticamente por tantas relações da natureza relativamente a um fim, e este é o habitante da Groenlândia, da Lapônia, da Samoa, da Jacua etc. Mas não se vê por que razão teriam em geral de aí viver homens. Dizer que a ra-
284 zão pela qual os vapores caem do ar sob a forma de neve, pela qual o mar tem as suas correntes que conduzem a madeira que cresceu nos países quentes, existindo ali grandes animais marinhos cheios de óleo, é *que* na causa que arranja todos os produtos da natureza existe a ideia de uma vantagem para certas criaturas mais desprovidas de inteligência seria um juízo arbitrário e temerário. Com efeito, se todas estas coisas úteis não existissem, não lamentaríamos nada no que respeita à conformidade das causas naturais relativamente a este modo de ser das coisas. Exigir uma tal disposição e atribuir à natureza um tal fim (já que somente a maior incompatibilidade dos homens entre si é que pôde remetê-los para regiões tão inóspitas) parecer-nos-ia até desmedido e irrefletido.

PRIMEIRA DIVISÃO • ANALÍTICA DA FACULDADE DE JUÍZO TELEOLÓGICA • 235

§ 64. Do caráter específico das coisas como fins naturais

Para perceber que uma coisa somente é possível como fim, isto é, para devermos procurar a causalidade da sua origem não no mecanismo da natureza, mas numa causa cuja faculdade de atuar é determinada por conceitos, torna-se necessário que a respectiva forma não seja possível segundo simples leis da natureza, isto é, aquelas leis que podem ser por nós conhecidas somente através do entendimento, aplicado aos objetos dos sentidos. Pelo contrário, é exigido que mesmo o seu conhecimento empírico, nas suas causas e efeitos, pressuponha conceitos da razão. Esta *contingência* da sua forma no que diz respeito a todas as leis empíricas da natureza no respeitante à razão é ela própria um princípio para aceitar a causalidade do mesmo (objeto) como se essa forma fosse precisamente somente possível através da razão, já que esta em qualquer forma de um produto natural também tem de reconhecer a necessidade da respectiva forma, se é que ela deseja compreender as condições que estão ligadas à produção desse produto, não obstante não possa aceitar naquela dada forma esta necessidade. Mas a razão é assim a faculdade de atuar segundo fins (uma vontade); e o objeto, que somente é representado como possível a partir desta faculdade, seria somente representado como possível enquanto fim.

Se alguém, numa terra que lhe pareça desabitada, percebesse desenhada na areia uma figura geométrica, por exemplo, um hexágono regular, então quando muito a sua reflexão captaria por meio da razão, na medida em que trabalhasse, um conceito daquela mesma figura, a unidade do princípio da produção da mesma, ainda que de modo obscuro, e assim não ajuizaria, segundo esta unidade, a areia, o vizinho mar, os ventos ou também os animais com as pegadas que ele conhece, ou ainda outra qualquer causa desprovida de razão, como um fundamento da possibilidade de uma tal figura. A razão é que a contingência de um acordo dessa figura com um tal conceito, que somente é possível na razão, lhe pareceria tão infinitamente grande que seria indiferente que, nesse caso, houvesse ou não qualquer lei da natureza. Por conseguinte, também nenhuma causa na natureza, atuante de modo

236 • Crítica da Faculdade do Juízo • Immanuel Kant

simplesmente mecânico, mas somente o conceito de um tal objeto como conceito – o qual somente a razão pode dar e com a qual pode comparar o objeto – poderá conter a causalidade para um tal efeito, e assim este pode ser considerado inteiramente como fim, mas não como fim natural, isto é, como produto da *arte* (*vestigium hominis video*).

Para contudo ajuizar aquilo que se conhece como produto natural, como se fosse fim, por conseguinte como fim natural – se é que aqui não se esconde uma contradição –, algo mais se deve exigir. Diria provisoriamente o seguinte: uma coisa existe como fim natural *quando* (ainda que num duplo sentido) *é causa e efeito de si mesma*; com efeito, aqui jaz uma causalidade tal que não pode estar ligada ao simples conceito de uma natureza, sem que se lhe dê como fundamento um fim, mas que pode na verdade ser pensada, mas não conceitualizada sem contradição. Vamos esclarecer a definição desta ideia de fim natural, antes de mais nada através de um exemplo e antes de a analisarmos completamente.

Uma árvore produz em *primeiro lugar* uma outra árvore segundo uma conhecida lei da natureza. A árvore, contudo, que ela produz é da mesma espécie; e assim produz-se a si mesma segundo a espécie na qual ela se conserva firmemente como espécie, quer como efeito, que ainda como causa, produzida incessantemente a partir de si mesma e do mesmo modo produzindo-se muitas vezes a si mesma.

Em *segundo lugar*, uma árvore produz-se também a si mesma como *indivíduo*. Na verdade, esta espécie de efeito designamos somente crescimento; mas isso deve ser tomado num sentido tal que seja completamente distinto de qualquer outro aumento segundo leis mecânicas e deve ser visto como uma geração <*Zeugung*>, se bem que com outro nome. Esta planta elabora previamente a matéria que ela assimila numa qualidade sua específica, que o mecanismo da natureza que lhe é exterior não pode fornecer, e continua a formar-se através desta substância que na respectiva composição é o seu próprio produto. Com efeito, se bem que no que respeita às partes constituintes que ela recebe da natureza exterior só possa

PRIMEIRA DIVISÃO • ANALÍTICA DA FACULDADE DE JUÍZO TELEOLÓGICA • 237

ser considerada como educção <als Educt>, pode-se contudo encontrar uma tal originalidade na faculdade de decomposição e recomposição desta substância bruta nesta espécie de seres naturais, que toda a arte fica infinitamente longe dela se pretender reconstituir aqueles produtos do reino vegetal a partir dos elementos que obtém[4] através da divisão destes ou a partir das substâncias que a natureza fornece para a sua alimentação.

Em *terceiro lugar*, uma parte desta criatura produz-se também a si mesma do seguinte modo: a preservação de uma parte depende da preservação da outra, e reciprocamente. O olho, numa folha de árvore, implantado no ramo de uma outra, traz a um pé de planta estranho uma planta da sua própria espécie e desse modo o enxerto num outro tronco. Daí que se possa, na mesma árvore, também ver qualquer ramo ou folha como simplesmente enxertado ou inoculado, por conseguinte como uma árvore subsistindo por si mesma, que somente depende de uma outra e dela parasitariamente se alimenta. De igual modo as folhas são verdadeiramente produtos da árvore, porém por sua vez preservam-se; com efeito, uma desfolhagem repetida matá-la-ia, e o seu crescimento depende da[5] ação das folhas no tronco. O auxílio que a natureza dá a si própria por ocasião de uma lesão das suas criaturas, em que a falta de uma parte, pertencente à preservação de partes vizinhas, é completada pelas outras partes; o mau crescimento ou má formação no crescimento em que certas partes por causa de certas deficiências ou obstáculos se formam de um modo totalmente novo e isso para preservar e produzir uma criatura anômala, tudo isto apenas desejo mencionar de passagem, tendo em conta que estas são algumas dentre as mais admiráveis propriedades dos seres organizados.

§ 65. *As coisas como fins naturais são seres organizados*

Segundo o caráter introduzido no parágrafo precedente, uma coisa que deve ser reconhecida possível como produto natural e

---

4   "obtém" falta em A.
5   A: desta ação daquelas folhas.

238 • Crítica da Faculdade do Juízo • Immanuel Kant

porém, de igual modo, como fim natural, tem de se comportar em relação a si mesma reciprocamente como causa e como efeito, o que é uma expressão de algum modo desapropriada e indefinida, que exige uma dedução de um conceito determinado.

A ligação causal, na medida em que ela é simplesmente pensada mediante e entendimento, é uma conexão que constitui uma série (de causas e efeitos) que vai sempre no sentido descendente; e as próprias coisas que, enquanto efeitos, pressupõem as outras causas, não podem reciprocamente e ao mesmo tempo ser causa daquelas. A esta ligação causal chamamos a das causas eficientes (*nexus effectivus*). Porém também se pode, em sentido contrário, pensar uma ligação causal segundo um conceito da razão (de fins), ligação que, se a considerarmos como uma série, conteria tanto no sentido descendente como no ascendente uma dependência, na qual a coisa, que uma vez foi assinalada como efeito, passa então, no sentido ascendente, a merecer o nome de uma causa daquela coisa que é o efeito dessa causa. No domínio prático (nomeadamente no da arte), encontra-se facilmente uma conexão semelhante, como por exemplo a casa que na verdade é a causa dos rendimentos que são recebidos pelo respectivo aluguel, porém também inversamente foi a representação deste possível rendimento a causa da construção da casa. A uma tal conexão causal chamamos a das causas finais (*nexus finalis*). Poder-se-ia talvez chamar à primeira, talvez de uma forma mais apropriada, a conexão das causas reais, e à segunda, a das causas ideais, porque com esta designação é de igual modo compreendido que não podia haver mais do que estas duas espécies de causalidade.

Para uma coisa ser considerada como fim natural é, pois, *em primeiro lugar* necessário que as partes (segundo a sua existência e a sua forma) somente sejam possíveis mediante a sua relação ao todo. Com efeito, a própria coisa é um fim, por conseguinte aprendida sob um conceito ou uma ideia que tem de determinar *a priori* tudo o que nele deve estar contido. Mas, na medida em que uma coisa somente é pensada como possível deste modo, é meramente uma obra de arte, isto é, o produto de uma causa racional distinta da matéria (das partes) daquela mesma obra, cuja causalidade

Primeira Divisão • Analítica da Faculdade de Juízo Teleológica • 239

(na constituição e ligação das partes) é determinada através da sua ideia de um todo tornado assim possível (por conseguinte não mediante a natureza fora de si).

Contudo, se uma coisa como produto natural deve conter em si mesma e na sua necessidade interna uma relação a fins, isto é, ser somente possível como fim natural e sem a causalidade dos conceitos de seres racionais fora dela, então para tanto deve exigir-se *em segundo* lugar que as partes dessa mesma coisa se liguem para a unidade de um todo e que elas sejam reciprocamente causa e efeito da sua forma. Pois só assim é possível que inversamente (reciprocamente) a ideia do todo, por sua vez, determine a forma e a ligação de todas as partes: não como causa – pois que assim seria um produto da arte –, mas sim como fundamento de conhecimento da unidade sistemática da forma e ligação de todo o múltiplo que está contido na matéria dada, para aquele que ajuíza essa coisa.

Por isso, para um corpo dever ser ajuizado em si e segundo a sua forma interna, é necessário que as partes do mesmo se produzam umas às outras reciprocamente em conjunto, tanto segundo a sua forma como na sua ligação, e assim produzam um todo a partir da sua própria causalidade, cujo conceito por sua vez e inversamente (num ser que possuísse a causalidade adequada a um tal produto) poderia ser causa dele mesmo segundo um princípio, e em consequência a conexão das *causas eficientes* poderia ser ajuizada simultaneamente como *efeito mediante causas finais*.

Num tal produto da natureza, cada uma das partes, assim como só existe *mediante* as restantes, também é *pensada em função das outras* e por causa do todo, isto é, como instrumento (órgão). No entanto isto ainda não basta (pois que ela também poderia ser instrumento da arte e desse modo ser representada em geral somente como fim). Pelo contrário, quando um órgão *produz* as outras partes (por consequência cada uma produzindo reciprocamente as outras), não pode ser instrumento da arte, mas somente da natureza, a qual fornece toda matéria aos instrumentos (mesmo aos da arte). Somente então e por isso poderemos chamar a um tal produto, enquanto *ser organizado* e *organizando-se a si mesmo*, um *fim natural*.

240 • CRÍTICA DA FACULDADE DO JUÍZO • IMMANUEL KANT

Num relógio uma parte é o instrumento do movimento das outras, mas uma roda[6] não é causa eficiente da produção da outra;[7] uma parte existe na verdade em função de outra, mas não é através <durch> dessa outra que ela existe. Daí também que a causa produtora da mesma e da sua forma não esteja contida na natureza (desta matéria) mas fora dela, num ser que pode atuar segundo ideias de um todo possível mediante a sua causalidade. Daí também que uma roda no relógio[8] não produza a outra, muito menos um relógio outro relógio, de forma que para tanto utilizasse outra matéria (a organizasse). Por isso ele também não substitui, pelos próprios meios, as partes que lhe são retiradas ou corrige sequer a sua falta na construção original, pela intervenção das restantes, ou se corrige a si mesmo depois de ter entrado em desordem. Ora, pelo contrário, podemos esperar tudo isto da natureza organizada. Um ser organizado é por isso não simplesmente máquina: esta possui apenas força motora <bewegende>; ele, pelo contrário, possui em si força formadora <bildende> e na verdade uma tal força que ele comunica aos materiais que não a possuem (ela organiza). Trata-se pois de uma força formadora que se propaga a si própria, a qual não é explicável só através da faculdade motora (o mecanismo).

Diz-se muito pouco da natureza e da sua faculdade nos produtos organizados, quando designamos esta como *analogon da arte*; pois aí se pensa o artífice <Künstler> (um ser racional) fora dela. Sobretudo ela se organiza a si própria e em cada espécie dos seus produtos organizados, na verdade segundo um único modelo no todo, mas de igual modo com modificações bem urdidas que a autopreservação, segundo as circunstâncias, exige. Talvez adquiramos uma perspectiva mais correta desta propriedade impenetrável se a designarmos como um *analogon da vida*. Mas então temos de dotar a matéria, enquanto simples matéria, com uma propriedade (hilozoísmo) que contradiz a sua essência, ou a

---

6   "uma roda" falta em A.
7   A: das outras.
8   A: Daí que uma roda também não produz.

PRIMEIRA DIVISÃO • ANALÍTICA DA FACULDADE DE JUÍZO TELEOLÓGICA • 241

animamos com um *princípio* que com ela *se encontra em comunidade* e de diferente espécie (uma alma). Contudo, para tanto, se é que um tal produto deve ser um produto natural, a matéria organizada como instrumento daquela alma ou já tem de ser pressuposta, e então não torna essa matéria mais compreensível, ou temos de fazer da alma uma artífice desta construção, tendo assim que retirar o produto à natureza (ao corpóreo). Para falar com rigor, a organização da natureza não tem por isso nada de analógico com qualquer causalidade que conheçamos.[9] A beleza da natureza pode com razão ser designada como um *analagon da arte*, já que ela é atribuída aos objetos somente em relação à reflexão sobre a intuição *externa* dos mesmos, por conseguinte somente por causa das formas superficiais. Mas a *perfeição natural interna* <*innere Naturvolkommenheit*>, tal como a possuem aquelas coisas que somente são possíveis enquanto *fins naturais* e por isso se chamam seres organizados, não pode ser pensada e explicada segundo nenhuma analogia com qualquer faculdade física, isto é, natural, que nos seja conhecida nem mesmo através de uma analogia perfeitamente adequada à arte humana, já que nós próprios pertencemos à natureza no mais amplo sentido.

O conceito de uma coisa, enquanto fim natural em si, não é por isso um conceito constitutivo do entendimento ou da razão, mas no entanto pode ser um conceito regulativo para a faculdade de juízo reflexiva, para orientar a investigação sobre objetos desta espécie segundo uma analogia remota com a nossa causalidade

---

9   Inversamente podemos esclarecer uma certa ligação que contudo se deve encontrar mais na ideia do que na realidade, mediante uma analogia com os chamados fins naturais imediatos. É assim que, por ocasião de uma transformação total, recentemente empreendida, de um grande povo num *Estado* nos servimos muito apropriadamente e com frequência da palavra *organização*, para o estabelecimento das magistraturas etc. e até de todo o corpo estatal. Na verdade, cada membro deve ser certamente determinado num todo desse tipo, não simplesmente como meio, mas também como fim, e, na medida em que colabora na possibilidade do todo, deve ser por sua vez determinado mediante a ideia do todo, segundo o seu lugar e a sua função. (K)

242 • Crítica da Faculdade do Juízo • Immanuel Kant

segundo fins em geral, refletir sobre o seu mais alto fundamento, o que não serviria para o conhecimento da natureza ou do seu fundamento originário, mas muito mais do conhecimento daquela nossa faculdade racional prática com a qual, por analogia, nós considerávamos a causa daquela conformidade a fins.

Por isso os seres organizados são os únicos na natureza que, ainda que também só se considerem por si e sem uma relação com outras coisas, têm porém de ser pensados como possíveis enquanto fins daquela mesma natureza, e por isso como aqueles que primeiramente proporcionam uma realidade objetiva ao conceito de um fim que não é um fim prático, mas sim um fim da *natureza*, e, desse modo, à ciência da natureza o fundamento para uma teleologia, isto é, um modo de ajuizamento dos seus objetos segundo um princípio particular que doutro modo não estaríamos autorizados a nela introduzir (porque não se pode de maneira nenhuma compreender *a priori* a possibilidade de uma tal espécie de causalidade).

§ 66. Do princípio do ajuizamento da conformidade a fins interna em seres organizados

Este princípio, que é ao mesmo tempo a definição dos seres organizados, é o seguinte: *um produto organizado da natureza é aquele em que tudo é fim e reciprocamente meio*. Nele nada é em vão, sem fim ou atribuível a um mecanismo natural cego.

Este princípio, segundo o modo como ocorre, é deduzível da experiência, nomeadamente daquela que é metodicamente estabelecida e que se chama observação <*Beobachtung*>. Mas, por causa da universalidade e da necessidade que esse princípio afirma de uma tal conformidade a fins, não pode simplesmente assentar na experiência, porém, pelo contrário, tem como fundamento algum princípio *a priori* qualquer, ainda que seja meramente regulativo e aqueles fins existissem somente na ideia daquele que ajuíza e em nenhuma outra causa eficiente. Daí que se possa chamar ao princípio acima mencionado uma *máxima* do ajuizamento da conformidade afins interna de seres organizados.

É conhecido como aqueles que praticam a dissecação de vegetais e animais, para pesquisar a sua estrutura e poder descortinar

PRIMEIRA DIVISÃO • ANALÍTICA DA FACULDADE DE JUÍZO TELEOLÓGICA • 243

as razões pelas quais, e com que fim, lhes foram dadas uma tal disposição e ligação das partes e precisamente esta forma interna, aceitem como absolutamente necessária aquela máxima, segundo a qual nada é em vão numa tal criatura e assim lhe dão validade como o princípio da universal doutrina da natureza: *nada acontece por acaso.* Na verdade tampouco podem renunciar a este princípio teleológico, como em relação ao físico universal porque, assim como se se abandonasse[10] o último não ficaria nenhuma experiência, assim também não restaria nenhum fio orientador para a observação desta espécie de coisas da natureza que já havíamos pensado teleologicamente sob o conceito de fim natural.

Na verdade, este conceito conduz a razão a uma ordem das coisas completamente diferente daquela ordem de um simples mecanismo da natureza, que aqui já não é suficiente. Uma ideia deve servir de fundamento à possibilidade do produto da natureza. Mas porque aquela é uma unidade absoluta de representação – sendo por seu lado a matéria uma pluralidade das coisas, a qual por si não pode fornecer nenhuma unidade determinada da composição <*Zusammensetzung*> –, deve o fim da natureza ser estendido a *tudo* o que se encontra naquilo que é seu produto, se é que aquela unidade da ideia deve até servir como fundamento de determinação *a priori* de uma lei da natureza para a causalidade de uma tal forma de composição. De fato se nós atribuirmos um tal efeito no seu *todo* a um fundamento de determinação suprassensível, para além do mecanismo cego da natureza, temos de também ajuizá-lo segundo este princípio, e não existe nenhuma razão para aceitar a forma de uma tal coisa como parcialmente independente daquele princípio, pois então com a mistura de princípios heterogêneos não restaria nenhuma regra segura de ajuizamento.

Pode sempre acontecer que, por exemplo, num corpo animal muitas partes pudessem ser compreendidas como concreções segundo leis simplesmente mecânicas (como peles, ossos, cabelos). Porém a causa que aí arranjou a matéria adequada modifica-a,

297

298

---

10   A: Como se por motivo do último.

244 • Crítica da Faculdade do Juízo • Immanuel Kant

forma-a e coloca-a nos respectivos lugares, de tal maneira que tem de ser sempre ajuizada teleologicamente, de tal modo que tudo nele tem de ser considerado como organizado e tudo também, por sua vez, é órgão dentro de uma certa relação com a coisa mesma.

§ 67. Do princípio do ajuizamento teleológico da natureza em geral como sistema dos fins

Já dissemos acima, sobre a conformidade a fins *externa* das coisas da natureza, que ela não fornecia qualquer justificação suficiente para o mesmo tempo a utilizarmos como fim da natureza, para a fundamentação da explicação da sua existência, e os efeitos casualmente conformes a fins da mesma natureza, idealmente, para a fundamentação da sua existência segundo o princípio das causas finais. Assim não se podem considerar imediatamente fins naturais os *rios* por promoverem a comunidade entre povos no interior das terras, as *montanhas* por conterem as fontes para aqueles e a provisão de neve para a sua manutenção em épocas sem chuva, nem do mesmo modo o *declive* das terras que transporta estas águas e torna seca a terra. É que, não obstante esta forma das superfícies da Terra fosse muito necessária para a gênese e manutenção dos reinos vegetal e animal, nada possui porém em si cuja possibilidade tornasse necessário admitir uma causalidade segundo fins. Isso mesmo é igualmente válido para as plantas que o homem utiliza para as suas necessidades ou divertimento, para os animais, como o camelo, o boi, o cavalo, o cão etc., os quais, umas vezes para sua alimentação, outras para o seu serviço, ele pode utilizar de tão variadas formas e sem as quais ele em grande parte não pode passar. A relação externa das coisas, das quais não há razão para considerar nenhuma por si como fim, pode ser ajuizada só hipoteticamente como conforme a fins.

Ajuizar uma coisa, em razão da sua forma interna, como fim natural é algo completamente diferente do que tomar a existência dessa coisa por fim da natureza. Para esta última afirmação não necessitamos simplesmente do conceito de um possível fim, mas do conhecimento do fim terminal <*Endzweck*> (*scopus*) da natureza,

PRIMEIRA DIVISÃO • ANALÍTICA DA FACULDADE DE JUÍZO TELEOLÓGICA • 245

o qual precisa de uma referência da mesma a algo de suprassensível, a qual ultrapassa em muito *todo* o nosso conhecimento natural teleológico. A forma interna de uma simples ervinha pode provar de maneira suficiente, para a nossa faculdade de ajuizamento humana, a sua possível origem simplesmente segundo a regra dos fins. Mas se partirmos desse ponto de vista, e se olharmos para o uso que disso fazem os outros seres da natureza, abandonamos, pois, a consideração da organização interna e olhamos somente para as relações finais externas, como a erva para o gado, como este é necessário ao homem como meio para a sua existência, e não é então visível por que razão será necessário que existam homens (o que não seria tão fácil de responder se pensarmos mais ou menos nos habitantes da Nova Holanda ou das Ilhas do Fogo); não se chega deste modo a nenhum fim categórico, mas, pelo contrário, toda esta relação final assenta numa condição sempre a colocar posteriormente que, como incondicionado (a existência de uma coisa como fim terminal), fica completamente fora do mundo físico-teleológico. Mas também uma coisa assim não é fim natural, pois não deve ser considerada (ou toda a sua espécie) como produto da natureza.

Por isso somente a matéria, enquanto matéria organizada, necessariamente e por si mesma, conduz ao conceito dela como um fim natural, porque esta sua forma específica é simultaneamente produto da natureza. Mas este conceito conduz então, necessariamente, à ideia da natureza no seu todo como um sistema segundo a regra dos fins, ideia a que deve então subordinar-se todo o mecanismo da natureza segundo princípios da razão (ao menos para assim experimentar os fenômenos da natureza). O princípio da razão cabe-lhe então de modo somente subjetivo, isto é, como máxima: tudo no mundo é bom para alguma coisa; nada nele é em vão; e temos o direito, e mesmo o dever, através do exemplo que a natureza nos dá nos seus produtos orgânicos, de nada esperar dela e das suas leis senão aquilo que é conforme a fins no seu todo.

Compreende-se que isto não seja um princípio para a faculdade de juízo determinante, mas sim para a reflexiva, que seja um princípio regulativo e não constitutivo e por ele somente receba-

246 • Crítica da Faculdade do Juízo • Immanuel Kant

mos um fio orientador para considerar, segundo uma nova ordem legisladora, as coisas da natureza relativamente a um fundamento de determinação que já foi dado, e alargar o conhecimento da natureza segundo um outro princípio, nomeadamente o das causas finais, porém sem danificarmos o princípio do mecanismo da sua causalidade. De resto não se pretende assim de modo nenhum que qualquer coisa que ajuizemos segundo este princípio seja *intencionalmente* fim da natureza, isto é, se as ervas existem para o boi ou a ovelha e se isso e as restantes coisas da natureza existem para o homem. É bom considerar também desse ponto de vista as coisas que nos são desagradáveis e inoportunas sob certos aspectos. Poder-se-ia então dizer, por exemplo, que os bichos que atormentam o homem na sua roupa, no cabelo ou mobília são, segundo uma sábia disposição da natureza, um estímulo para a limpeza que, por si mesma, é já um meio importante da conservação da saúde. Ou que os mosquitos e outros insetos mordedores, que tornam os desertos da América tão insuportáveis para os selvagens, são outros tantos aguilhões da atividade para estas pessoas incipientes, de modo a que sequem os pântanos e possa dar claridade às florestas que impedem a corrente do ar e assim, mediante a cultura do solo, tornem simultaneamente mais saudáveis as suas habitações. Mesmo aquilo que parece na sua organização interna ser antinatural para o homem, se é encarado deste modo, fornece uma perspectiva interessante e por vezes instrutiva para uma ordem teleológica das coisas, à qual, sem um tal princípio, a simples consideração física só por si não nos conduziria. Assim como alguns julgam que a tênia é dada ao homem ou animal, onde habita, como que para substituir uma certa carência dos seus órgãos vitais, assim eu perguntaria se os sonhos (que sempre existem no sono ainda que raramente deles nos lembremos) podem ser uma disposição conforme a fins da natureza, na medida em que servem, por ocasião do relaxamento de todas as forças motoras do corpo para movimentar interiormente os órgãos vitais, através da faculdade da imaginação e da sua grande atividade (que nesta situação eleva-se frequentemente até o afeto); assim como também a faculdade da imaginação quando o estômago está demasiado pesado, e este movimento é por isso tanto mais necessário, desenvolve no sono noturno uma atividade tanto maior. Pelo que sem esta força motora interna e esta fatigante perturbação – por causa das quais nós nos queixamos dos sonhos (que porém de fato são curativos) – o próprio sono seria, até mesmo num estado de boa saúde, um completo apagamento da vida.

Também a beleza da natureza, isto é, a sua concordância com o livre jogo das nossas faculdades de conhecimento na apreensão e ajuizamento da sua manifestação, pode ser considerada como conformidade a fins objetiva da natureza no seu todo, enquanto sistema, no qual o homem é um membro. Isso é possível uma vez que o ajuizamento teleológico da natureza, mediante os fins naturais que os seres organizados nos apresentam, nos dê a justificação da ideia de um grande sistema de fins da natureza. Podemos considerá-lo como uma graça[11] que a natureza teve para nós o fato de ela ter distribuído com tanta abundância, para além do que é útil, ainda a beleza e o encanto e por isso a amamos, tal como a contemplamos com respeito por causa da sua imensidão e nos sentimos a nós próprios enobrecidos nesta contemplação. É como se precisamente a natureza tivesse no fundo armado e ornamentado com esta intenção o seu soberbo palco.

O que afinal queremos dizer neste parágrafo é que, uma vez descoberta na natureza uma faculdade de fabricar produtos que somente podem ser pensados por nós segundo o conceito das causas finais, vamos mais longe e também podemos ajuizar que aqueles (ou a respectiva relação, ainda que conforme a fins) que não levam

---

11 Na parte dedicada à estética foi dito que *consideraríamos a bela natureza com favor*, na medida em que tivéssemos uma complacência totalmente livre (desinteressada) na sua forma. Na verdade, neste mero juízo de gosto, não se considera de modo nenhum para que fim existem estas coisas belas da natureza, isto é, se é para nos despertarem um prazer ou, como fins, sem qualquer relação conosco. Contudo, num juízo teleológico, prestamos atenção também a esta relação e nesse caso podemos *considerar como favor da natureza* o fato de esta nos ter querido promover na nossa cultura pela exibição de tantas formas belas. (K)

necessariamente a procurar um outro princípio para a sua possibilidade para lá do mecanismo das causas eficientes pertencem assim mesmo a um sistema dos fins. É que a primeira ideia já nos leva para lá do mundo dos sentidos no que concerne ao seu fundamento. É por isso que a unidade do princípio suprassensível deve ser considerada válida, não simplesmente para certas espécies dos seres naturais, mas também para o todo da natureza como sistema.

§ 68. Do princípio da teleologia como princípio interno da ciência da natureza

Os princípios de uma ciência ou lhe são internos e chamam-se *domésticos* (*principia domestica*), ou são fundados em conceitos que só fora dela encontram o seu lugar e são princípios *forasteiros* (*peregrina*). As ciências que contêm estes últimos colocam lemas (*Lemmata*) no fundamento das respectivas doutrinas; isto é, pedem emprestado de uma outra ciência um conceito e com ele um fundamento da ordenação.

Cada ciência é para si mesma um sistema; e não basta nela construir segundo princípios e por isso agir de modo técnico, mas pelo contrário temos que também operar nela de forma arquitetônica, como um edifício por si subsistente, e não a tratar como um anexo e como uma parte de outro edifício, mas sim como um todo existindo para si, mesmo que depois se possa estabelecer uma passagem deste para aquele ou reciprocamente.

Quando por isso se traz o conceito de Deus para a ciência da natureza e para o seu contexto, com o objetivo de explicar a conformidade a fins da natureza e seguidamente se utiliza esta conformidade para provar que existe um Deus, então não há consistência interna em nenhuma destas ciências e um dialeto enganador envolve-as em incerteza, pelo fato de deixarem confundir as respectivas fronteiras.

A expressão "um fim da natureza" já evita suficientemente esta confusão, para que a ciência da natureza e a ocasião que ela oferece ao ajuizamento *teleológico* dos seus objetos não se confundam com o estudo de Deus e por isso com uma dedução *teológica*. E não

PRIMEIRA DIVISÃO • ANALÍTICA DA FACULDADE DE JUÍZO TELEOLÓGICA • 249

se deve considerar como pouco significativo se essa expressão se [306] confundir com a de um fim divino na ordenação da natureza, ou que se apresente esta última expressão como mais conveniente e adequada para uma alma piedosa, porque teria decerto de finalmente deduzir aquelas formas conforme a fins na natureza de um demiurgo sábio. Pelo contrário, temos de, de forma cuidadosa e modesta, limitar-nos à expressão que precisamente só afirma tanto quanto sabemos, isto é, à de um fim da natureza. Pois, antes ainda de nos interrogarmos sobre as causas da própria natureza, encontramos nesta e no decorrer da sua produção produtos tais que são nela gerados segundo leis da experiência conhecidas e segundo as quais a ciência da natureza ajuíza os seus produtos. Por conseguinte também tem de procurar a causalidade destes nela própria, segundo a regra dos fins. Daí que ela não deva saltar por cima das suas fronteiras para trazer a si mesma, como princípio doméstico, aquilo cujo conceito não se adéqua a absolutamente nenhuma experiência e a que só podemos ousar depois da realização plena da ciência da natureza.

As propriedades da natureza que se deixam demonstrar *a priori*, e por isso, segundo a sua possibilidade, se deixam compreender segundo princípios universais, sem qualquer contribuição da experiência, não podem de modo nenhum, se bem que tragam consigo uma conformidade a fins técnica, porque são simplesmente necessários, entrar mesmo assim na conta da teleologia da natureza como um método pertencente à Física para a resolução [307] dos problemas desta. Analogias matemáticas e geométricas, e do mesmo modo leis mecânicas universais, por muito surpreendente e digno de admiração que também nos possa parecer a unificação de tantas regras aparentemente independentes uma das outras num princípio, não exigem por esse fato que as consideremos na Física como princípios de explicação teleológicos. E, ainda que mereçam ser tomadas em consideração na teoria geral da conformidade a fins das coisas da natureza em geral, teria, no entanto, esta conformidade um outro lugar, a saber, na metafísica, e não constituiria qualquer princípio da ciência da natureza. No que toca às leis em-

250 • Crítica da Faculdade do Juízo • Immanuel Kant

píricas dos fins naturais nos seres organizados, é não só permitido, mas até inevitável, utilizar o *modo de ajuizamento* teleológico para princípio da doutrina da natureza no que respeita a uma classe específica dos seus objetos.

Para que a Física assim permaneça rigorosamente nos seus limites, abstrai-se da questão de saber se os fins naturais são *intencionais* ou *não intencionais,* pois isso seria uma intromissão num assunto que *não* lhe diz respeito (a saber, o da metafísica). Basta que existam objetos, *explicáveis* única e exclusivamente segundo leis da natureza, que somente podemos pensar sob a ideia dos fins como princípio, e simplesmente desta maneira *cognoscíveis* segundo a sua forma interna, e mesmo só internamente. Para que deste modo também não se incorra na menor suspeita de pretendermos misturar algo, nos nossos fundamentos de conhecimento, que não pertence em absoluto à Física, isto é, uma causa sobrenatural, falamos, então, na teleologia da natureza, como se a conformidade a fins nela fosse intencional mas simultaneamente de forma a atribuir também esta intenção à natureza, isto é, à matéria. Através disto pretende-se indicar (porque aqui não há lugar para nenhum mal-entendido, na medida em que ninguém pode de certo atribuir intenção no sentido próprio do termo a uma matéria inanimada) que esta palavra aqui somente significa um princípio da faculdade de juízo reflexiva, não da determinante, e por isso não deve introduzir nenhum fundamento especial da causalidade. Pelo contrário, ela acrescenta somente para o uso da razão uma outra espécie de investigação diferente daquela que é feita segundo leis mecânicas, com o objetivo de completar a insuficiência destas últimas, até mesmo em relação à pesquisa empírica de todas as leis particulares da natureza. Daí que na teleologia se fale com propriedade, contanto que ela se ligue à Física, da sabedoria, da economia, da previdência, da beneficência da natureza, sem desse modo fazer dela um ser inteligente (o que não teria sentido); mas também sem nos atrevermos a querer colocar por cima dela um ser inteligente como construtor <*Werkmeister*> porque isso seria desmedido.[12]

---

12   A palavra alemã *vermessen* <*presunçoso*> é uma boa palavra, cheia de significado. Um juízo em que nos esquecemos de estimar a amplitude das nossas

Primeira Divisão • Analítica da Faculdade de Juízo Teleológica • 251

Ao contrário, o que se pretende é somente indicar desse modo uma espécie da causalidade da natureza, segundo uma analogia com a nossa razão no uso técnico, para ter presente a regra pela qual têm de ser investigados certos produtos da natureza.

Mas por que razão é que a teleologia não constitui geralmente qualquer parte própria da ciência natural teórica, mas, pelo contrário, está relacionada com a teologia como propedêutica ou como passagem <*Übergang*> para esta? Tal acontece para conter firmemente o estudo da natureza, segundo o seu mecanismo, naquilo que podemos submeter à nossa observação ou às experimentações de tal modo que nós próprios pudéssemos produzi-lo à semelhança da natureza ou pelo menos por semelhança com as suas leis. Na verdade só se compreende <*sieht man ein*> plenamente aquilo que nós próprios podemos fazer com conceitos e por nós próprios estabelecer; contudo, a organização, como fim interno da natureza, excede infinitamente toda faculdade de uma apresentação semelhante através da arte; e no que respeita às disposições naturais externas <*äussere Natureinrichtungen*>, tidas como conformes a fins (por exemplo, ventos, chuva e coisas semelhantes), a Física considera certamente o mecanismo das mesmas. No entanto, a sua relação a fins, na medida em que esta deva ser uma condição pertencendo necessariamente à causa, não pode ela de modo nenhum apresentar, porque essa necessidade da conexão concerne inteiramente à ligação dos nossos conceitos e não à natureza <*Beschaffenheit*> das coisas.

---

forças (do entendimento) pode às vezes soar muito desencorajante e no entanto faz grandes exigências e é presunçoso. Desse gênero é a maior parte daqueles mediante os quais se pretende realçar a sabedoria divina, na medida em que lhe colocamos intenções nas obras da criação e da conservação, as quais no fundo devem honrar a própria sabedoria do raciocínio sutil. (K)

Segunda Divisão

DIALÉTICA DA FACULDADE DE JUÍZO TELEOLÓGICA

§ 69. O que é uma antinomia da faculdade do juízo

A faculdade de juízo *determinante* não possui por si quaisquer princípios que fundamentem *conceitos de objetos*. Não é uma autonomia, pois· que somente *subsume* sob dadas leis ou conceitos, enquanto princípios. Precisamente por isso não está exposta a qualquer perigo de uma antinomia que lhe seja específica e a qualquer conflito dos seus princípios. E assim a faculdade de juízo transcendental, que continha as condições para subsumir sob categorias, não era por si *nomotética*, mas pelo contrário ela designava somente as condições da intuição sensível, sob as quais pode ser dada realidade (aplicação) a um conceito, dado como lei do entendimento: acerca do que ela nunca poderia entrar em desunião consigo mesma (ao menos segundo os princípios).

Contudo a faculdade de juízo *reflexiva* deve subsumir sob uma lei que ainda não está dada e por isso é na verdade somente um princípio da reflexão sobre objetos, para os quais e de um modo objetivo nos falta totalmente uma lei ou um conceito de objeto que fosse suficiente, como princípio, para os casos que ocorrem. Mas, como não pode ser permitido qualquer uso das faculdades de conhecimentos sem princípios, então a faculdade de juízo reflexiva terá em tais casos de servir de princípio a si mesma: este – já que não é objetivo e não pode apresentar um fundamento de conhecimento suficiente para a intenção (*Absicht*) – deve servir como mero princípio subjetivo para o uso conforme a fins das faculdades de

SEGUNDA DIVISÃO • DIALÉTICA DA FACULDADE DE JUÍZO TELEOLÓGICA • **253**

conhecimento, nomeadamente para refletir sobre uma espécie de objetos. Por isso a faculdade de juízo reflexiva possui, relativamente a tais casos, as suas máximas e na verdade elas são necessárias em prol do conhecimento das leis da natureza na experiência, para, através dessas mesmas leis, chegarmos a conceitos, mesmo que estes devam também ser conceitos da razão, se é que aquela faculdade necessita destes inteiramente para conhecer a natureza segundo as suas leis empíricas. Entre estas máximas necessárias da faculdade de juízo reflexiva pode aparecer um conflito, por conseguinte uma antinomia, na qual se funda uma dialética, a qual pode chamar-se uma dialética natural, quando cada uma das duas máximas que entram em conflito tem o respectivo fundamento na natureza das faculdades de conhecimento, tratando-se de uma aparência inevitável que se tem de desocultar e resolver, para que não engane.

§ 70. Representação desta antinomia

Na medida em que a razão tem a ver com a natureza, enquanto globalidade dos objetos dos sentidos externos, pode fundar-se em leis que o entendimento em parte prescreve *a priori* ele próprio à natureza e que em parte ele pode alargar ilimitadamente, mediante as determinações empíricas que ocorrem na experiência. A faculdade do juízo não usa qualquer princípio especial da reflexão para a aplicação da primeira espécie de leis, nomeadamente das leis *universais* da natureza material em geral. É que nesse caso ela é determinante, já que lhe é dado um princípio objetivo através do entendimento. Mas, no que respeita às leis particulares que nos podem ser dadas através da experiência, pode nelas existir uma tão grande multiplicidade e heterogeneidade que a faculdade do juízo deve servir-se dela própria como princípio, nem que seja para procurar uma lei nos fenômenos da natureza e observá-la, já que necessita de um tal fio condutor, mesmo que somente deva esperar um conhecimento de experiência interligado, segundo uma conformidade geral a leis da natureza, por conseguinte a unidade da mesma segundo leis empíricas. Nesta unidade contingente das leis particulares pode suceder que a faculdade do juízo parta, na sua

254 • Crítica da Faculdade do Juízo • Immanuel Kant

reflexão, de duas máximas, das quais uma lhe é dada *a priori* pelo simples entendimento, porém a outra ocorre através de experiências particulares que desafiam a razão ao ajuizamento da natureza corpórea e das respectivas leis segundo um princípio particular. Acontece então que estas duas espécies de máximas não podem bem subsistir conjuntamente e por conseguinte parecem provocar uma dialética que engana a faculdade do juízo no princípio da sua reflexão.

A *primeira máxima* é a *tese* <*Satz*>: *toda geração das coisas materiais e das respectivas formas tem de ser ajuizada como possível segundo simples leis mecânicas.*

A *segunda máxima* é a *antítese* <*Gegensatz*>: alguns produtos da natureza material não podem ser ajuizados como possíveis segundo leis simplesmente mecânicas (o seu ajuizamento exige uma lei completamente diferente da causalidade, nomeadamente a das causas finais).

Se transformássemos estes princípios <*Grundsätze*> regulativos para a investigação da natureza em princípios constitutivos da possibilidade dos próprios objetos, então seriam os seguintes:

Tese: toda produção de coisas materiais é possível segundo leis simplesmente mecânicas.

Antítese: alguma produção dessas mesmas coisas não é possível segundo leis simplesmente mecânicas.

Nesta última qualidade, enquanto princípios objetivos para a faculdade de juízo determinante, eles entrariam em contradição entre si e por conseguinte uma das duas máximas seria necessariamente falsa, mas então tal seria na verdade uma antinomia, não da faculdade do juízo, mas sim um conflito na legislação da razão. Porém a razão não pode demonstrar nem um nem outro desses princípios, pois que não podemos possuir *a priori* nenhum princípio determinante da possibilidade das coisas segundo simples leis empíricas da natureza.

No que, pelo contrário, toca à primeira máxima que expusemos, de uma faculdade de juízo reflexiva, não se encontra nela na verdade nenhuma contradição. Pois quando eu digo: tenho de *ajuizar* segundo simples leis mecânicas todos os acontecimentos

SEGUNDA DIVISÃO • DIALÉTICA DA FACULDADE DE JUÍZO TELEOLÓGICA • 255

na natureza material, por conseguinte também todas as formas como produtos da mesma, segundo a respectiva possibilidade, não quero com isso significar: elas *apenas são possíveis segundo tais leis* (excluindo toda e qualquer outra espécie de causalidade); pelo contrário, isso quer simplesmente dizer que eu *devo refletir* sempre nelas, *segundo o princípio* do simples mecanismo da natureza e por conseguinte investigá-lo tão longe quanto possível, pois que sem o colocarmos como fundamento da investigação não pode existir um verdadeiro conhecimento da natureza. Isso não impede todavia de seguir, segundo um princípio, a segunda máxima e sobre esta refletir em ocasião propícia, a saber, por ocasião de algumas formas naturais (e por ocasião destas até da natureza no seu todo). Isso é completamente diferente da explicação segundo o mecanismo da natureza. É assim que realmente a reflexão segundo a primeira máxima não é superada, mas sobretudo somos requeridos a prossegui-la tão longe quanto se possa; também não é desse modo dito que aquelas formas da natureza não seriam possíveis segundo o mecanismo da natureza. Somente é afirmado que a *razão humana*, ao seguir essa máxima, deste modo nunca poderá encontrar o menor fundamento daquilo que constitui o caráter específico de um fim natural, embora certamente possa encontrar outros conhecimentos sobre leis da natureza; então aí fica sem resposta, a saber, se a ligação de fins e a físico-mecânica, no fundamento interno da natureza que nos é desconhecido, não poderiam interligar-se nas mesmas coisas, na base de um princípio. Só que a nossa razão não tem capacidade para as unir num tal princípio e por isso a faculdade do juízo, enquanto *reflexiva* (a partir de um fundamento subjetivo), não como faculdade de juízo determinante (segundo um princípio objetivo da possibilidade das coisas em si), necessita pensar para certas formas na natureza um outro princípio, enquanto princípio do mecanismo da natureza, como fundamento da sua possibilidade.

§ 71. *Preparação para a resolução da antinomia mencionada*

Não podemos de modo nenhum demonstrar a impossibilidade da produção dos produtos naturais organizados através do simples mecanismo da natureza, porque não somos capazes de compreender a infinita multiplicidade das leis particulares da natureza segundo o seu primeiro fundamento interno, as quais são para nós contingentes, já que somente podem ser conhecidas empiricamente, e assim alcançar simplesmente e de modo absoluto o princípio suficiente interno da possibilidade de uma natureza (a qual se encontra no suprassensível). Por isso saber se a faculdade produtiva da natureza não será suficiente não só para aquilo que nós ajuizamos como sendo formado ou ligado segundo a ideia de fins como também precisamente para aquilo que nos parece necessitar de uma simples essência mecânica da natureza; e saber se na verdade para coisas enquanto verdadeiros fins naturais (como nós temos de necessariamente ajuizá-las) não existe como fundamento uma outra espécie completamente diferente de causalidade original, a qual não pode de forma nenhuma estar contida na natureza material ou no seu substrato inteligível, nomeadamente um entendimento arquitetônico, saber tudo isto, eis sobre o que a nossa muito limitada razão a respeito do conceito da causalidade, sempre que ele deve ser especificado *a priori*, não nos pode dar simplesmente qualquer informação. Mas que a respeito das nossas faculdades cognitivas sobre o mero mecanismo da natureza não possa também ser fornecido nenhum fundamento para a explicação para a produção de seres organizados tal é certamente indubitável. Por isso *para a faculdade de juízo reflexiva* o princípio seguinte é absolutamente correto: tem de ser pensada, para a conexão tão manifesta das coisas segundo causas finais, uma causalidade diferente do mecanismo, nomeadamente a de uma causa do mundo atuante (inteligente) segundo fins, ainda que este princípio seja também demasiado precipitado e indemonstrável *para a faculdade de juízo determinante*. No primeiro caso ele é uma simples máxima da faculdade do juízo, em que o conceito daquela causalidade é uma simples ideia à qual não se pretende de modo nenhum conferir realidade, mas pelo contrário se utiliza somente como fio condutor da reflexão que então permanece sempre aberto para todos os princípios de explicação mecanicista e não se perde fora do mundo sensível. No segundo caso, o princípio seria um princípio

SEGUNDA DIVISÃO • DIALÉTICA DA FACULDADE DE JUÍZO TELEOLÓGICA • 257

objetivo que a razão prescreve e ao qual, ao determinar, a faculdade do juízo se teria de submeter, em cujo caso ela todavia se perde no excesso, fora do mundo sensível, e é talvez induzida a erro. Toda a aparência de uma antinomia entre as máximas da autêntica forma de explicação física (mecânica) e da teleológica (técnica) repousa assim na confusão de um princípio da faculdade de juízo reflexiva como o da determinante, e da *autonomia* da primeira (que possui validade meramente subjetiva para o nosso uso da razão a respeito das leis particulares da experiência) com a *heteronomia* da outra, a qual se tem de orientar segundo as leis (universais ou particulares) dadas pelo entendimento.

§ 72. Dos diversos sistemas sobre a conformidade a fins da natureza

Ninguém ainda duvidou da correção do princípio segundo o qual se terá de ajuizar sobre certas coisas da natureza (seres organizados) e da respectiva possibilidade segundo conceitos das causas finais, mesmo se somente se exige um *fio condutor* para conhecer as suas características através da observação, sem que nos elevemos a uma investigação sobre a sua primeira origem. A questão pode por isso consistir somente em saber se este princípio é apenas subjetivamente válido, isto é, simplesmente uma máxima da nossa faculdade do juízo, ou se é um princípio objetivo da natureza, segundo o qual para lá do seu mecanismo (segundo meras leis do movimento) ainda lhe pertence uma outra espécie de causalidade, concretamente a das causas finais, na dependência das quais aquelas (as forças motoras) somente podem existir como causas mediadoras.

Ora, poder-se-ia deixar esta questão ou tarefa completamente encerrada e não resolvida para a especulação, pois, se nos contentarmos em ficar no interior dos limites do simples conhecimento da natureza, tais máximas são suficientes para estudar a natureza e perseguir os seus segredos escondidos, tão longe quanto alcançam as forças humanas. Trata-se por isso de um certo pressentimento da nossa razão ou, por assim dizer, de um aceno que a natureza nos faz, de forma a que, mediante aquele conceito de causas finais, pudéssemos até ultrapassá-la e ligarmo-nos a ela própria no ponto mais alto da série das causas, se abandonarmos a investigação da natureza (ainda que não tenhamos avançado aí muito) ou ao menos se a deixarmos de lado por algum tempo e tentarmos sondar antes aonde conduz este elemento estranho na ciência da natureza, isto é, o conceito de fins da natureza.

Ora, aqui aquela máxima incontestada teria na verdade de se transformar num problema que abre para um vasto campo de discussões: saber se a conexão de fins na natureza demonstra uma espécie particular de causalidade para a mesma, ou se essa conexão, considerada em si e segundo princípios objetivos, não será antes idêntica aos mecanismos da natureza, ou se assenta num e mesmo fundamento. Só que nós o experimentamos com um princípio subjetivo, mais concretamente o da arte, isto é, o da causalidade segundo ideias, para as atribuir à natureza segundo a analogia, já que aquele fundamento se encontra frequentemente, em muitos produtos da natureza, escondido de modo demasiadamente profundo para a nossa investigação. Tal recurso dá resultado em muitos casos, noutros porém parece de fato falhar. Em todo o caso não autoriza introduzir na ciência da natureza uma espécie de ação particular, diferente da causalidade segundo simples leis mecânicas da própria natureza. Chamaremos técnica ao procedimento da natureza (a causalidade) em razão da semelhança com fins, a qual encontramos nos seus produtos. Aquela técnica por sua vez divide-se em *intencional* (*technica intentionalis*) e em *não intencional* (*technica naturalis*). A primeira significará que a faculdade produtora da natureza segundo causas finais teria de ser considerada como uma espécie particular de causalidade; a segunda significará que ela é em absoluto idêntica, quanto ao fundamento, ao mecanismo da natureza, e que ajuizar a sua conjunção contingente com os nossos conceitos de arte e com as respectivas regras, como simples condição subjetiva para a ajuizar, será falsamente interpretado como uma espécie particular de produção natural.

Se agora falarmos dos sistemas de explicação da natureza em relação às causas finais, teremos então de notar o seguinte: estão

SEGUNDA DIVISÃO • DIALÉTICA DA FACULDADE DE JUÍZO TELEOLÓGICA • 259

todos entre si em desacordo de forma dogmática sobre os princípios objetivos da possibilidade das coisas, seja mediante causas atuando intencionalmente, seja por causas atuando claramente de modo não intencional, não sendo o desacordo porém sobre a máxima subjetiva para julgar simplesmente as causas de tais produtos conforme a fins. Neste último caso, princípios *discordantes* poderiam ainda ser unidos, enquanto no primeiro caso princípios *opostos contraditoriamente* suprimem-se e não podem subsistir ao lado um do outro.

Os sistemas são, a respeito da técnica da natureza, isto é, da sua faculdade produtiva segundo a regra dos fins, de duas espécies: do *idealismo* ou do *realismo* dos fins naturais. O primeiro afirma que toda a conformidade a fins da natureza é *não intencional*; o segundo, que alguma conformidade a fins (em seres organizados) é *intencional*. Do que se poderia retirar também a consequência, que é fundada como hipótese, de que a técnica da natureza é também intencional, isto é, fim, no que respeita a todos os seus produtos relativamente ao todo da natureza.

1) O *idealismo* da conformidade a fins (entendo aqui sempre a objetiva) é então ou da casualidade <*Käsualitat*> ou da *fatalidade* da determinação da natureza na forma conforme a fins dos seus produtos. O primeiro princípio diz respeito à relação da matéria com o fundamento físico da sua forma, nomeadamente as leis do movimento; o segundo diz respeito ao fundamento *hiperfísico* de toda a natureza. O sistema da *casualidade*, que é atribuído a Epicuro ou Demócrito, tomado à letra é tão evidentemente disparatado que não justifica que com ele percamos tempo; pelo contrário, o sistema da fatalidade (do qual Espinosa é apresentado como autor, ainda que tudo leve a crer que ele seja muito mais antigo), que se refere ao suprassensível (que por isso a nossa compreensão não atinge), não é tão facilmente refutável. No entanto, é claro que neste sistema a ligação de fins no mundo tem de ser vista como não intencional (porque aquela ligação é deduzida de um ser originário, mas não do seu entendimento, por conseguinte de nenhuma intenção do mesmo, mas sim da necessidade da sua natureza e da unidade do mundo que daí resulta). Em consequência o fatalismo da conformidade a fins é de igual modo um idealismo da mesma.

260 • Crítica da Faculdade do Juízo • Immanuel Kant

2) O *realismo* da conformidade a fins da natureza é também ou físico ou hiperfísico. O *primeiro* fundamenta os fins na natureza sobre o *analogon* de uma faculdade atuando segundo uma intenção, sobre a *vida da matéria* (uma alma do mundo nela, ou também mediante um princípio interno animado), e chama-se *hilozoísmo*. O *segundo* deriva aquela conformidade do fundamento originário do todo do mundo, como se se tratasse de um ser inteligente que produz com intenção (vivendo originariamente), e é o *teísmo*.[1]

§ 73. Nenhum dos sistemas citados realiza aquilo que afirma

Que pretendem todos aqueles sistemas? Esclarecer os nossos juízos teleológicos sobre a natureza e de tal modo deitam mãos à obra que uma parte nega a verdade desses juízos, por conseguinte explica-os como um idealismo da natureza (representado como natureza); a outra parte reconhece-os como verdadeiros e promete expor a possibilidade de uma natureza segundo a ideia das causas finais.

1) Os sistemas que lutam pelo idealismo das causas finais na natureza admitem, por um lado, na verdade no princípio desta, uma causalidade segundo leis do movimento (pelas quais as coisas naturais existem de um modo conforme a fins); mas negam nela a *intencionalidade*, isto é, que ela seja determinada relativamente a esta sua produção conforme a fins, ou, por outras palavras, que um fim seja a causa. Este é o tipo de explicação de *Epicuro*, segundo o qual a diferença entre a técnica da natureza e a mera mecânica

---

1   Por aqui se vê que, na maioria das coisas especulativas da razão pura e no que diz respeito às afirmações dogmáticas, as escolas filosóficas tentaram em geral todas as soluções possíveis acerca de uma certa questão. Assim acerca da conformidade a fins da natureza tentou-se isso com a ajuda, quer de uma *matéria sem vida* ou de um *Deus sem vida*, quer de *uma matéria viva* ou de um *Deus vivo*. Para nós a única solução, se tal for necessário, consiste em nos distanciarmos de todas estas *afirmações objetivas* e avaliar criticamente o nosso juízo simplesmente em relação com as nossas faculdades de conhecimento, para fornecer ao seu princípio uma validade de uma máxima, a qual – ainda que não dogmática – seja no entanto suficiente para o uso seguro da razão. (K)

SEGUNDA DIVISÃO • DIALÉTICA DA FACULDADE DE JUÍZO TELEOLÓGICA • 261

deve ser completamente negada e não só em relação ao acordo dos [325] produtos gerados com os nossos conceitos de fins, por conseguinte em relação à técnica, mas mesmo relativamente à determinação das causas desta geração segundo leis do movimento, por conseguinte aceita a sua mecânica do acaso cego como fundamento de explicação, pelo que nem sequer é explicada a aparência no nosso juízo teleológico e desse modo o idealismo afirmado nesse sistema não é de modo nenhum exposto.

Por outro lado, *Espinosa* pretende dispensar-nos de qualquer investigação a propósito do fundamento da possibilidade dos fins da natureza, e assim retira a esta ideia toda a realidade, de modo que ele a atribui, sobretudo, não a produtos, mas a acidentes pertencentes a um ser originário, e dá a este ser, enquanto substrato destas coisas naturais e no que diz respeito a esses produtos, não a causalidade mas sim a simples subsistência, e (por causa da necessidade incondicionada deste ser originário, juntamente com todas as coisas naturais consideradas seus acidentes) assegura na verdade às formas da natureza a unidade do fundamento que é exigível a toda a conformidade a fins, mas ao mesmo tempo retira-lhes a contingência, sem a qual nenhuma *unidade quanto ao fim* <Zweckeinheit> pode ser pensada, e com ela toda a *intencionalidade*, assim como retira toda a inteligência ao fundamento originário das coisas naturais.

No entanto, o espinosismo não consegue realizar aquilo que pretende. Quer fornecer um fundamento explicativo da conexão final (que ela não nega) das coisas da natureza e refere simplesmente a unidade do sujeito, ao qual todas elas são inerentes. Mas [326] se concedemos também essa espécie de existência aos seres do mundo, aquela unidade ontológica não é por esse fato, todavia, imediatamente *unidade final* e não torna esta de forma nenhuma compreensível. Esta última é precisamente uma espécie completamente particular dessa mesma unidade que não decorre em absoluto da conexão das coisas (seres do mundo) num sujeito (o ser originário), mas implica sim inteiramente a referência a uma *causa* possuindo inteligência, e, mesmo se unificarmos todas estas coisas num sujeito simples, jamais apresenta todavia uma referência a um fim. A não ser que elas se pensem em primeiro lugar como *efeitos* internos da substância, enquanto *causa*, e em segundo lugar, como efeitos da mesma enquanto causa *mediante a sua inteligência*. Sem essas condições formais toda a unidade é mera necessidade da natureza e, não obstante ela ser atribuída às coisas que representamos como exteriores umas às outras, é necessidade cega. No entanto, se pretendermos chamar conformidade a fins da natureza àquilo a que a escola chama a perfeição transcendental das coisas (em referência ao seu próprio ser), segundo a qual todas as coisas possuem em si tudo de que necessitam para que uma coisa seja assim mesmo e não outra coisa, então estamos perante um infantil jogo de palavras em vez de conceitos. É que se todas as coisas tivessem de ser pensadas como fins, ser uma coisa e ser fim seriam uma e a mesma coisa e então não há nada no fundo que mereça ser representado como fim.

327   Torna-se então fácil ver que Espinosa, pelo fato de reduzir os nossos conceitos da conformidade a fins na natureza à consciência do nosso próprio ser, num ser que tudo abrange (porém ao mesmo tempo simples), e por procurar aquela forma simplesmente na unidade deste último ser, teria de ter a intenção de afirmar, não o realismo, mas sim meramente o idealismo da conformidade a fins da mesma. Não podia no entanto realizar essa intenção porque a simples representação da unidade do substrato não pode efetuar sequer a ideia de uma conformidade a fins, ainda que somente não intencional.

2) Aqueles que não afirmam simplesmente o *realismo* dos fins naturais, mas também o pretendem explicar, acreditam poder compreender uma espécie particular da causalidade, nomeadamente de causas atuando intencionalmente, ao menos segundo a respectiva possibilidade; de outro modo não poderiam ter a pretensão de explicá-la. Com efeito, mesmo para autorização da hipótese mais ousada, deve ser ao menos certa a *possibilidade* daquilo que se aceita como fundamento e tem de se poder assegurar ao conceito daquele a sua realidade objetiva.

Mas a possibilidade de uma matéria viva (cujo conceito contém uma contradição, porque a ausência de vida, *inertia*, consti-

SEGUNDA DIVISÃO • DIALÉTICA DA FACULDADE DE JUÍZO TELEOLÓGICA • 263

tui o caráter essencial da mesma) não se deixa sequer pensar; a possibilidade de uma matéria animada *<belebten Materie>* e da natureza na sua globalidade, como se de um animal se tratasse, só pode, quando muito, ser utilizada de maneira pobre (a favor de uma hipótese da conformidade a fins da natureza em ponto grande) se ela nos for revelada na organização daquela em ponto pequeno, mas de modo nenhum pode ser descortinada *a priori* segundo a sua possibilidade. Deve por isso ser percorrido um círculo na explicação, se quisermos deduzir da vida da matéria a conformidade a fins da natureza nos seres organizados e por outro lado conhecer apenas esta vida nos seres organizados. Por isso não se pode fazer, sem experiência dos mesmos, nenhum conceito da sua possibilidade. O hilozoísmo não realiza aquilo que promete. Por fim o teísmo não é capaz tampouco de fundamentar dogmaticamente a possibilidade dos fins naturais, como uma chave para a teleologia, ainda que ele, na verdade, tenha vantagem sobre qualquer outro fundamento de explicação, pelo fato de melhor retirar ao idealismo a conformidade a fins da natureza e introduzir uma causalidade intencional para a geração da mesma, através de uma inteligência que ele atribui ao ser original.

É que em primeiro lugar teria de ser provada de modo satisfatório para a faculdade de juízo determinante a impossibilidade, na matéria, da unidade quanto ao fim através do simples mecanismo daquela, para nos permitirmos colocar-lhe o fundamento de uma maneira determinada para lá da natureza. No entanto, nada mais podemos dizer a não ser que, segundo a constituição e os limites das nossas faculdades de conhecimento (na medida em que não descortinamos o primeiro fundamento interno deste mecanismo), não temos de procurar de nenhum modo, na matéria, um princípio de relações finais determinadas, pelo contrário, não nos resta mais nenhuma espécie de ajuizamento da geração dos seus produtos senão aquela que se faz mediante um entendimento superior como causa do mundo. Mas isto é somente um fundamento para a faculdade de juízo reflexiva, não para a determinante, e não pode justificar simplesmente nenhuma afirmação objetiva.

264 • Crítica da Faculdade do Juízo • Immanuel Kant

§ 74. A causa da impossibilidade de tratar dogmaticamente o conceito de uma técnica da natureza é o caráter inexplicável de um fim natural

Procedemos com um conceito dogmaticamente (ainda que ele devesse ser empiricamente condicionado) quando o consideramos contido sob um outro conceito objetivo, que constitui um princípio da razão, e o determinamos de acordo com este. Todavia procedemos com ele de modo meramente crítico quando o consideramos somente em relação às nossas faculdades de conhecimento, por conseguinte em relação às condições subjetivas para o pensar, sem a pretensão de decidir algo sobre o seu objeto. O procedimento dogmático com um conceito é, pois, aquele que é conforme a leis para a faculdade de juízo determinante; o procedimento crítico, aquele que o é simplesmente para a faculdade de juízo reflexivo.

330 Ora, o conceito de uma coisa como fim natural é aquele que subsume a natureza sob uma causalidade que somente é pensável através da razão, para, segundo este conceito, julgar sobre aquilo que do objeto é dado na experiência. No entanto, para utilizá-lo dogmaticamente para a faculdade de juízo determinante, teríamos de, de antemão, nos assegurar da realidade objetiva deste conceito porque de outro modo não poderíamos nele subsumir qualquer coisa da natureza. Porém o conceito de uma coisa como fim natural é na verdade empiricamente condicionado, isto é, somente possível sob certas condições dadas na experiência e não abstraível delas. É sim um conceito possível somente segundo um princípio da razão no ajuizamento do objeto. Não pode por isso, enquanto princípio desta espécie, de forma nenhuma ser descortinado e dogmaticamente fundamentado segundo a sua realidade objetiva (isto é, que um objeto que lhe é conforme seja possível); e nós não sabemos se ele é simplesmente um conceito, meramente ideado e objetivamente vazio (*conceptus ratiocinans*), ou um conceito de razão fundador de conhecimento e confirmado pela razão (*conceptus ratiocinatus*). Por isso ele não pode ser tratado dogmaticamente para a faculdade de juízo determinante, isto é, não se pode

SEGUNDA DIVISÃO • DIALÉTICA DA FACULDADE DE JUÍZO TELEOLÓGICA • 265

saber se coisas da natureza, consideradas como fins naturais, exigem ou não para a respectiva geração uma causalidade de uma espécie completamente particular (ou seja, segundo intenções); pelo contrário, não se pode sequer pôr a questão, porque o conceito de um fim natural não é em absoluto comprovável mediante a razão segundo a sua realidade objetiva, isto é, não é constitutivo para a faculdade de juízo determinante, mas meramente regulativo para a reflexiva.

Que ele não o seja é claro porque, como conceito de um *produto natural*, compreende em si necessidade natural, e, no entanto, ao mesmo tempo, uma contingência da forma do objeto (em relação a meras leis da natureza) numa mesma coisa como fim em si; em consequência, se não deve existir aqui qualquer contradição, tem de encerrar um fundamento para a possibilidade da coisa na natureza e porém também um fundamento da possibilidade desta mesma natureza e da sua relação a algo que não é a natureza conhecível empiricamente (suprassensível), por conseguinte não conhecível por nós em absoluto, para que o ajuizemos segundo uma outra espécie de causalidade que a do mecanismo da natureza, se queremos saber a sua possibilidade. Como por isso o conceito de uma coisa como fim natural é transcendente *para a faculdade de juízo determinante*, quando se considera o objeto através da razão (ainda que ele possa ser na verdade imanente para a faculdade de juízo reflexiva a respeito dos objetos da experiência), e desse modo não lhe pode ser dada a realidade objetiva para a faculdade de juízo determinante: daqui se pode compreender como todos os sistemas que se podem projetar para o tratamento dogmático do conceito de fins naturais e da natureza como um todo interdependente mediante causas finais, não podem ser decisivos nem na afirmação nem na negação objetiva de algo. É que, quando as coisas são subsumidas sob um conceito que é simplesmente problemático, os seus predicados sintéticos (por exemplo, aqui, se o fim da natureza que pensamos para a geração das coisas é ou não intencional) têm de fornecer precisamente tais juízos (problemáticos) do objeto, quer sejam eles ora afirmativos, ora negativos, na medida em que

266 • Crítica da Faculdade do Juízo • Immanuel Kant

não se sabe se julgamos algo ou nada. O conceito de uma causalidade mediante fins (da arte) possui sem dúvida realidade objetiva, tal como precisamente o de uma causalidade segundo o mecanismo da natureza. Mas o conceito de uma causalidade da natureza, segundo a regra dos fins, e ainda mais a causalidade de um ser do qual não nos pode ser dada nenhuma experiência, nomeadamente de um ser como fundamento originário da natureza, pode na verdade ser pensado sem contradição, porém não se adéqua a definições dogmáticas, já que a sua realidade objetiva não lhe pode ser assegurada por coisa alguma, pois que esse ser não pode ser retirado da experiência e também não se exige para a possibilidade desta. Mas, mesmo que isto fosse possível, como eu posso ainda considerar coisas que precisamente são dadas por produtos da arte divina como fazendo ainda parte dos produtos da natureza, cuja incapacidade para produzi-los segundo as suas leis tornava necessário precisamente invocar uma causa diferente de si?

§ 75. O conceito de uma conformidade a fins objetiva da natureza é um princípio crítico da razão para a faculdade de juízo reflexiva

Porém o caso é completamente diferente se eu digo: a produção de certas coisas da natureza ou também da natureza no seu tudo só é possível através de uma causa que se determina a si própria a agir segundo intenções; ou se digo: *segundo a constituição específica das minhas faculdades de conhecimento* não posso julgar de outro modo a possibilidade daquelas coisas e a respectiva produção, senão na medida em que penso para aquelas uma causa que atua intencionalmente, a qual é produtiva segundo a analogia com a causalidade de um entendimento. No primeiro caso quero descobrir algo sobre o objeto e me vejo obrigado a provar a realidade objetiva de um conceito admitido. No segundo caso, a razão determina somente o uso das minhas faculdades do conhecimento adequadas à sua especificidade e às condições essenciais do respectivo âmbito, assim como dos seus limites. Por isso o primeiro princípio <*Prinzip*> é uma proposição fundamental <*Grun-*

SEGUNDA DIVISÃO • DIALÉTICA DA FACULDADE DE JUÍZO TELEOLÓGICA • 267

dsatz> objetiva, para a faculdade de juízo determinante, enquanto o segundo é uma proposição fundamental subjetiva simplesmente para a faculdade de juízo reflexiva, por conseguinte uma máxima da mesma que a razão lhe impõe.

É para nós inevitável até atribuir à natureza o conceito de uma intenção, se é que pretendemos tão somente investigar os seus produtos organizados mediante uma observação continuada e este conceito é por isso já uma simples e necessária máxima para o uso experiencial da nossa razão. É claro que, uma vez que concordamos em aceitar e confirmar um tal fio condutor para estudar a natureza, temos também de ao menos experimentar a máxima pensada pela faculdade de juízo na totalidade da natureza, porque segundo essa máxima ainda é possível descobrir muitas leis daquela, as quais de outro modo nos ficariam ocultas, dadas as limitações da nossa compreensão no interior do seu mecanismo. Mas em relação a este último uso aquela máxima da faculdade de juízo é na verdade útil, mas não indispensável, pois a natureza no seu todo não nos é dada enquanto natureza organizada (ou no significado mais estrito da palavra, já mencionado). Pelo contrário, no que respeita aos produtos da mesma, os quais somente têm de ser ajuizados como sendo formados intencionalmente assim e não de outro modo, para que a respectiva constituição interna seja objeto de um conhecimento de experiência, aquela máxima da faculdade de juízo reflexiva é essencialmente necessária, já que até pensar-   335
mos esses produtos como coisas organizadas é impossível, sem que se ligue a isso o pensamento de uma produção intencional.[2]

Ora, o conceito de uma coisa, cuja existência ou forma nós representamos como possível sob a condição de um fim, está intrinsecamente ligado ao conceito de uma contingência dessa mesma coisa (segundo leis da natureza). É por isso que as coisas da natureza, as quais somente achamos possíveis como fins, constituem a demonstração mais clara da contingência do todo do mundo e

---

2   A: sem os de uma produção.

268 • Crítica da Faculdade do Juízo • Immanuel Kant

são o único fundamento de demonstração com validade para o entendimento comum, assim como para o filósofo, da dependência e da origem daquele relativamente a um ser existindo fora do mundo e inteligente (por causa daquela forma final): de que portanto a teleologia não encontra nenhuma conclusão última para as suas pesquisas senão numa teologia.[3]

Mas o que demonstra então finalmente a teleologia mais completa? Que existirá um tal ser inteligente? Não, nada mais que nós, pelo tipo de constituição das nossas faculdades de conhecimento – por conseguinte na ligação da experiência com os princípios superiores da razão – não somos capazes de fazer qualquer conceito da possibilidade de um tal mundo, a não ser que pensemos[4] uma causa suprema, *atuante segundo intenções*. Por isso não podemos demonstrar de forma objetiva a proposição: existe um ser originário; só o podemos de modo subjetivo, para o uso da nossa faculdade de juízo, na sua reflexão sobre os fins na natureza, os quais não são pensáveis segundo qualquer outro princípio a não ser o de uma causalidade de uma causa suprema.

Se quiséssemos demonstrar de forma dogmática o princípio supremo, a partir de fundamentos teleológicos, seríamos enredados em dificuldades das quais não nos poderíamos libertar. Com efeito, a seguinte premissa teria de ser colocada como fundamento destas conclusões: no mundo os seres organizados não são possíveis doutro modo senão através de uma causa atuante de forma intencional. Mas, já que somente procuramos estas coisas subordinando-nos à ideia dos fins na sua ligação causal e só podemos conhecer esta segundo a sua conformidade a leis, teríamos também justificação para supor o mesmo em relação a todo ser pensante e cognoscente, como condição necessária inerente ao objeto e não apenas a nós, sujeitos. Mas com uma afirmação deste tipo acabaríamos por nada resolver. Na verdade, como afinal não *observamos* os fins na natureza enquanto fins intencionais, mas pelo contrário,

---

3   A: e a teleologia não encontra qualquer conclusão... senão numa teologia.
4   A: podemos pensar.

SEGUNDA DIVISÃO • DIALÉTICA DA FACULDADE DE JUÍZO TELEOLÓGICA • 269

é somente na reflexão sobre os seus produtos que pensamos ainda este conceito como um fio condutor da faculdade de juízo, esses mesmos fins não nos são dados através do objeto. Até é impossível para nós justificar *a priori* um tal conceito segundo a sua realidade objetiva. Por isso ele permanece simplesmente um princípio que se apoia somente em condições subjetivas, isto é, da faculdade de juízo reflexiva adequada às nossas faculdades cognitivas. Esse princípio teria a seguinte forma se o exprimíssemos como válido, de modo objetivo e dogmático: existe um Deus. Contudo para nós, seres humanos,[5] somente a fórmula limitada é possível: não podemos pensar de outro modo e conceitualizar a conformidade a fins, a qual tem ela mesma que ser colocada na base do nosso conhecimento da possibilidade interna de muitas coisas da natureza, a não ser na medida em que a representarmos, e ao mundo em geral, como um produto de uma causa inteligente (de um Deus).

Ora, se este princípio, fundado numa máxima inevitavelmente necessária da nossa faculdade de juízo, é em absoluto suficiente para todo o uso, tanto especulativo como prático da nossa razão, em toda intenção *humana*, então gostaria de saber o que nos poderá importar o fato de não podermos demonstrá-lo como válido também para seres superiores, nomeadamente a partir de fundamentos puros objetivos (que infelizmente ultrapassam as nossas faculdades). Até é bem certo que não chegamos a conhecer suficientemente os seres organizados a partir de princípios da natureza simplesmente mecânicos e ainda menos explicá-los. E isso é tão certo que se pode afirmar sem temer que é absurdo para o ser humano, nem que seja colocar uma tal hipótese ou esperar que um Newton possa ainda ressurgir para explicar, nem que seja somente a geração de uma folha de erva, a partir de leis da natureza, a qual nenhuma intenção organizou. Pelo contrário, deve-se pura e simplesmente negar esta perspiciência ao ser humano. Por outro lado, julgaríamos despropositado que na natureza – se pudéssemos penetrar até ao princípio da mesma na especificação das

---

5   A: para nós como seres humanos.

270 • Crítica da Faculdade do Juízo • Immanuel Kant

respectivas leis universais por nós conhecidas – possa permanecer oculto um fundamento suficiente da possibilidade de seres organizados sem colocar uma intenção na base da respectiva geração (por isso no simples mecanismo da mesma). Na verdade donde poderíamos nós sabê-lo? Não há que tomar em conta conjeturas onde o que está em causa são juízos da razão pura. Por isso não podemos julgar objetivamente de modo nenhum, nem afirmativa, nem negativamente, o princípio pelo qual um ser agindo intencionalmente enquanto causa do mundo (por conseguinte enquanto autor <*Urheber*>) existe no fundamento daquilo a que justamente chamamos fim da natureza. Porém o certo é que, se devemos ao menos julgar segundo o que nos é dado compreender mediante a nossa própria natureza (segundo as condições e os limites da nossa razão), não podemos nada mais que colocar um ser inteligente como fundamento da possibilidade daqueles fins da natureza, o qual é adequado à máxima da nossa faculdade de juízo reflexiva e por consequência adequado a um fundamento subjetivo, mas intrinsecamente ligado à espécie humana.

§ 76. Observação

Esta consideração, que muito merece ser desenvolvida com pormenor na filosofia transcendental, pode aparecer aqui de modo episódico a título de esclarecimento (não como demonstração do que até aqui foi exposto).

A razão é uma faculdade dos princípios e caminha para o incondicionado na sua exigência mais extrema. Em contraposição, o entendimento está a serviço daquela sempre sob uma certa condição, a qual deve ser dada. Contudo sem conceitos do entendimento, aos quais deve ser dada realidade objetiva, a razão não pode julgar de modo objetivo (sintético) e não contém por si, enquanto razão teórica, absolutamente nenhum princípio constitutivo, mas simplesmente princípios regulativos. Rapidamente nos damos conta de que, onde o entendimento não pode prosseguir, a razão torna-se transcendente <*überschwenglich*> e manifesta-se verdadeiramente em ideias fundamentadas (enquanto princípios

SEGUNDA DIVISÃO • DIALÉTICA DA FACULDADE DE JUÍZO TELEOLÓGICA • 271

regulativos), mas não em conceitos válidos objetivamente. Contudo o entendimento, que não lhe consegue igualar o passo, mas que todavia seria necessário para os objetos, no que diz respeito à sua validade, limita a validade daquelas ideias da razão somente ao sujeito, mas de forma universal para todos os sujeitos deste gênero, isto é, limita-as à condição: segundo a natureza da nossa faculdade de conhecimento (humano) ou segundo o conceito *que podemos fazer* da faculdade de um ser racional finito em geral, não se pode e não se tem de pensar doutro modo, sem afirmar que o fundamento de um tal juízo permanece no objeto. Vamos apresentar exemplos que na verdade são demasiado importantes e também muito difíceis[6] para impô-los aqui imediatamente ao leitor como princípios demonstrados. Porém lhe fornecem matéria para refletir e podem servir de esclarecimento para o assunto específico que aqui nos ocupa.

É absolutamente necessário ao entendimento humano distinguir entre a possibilidade e a efetividade das coisas. A razão dessa distinção encontra-se no sujeito e na natureza das suas faculdades de conhecimento. Na verdade, se não existissem para o seu exercício duas partes completamente heterogêneas, o entendimento para conceitos e intuição sensível para objetos que lhes correspondem, não existiria qualquer distinção daquele tipo (entre o possível e o efetivo). A saber, se o nosso entendimento fosse intuinte, não possuiria qualquer objeto que não fosse efetivo <*das Wirkliche*>. Tanto os conceitos (que dizem respeito simplesmente à possibilidade de um objeto) como as intuições sensíveis (que nos dão algo, sem todavia nos darem a conhecer isso como objeto) desapareceriam em conjunto. Ora, toda a distinção por nós realizada entre o simplesmente possível e o efetivo repousa no fato de o primeiro significar somente a posição da representação de uma coisa relativamente ao nosso conceito e em geral à faculdade de pensar, enquanto o segundo significa a colocação da coisa em si mesma (fora desse conceito). Por isso a distinção entre coisas possíveis e efetivas é tal

---

6   "e também muito difíceis" falta em A.

272 • Crítica da Faculdade do Juízo • Immanuel Kant

que é válida simplesmente para o entendimento humano, pois que
na verdade sempre conseguimos pensar alguma coisa, mesmo que
não exista ou representar-nos algo como dado, mesmo que disso
não tenhamos qualquer conceito. Assim as seguintes proposições:
as coisas podem ser possíveis sem ser efetivas, da mera possibilidade não se pode por isso de modo nenhum concluir a efetividade,
são perfeitamente válidas para a razão humana, sem que, com isso
se demonstre que esta distinção se situe ela própria nas próprias
coisas. Com efeito que isto não possa decorrer do que foi dito, por
consequência que aquelas proposições sejam na verdade também
válidas em relação a objetos, na medida em que a nossa faculdade
de conhecimento, enquanto faculdade sensivelmente condicionada, também se ocupa com objetos dos sentidos, mas não com coisas em geral, eis o que decorre da incessante[7] exigência da razão
em aceitar algo (o fundamento originário) <Urgrund>, existindo
como necessariamente incondicionado, no qual possibilidade e
efetividade não devem ser distinguidas. O nosso entendimento
não possui qualquer conceito para essa ideia, isto é, não pode encontrar nenhuma forma que lhe indique como deve representar
uma tal coisa e o respectivo modo de existência. É que quando o
entendimento a *pensa* (pode pensá-la como quiser) representa-a
somente como possível. Se é consciente dessa coisa como sendo
dada na intuição, então ela é efetiva sem se pensar nesse caso em
qualquer tipo de possibilidade. Por isso é que o conceito de um
ser absolutamente necessário é na verdade uma inevitável ideia da
razão, mas também um conceito problemático, inalcançável para
o entendimento humano. Contudo tal conceito é válido para o uso
da nossa faculdade de conhecimento, segundo a constituição particular da mesma e por conseguinte não para o objeto, nem desse
modo para todo e qualquer ser cognoscente. É que eu não posso
pressupor naqueles o pensamento e a intuição como duas condições diferentes do exercício das respectivas faculdades cognitivas
e desse modo da possibilidade e da efetividade das coisas. Para um

---

7   A: sempre atenta (*unnachlasslich*).

SEGUNDA DIVISÃO • DIALÉTICA DA FACULDADE DE JUÍZO TELEOLÓGICA • 273

entendimento em que não prevalecesse esta diferença, aconteceria que todos os objetos que conheço *são* (existem): e a possibilidade de alguns que todavia não existiam, isto é, a contingência dos mesmos, no caso de existirem, e por isso também a necessidade distinta daquela contingência não poderia de modo nenhum fazer parte da representação de um tal ser. Porém o que se afigura tão penoso ao nosso entendimento: fazer aqui com os seus conceitos o mesmo que a razão reside simplesmente no fato que para ele, enquanto entendimento humano, é transcendente (isto é, impossível para as condições subjetivas do seu conhecimento) aquilo que todavia a razão institui como princípio, como pertencendo ao objeto. Ora, neste caso é sempre válida a máxima segundo a qual nós pensamos todos os objetos segundo as condições subjetivas do exercício das nossas faculdades, condições necessariamente inerentes à nossa (isto é humana) natureza. E, se os juízos ocorridos deste modo (como também não podem deixar de acontecer no que respeita a conceitos transcendentes) não podem ser princípios constitutivos que definem o objeto tal como ele é, permanecerão todavia na prática princípios regulativos imanentes e seguros, adequados às intenções humanas.

Assim como a razão, na consideração teórica da natureza, tem de aceitar a ideia de uma necessidade incondicionada do seu fundamento originário, assim também ela pressupõe, na consideração prática, a sua própria (a respeito da natureza) causalidade incondicionada, isto é, a liberdade, na medida em que está consciente do seu mandamento <*Gebot*> moral. Mas porque aqui a necessidade objetiva da ação como dever se opõe àquela que ela teria como acontecimento, se o seu fundamento se encontrasse na natureza e não na liberdade (isto é, na causalidade da razão), a ação pura e simplesmente necessária do ponto de vista moral é considerada fisicamente como completamente contingente (isto é, que aquilo que *deveria* necessariamente acontecer, não acontece todavia frequentemente), torna-se então evidente que decorre somente da constituição subjetiva da nossa faculdade prática que as leis morais devem ser representadas como mandamentos (e as ações que lhes são adequadas como deveres). A razão exprime esta necessidade, não através de um *ser* (acontecer), mas sim de um dever-ser. Tal não aconteceria se a razão, sem sensibilidade (como condição subjetiva da sua aplicação a objetos da natureza), segundo a sua causalidade, por conseguinte como causa, fosse considerada, num mundo inteligível, completamente concordante com a lei moral, mundo em que não existisse nenhuma diferença entre dever e fazer, entre uma lei prática daquilo que por nós é possível, e uma lei teórica daquilo que por nós é efetivo. Ora, ainda que um mundo inteligível, no qual tudo fosse por isso efetivo simplesmente porque é possível (como algo bom) e até mesmo a liberdade, como condição formal daquele mundo, seja para nós um conceito transcendente, que não é próprio para qualquer princípio constitutivo definir um objeto e a respectiva realidade objetiva, todavia aquela última serve-nos como *princípio regulativo*, segundo a constituição (em parte sensível) da nossa natureza e faculdade, a nós e a todos os seres racionais que estão ligados ao mundo sensível, na medida em que a podemos representar segundo a constituição da nossa razão. Tal princípio não determina objetivamente a constituição da liberdade como forma da causalidade, mas transforma em imperativo <Gebot> para todos a regra das ações segundo aquela ideia e na verdade com não menor validade, como se tal acontecesse de fato.

Do mesmo modo, no que diz respeito ao caso que temos vindo a *tratar*, pode-se aceitar que não encontraríamos qualquer diferença entre o mecanismo da natureza e a técnica da natureza, isto é, a conexão de fins na mesma, se o nosso entendimento não fosse de molde a ter de ir do universal para o particular. Por isso a faculdade do juízo não pode conhecer qualquer conformidade a fins a respeito do particular e em consequência não pode realizar quaisquer juízos determinantes, sem possuir uma lei universal sob a qual possa subsumir aquela. Mas, embora o particular, como tal, contenha algo de contingente relativamente ao universal, a razão exige, não obstante, unidade na ligação de leis particulares e em consequência legalidade (legalidade essa do contingente a que

SEGUNDA DIVISÃO • DIALÉTICA DA FACULDADE DE JUÍZO TELEOLÓGICA • 275

chamamos conformidade a fins), e já que a dedução das leis particulares a partir das universais, a respeito daquilo que aquelas contêm em si de contingente, é impossível *a priori* através da definição do conceito do objeto, então o conceito da conformidade a fins da natureza nos seus produtos torna-se necessário para a faculdade de juízo humana, em relação à natureza, mas não um conceito dizendo respeito à determinação dos próprios objetos. Torna-se por isso um princípio subjetivo da razão para a faculdade de juízo, o qual, na qualidade de regulativo (não constitutivo), é válido do mesmo modo necessariamente para a nossa *faculdade de juízo humana*, como se se tratasse de um princípio objetivo.

§ 77. Da especificidade do entendimento humano, pelo qual nos é possível o conceito de um fim natural

Na observação <*anterior*> apresentamos especificidades da nossa faculdade de conhecimento (mesmo da superior) que facilmente seremos levados a transferir, como predicados objetivos, para as próprias coisas. Contudo elas concernem a ideias, às quais pode ser dado na experiência qualquer objeto adequado e que então somente podiam servir como princípios regulativos no prosseguimento <*Verfolgung*> daquela última. O mesmo se passa precisamente com o conceito de um fim natural, no que se refere à causa da possibilidade de um tal predicado, a qual só pode estar na ideia; mas a consequência que lhe é adequada (o próprio produto) é porém dado na natureza e o conceito de uma causalidade desta, enquanto causalidade de um ser atuante segundo fins, parece fazer da ideia de fim natural um princípio constitutivo desse fim e é nisso que ela possui algo diferente de todas as outras ideias.

O que a diferencia consiste porém no seguinte: a ideia mencionada não é um princípio da razão para o entendimento, mas sim para a faculdade do juízo, por conseguinte apenas a aplicação de um entendimento em geral a possíveis objetos da experiência e na verdade naquela situação em que o juízo não é determinante, mas sim meramente reflexivo. E, desse modo, embora o objeto possa ser dado na experiência, não se pode *julgá-lo*, de forma nenhu-

276 • Crítica da Faculdade do Juízo • Immanuel Kant

ma, de modo *determinado* (para nem falar de modo adequado) mas somente é possível refletir sobre ele.

Trata-se por isso de uma especificidade do *nosso* entendimento (humano) a respeito da faculdade do juízo na reflexão da mesma sobre coisas da natureza. Mas, se é assim, então a ideia de um outro entendimento possível diferente do humano tem de se encontrar aqui como fundamento (tal como na *Crítica da razão pura* tínhamos de pensar uma outra intuição possível, sé é que a nossa devia ser mantida como uma intuição de uma espécie particular, a saber, a intuição para a qual os objetos são válidos unicamente como fenômenos), para que se possa dizer: certos produtos naturais *têm de ser considerados* por nós como produzidos intencionalmente e como fins segundo a sua possibilidade, tendo em conta a constituição particular do nosso entendimento, sem todavia por isso se exigir que efetivamente exista uma causa particular que possua a representação de um fim como seu fundamento de determinação, por conseguinte sem negar que um outro entendimento (mais elevado) possa, tal como o humano, encontrar também no mecanismo da natureza o fundamento da possibilidade de tais produtos da natureza, isto é, numa ligação causal, para a qual um entendimento não é admitido, exclusivamente, como causa.

Trata-se por isso neste caso do comportamento do *nosso* entendimento relativamente à faculdade do juízo, de modo a procurarmos aí uma certa contingência da sua constituição, para notar esta especificidade do nosso entendimento na respectiva diferença em relação a outros possíveis.

Essa contingência encontra-se muito naturalmente no *particular*, o qual deve ser trazido pela faculdade do juízo sob o *universal* dos conceitos do entendimento. Pois o particular não é determinado através do universal do *nosso* entendimento (humano), e é contingente a variedade de formas sob as quais coisas diferentes podem ser percebidas, as quais todavia são reunidas sob um traço comum. O nosso entendimento é uma faculdade dos conceitos, isto é, um entendimento discursivo, para o qual tem de ser certamente contingente o tipo e a variedade do particular que lhe pode ser dado na natureza e trazido sob os seus conceitos. Mas,

SEGUNDA DIVISÃO • DIALÉTICA DA FACULDADE DE JUÍZO TELEOLÓGICA • 277

porque ao conhecimento também pertence a intuição e porque uma faculdade de uma *completa espontaneidade da intuição* seria uma faculdade de conhecimento distinta da sensibilidade e absolutamente independente desta, por conseguinte seria um entendimento no sentido mais geral, assim também é possível pensarmos um entendimento *intuitivo* (negativamente, isto é, simplesmente como não discursivo), o qual não vai do universal para o particular e desse modo para o singular (mediante conceitos), para o qual não se encontra aquela contingência do acordo da natureza nos seus produtos, segundo leis *particulares* com o entendimento, contingência que torna tão difícil ao nosso entendimento levar a multiplicidade daquelas à unidade do conhecimento. Trata-se de uma tarefa que o nosso entendimento só é capaz de realizar mediante o acordo – que é muito contingente – dos traços distintivos naturais <*Naturmerkmale*> com a nossa faculdade dos conceitos, a qual no entanto não é requerida por um entendimento intuitivo.

O nosso entendimento possui por isso algo que lhe é próprio para a faculdade do juízo: por si mesmo, no conhecimento, o particular não é determinado pelo universal e por isso este não pode ser deduzido unicamente daquele. Não obstante, esse particular deve entrar, na multiplicidade da natureza, em acordo com o universal (através de conceitos e leis), e poder ser subsumido neste. Tal acordo tem de ser muito contingente sob tais circunstâncias e sem um princípio definido para a faculdade do juízo.

Ora, para ao menos podermos pensar a possibilidade de um tal acordo das coisas da natureza com a faculdade do juízo (o qual representamos de modo contingente e por consequência somente como possível mediante um fim a ele referente), temos de simultaneamente pensar um outro entendimento em relação ao qual, e na verdade, antes de qualquer fim que lhe atribuímos, nós possamos representar como *necessário* aquele acordo das leis da natureza com a nossa faculdade do juízo, que é pensável para o nosso entendimento somente pelo meio da ligação dos fins.

O nosso entendimento possui mesmo a propriedade que consiste em ter de ir, no seu conhecimento, por exemplo, na causa

278 • Crítica da Faculdade do Juízo • Immanuel Kant

de um produto, do *universal-analítico* (de conceitos) para o particular (para a intuição empiricamente dada); é assim que, nesse caso, ele nada determina a respeito da multiplicidade do último, mas tem de esperar esta determinação para a faculdade do juízo, da subsunção da intuição empírica (se o objeto é um produto natural) sob o conceito. Ora, nós podemos também pensar um entendimento que – já que ele não é como o nosso, discursivo, mas sim intuitivo – vai do *universal-sintético* (da intuição de um todo como tal) para o particular, isto é, do todo para as partes. Entendimento que, por isso, não contém em si – do mesmo modo que a sua representação do todo – a *contingência* da ligação das partes, para tornar possível uma forma determinada do todo, a qual é exigida pelo nosso entendimento que tem de prosseguir das partes, como princípios <*Gründen*> pensados de forma universal, para diversas formas possíveis que naqueles têm de ser subsumidas como consequências. Em contrapartida, segundo a constituição do nosso entendimento, um todo real da natureza deve ser considerado somente como efeito das forças motoras concorrentes das partes. Assim no caso de não querermos representar a possibilidade do todo como dependente das partes, tal como é apropriado ao nosso entendimento discursivo, mas pelo contrário, segundo o critério de medida do entendimento intuitivo (arquetípico), se quisermos representar a possibilidade das partes (segundo as respectivas constituição e ligação) como dependendo do todo, então não pode acontecer, precisamente segundo a mesma qualidade do entendimento, que o todo contenha o fundamento da possibilidade da conexão das partes (o que no caso do tipo de conhecimento discursivo seria uma contradição) mas somente que a *representação* de um todo contenha o fundamento da possibilidade da forma do mesmo e da conexão das partes que lhe pertencem. Ora, como o todo seria então um efeito, *um produto*, cuja *representação* é encarada como a *causa* da sua possibilidade, mas se chamando fim o produto de uma causa, cujo fundamento de determinação é simplesmente a representação do respectivo efeito, segue-se que é simplesmente uma consequência da constituição particular do nosso entendimento, se representamos como possíveis produtos da natureza segundo uma outra espécie da causalidade diferente das leis da natureza da matéria, nomeadamente somente segundo a dos fins e das causas finais. Também se segue que este princípio não concerne à possibilidade de tais coisas mesmas (mesmo consideradas como fenômenos) segundo esta espécie de produção, mas sim e unicamente ao ajuizamento possível destas coisas para o nosso entendimento. Pelo que compreendemos de igual modo a razão por que não nos satisfazemos, nos estudos naturais, com a explicação dos seus produtos mediante a causalidade segundo fins. É que nesse caso exigimos simplesmente ajuizar a produção da natureza de acordo com a nossa faculdade, isto é, com a faculdade de juízo reflexiva e não com as coisas mesmas, a favor da faculdade de juízo determinante. Não é aqui de modo nenhum necessário demonstrar que seja possível um tal *intellectus archetypus*, mas simplesmente que nós somos conduzidos àquela ideia (de um *intellectus archetypus*) pelo contraste com o nosso entendimento discursivo, que necessita de imagens (*intellectus ectypus*), e com a contingência de uma tal constituição tampouco tal ideia não contém contradição alguma.

Ora, se consideramos um todo da matéria, segundo a sua forma, como um produto das partes e das respectivas forças e da faculdade de se ligarem espontaneamente (acrescentadas outras matérias que se juntam umas às outras), nesse caso representamo-nos uma forma de geração mecânica. Mas desse modo não se obtém qualquer conceito de um todo como fim, cuja possibilidade interna pressupõe completamente a ideia de um todo, da qual depende até a constituição e o modo de ação das partes, tal como nós porém temos de representar um corpo orgânico. Daqui não se segue contudo, como precisamente se demonstrou, que a geração mecânica de um tal corpo é impossível, pois isso equivaleria a dizer que é impossível (isto é, contraditório) representar uma tal unidade na conexão do múltiplo *para qualquer entendimento*, sem que simultaneamente a ideia daquela unidade seja a causa geradora da mesma, isto é, sem produção intencional. No entanto, é o que de fato aconteceria se estivéssemos legitimados a considerar seres materiais como coisas em si mesmas. É que então a unidade, que

280 • Crítica da Faculdade do Juízo • Immanuel Kant

constitui o fundamento da possibilidade das formações naturais, seria simplesmente a unidade do espaço, o qual não é todavia qualquer fundamento real das produções, mas tão somente a condição formal das mesmas, ainda que o espaço tenha com o fundamento real que procuramos uma semelhança, que consiste no fato de nele nenhuma parte poder ser determinada sem ser em relação com o todo (cuja representação subjaz por isso à possibilidade das partes). Mas como é ao menos possível considerar o mundo material como simples fenômeno e pensar algo como coisa em si mesma (a qual não é fenômeno) como substrato, e todavia colocar à sua base uma intuição intelectual correspondente (ainda que não seja a nossa), então encontrar-se-ia um fundamento real para a natureza, ainda que para nós incognoscível e suprassensível, à qual nós próprios copertencemos e na qual nós consideraríamos segundo leis mecânicas aquilo que é necessário como objeto dos sentidos. Porém consideraríamos, segundo leis teleológicas, a concordância e a unidade das leis particulares e das formas na natureza de acordo com estas mesmas leis – as quais, em relação às leis mecânicas, temos de ajuizar como contingentes – como objetos da razão (por certo o todo da natureza como sistema), e as ajuizaríamos segundo um duplo princípio, sem que o modo de explicação mecânico seja excluído pelo teleológico, como se se excluíssem um ao outro.

É assim também compreensível aquilo que na verdade era fácil supor, ainda que dificilmente se pudesse afirmar e demonstrar com certeza: de fato o princípio de uma dedução mecânica de produtos naturais conforme a fins poderia permanecer ao lado do teleológico, contudo não o poderia de modo nenhum tornar supérfluo. O mesmo é dizer que temos de experimentar, em relação a uma coisa que temos de ajuizar como fim natural (um ser organizado), todas as leis da geração mecânica conhecidas e ainda a descobrir e esperar assim ter progressos apreciáveis, embora jamais seja dispensável a invocação de um fundamento de geração completamente diferente, nomeadamente o da causalidade mediante fins, para a possibilidade de um tal produto. De modo nenhum uma razão humana (nem qualquer outra finita, que quanto à qualidade fosse semelhante à nossa, mas que do ponto de vista

SEGUNDA DIVISÃO • DIALÉTICA DA FACULDADE DE JUÍZO TELEOLÓGICA • 281

do grau a ultrapassasse em muito) pode esperar compreender a geração, nem mesmo de uma folhinha de erva a partir de causas simplesmente mecânicas. Se pois a conexão teleológica das causas e efeitos é para a faculdade do juízo absolutamente imprescindível no que respeita à possibilidade de um tal objeto, mesmo para estudá-lo segundo o fio condutor da experiência; se não é de modo nenhum possível encontrar um fundamento suficiente e referente a fins para os objetos externos enquanto fenômenos, mas pelo contrário aquele (que se encontra também na natureza) tem de ser procurado somente no substrato suprassensível da mesma, do qual porém nos está vedada toda perspiciência *<Einsicht>*[8] possível, então nos é completamente impossível retirar da própria natureza princípios de explicação para as ligações finais e é necessário, segundo a constituição da faculdade de conhecimento humana, procurar para isso o fundamento supremo num entendimento originário como causa do mundo.

§ 78. Da união do princípio do mecanismo universal da matéria com o teleológico na técnica da natureza

Interessa infinitamente à razão não afastar o mecanismo da natureza nas suas produções e não passar ao seu lado na explicação das mesmas, já que sem ele não se consegue qualquer perspiciência da natureza das coisas. Ainda que se nos conceda que um arquiteto supremo tenha criado de imediato as formas da natureza, tal como elas desde sempre existem, ou que tenha predeterminado aquelas que se formam continuamente no seu curso, segundo precisamente o mesmo padrão, o nosso conhecimento da natureza não aumenta todavia por isso o mínimo. É que nós não conhecemos absolutamente nada do modo de atuação daquele ser, nem as suas ideias, as quais devem conter os princípios da possibilidade dos seres da natureza, e não podemos explicar a natureza a partir desse mesmo ser, isto é, de cima para baixo (*a priori*). Porém se quisermos, a partir das formas dos objetos da experiência, por

---

8   Veja nota 27 da Primeira Seção da Primeira Parte sobre *Einsicht*.

isso de baixo para cima (*a posteriori*), invocar uma causa atuante segundo fins, já que acreditamos encontrar conformidade a fins nestas, a fim de explicá-la, nesse caso explicaríamos de modo absolutamente tautológico e enganaríamos a razão com palavras sem que referíssemos que desse modo lá onde nos perdemos, no transcendente com esta forma de explicação, numa direção em que o conhecimento da natureza não nos pode acompanhar, a razão é desviada para uma exaltação de tipo poético, quando precisamente a sua principal missão é evitá-la.

Por outro lado, é de igual modo uma máxima necessária da razão não passar ao lado do princípio dos fins nos produtos da natureza, já que, ainda que não nos torne mais compreensível o tipo de geração dos mesmos, ele é todavia um princípio heurístico para investigar as leis particulares da natureza, posto que não se queira disso fazer qualquer uso para assim explicar a natureza e na medida em que se lhes quiser ainda somente chamar fins da natureza, ainda que elas apresentem visivelmente uma unidade intencional de fins, isto é, sem procurar o fundamento da possibilidade das mesmas para além da natureza. Mas, porque finalmente se tem de colocar a questão daquela possibilidade, é precisamente tão necessário pensar para esta uma espécie particular da causalidade que não se encontra na natureza, como o mecanismo das causas da natureza possuir a sua própria, na medida em que se tem ainda de acrescentar uma espontaneidade da causa (que não pode ser por isso matéria) à receptividade de variadas e outras formas, além das que a matéria é capaz de produzir segundo aquele mecanismo, espontaneidade sem a qual nenhum fundamento pode ser dado àquelas formas. Na verdade, a razão, antes de dar este passo, tem de proceder cuidadosamente e não procurar explicar como teleológica toda a técnica da natureza, isto é, uma faculdade produtora da mesma, a qual mostra em si a conformidade a fins da forma para a nossa simples apreensão (como nos corpos regulares), mas sim considerá-la sempre possível mecanicamente. Só que excluir completamente, por essa razão, o princípio teleológico e querer perseguir o simples mecanismo onde a conformidade a fins se mostra, sem qualquer dúvida, para a investigação racional da pos-

SEGUNDA DIVISÃO • DIALÉTICA DA FACULDADE DE JUÍZO TELEOLÓGICA • 283

sibilidade das formas da natureza, através das suas causas, em relação com uma outra espécie da causalidade, tem de levar a razão a divagar de modo fantasista no meio de impensáveis fantasmas de poderes da natureza, assim como a tornava exaltada <*schwärmerisch*> uma simples forma de explicação teleológica que não tome em consideração o mecanismo da natureza.

Ambos os princípios, enquanto princípios de explicação (dedução) de um pelo outro, não se deixam conectar numa e mesma coisa, isto é, unir enquanto princípios dogmáticos e constitutivos da perspiciência da natureza para a faculdade de juízo determinante. Se por exemplo aceito, em relação a um verme, que ele se deve considerar produto do simples mecanismo da matéria (da nova formação <*Bildung*> que ela elaborou para si mesma, sempre que os seus elementos são postos em liberdade pela putrefação), nesse caso não posso deduzir precisamente o mesmo produto, precisamente da mesma matéria, como causalidade que age segundo fins. Inversamente se admito o mesmo produto como fim natural, não posso contar com uma espécie de geração mecânica do mesmo e admitir tal geração como princípio constitutivo para o ajuizamento do mesmo segundo a sua possibilidade e desse modo unir ambos os princípios. É que um tipo de explicação exclui o outro, supondo mesmo que objetivamente ambos os fundamentos da possibilidade de um tal produto assentem num único fundamento e não tomássemos porém este em consideração. O princípio, que deve tornar possível a unificação de ambos no ajuizamento da natureza segundo os mesmos, tem de se colocar naquilo que fica fora deles (por conseguinte também fora da possível representação empírica da natureza), mas contém o respectivo fundamento, isto é, deve ser colocado no suprassensível e cada uma destas espécies de explicação deve ser com aquele relacionada. Ora, como nada mais podemos ter do que o conceito indefinido de um fundamento que torna possível o ajuizamento da natureza segundo leis empíricas, não podendo nós, de resto, determiná-lo de forma mais precisa, mediante qualquer predicado, segue-se que a união de ambos os princípios não pode assentar num fundamento da *explicação* <*Ex-*

284 • Crítica da Faculdade do Juízo • Immanuel Kant

358 *plikation>* da possibilidade de um produto segundo leis dadas para a faculdade de juízo determinante, mas somente pelo contrário num fundamento do esclarecimento *<Erörterung>* (*Exposition*) da mesma para a faculdade de juízo reflexiva. Pois explicar é deduzir de um princípio, o qual por isso se tem de claramente reconhecer e indicar. Ora, na verdade, o princípio do mecanismo da natureza e o da causalidade da mesma segundo fins articulam-se, num e mesmo produto da natureza, num único princípio superior e dele decorrem em conjunto, porque doutro modo não poderiam subsistir em conjunto na consideração da natureza. Contudo, se este princípio objetivo e comum, que por isso também justifica a comunidade das máximas da investigação da natureza dele dependente, é de tal modo que pode ser indicado, mas nunca conhecido de forma determinada e ser dado com nitidez para o respectivo uso no que acontece, nesse caso não é possível retirar qualquer explicação de um tal princípio, isto é, uma dedução clara e definida da possibilidade de um produto natural possível segundo aqueles dois princípios heterogêneos. Ora, o princípio comum da dedução mecânica, por um lado, e da dedução teleológica, por outro lado, é o *suprassensível* que temos de pôr na base da natureza como fenômeno. Deste, contudo, não podemos realizar o menor conceito definido positivamente numa intenção teórica. O que não é de modo nenhum explicável é como segundo o mesmo suprassensível, como princípio, a natureza (de acordo com as respectivas leis 359 particulares) constitui[9] para nós um sistema que pode ser reconhecido como possível, tanto segundo o princípio da geração das causas físicas como segundo o das causas finais. Pelo contrário, só é possível pressupor-se que podemos investigar com confiança, de acordo com ambos os princípios, as leis da natureza (pelo que a possibilidade de seu produto é reconhecível pelo nosso entendimento a partir de um ou de outro princípio), sem depararmos com um conflito em si aparente que se ergue entre os princípios do ajuizamento, no caso de aparecerem objetos da natureza que

---

9   A: constitua (*ausmache*).

SEGUNDA DIVISÃO • DIALÉTICA DA FACULDADE DE JUÍZO TELEOLÓGICA • 285

não podem ser pensados segundo o princípio do mecanismo (o qual sempre exige direitos em relação a um ser natural), segundo a sua possibilidade e sem nos apoiarmos em princípios teleológicos. É que ao menos é assegurada a possibilidade de ambos poderem também ser unidos objetivamente num princípio (pois concernem a fenômenos que pressupõem um fundamento suprassensível).

Por isso, ainda que tanto o mecanismo como o tecnicismo *teleológico* (intencional) da natureza, a respeito precisamente do mesmo produto e da sua possibilidade, possam ficar sob um princípio superior comum da natureza segundo leis particulares, não podemos, todavia, de acordo com o caráter limitado do nosso entendimento, unir ambos os princípios na *explicação* precisamente desses produtos da natureza, já que este princípio é *transcendente* mesmo se a possibilidade interna deste produto for somente *compreensível* através de uma causalidade segundo fins (como se passa com as matérias organizadas). Por isso diremos acerca do princípio da teleologia acima mencionado: segundo a constituição do entendimento humano, nenhuma outra causa atuante a não ser intencional pode ser aceita para a possibilidade de seres organizados na natureza e o simples mecanismo da natureza não pode de modo nenhum ser suficiente para a explicação destes produtos. Porém não se pretende decidir, mesmo através deste princípio, acerca da possibilidade de tais coisas.

É que, a saber, sendo este apenas uma máxima da faculdade de juízo reflexiva e não da determinante, é por conseguinte válido para nós de forma somente subjetiva e não objetiva para a possibilidade desta espécie de coisas (em que ambas as espécies de geração bem poderiam articular-se num e mesmo princípio). Visto que, além disso, não podendo um semelhante produto ser de modo algum ajuizado como produto natural sem o conceito de um mecanismo da natureza de um tal produto, que aí simultaneamente se encontra, acrescentado ao modo de geração pensado teleologicamente, então a máxima anterior implica ao mesmo tempo a necessidade de uma união de ambos os princípios no ajuizamento das coisas como fins naturais, mas não para pôr um no lugar do outro, quer totalmente, quer numa parte determinada. É que, em vez daquilo que (ao menos para nós) somente é pensado por nós como intencional, não há lugar para qualquer mecanismo; em vez daquilo que é conhecido como necessário segundo este mecanismo, não há lugar para qualquer contingência que exija um fim para fundamento de determinação. Pelo contrário, somente é admissível subordinar uma das máximas (a do mecanismo) à outra (ao tecnicismo intencional), o que bem pode acontecer segundo o princípio transcendental da conformidade a fins da natureza.

Com efeito, onde são pensados fins como fundamentos da possibilidade de certas coisas, também se tem que aceitar meios cuja lei de ação nada exige por si daquilo que pressupõe um fim, por conseguinte pode ser uma lei mecânica e todavia uma causa subordinada a efeitos intencionais. Daí que se possa, mesmo em produtos orgânicos da natureza – e com maior razão se por causa da quantidade infinita dos mesmos admitimos o intencional <*das Absichtliche*> na ligação das causas da natureza segundo leis particulares (ao menos através de hipóteses admissíveis) como *princípio universal* da faculdade de juízo reflexiva para o todo da natureza (o mundo) –, pensar uma grande e até universal ligação das leis mecânicas com as teleológicas nas produções da natureza, sem mudar os princípios de ajuizamento das mesmas e pôr um no lugar do outro. É que num ajuizamento teleológico a matéria pode porém ser, de acordo com a sua natureza segundo leis mecânicas, subordinada como meio àquele fim, mesmo se a forma que a matéria recebe for somente ajuizada como possível, segundo uma intenção. No entanto, como o fundamento desta união reside naquilo que não é, quer um, quer o outro (nem mecanismo, nem ligação de fins), mas sim o substrato suprassensível do qual nós nada conhecemos, ambas as espécies de representação da possibilidade de tais objetos não se devem confundir para a nossa razão (a humana), mas pelo contrário não podemos ajuizá-las de outro modo a não ser como fundadas num entendimento superior, segundo a conexão das causas finais, pelo que por isso nada é retirado ao tipo de explicação teleológico.

SEGUNDA DIVISÃO • DIALÉTICA DA FACULDADE DE JUÍZO TELEOLÓGICA • 287

Contudo, porque para a nossa razão é completamente indeterminado, e também para sempre completamente indeterminável, quanto é que o mecanismo da natureza realiza nesta como meio ao serviço de cada intenção final, e por causa do acima mencionado princípio inteligível da possibilidade de uma natureza em geral se pode certamente admitir que ela é completamente possível segundo as duas leis que concordam universalmente (as físicas e as das causas finais), ainda que não possamos de modo nenhum descortinar o modo como isto acontece, assim nós também não sabemos até onde vai este tipo de explicação mecânica. Mas o certo é que ele será sempre insuficiente para as coisas que chegamos a reconhecer como fins naturais, por mais longe que o levemos. Por isso teremos de subordinar todos aqueles princípios a um princípio teleológico de acordo com a constituição do nosso entendimento.

Ora, aqui se funda a legitimidade <Befugnis> e – por causa da importância que o estudo da natureza possui para o nosso uso teórico da razão segundo princípio do mecanismo – também a obrigação de explicar pelo mecanismo todos os produtos e acontecimentos da natureza, mesmo os mais conforme a fins e tão longe quanto estiver na nossa capacidade (cujos limites não podemos indicar no âmbito deste tipo de investigação). Mas então nunca se deve perder de vista que temos de por fim subordinar aquelas coisas à causalidade segundo fins, coisas essas que só podemos apresentar à própria investigação sob o conceito de fim da razão, de acordo com a constituição essencial da nossa razão e não obstante aquelas causas mecânicas.

Apêndice[1]

DOUTRINA DO MÉTODO DA FACULDADE DE JUÍZO TELEOLÓGICA

§ 79. Será que a teleologia tem de ser tratada como pertencente à teoria da natureza?

Cada ciência tem de ter o seu lugar determinado na enciclopédia de todas as ciências. Se se tratar de uma ciência filosófica, então o respectivo lugar tem de lhe ser atribuído na parte teórica ou na parte prática da mesma, e, no caso de encontrar o seu lugar na primeira, ou na teoria da natureza, na medida em que considera aquilo que pode ser objeto da experiência (por conseguinte a teoria dos corpos, a teoria da alma e a ciência geral do mundo), ou na teoria de Deus <Gotteslehre> (acerca do princípio originário do mundo como globalidade de todos os objetos da experiência).

Ora, pergunta-se: que lugar cabe à teleologia? Será que pertence à (propriamente assim designada) ciência da natureza ou à

---

1   "Apêndice" não consta em A. Todavia em "A" constou "apêndice", como título, na doutrina do método do gosto § 60. Apesar de opiniões (p. ex., de R. Brandt) de que o título "Apêndice", na doutrina do método da faculdade de juízo teleológica – introduzido na 2ª edição – não tenha sido de autoria de Kant, nada consta a esse respeito, e contra o fato na correspondência prévia, relativa à revisão preparatória da nova edição (v. cartas de 03.03.1792, 12.06.1792 e 02.10.1792), nem na carta de recebimento dos primeiros exemplares desta edição, de 21.12.1792, onde Kant apenas mais uma vez reprova a inclusão, no título, de "segunda edição melhorada", por não o considerar inteiramente justificado (v. também carta de 02.10.1792, bem como a do editor, de 02.11.1792).

teologia? A uma das duas terá de pertencer, pois à passagem de uma para outra não pertence nenhuma ciência, uma vez que aquele somente significa a articulação ou a organização do sistema, não querendo pois dizer que aí tenha qualquer lugar.

Que ela não pertença à teologia como uma parte da mesma, ainda que naquela possa ser feito o mais importante uso da teleologia, está claro. Na verdade, a teleologia tem como seu objeto produtos da natureza e a respectiva causa; e ainda que aponte para esta última como um fundamento residindo fora e acima da natureza (autor divino); não o faz porém para a faculdade de juízo determinante, mas somente a faculdade de juízo reflexiva na consideração da natureza (para conduzir o ajuizamento das coisas no mundo através de uma tal ideia, adequada ao entendimento humano como princípio regulativo).

Mas tampouco ela parece pertencer também à ciência da natureza, a qual exige princípios determinantes e não simplesmente reflexivos para indicar fundamentos objetivos de efeitos da natureza. Na verdade, nada se ganha para a teoria da natureza, ou para a explicação dos fenômenos da mesma, mediante as respectivas causas eficientes, pelo fato de a considerarmos segundo a relação recíproca dos fins. A exposição dos fins da natureza nos seus produtos, na medida em que constituem um sistema segundo conceitos teleológicos, pertence no fundo somente à descrição da natureza, a qual é composta a partir de um fio condutor particular. É aí que a razão na verdade realiza uma tarefa bela, instrutiva e na prática, sob muitos pontos de vista, conforme a um fim. Mas acerca da geração e da possibilidade interna destas formas ela não dá absolutamente nenhum esclarecimento, o que porém cabe propriamente à ciência teórica da natureza.

A teleologia como ciência não pertence por isso a nenhuma doutrina <Doktrin> mas somente à crítica, e na verdade à crítica de uma faculdade de conhecimento particular, isto é, da faculdade do juízo. Mas, na medida em que possui princípios *a priori*, ela pode e deve indicar o método como se deve julgar acerca da natureza, segundo o princípio das causas finais. Assim ao menos a sua doutrina do método possui uma influência negativa sobre a forma

APÊNDICE • DOUTRINA DO MÉTODO DA FACULDADE DE JUÍZO... • 291

de proceder na ciência natural teórica e também sobre a relação que esta pode ter na metafísica em relação à teologia, enquanto propedêutica da mesma.

§ 80. Da necessária subordinação do princípio do mecanismo ao princípio teleológico na explicação de uma coisa como fim da natureza

O *direito de procurar* um tipo de explicação simplesmente mecânico de todos os produtos da natureza é em si completamente ilimitado. Mas a faculdade de apenas assim o *conseguirmos* é, segundo a constituição do nosso entendimento, na medida em que se ocupa de coisas como fins naturais, não só muito limitada, mas também claramente delimitada *<begränzt>*. De tal modo que, segundo um princípio da faculdade do juízo, através somente do primeiro procedimento, absolutamente nada pode ser asseverado no sentido da explicação daqueles fins e por conseguinte o ajuizamento de tais produtos tem de, simultaneamente, ser sempre por nós subordinado a um princípio teleológico.

Por isso é razoável, e até meritório, perseguir o mecanismo da natureza em prol de uma explicação dos produtos da natureza tão longe quanto isso for possível com boa probabilidade *<als es mit Wahrscheinlichkeit geschehen kann>* e não desistir desta tentativa pelo fato de, *em si*, ser impossível por essa via encontrar a conformidade a fins da natureza, mas somente porque *para nós*, como seres humanos, tal é impossível. Na verdade, para isso seria necessária uma outra intuição, diferente da sensível, e um conhecimento determinado do substrato inteligível da natureza, do qual pudesse ser dado um fundamento do mecanismo dos fenômenos segundo leis particulares, coisa que ultrapassa completamente toda a nossa faculdade.

Por isso, para que o investigador da natureza não trabalhe simplesmente em vão, tem de, quando ajuizar coisas cujo conceito é inquestionavelmente fundado como fins da natureza (seres organizados), colocar como fundamento sempre uma qualquer organização original, a qual utilize aquele próprio mecanismo para

292 • Crítica da Faculdade do Juízo • Immanuel Kant

produzir outras formas organizadas ou para desenvolver as suas próprias em novas formas (que contudo sempre decorrem daquele fim e em conformidade com ele).

É louvável, através da anatomia comparada, percorrer a grande criação de naturezas organizadas para ver se aí não se encontra algo parecido com um sistema e na verdade segundo o princípio da geração, sem que tenhamos necessidade de nos ater ao simples princípio do ajuizamento (o qual não dá qualquer esclarecimento para a compreensão das suas gerações) e desistimos, desanimados, de toda a pretensão a uma *perspiciência da natureza* neste campo. A concordância de tantas espécies animais num certo esquema comum que parece estar na base, não somente da arquitetura do seu esqueleto, mas também na disposição das restantes partes, onde uma maravilhosa simplicidade do plano pôde produzir uma tão grande multiplicidade de espécies, através do encurtamento de umas partes e do alongamento de outras, envolvendo esta, desenvolvendo aquela, lança do ânimo uma luz de esperança, ainda que fraca, de neste caso algo se poder alcançar com o princípio do mecanismo da natureza, sem o qual não pode existir qualquer ciência da natureza. Esta analogia das formas, na medida em que parecem, com todas as suas diferenças, ser geradas de acordo com uma imagem original fortalece a presunção de um parentesco efetivo das mesmas na geração de uma mãe original comum, mediante a aproximação por degraus de espécies animais a outras e daquela espécie na qual o princípio dos fins parece estar mais bem guardado, isto é, o homem, até ao pólipo, e até mesmo deste para o musgo e o líquen e, finalmente, até aos mais baixos estratos da natureza observáveis por nós, até à matéria bruta. Desta e das respectivas forças segundo leis mecânicas (semelhante àquelas com que atua nos cristais) parece derivar toda a técnica da natureza a qual nos é tão incompreensível em seres organizados, que acreditamos ser necessário pensar para isso um outro princípio.

Ora, aqui o *arqueólogo* da natureza deve sentir-se livre de fazer surgir aquela grande família de criaturas, daqueles vestígios que persistiram das suas mais antigas revoluções, segundo todo o

APÊNDICE • DOUTRINA DO MÉTODO DA FACULDADE DE JUÍZO... • 293

mecanismo dessa natureza dele conhecido ou presumido (pois se deve representar a natureza desse modo, se se quiser que o chamado parentesco completo e interdependente possua um fundamento). Ele pode deixar que o seio da terra, que saiu precisamente da sua situação caótica (como se fosse grande animal), procrie inicialmente criaturas com formas pouco conforme a fins, dando estas, por sua vez, lugar a outras que se formaram de uma maneira mais adequada ao respectivo lugar de criação e às suas relações recíprocas; até que esta própria matriz, condensada e ossificada, tivesse limitado as suas crias a espécies determinadas, não mais degeneradas, e a multiplicidade tivesse ficado do modo como resultar no fim da operação daquela fecunda força criadora. Não obstante, ele de igual modo tem de atribuir para este fim a esta mãe universal uma organização relacionada com todas estas criaturas de um modo conforme a fins, porque de outro modo a forma final dos produtos dos reinos animal e vegetal não pode de modo nenhum ser pensada segundo a respectiva possibilidade.[2] Mas então não fez mais do que continuar a adiar o princípio de explicação e não pode pretender ter tornado a produção daqueles dois reinos independente da condição das causas finais.

---

2   Podemos chamar a esta hipótese uma ousada aventura da razão, e mesmo entre os mais penetrantes investigadores da natureza poucos há aos quais por vezes ela não lhes tenha ocorrido. Na verdade não é tão absurda como a *genaratio aequivoca*, na qual compreendemos a geração de um ser organizado através da mecânica da matéria. Seria sempre *generatio univoca* no sentido geral da palavra, na medida em que apenas algo orgânico seria produzido a partir de um outro orgânico, ainda que nesta espécie sejam seres especificamente diferentes; por exemplo, se certos animais aquáticos se transformassem pouco a pouco em animais de pântano, e estes, por sua vez, algumas gerações a seguir, em animais terrestres. Só que disso a experiência não mostra nenhum exemplo e sobretudo o que mostra é que toda a geração que conhecemos é *generatio homonyma* e não simplesmente unívoca, por oposição à geração a partir da matéria não organizada, gerando, pelo contrário, um produto que, na própria organização, é da mesma espécie daquele que gera e não se encontrando a *generatio heteronyma* em lado algum, tanto quanto o alcança o nosso conhecimento de experiência da natureza. (K)

294 • Crítica da Faculdade do Juízo • Immanuel Kant

Mesmo no que toca à mudança, à qual certos indivíduos das espécies organizadas estão subordinadas de forma contingente, quando se descobre que o seu mutável caráter se torna hereditário e é integrado na força de reprodução, não a podemos com razão ajuizar de outro modo, senão como um desenvolvimento ocasional de uma disposição conforme a fins, existente originalmente na espécie e com vista à preservação da mesma. A razão para isso é que a geração do seu semelhante, na completa conformidade a fins de um ser organizado, deve-se relacionar com a condição de nada integrar na força de procriação que não pertença também num tal sistema de fins a uma das disposições originais não desenvolvidas. Com efeito, se nos desviamos deste princípio, não podemos saber com segurança se vários elementos da forma, que nesse momento se encontram numa espécie, não poderiam ter do mesmo modo uma origem acidental e sem conformidade a fins. E o princípio da teleologia: num ser organizado nada ajuizar daquilo que nele se conserva na reprodução, como sendo desprovido de conformidade a fins, teria de, desse modo, quando da sua aplicação, ser muito inseguro e apenas válido para o tronco original <*Urstamm*> (que no entanto já não conhecemos).

Hume objeta àqueles que acham necessário aceitar um princípio teleológico do ajuizamento para todos estes fins da natureza, isto é, um entendimento arquitetônico: que também poderíamos com igual direito perguntar como é que seria possível um entendimento como esse, isto é, como é que as diversas faculdades e qualidades que constituem a possibilidade de um entendimento que tem simultaneamente poder realizador se podem encontrar num ser de forma tão conforme a fins. Só que esta objeção não tem consistência. É que toda a dificuldade que envolve a questão relacionada com a primeira geração de uma coisa, contendo em si mesma fins e somente compreensível através destes, assenta na procura da unidade do fundamento da ligação da multiplicidade de coisas *reciprocamente exteriores* neste produto. Na verdade, se introduzimos este fundamento no entendimento de uma causa produtora como substância simples, aquela questão é satisfatoriamente respondida, enquanto questão teleológica. Se porém a causa

APÊNDICE • DOUTRINA DO MÉTODO DA FACULDADE DE JUÍZO... • 295

é procurada simplesmente na matéria como num agregado de muitas substâncias reciprocamente exteriores, falha completamente a unidade do princípio para a forma internamente conforme a fins da sua formação e a *autocracia* da matéria nas coisas geradas – as quais somente como fins podem ser compreendidas pelo nosso entendimento – é uma palavra sem significado.

Daí resulta que aqueles que procuram, para as formas da matéria objetivamente conforme a um fim, um princípio supremo da possibilidade das mesmas, sem precisamente lhes conceder uma inteligência, têm gosto em fazer do universo uma substância única e onienvolvente (panteísmo), ou (o que é somente uma explicação mais rigorosa do que a precedente) uma globalidade de muitas determinações inerentes a uma única *substância simples* (espinosismo), simplesmente com o fim de extrair aquela condição de toda a conformidade a fins: a unidade do fundamento. Assim procedendo, eles satisfazem na verdade uma condição do problema, isto é, a unidade na relação de fins, mediante o simples conceito ontológico de uma substância simples. Mas no que respeita à *outra* condição, nomeadamente a relação da mesma com a sua consequência como *fim* – através do que aquele princípio ontológico deve ser mais rigorosamente definido – nada acrescentam e por conseguinte não respondem de modo nenhum à totalidade da questão. Do mesmo modo esta permanece absolutamente sem resposta (para a nossa razão) se não representamos aquele fundamento originário das coisas como *substância* simples e se não representamos a sua capacidade para a constituição específica das formas da natureza que sobre ela se fundam, isto é, a unidade de fins como a unidade de uma substância inteligente[3] ou se porém não representamos a relação desta substância com aquelas formas (por causa da contingência que encontramos em todas, o que só podemos pensar como fim) como a relação de uma *causalidade*.

373

---

3   A: inteligível.

296 • Crítica da Faculdade do Juízo • Immanuel Kant

§ 81. *Da junção do mecanismo com o princípio[4] teleológico na explicação de um fim da natureza como produto natural*

Assim como o mecanismo da natureza, segundo o que foi visto no parágrafo anterior, por si só suficiente para pensar a possibilidade de um ser organizado, mas pelo contrário (ao menos segundo a constituição da nossa faculdade de conhecimento) tem de ser originalmente subordinado a uma causa atuando intencionalmente, assim tampouco o mero princípio teleológico de um tal ser consegue ao mesmo tempo considerá-lo e ajuizá-lo como produto da natureza, no caso de o mecanismo da última não ser associado àquele princípio, como se fosse o instrumento de uma causa agindo intencionalmente, a cujos fins a natureza está subordinada às suas leis mecânicas. A nossa razão não compreende a possibilidade de uma tal união de duas espécies de causalidade inteiramente diferentes, ou seja, da natureza na sua conformidade à lei universal com a causalidade de uma ideia que limita aquela de uma forma particular, coisa para que a natureza não contém, por si, absolutamente nenhum princípio. Tal possibilidade encontra--se no substrato suprassensível da natureza, acerca do qual nada podemos positivamente determinar, a não ser que é o ser em si do qual apenas conhecemos o fenômeno. Mas o princípio: tudo o que admitimos como pertencente a esta natureza (*phaenomenon*) e como produto da mesma também se tem de pensar conectado com ela segundo leis mecânicas permanece inteiramente válido, pois que, sem esta espécie de causalidade, os seres organizados como fins da natureza não seriam no entanto produtos desta.

Ora, se o princípio teleológico da produção destes seres é admitido (como não pode deixar de acontecer), então não se pode colocar como fundamento de sua forma interna conforme a fins quer o *ocasionalismo*, quer o *pré-estabilismo* da causa. Segundo o primeiro, a causa suprema do mundo daria diretamente a formação orgânica, segundo a sua ideia por ocasião de cada acasalamento, à matéria que aí se mistura; segundo o último, essa causa teria

---

4   princípio falta em A.

APÊNDICE • DOUTRINA DO MÉTODO DA FACULDADE DE JUÍZO... • 297

trazido para os produtos iniciais da sua sabedoria somente a disposição mediante a qual um ser orgânico gera um seu semelhante e a espécie se preserva duradouramente do mesmo modo que o desaparecimento dos indivíduos é continuamente substituído pela natureza que, ao mesmo tempo, trabalha na sua destruição. Se se aceita o ocasionalismo da produção de seres organizados, perder-se-á desse modo toda a natureza e com ela também todo o uso da razão para julgar sobre a possibilidade de uma tal espécie de produtos; por isso é de supor que ninguém que tenha alguma coisa a ver com a Filosofia deve aceitar este sistema.

Ora, o *pré-estabilismo* pode por sua vez proceder de duas maneiras. Considera todo o ser orgânico produzido pelo seu semelhante ou como o *eduto*, ou como o *produto* do primeiro. O sistema das coisas geradas <*Zeugungen*> como meros edutos chama-se o sistema das pré-formações individuais ou também *teoria da evolução*; o das coisas geradas como produtos é designado sistema da *epigênese*. Este último pode também chamar-se sistema da *pré-formação genérica*, porque a faculdade produtiva das coisas que geram, logo a forma específica, estava *virtualiter* pré-formada segundo as disposições internas conformes a fins que partilharam o respectivo tronco. De acordo com isto, a teoria oposta da pré-formação individual poderia chamar-se com mais propriedade *teoria da involução* (ou do encaixe).

Os defensores da *teoria da evolução* que excluem todos os indivíduos da força domadora da natureza, para a deixar vir da mão do criador, não ousavam[5] porém deixar que tal acontecesse segundo a hipótese do ocasionalismo, de modo que o acasalamento fosse uma mera formalidade, em que uma causa do mundo suprema e inteligente decidisse de cada vez criar um fruto por intervenção direta e somente deixar à mãe o desenvolvimento e a alimentação do mesmo. Eles declararam-se pela pré-formação, como se não fosse a mesma coisa deixar nascer tais formas de um modo sobrenatural no princípio ou no decurso do mundo, e não se poupasse

---

5   A: não querem.

298 • Crítica da Faculdade do Juízo • Immanuel Kant

antes uma enorme quantidade de medidas sobrenaturais através de criação ocasional, as quais seriam exigíveis para que o embrião, formado no começo do mundo, nada sofresse por parte das forças destruidoras da natureza durante o longo período decorrente até ao seu desenvolvimento, e se mantivesse incólume; do mesmo modo seriam feitos um número incomensuravelmente maior de tais seres pré-formados do que alguma vez se deveriam desenvolver e com eles outras tantas criaturas desse modo desnecessárias e desprovidas de fim. Só que eles queriam ao menos deixar aí algo à natureza para não caírem por completo na hiperfísica, que pode afastar toda explicação natural. Na verdade, eles mantiveram-se agarrados à sua hiperfísica, já que até nas criaturas monstruosas (que contudo é impossível defender que sejam fins da natureza) eles encontravam uma notável conformidade a fins, mesmo que só tivessem por objetivo que o anatomista ficasse então chocado com essa conformidade a fins sem fim e sentisse por ela uma admiração deprimente. Porém não podiam integrar a geração dos híbridos no sistema da pré-formação, mas tinham sim de atribuir ao sêmen dos machos – ao qual eles de resto nada mais tinham atribuído do que a qualidade mecânica de servir de primeiro alimento do embrião – ainda por cima uma força formadora conforme a fins, a qual contudo, no que concerne ao inteiro produto da procriação de dois seres da mesma espécie, não queriam atribuir a nenhum deles.

Se, pelo contrário, não se reconhece imediatamente ao defensor da *epigênese* a grande vantagem que ele possui em relação ao anterior, a respeito dos princípios da experiência que entram nas demonstrações da sua teoria, todavia a razão simpatizaria de antemão fortemente com o seu tipo de explicação, porque ela considera a natureza – em relação às coisas que podem ser representadas como possíveis originariamente, somente segundo a causalidade dos fins, ou, então, ao menos no que toca à reprodução – como produtora por si mesma, e não como algo que se desenvolve. Assim, com o menor uso possível de sobrenatural, deixa tudo o que se segue do primeiro começo à natureza (sem contudo determinar algo sobre esse primeiro começo, no qual a Física em geral fracassa, qualquer que seja a cadeia das causas com que tente determinar algo).

APÊNDICE • DOUTRINA DO MÉTODO DA FACULDADE DE JUÍZO... • 299

No que concerne a esta teoria da epigênese ninguém fez mais do que o senhor Hofr. *Blumenbach*,[6] tanto no que toca às demonstrações daquela, como também no que toca à fundamentação dos verdadeiros princípios da sua aplicação, em parte através da restrição de um uso desequilibrado dos mesmos. Ele retira da matéria organizada toda a explicação física destas formações. É que ele explica com razão que não é racional que a matéria bruta se tenha formado a si mesma originalmente segundo leis mecânicas, que tenha saído da natureza da vida inanimada e que a matéria tenha podido desenvolver-se a si mesma na forma de uma conformidade a fins que a si mesma se preserva. Mas, ao mesmo tempo, deixa ao mecanismo da natureza uma participação indeterminável e no entanto ao mesmo tempo indesmentível, sob este princípio para nós insondável de uma *organização* original. A esta faculdade da matéria (diferentemente da *força de formação*) <Bildungskraft> (simplesmente mecânica que em geral nela habita) chamou ele *impulso de formação* <Bildungstrieb> num corpo organizado (como se estivesse sob a direção e a instrução superiores da primeira).

§ 82. Do sistema teleológico nas relações exteriores dos seres organizados

Por conformidade a fins externa entendo aquela pela qual uma coisa da natureza serve a outra como meio para um fim. Ora, as coisas que não possuem qualquer conformidade a fins interna ou que não a pressupõem para a sua possibilidade, por exemplo, terras, ar, água etc., podem, não obstante exteriormente, isto é, em relação a outros seres, possuir uma grande conformidade a fins. Porém estes têm de ser sempre seres organizados, isto é, fins naturais, pois de outro modo também aqueles não poderiam ser ajuizados como meios. Assim a água, o ar e as terras não podem ser

---

6 Johannes Friedrich *Blumenbach* (1752-1848), anatomista, fisiólogo e zoólogo, exerceu a sua atividade em Göttingen, foi um teórico da epigênese e sua obra que maior infuência exerceu sobre Kant foi *Über den Bildungstrieb* (*Sobre o impulso de formação*) (1781, 2ª ed., 1789).

considerados como meios para a formação de montanhas, já que em si não contêm absolutamente nada que exigisse um fundamento da respectiva possibilidade segundo fins e por isso em relação ao que a sua causa possa jamais ser representada sob a forma de predicado de um meio (que servisse para tal).

A conformidade a fins externa é um conceito completamente diferente do conceito da conformidade a fins interna, a qual está ligada à possibilidade de um objeto, independentemente de saber se a sua própria efetividade é ou não fim. Pode-se ainda perguntar em relação a um ser organizado: para que existe ele? Mas o mesmo não é fácil de perguntar acerca de coisas de que simplesmente se conhece o efeito do mecanismo da natureza. É que naquelas já colocamos uma causalidade segundo fins para a sua possibilidade interna, uma inteligência criadora, e referimos esta faculdade ativa ao princípio de determinação da mesma: a intenção. Existe uma única conformidade a fins externa que se liga à conformidade interna da organização, sem que se tenha que perguntar para que fim precisamente este ser desta maneira organizado deve existir e não obstante serve na relação exterior de meio para o fim. Trata-se da organização de ambos os sexos na relação recíproca para a reprodução da sua espécie. Pois neste caso é sempre possível perguntar como no caso de um indivíduo: por que razão tinha de existir um tal par? A resposta é: isto constitui em primeiro lugar um todo *organizante*, ainda que não um todo organizado num único corpo.

Ora, se então se pergunta para que é que uma coisa existe, então a resposta é: ou que a sua existência e a sua geração não têm absolutamente nenhuma relação com uma causa atuando segundo intenções, e nesse caso entendemos sempre aí uma origem da mesma a partir do mecanismo da natureza, ou que existe um qualquer fundamento intencional da sua existência (enquanto fundamento de um ser natural contingente) e dificilmente se pode separar este pensamento do conceito de uma coisa organizada. É que, como temos de atribuir à sua possibilidade interna uma causalidade das causas finais e uma ideia que lhe sirva de fundamento, também não podemos pensar a existência deste produto a não ser como

APÊNDICE • DOUTRINA DO MÉTODO DA FACULDADE DE JUÍZO... • 301

fim. Na verdade o efeito representado, cuja representação[7] é ao mesmo tempo o fundamento de determinação da causa inteligente atuante, chama-se *fim*. Por isso, neste caso, pode-se dizer ou que o fim da existência de um tal ser da natureza está nele mesmo, isto é, não é meramente fim, mas que também é fim terminal <*Endzweck*>, ou que este existe fora dele, num outro ser da natureza, isto é, existe de um modo conforme a fins, não como fim terminal mas sim necessariamente ao mesmo tempo como meio.

382

Contudo, se percorrermos a natureza completamente, não encontramos nela, enquanto natureza, nenhum ser que pudesse reivindicar o privilégio de ser fim terminal da criação; e pode-se até demonstrar *a priori* que aquilo que ainda de certo modo poderia ser para a natureza um último fim <*letzter Zweck*>, com todas as determinações e qualidades imagináveis que se lhe pudesse propagandear, nunca seria porém, enquanto coisa da natureza, um *fim terminal*.

Se se considera o reino vegetal, perante a riqueza incomensurável com que se expande em qualquer solo, poder-se-ia ser levado a considerá-lo como mero produto do mecanismo da natureza, o qual ela mostra nas formações do reino mineral. Mas um conhecimento mais próximo da indescritivelmente sábia organização desse reino não nos permite continuarmos a considerá-lo assim; mas, pelo contrário, dá azo à pergunta: para que existem estas criaturas? No caso de se responder: para o reino animal que delas se alimenta, para que tenha podido expandir-se em tantas e múltiplas espécies sobre a Terra, vem ainda a pergunta: para que existem então estes animais herbívoros? A resposta poderia consistir em dizer mais ou menos: para os predadores que só se podem alimentar daquilo que tem vida. Finalmente aparece a pergunta: para que servem estes precedentes reinos da natureza? Para o homem e para o diverso uso que a sua inteligência lhe ensina a fazer de todas aquelas criaturas: e ele é o último fim da criação aqui na Terra,

383

---

7   Em vez de "cuja representação" a edição A tem simplesmente "a representação".

302 • Crítica da Faculdade do Juízo • Immanuel Kant

porque é o único ser da mesma que pode realizar para si mesmo um conceito de fins, assim como, mediante a sua razão, realizar um sistema dos fins a partir de um agregado de coisas formadas de modo conforme a fins.

Poder-se-ia também, como o cavaleiro Lineu, seguir aparentemente o caminho inverso e dizer: os animais herbívoros existem para moderar o crescimento exuberante do reino vegetal, crescimento esse que sufocaria muitas das suas espécies; os predadores, para pôr limites à voracidade daqueles; finalmente o homem, para que se institua um certo equilíbrio entre as forças da natureza criadoras e destruidoras, na medida em que ele persegue aqueles animais e diminui o respectivo número. E assim o homem, por muito que ele sob um certo ponto de vista pudesse ser também apreciado como fim, possuiria sob outra perspectiva somente o lugar de um meio.

Se estabelecemos o princípio de uma conformidade a fins objetiva na multiplicidade das espécies das criaturas da Terra e na sua relação recíproca externa, como seres construídos de um modo conforme a fins, então é adequado à razão pensar por sua vez, nesta relação, uma certa organização e um sistema de todos os reinos da natureza segundo causas finais. Só que neste caso a experiência parece contradizer expressamente a máxima da razão, particularmente no que respeita a um último fim da natureza, que todavia é requerido para a possibilidade de um tal sistema e que não podemos colocar em mais nenhum lugar senão no ser humano, pois que é sobretudo em relação a este, enquanto uma das muitas espécies animais, que a natureza não isentou minimamente nem de forças destrutivas, nem produtoras, para submeter tudo sem fim a um mecanismo daquelas.

Aquilo que teria de ser instituído em primeiro lugar, numa ordenação visando intencionalmente a um todo conforme a fins dos seres naturais sobre a Terra, seria decerto o seu habitáculo, o solo e o elemento sobre os quais e nos quais eles deveriam desenvolver-se. Só que um conhecimento mais preciso da constituição deste estabelecimento de toda a geração orgânica não desemboca

APÊNDICE • DOUTRINA DO MÉTODO DA FACULDADE DE JUÍZO... • 303

senão em sinais de causa agindo por completo sem intenção e destruindo, mais do que causas favorecendo a geração, a ordem e os fins. Terra e mar não contêm apenas testemunhos de antigas e devastadoras destruições, que lhes aconteceram, assim como a todas as criaturas que neles e sobre eles se encontravam, mas também toda a sua arquitetura *<Bauwerk>*, as sedimentações de uma e dos limites do outro têm todo o aspecto do produto de forças selvagens e devastadoras de uma natureza que trabalha numa situação caótica. Por mais conforme a fins que agora possam parecer estar organizadas a figura, a arquitetura e a inclinação das terras para o recolhimento das chuvas, para o aparecimento de fontes entre as chamadas da Terra de múltipla espécie (elas mesmas organizadas para variados produtos) e para o curso das correntes, uma investigação mais rigorosa dessas mesmas coisas demonstra todavia que elas apareceram simplesmente como o efeito, ora de erupções vulcânicas, ora de dilúvios, ou também de invasões do oceano. E isso, tanto no que respeita à primeira geração desta configuração, como particularmente à transformação posterior, simultaneamente acompanhada do desaparecimento das suas primeiras produções orgânicas.[8] Se então o habitáculo, o solo natal (da terra) e o interior (do mar) não fornecem para todas estas criaturas qualquer indicação, a não ser a de um mecanismo das suas produções absolutamente desprovido de intenção, como e com que direito podemos afirmar e exigir para estes últimos produtos uma outra origem? Ainda que o homem, como parece provar o exame dos vestígios

³⁸⁵

³⁸⁶

---

8   No caso de ter de ficar o nome já aceito de uma *história da natureza* por uma descrição da natureza, então pode-se designar, por oposição à arte, aquilo que aquela primeira literalmente indica – isto é, uma representação do estado passado ou *antigo* da Terra, sobre o qual, ainda que não se possa esperar ter alguma certeza, é porém possível tecer suposições – como uma *arqueologia da natureza*. Àquela pertenceriam as fossilizações, tal como à arte as pedras lascadas etc. Na verdade como se trabalha efetivamente de modo persistente, ainda que lentamente, numa tal história (sob o nome de uma teoria da Terra), este nome não seria dado a uma investigação da natureza meramente fantasiada, mas sim a uma para a qual a própria natureza nos convida e desafia. (K)

304 • Crítica da Faculdade do Juízo • Immanuel Kant

daquelas devastações naturais (segundo o juízo de Camper) não tenha estado aí envolvido, todavia se encontra tão dependente das restantes criaturas terrestres que, se aceitarmos um mecanismo da natureza dominando universalmente todas as outras, tem de ser considerado como estando também aí compreendido, ainda que a sua inteligência (pelo menos em grande parte) o tenha podido salvar das devastações da natureza.

Este argumento parece contudo demonstrar mais do que aquilo que estava contido na intenção que o propusera, isto é, não simplesmente demonstrar que o homem não pode ser o fim último mo da natureza e, pelas razões mencionadas, que o agregado das coisas naturais, organizadas na Terra, não pode ser um sistema de fins, mas ainda que os produtos naturais tidos anteriormente por fins naturais nenhuma outra origem possuem que não seja o mecanismo da natureza.

Só que na solução acima mencionada, da antinomia dos princípios das espécies de geração mecânica e teleológica dos seres naturais organizados, nós vimos que a respeito da natureza formadora <bildende Natur>, segundo as respectivas leis particulares (para a conexão das quais nos falta todavia a chave), aqueles são meros princípios da faculdade de juízo reflexiva, os quais nomeadamente não determinam em si a origem daquela natureza, mas somente dizem que nós – dada a constituição do nosso entendimento e da nossa razão – não a podemos pensar nesta espécie de seres, a não ser segundo causas finais. Por isso não só é permitido o maior esforço possível e mesmo audácia na tentativa de os explicar mecanicamente, mas também somos exortados a isso pela razão, se bem que desse modo nós e por razões subjetivas da particular espécie do nosso entendimento e da sua limitação (e não porque de algum modo o mecanismo das produções contradissesse em si uma origem segundo fins) não possamos nunca aí chegar. Vimos finalmente que no princípio suprassensível da natureza (tanto fora de nós como em nós) podia perfeitamente estar a possibilidade de representar a união de ambas as espécies de representação da possibilidade da natureza, na medida em que o tipo de represen-

APÊNDICE • DOUTRINA DO MÉTODO DA FACULDADE DE JUÍZO... • 305

tação segundo causas finais é apenas uma condição subjetiva do uso da nossa razão, se é que esta não pretende um ajuizamento dos objetos meramente como fenômenos, mas exige referir estes próprios fenômenos, com os respectivos princípios, ao substrato suprassensível, para encontrar possivelmente certas leis da unidade das mesmas, as quais ela não tem a possibilidade de representar, a não ser mediante fins (das quais a razão possui alguns que são suprassensíveis).

§ 83. Do último fim da natureza como sistema teleológico
388

Mostramos acima que temos razões suficientes para ajuizar o homem, não simplesmente enquanto ser da natureza como todos os seres organizados, mas também, aqui na Terra, como o *último fim* da natureza, em relação ao qual todas as restantes coisas naturais constituem um sistema de fins, segundo princípios da razão, e, na realidade, não para a faculdade de juízo determinante, mas para a reflexiva. Ora, se temos de encontrar no próprio homem aquilo que, como fim, deve ser estabelecido através da sua conexão com a natureza, então ou o fim tem de ser de tal modo que ele próprio pode ser satisfeito através da natureza na sua beneficência <Wohltätigkeit>, ou é a aptidão e habilidade para toda a espécie de fins, para o que a natureza (tanto externa, como interna) pode ser por ele utilizada. O primeiro fim da natureza seria a *felicidade* e o segundo, a *cultura* do homem.

O conceito de felicidade não é tal que o homem possa abstraí-lo dos seus instintos e desse modo o retire da sua animalidade nele mesmo; pelo contrário é a mera *ideia* de uma estado, à qual ele quer adequar este último sob condições simplesmente empíricas (o que é impossível). O homem projeta para si próprio esta ideia e na verdade, sob as mais variadas formas, através do seu entendimento envolvido com a imaginação e os sentidos; ele muda até mesmo este conceito tão frequentemente que a natureza, se estivesse submetida inteiramente ao seu livre-arbítrio, não poderia admitir até mesmo nenhuma lei universal determinada e segura, para concordar com este vacilante conceito e desse modo com o fim que,
389

de modo arbitrário, cada um a si mesmo propõe. Mas mesmo se, ou reduzimos este conceito à verdadeira necessidade natural, na qual a nossa espécie concorda plenamente com ela própria, ou, por outro lado, pretendemos dar um alto apreço à habilidade para criar fins por si imaginados, nesse caso nunca seria por ele alcançado aquilo que o homem entende por felicidade e o que na verdade é o seu último e próprio fim da natureza (não fim da liberdade). É que a sua natureza não é de modo a satisfazer-se e acabar na posse e no gozo. Por outro lado, é muito errôneo pensar que a natureza o tomou como seu preferido e o favoreceu em detrimento de todos os outros animais. Sobretudo o que acontece é que ela tampouco o poupou nos seus efeitos destrutivos como a peste, a fome, as inundações, o gelo, o ataque de outros animais grandes e pequenos; mas mais ainda o caráter contraditório das *disposições naturais* nele o conduz[9] ainda a uma tal miséria, isto é, a tormentos que ele mesmo inventa e a outros produzidos pela sua própria espécie, mediante a opressão do domínio, a barbárie da guerra etc. e ele mesmo, enquanto pode, trabalha na destruição da sua própria espécie, de tal modo que, mesmo com a mais benfazeja natureza fora de nós, não seria atingido o fim daquela, num sistema seu na Terra, no caso de tal fim ser colocado como felicidade da nossa espécie. E isso porque, em nós, a natureza não é para isso receptiva. Ele é por isso sempre e só um membro na cadeia dos fins da natureza: na verdade um princípio com relação a muitos fins, para o que a natureza parece tê-lo destinado na sua disposição, e na medida em que ele próprio se fez para isso. Mas também é meio para a conservação da conformidade a fins no mecanismo dos restantes membros. Enquanto único ser na Terra que possui entendimento <*Verstand*>, por conseguinte uma faculdade de voluntariamente colocar a si mesmo fins, ele é corretamente denominado senhor da natureza, e, se considerarmos esta como um sistema teleológico, o último fim da natureza segundo a sua destinação; mas sempre só sob a condição – isto é, na medida em que o compreenda e queira

---

9   A: conduz ele próprio.

APÊNDICE • DOUTRINA DO MÉTODO DA FACULDADE DE JUÍZO... • 307

– de conferir àquela e a si mesmo uma tal relação a fins <*Zweckbe-ziehung*> que possa ser suficientemente independente da própria natureza, por consequência possa ser fim terminal <*Endzweck*>, o qual, contudo, não pode de modo nenhum ser procurado na natureza.

Contudo, para descobrir onde é que ao menos em relação ao homem temos de colocar aquele *último fim* da natureza, somos obrigados a selecionar aquilo que a natureza foi capaz de realizar, para o preparar para aquilo que ele próprio tem de fazer para ser fim terminal <*Endzweck*> e separar isso de todos os fins cuja possibilidade assenta em condições que somente são de esperar por parte da natureza. Desta última espécie é a felicidade na Terra, pela qual se entende a globalidade de todos os fins possíveis do homem mediante a natureza, tanto no seu exterior como no seu interior. Esta é a matéria de todos os seus fins na Terra, a qual, se ele a fizer seu fim absoluto, o torna incapaz de colocar um fim terminal à sua própria existência e entrar em acordo com ele. Por isso, de todos os seus fins na natureza, fica somente a condição formal, subjetiva que é a aptidão de se colocar a si mesmo fins em geral e (independentemente da natureza na determinação que faz de fins) usar a natureza como meio de acordo com as máximas dos seus fins livres em geral. De resto, a natureza pode orientar-se em direção a este fim terminal que lhe é exterior, e isso pode ser considerado como seu último fim. A produção da aptidão de um ser racional para fins desejados em geral (por conseguinte na sua liberdade) é a *cultura*. Por isso só a cultura pode ser último fim, o qual se tem razão de atribuir à natureza a respeito do gênero humano (não a sua própria felicidade na Terra ou até simplesmente o instrumento preferido para instituir ordem e concórdia na natureza fora dele desprovida da razão).

No entanto nem toda a cultura se revela suficiente para este último fim da natureza. Decerto a cultura da *habilidade* <*Geschickichkeit*> é a condição subjetiva preferencial da aptidão para a promoção dos fins em geral, porém não suficiente para promover a *vontade*[10] na determinação e escolha dos seus fins, a qual todavia

---

10   A: a liberdade.

308 • Crítica da Faculdade do Juízo • Immanuel Kant

pertence essencialmente ao domínio de uma aptidão para fins. A última condição da aptidão a que se poderia chamar a cultura da disciplina <Zecht> (*Disziplin*) é negativa e consiste na libertação da vontade em relação ao despotismo dos desejos, pelos quais nós nos prendemos a certas coisas da natureza e somos incapazes de escolher por nós mesmos, enquanto permitimos que os impulsos sirvam para nos prender, os quais a natureza nos forneceu como fios condutores para não descurarmos em nós a determinação da animalidade ou não a ferirmos, já que somos até suficientemente livres para a atrair ou abandonar, prolongá-la ou encurtá-la, segundo aquilo que exigem os fins da razão.

A habilidade não pode desenvolver-se bem no gênero humano, a não ser graças à desigualdade entre os homens, pois que a maioria cuida das necessidades da vida, como que de forma mecânica, para comodidade e ócio dos outros, sem que para isso necessite de uma arte especial, cultivando estes as partes menos necessárias da cultura, ciência e arte, mantendo aquela maioria num estado de opressão, amargo trabalho e pouco gozo. Porém nesta classe vai-se espalhando muito da cultura da classe mais elevada. No entanto as misérias crescem paralelamente ao progresso da cultura (cujo ponto mais elevado se chama luxo quando a tendência para o supérfluo começa a prejudicar o necessário) em ambos os lados de um modo igualmente forte: de um lado, com uma dominação por parte de outro estranho, do outro lado, como uma insatisfação interior. Mas a brilhante miséria está ligada todavia ao desenvolvimento das disposições naturais e o fim da própria natureza, mesmo que não seja o nosso fim, é todavia atingido deste modo. A condição formal, sob a qual somente a natureza pode alcançar esta sua intenção última, é aquela constituição na relação dos homens entre si, onde ao prejuízo recíproco da liberdade em conflito se opõe um poder conforme leis num todo que se chama *sociedade civil*, pois somente nela pode ter lugar o maior desenvolvimento das disposições naturais. Para essa mesma sociedade seria contudo ainda certamente necessário, mesmo que os homens fossem suficientemente inteligentes para encontrá-la e voluntariamente se submetessem ao seu mando, um *todo cosmopolita <wel-*

APÊNDICE • DOUTRINA DO MÉTODO DA FACULDADE DE JUÍZO... • 309

tbürgerliches Ganze>, isto é, um sistema de todos os Estados que correm o risco de atuar entre si de forma prejudicial. Na falta de um tal sistema e por causa do obstáculo que o desejo de honrarias, de domínio e de posse, especialmente naqueles que detêm o poder, coloca à própria possibilidade de um projeto dessa natureza, a *guerra* aparece como algo inevitável (quer naquela pela qual os Estados se dividem e se dissolvem em menores, quer naquela em que um Estado une outros menores a si e se esforça por formar um todo maior). A guerra, assim como é uma experiência não intencional dos homens (provocada por paixões desenfreadas), é uma experiência profundamente oculta e talvez intencional da sabedoria suprema, para instituir, se não a conformidade a leis com a liberdade dos Estados e desse modo a unidade de um sistema moralmente fundado, ao menos para prepará-la, e apesar dos terríveis sofrimentos em que a guerra coloca o gênero humano e dos talvez ainda maiores, com que sua constante preparação o pressiona em tempos de paz, ainda assim ela é um impulso a mais (ainda que a esperança de tranquilidade para felicidade do povo seja cada vez mais longínqua) para desenvolver todos os talentos que servem à cultura até o mais alto grau. [394]

No que respeita à disciplina das inclinações, para as quais a disposição natural, relativamente à nossa determinação como espécie animal é completamente conforme a fins, mas que muito dificultam o desenvolvimento da humanidade, é também manifesto, no que concerne a esta segunda exigência a favor da cultura, uma aspiração conforme a fins da natureza que nos torna receptivos para uma formação que nos pode fornecer fins mais elevados do que a própria natureza. Não é de contestar-se a sobrecarga de males que o refinamento do gosto até à sua idealização e mesmo o luxo nas ciências, como um alimento para a vaidade, através da multidão de tendências assim produzidas e insatisfeitas, espalha sobre nós. Pelo contrário, não é de ignorar o fim da natureza, que consiste em cada vez mais se sobrepor à grosseria e brutalidade daquelas tendências que em nós pertencem mais à animalidade e mais se opõem à formação da nossa destinação mais elevada (as inclinações para o gozo), para dar lugar ao desenvolvimento da humanidade. As belas [395]

310 • Crítica da Faculdade do Juízo • Immanuel Kant

artes e as ciências, que por um prazer universalmente comunicável e pelas boas maneiras e refinamento na sociedade, ainda que não façam o homem moralmente melhor, tornam-no porém civilizado, sobrepõem-se em muito à tirania da dependência dos sentidos e preparam-no assim para um domínio, no qual só a razão deve mandar. Entretanto, os males, com os quais quer a natureza, que o insuportável egoísmo dos homens nos castigam, convocam, fortalecem e temperam simultaneamente as forças da alma para que estas não sucumbam, e assim nos deixem sentir uma aptidão, que em nós permanece oculta, para fins mais elevados.[11]

§ 84. Sobre o fim terminal da existência de um mundo, isto é, sobre a própria criação

Um *fim terminal* é aquele que não necessita de nenhum outro fim como condição de sua possibilidade.

Se se admite para a conformidade a fins da natureza o simples mecanismo da mesma como seu fundamento de explicação, então não se pode perguntar: para que existem as coisas no mundo? Na verdade, segundo um tal sistema idealista somente está em causa a possibilidade física das coisas (pensar estas como fins seria um simples sofisma sem objeto). Na verdade, quer se interprete esta

---

11 É fácil decidir que tipo de valor a vida tem para nós, no caso de este ser avaliado simplesmente segundo aquilo *que se goza <was man geniesst>* (segundo o fim natural da soma de todas as tendências, da felicidade). Esse valor reduz-se a zero, pois desse modo quem é que queria viver outra vez sob as mesmas condições, ou mesmo segundo um novo e autoprojetado plano (no entanto, de acordo com o curso da natureza), mas que de qualquer modo assentasse simplesmente no gozo *<Genuss>*? Mostramos acima que valor é que a vida possui, segundo aquilo que ela nela própria contém e em função de ela ser conduzida segundo o fim que a natureza partilha conosco, isto é, segundo aquilo que se faz (e não simplesmente se goza), já que sempre somos apenas meio para um fim terminal indeterminado. Nada mais resta certamente do que o valor que damos à nossa própria vida, mediante não só aquilo que fazemos, mas que fazemos conforme a fins e de um modo tão independente da natureza que a sua própria existência só pode ser fim sob estas condições. (K)

APÊNDICE • DOUTRINA DO MÉTODO DA FACULDADE DE JUÍZO... • 311

forma das coisas como contingente, quer como necessidade cega, em ambos os casos tal questão seria vazia. Mas se admitimos a ligação de fins no mundo como real e para ela uma espécie particular de causalidade, nomeadamente a de uma causa atuando intencionalmente, então não podemos contentar-nos com a pergunta: para que <*wozu*> possuem as coisas do mundo (seres organizados) esta ou aquela forma, ou para que são colocadas, nestas ou naquelas relações, por oposição a outras da natureza? Mas, pelo contrário, já que é pensada aí uma inteligência que tem de ser encarada como a causa da possibilidade de tais formas, tal como estas se encontram efetivamente nas coisas, então se tem de procurar nessa mesma inteligência o fundamento objetivo que poderá ter determinado esta inteligência produtiva relativamente a uma atuação deste tipo, e que é então o fim terminal em função do qual aquelas coisas existem.

Já disse acima que o fim terminal não é um fim tal que a natureza bastasse para causá-lo e produzi-lo, segundo a ideia desse fim, porque ele é incondicionado. Pois não há nada na natureza (enquanto ser sensível), em função do qual o fundamento de determinação que se encontra nela mesma não seja sempre por sua vez determinado; e isto é válido não apenas em relação à natureza fora de nós (da material), mas também à que está em nós (a pensante). Entenda-se que somente em mim considero o que seja a natureza. Porém uma coisa que, por causa da sua constituição objetiva, deve necessariamente existir como fim terminal de uma causa inteligente tem de ser de uma espécie tal que, na ordem dos fins, ela não dependa de nenhuma outra condição, a não ser simplesmente da sua ideia.

Ora, nós temos somente uma única espécie de ser no mundo, cuja causalidade é dirigida teleologicamente, isto é, para fins, e todavia de tal modo constituída que a lei, segundo a qual ela determina a si própria fins, é representada por eles próprios como incondicionada e independente de condições naturais, mas como necessária em si mesma. Esse ser é o homem, mas considerado como número; o único ser da natureza, no qual podemos reconhecer, a partir da sua própria constituição, uma faculdade suprassen-

312 • Crítica da Faculdade do Juízo • Immanuel Kant

sível (a *liberdade*) e até mesmo a lei da causalidade com o objeto da mesma, que ele pode propor a si mesmo como o fim mais elevado (o bem mais elevado no mundo).

Mas sobre o homem (assim como qualquer ser racional no mundo) enquanto ser moral não é possível continuar a perguntar: para que (*quem in finem*) existe ele? A sua existência possui nele próprio o fim mais elevado, ao qual – tanto quanto lhe for possível – pode submeter toda a natureza, perante o qual ao menos ele não pode considerar-se submetido a nenhuma influência da natureza. Ora, se as coisas do mundo, como seres dependentes segundo a sua existência, necessitam de uma causa suprema, atuando segundo fins, então o homem é o fim terminal da criação, pois que sem este a cadeia dos fins subordinados entre si não seria completamente fundamentada; e só no homem – mas também neste somente como sujeito da moralidade – se encontra a legislação incondicionada relativamente a fins, a qual por isso torna apenas a ele capaz de ser um fim terminal ao qual toda a natureza está teleologicamente subordinada.[12]

---

12 Seria possível que a felicidade dos seres racionais no mundo fosse um fim da natureza e então seria também o seu *último fim*. Pelo menos não se pode *a priori* compreender por que razão não deveria a natureza ser desse modo organizada, pois que através do seu mecanismo seria perfeitamente possível este efeito, ao menos tanto quanto nós compreendemos. Mas a moralidade e uma causalidade que lhe está subordinada segundo fins é pura e simplesmente impossível mediante causas naturais. Na verdade, o princípio da sua determinação em relação ao agir é suprassensível e por isso o que é unicamente possível na ordem dos fins. Tal princípio é em relação à natureza pura e simplesmente incondicionado e desse modo o que somente qualifica o sujeito da moralidade como *fim terminal* da criação, ao qual a natureza no seu conjunto se encontra subordinada. A *felicidade*, pelo contrário, tal como mostramos no parágrafo anterior a partir do testemunho da experiência, nem é mesmo um *fim da natureza* em relação aos homens, com um privilégio em face das outras criaturas. Grande erro será pensar que ela deveria ser um *fim terminal da criação*. Os homens têm sempre a possibilidade de fazer dela o seu fim subjetivo último. Mas quando pergunto pelo fim terminal da criação, isto é, para que <*wozu*> têm de existir homens, trata-se então de um fim objetivo supremo, como o exi-

APÊNDICE • DOUTRINA DO MÉTODO DA FACULDADE DE JUÍZO... • 313

§ 85. Da teologia física

400

A *teologia física* <*Physikotheologie*> é a tentativa da razão que consiste em deduzir a causa suprema da natureza e as respectivas qualidades a partir dos *fins* da natureza (que só podem ser conhecidos empiricamente). Uma *teologia moral* (teologia ética) seria a tentativa de deduzir aquelas causas e as respectivas qualidades a partir do fim moral de seres racionais na natureza (que pode ser conhecido *a priori*).

A primeira antecede de forma natural a segunda. É que, se quisermos deduzir *teleologicamente* uma causa do mundo a partir das coisas no mundo, então têm de ser dados em primeiro lugar fins da natureza para os quais nós temos que em seguida procurar um fim terminal e depois, para ele, o princípio da causalidade desta causa suprema.

Segundo o princípio teleológico, podem e têm de acontecer muitas investigações da natureza sem que se tenha motivo para interrogar sobre o fundamento da possibilidade de atuar em conformidade a fins que encontramos em múltiplos produtos da natureza. No entanto, se também quisermos ter um conceito desse fundamento, não temos simplesmente nenhuma outra perspiciência mais ampla do que a máxima da faculdade de juízo reflexiva, a qual consiste nomeadamente em afirmar que, ainda que nos fosse dado um único produto orgânico da natureza, não podíamos pensar para ele, segundo a constituição da nossa faculdade de conhecimento, nenhum outro fundamento, a não ser o de uma causa da própria natureza (seja da natureza no seu todo ou somente este elemento da mesma) que mediante o entendimento contém a

401

---

giria a suprema razão no que diz respeito à sua criação. Ora, se respondermos que é para que existam seres, aos quais aquela causa suprema possa ser benfazeja, então entramos em contradição com a condição à qual a razão do homem subordina mesmo o mais íntimo desejo de felicidade (nomeadamente a concordância com a sua própria legislação moral interna). Isto prova que a felicidade só pode ser fim condicionado e que por isso o homem só pode ser fim terminal da criação na qualidade de ser moral. Mas, no que concerne à sua situação, só como consequência se lhe liga a felicidade, conforme o acordo com aquele fim, enquanto fim da sua existência. (K)

314 • Crítica da Faculdade do Juízo • Immanuel Kant

causalidade para esse produto; um princípio do ajuizamento, pelo qual nós na verdade nada avançamos na explicação das coisas da natureza e da sua origem, mas que nos abre um horizonte sobre a natureza para provavelmente determinar com maior precisão o conceito de um ser originário, afora isso tão infrutífero.

Ora, eu afirmo que a teologia física, por mais longe que a levemos, nada nos é capaz de revelar acerca de um *fim terminal* da criação, já que ela não chega sequer a alcançar a sua questão. Por isso ela pode na verdade justificar o conceito de uma causa inteligente do mundo, como um único conceito da possibilidade das coisas – que podemos compreender segundo fins – subjetivamente adequado à constituição da nossa faculdade de conhecimento, mas não pode determinar ulteriormente este conceito, nem de um ponto de vista teórico, nem prático; a sua tentativa não realiza a sua intenção de fundar uma teologia. Pelo contrário, ela permanece sempre e somente uma teologia física. Tal acontece porque nela a referência a fins somente é – e tem de ser – vista como condicionada na natureza; por conseguinte não pode de modo algum questionar o fim para o qual a própria natureza existe (para o qual tem de ser procurado o fundamento fora da natureza), não obstante o conceito determinado daquela causa inteligente mais elevada, por conseguinte, a possibilidade de uma teologia dependa da ideia determinada daquele fim.

Para que servem no mundo as coisas umas às outras; em função do que a multiplicidade numa coisa é boa para esta mesma coisa; como é que se tem razão até para admitir que nada no mundo é em vão, mas que pelo contrário tudo, *na natureza*, é bom para qualquer objetivo, sob a condição que certas coisas (enquanto fins) devam existir, pelo que, em consequência, a nossa razão não tem em seu poder para a faculdade de juízo nenhum outro princípio da possibilidade do objeto do seu inevitável ajuizamento teleológico, senão subordinar o mecanismo da natureza à arquitetônica de um autor inteligente do mundo? Tudo isto consegue a consideração do mundo teleológica, de uma forma excelente e absolutamente espantosa. Mas porque os *data*, por conseguinte os princípios para

APÊNDICE • DOUTRINA DO MÉTODO DA FACULDADE DE JUÍZO... • 315

determinar aquele conceito de uma causa do mundo inteligente (enquanto artista supremo), são meramente empíricos, não permitem deduzir nenhuma outra qualidade, a não ser a que a experiência nos revela nos efeitos daquela causa. E como a experiência nunca poderá abranger a natureza na sua totalidade como sistema, tem de frequentemente embater aparentemente naquele conceito e em argumentos entre si contraditórios. Mas mesmo que conseguíssemos abranger empiricamente todo o sistema, na medida em que se trata da simples natureza, nunca poderíamos elevar sobre esta, para chegar ao fim da sua própria existência, e, desse modo, ao conceito determinado daquela inteligência superior.

Se subvalorizarmos a tarefa cuja solução tem a ver com uma teologia física, então aquela parece fácil. Ou seja, se esbanjarmos o conceito de uma *divindade* com todos os seres que pensamos serem racionais e dos quais pode haver um ou vários, que podem possuir muitas e muito grandes qualidades, mas não todas as que são exigíveis para a fundamentação de uma natureza em geral concordante com o maior fim possível. Ou no caso de, numa teoria, não se dar importância ao fato de se completar por meio de acréscimos arbitrários a falha no desempenho dos argumentos e onde só se tem razão para aceitar *muita* perfeição (e que é *muito* para nós?) e considerar-se autorizado a pressupor toda a *perfeição possível*, nesse caso a teologia física pode reivindicar a glória de fundar uma teologia. Se todavia for exigido mostrar o que é que nos impulsiona e, além disso, o que nos justifica introduzir tais complementos, procuraremos em vão um fundamento para a nossa justificação, nos princípios do uso teórico da razão, o qual sempre exige, para a explicação de um objeto da experiência, que não se lhe atribua mais qualidade do que dados empíricos que se encontram para a sua possibilidade. Num exame mais rigoroso veríamos que na verdade existe *a priori* em nós, como fundamento, uma ideia de um ser supremo que assenta num uso completamente diferente (prático) da razão, o qual os impele a completar a representação deficiente de uma teologia física de um fundamento original dos fins até ao conceito de uma divindade. Não imaginaríamos então erroneamente ter demonstrado esta ideia, e com ela ter edificado uma teologia, através do uso teórico da razão do conhecimento do mundo físico.

Não podemos censurar em demasia os antigos pelo fato de eles terem sempre pensado os seus deuses – em parte no que respeita ao seu poder, em parte no que respeita às intenções e expressões da vontade – de uma forma muito variada, mas, no entanto, mesmo no caso do seu chefe, sempre restrita ao modo humano. É que, quando eles consideravam o estabelecimento e o curso das coisas na natureza, encontravam na verdade razão suficiente para admitir algo mais do que o mecânico, como causa da mesma e para imaginar intenções de certas causas mais elevadas por detrás da obra mecânica deste mundo, as quais eles não eram capazes de pensar a não ser como supra-humanas. Mas como eles apresentavam o bem e o mal, o conforme a fins e o contrário a fins de uma forma muito confusa – ao menos para a nossa compreensão – e não se permitiam todavia aceitar, como fundamento, fins sábios e benfeitores – de que eles todavia não viam a prova – a favor da ideia arbitrária de um[13] autor do mundo sumamente perfeito, dificilmente o seu juízo acerca da causa suprema do mundo podia ser diferente, na medida em que eles até atuavam de modo absolutamente consequente, segundo as máximas do uso simplesmente teórico da razão. Outros que, na qualidade de físicos, desejavam ser ao mesmo tempo teólogos pensaram encontrar apaziguamento para a razão no fato de cuidarem da absoluta unidade do princípio das coisas na natureza – a qual é exigida pela razão – mediante a ideia de um ser, no qual, enquanto substância única, existissem em conjunto somente determinações intrínsecas. Tal substância não seria causa do mundo, através do entendimento, porém nele encontraria, enquanto sujeito, toda a inteligência do mundo. Tratar-se-ia de um ser que na verdade não produziria algo segundo fins, mas no qual todas as coisas, por causa da unidade do sujeito do qual elas são simplesmente determinações, se têm de relacionar necessariamente entre si, em conformidade a fins. Assim eles introduziram

---

13 A: de um único supremo... etc.

APÊNDICE • DOUTRINA DO MÉTODO DA FACULDADE DE JUÍZO... • 317

o idealismo das causas finais <*Endursachen*>, na medida em que transformaram a unidade tão difícil de conceber de uma multidão de substâncias articuladas em conformidade a fins da dependência causal *de uma* substância na dependência da inerência *a uma* substância. Em consequência tal sistema, que considerado da perspectiva dos seres do mundo inerente é *panteísmo*, e considerado da perspectiva do sujeito que subsiste sozinho como ser original se torna (mais tarde) *espinosismo*, não só não resolveu a questão do primeiro fundamento da conformidade a fins da natureza, como sobretudo a declarou como vazia de sentido, na medida em que o último conceito – ao ser-lhe retirada toda a sua realidade – foi transformado num puro equívoco de um conceito ontológico universal de uma coisa geral.

Segundo princípios meramente teóricos do uso da razão (sobre os quais apenas a teologia física se funda), não pode por isso nunca ser concebido o conceito de uma divindade que bastasse para o nosso ajuizamento teleológico da natureza. Pois nós ou declaramos toda a teleologia como mera ilusão da faculdade do juízo no ajuizamento da ligação causal das coisas de nos refugiarmos unicamente no princípio de um mero mecanismo da natureza a qual por causa da unidade da substância – de que ela mais nada é do que o múltiplo das determinações da mesma – nos parece conter apenas uma referência geral a fins, ou então, se quisermos continuar a confiar no princípio do realismo deste tipo especial da causalidade, em vez deste idealismo das causas finais, é-nos então possível colocar na base dos fins da natureza muitos seres originais inteligentes, ou somente um ser. Já que não temos à mão, para a fundamentação do conceito daquele, nada mais do que princípios da experiência, retirados da efetiva ligação causal no mundo, não encontramos, por um lado, qualquer conselho contra a distância que a natureza exibe em muitos exemplos a respeito da unidade de fins e, por outro lado, não somos nunca capazes de extrair daí, de um modo bem determinado, o conceito de uma única causa inteligente enquanto o concebermos pela simples experiência, para qualquer teleologia utilizável, seja de que espécie for (teórica ou prática).

318 • Crítica da Faculdade do Juízo • Immanuel Kant

A teleologia física leva-nos na verdade a procurar uma teologia, mas não pode produzir nenhuma, enquanto seguirmos o rastro da natureza por meio da experiência e nos apoiarmos na ligação de fins nela descoberta com ideias da razão (as quais têm de ser teóricas nas tarefas que têm a ver com o físico). De que nos serve (com razão nos queixaremos) colocar, como fundamento de todas estas organizações, uma grande e para nós incomensurável inteligência e deixar que ela ordene este mundo segundo intenções, se a natureza nada nos diz da intenção final <Endabsicht>, nem nos poderá dizer, sem a qual todavia não somos capazes de realizar qualquer ponto de ligação comum de todos estes fins da natureza e qualquer princípio teleológico suficiente, quer para conhecer os fins em conjunto num sistema, quer para realizarmos um conceito da inteligência suprema como causa de uma tal natureza e que pudesse servir de orientação para a nossa faculdade de juízo reflexiva e teleológica? Eu possuiria então na verdade uma *inteligência artística* <Kunstverstand> para fins dispersos, mas nenhuma *sabedoria* para um fim terminal, o qual porém tem de conter o fundamento de determinação daquela. Mas na falta de um fim terminal que somente a razão pura é capaz de dar *a priori* (porque todos os fins no mundo são empiricamente condicionados e nada mais podem conter senão aquilo que é bom para isto ou aquilo, como intenção contingente, e não aquilo que é simplesmente bom) e que unicamente me ensinaria quais as qualidades, qual o grau e qual a relação da causa suprema da natureza que eu tenho de pensar para poder ajuizá-la como sistema teleológico, como e com que direito me é permitido alargar à minha vontade, e completar até à ideia de um ser infinito e onisciente, o meu conceito muito limitado daquela inteligência originária que eu possa fundar no meu parco conhecimento do mundo, do poder daquele ser originário de dar efetividade às suas ideias, da sua vontade de fazer isso etc.? Isto suporia (se fosse possível teoricamente) em mim próprio uma onisciência que consistiria em compreender os fins da natureza na sua completa interdependência e em poder pensar ainda todos os outros possíveis planos, em comparação com os quais o atual teria de ser ajuizado justificadamente como o melhor. É que, sem

APÊNDICE • DOUTRINA DO MÉTODO DA FACULDADE DE JUÍZO... • 319

este conhecimento acabado do efeito, não posso concluir qualquer   409
conceito determinado da causa suprema, conceito que somente
pode ser encontrado no de uma inteligência infinita sob todos os
pontos de vista, isto é, no conceito de uma divindade, e não posso
estabelecer um fundamento para a teologia.

Podemos, por isso, certamente dizer que em todo o alargamento possível da teleologia física, segundo o princípio acima
mencionado, e tendo em conta a constituição e os princípios da
nossa faculdade de conhecimento, não podemos pensar a natureza nos seus arranjos conformes a fins, por nós conhecidos, senão
como o produto de uma inteligência a que aqueles estão subordinados. Mas saber se esta inteligência pode ter tido ainda uma
intenção final em relação ao todo daqueles arranjos e à respectiva
produção (a qual nesse caso não poderia ter lugar na natureza do
mundo dos sentidos) é algo que a investigação da natureza nunca
nos poderá revelar; pelo contrário, ficará sempre por descobrir se
aquela causa suprema é em todos esses casos o seu fundamento
originário, segundo um fim terminal, e não sobretudo através de
uma inteligência determinada pela simples necessidade da sua natureza para a produção de certas formas (segundo a analogia com
aquilo a que nos animais chamamos de instinto artístico), e sem
que para isso seja necessário atribuir-lhe unicamente sabedoria
e, ainda menos, uma sabedoria suprema, ligada a todas as outras
qualidades exigíveis para a perfeição do seu produto.

Por isso a teologia física é uma teleologia física mal compre-   410
endida, somente utilizável como preparação (propedêutica) para
a teologia, só alcançando tal intenção mediante a contribuição de
outro princípio, no qual se possa apoiar, e não por si mesma como
o seu nome dá a entender.

§ 86. Da teologia ética

Existe um juízo a que entendimento mais comum não pode
furtar-se, no caso de refletir sobre a existência das coisas no mundo e sobre a própria existência deste: todas as múltiplas criaturas –
seja qual for a magnitude de sua disposição artística e a variedade

320 • Crítica da Faculdade do Juízo • Immanuel Kant

e conformidade a fins de sua interdependência recíproca – e até mesmo o todo constituído por tantos sistemas dessas criaturas, a que de forma incorreta chamamos mundos, se reduziriam a nada, se não existissem para elas homens (seres racionais em geral). O que significa que, sem o homem, a inteira criação seria um simples deserto, inútil e sem um fim terminal. Contudo também não é em relação à faculdade de conhecimento do mesmo (razão teórica) que a existência de todo o restante do mundo recebe antes de mais nada o seu valor, talvez para que exista alguém que possa *contemplá-lo*. Pois, se esta contemplação do mundo não lhe representasse senão coisas desprovidas de fim terminal, somente pelo fato de aquele ser conhecido não se pode acrescentar qualquer valor à existência do mundo; e tem de pressupor-se de antemão um fim terminal do mesmo, em relação ao qual a própria contemplação do mundo tenha um valor. Também não é em relação ao sentimento de prazer e à soma destes <prazeres> que pensamos um fim terminal da criação como dado, isto é, não é em relação ao bem-estar do gozo (quer ele seja corpóreo ou espiritual) – em uma palavra, à felicidade – que podemos avaliar aquele valor absoluto. Com efeito, já que o homem existe, o fato de colocar para si mesmo a felicidade como objetivo final não fornece nenhum conceito, em função do qual ele em geral exista, nem que o valor ele próprio tenha, de modo a que lhe torne a própria existência agradável. Ele já por isso tem de ser pressuposto como fim terminal da criação, para ter um fundamento racional para explicar por que razão a natureza terá de concordar com a sua felicidade, no caso de ser considerada como um todo absoluto segundo princípios dos fins. Por isso é somente a faculdade de apetição, mas não aquela que o torna dependente da natureza (através dos impulsos sensíveis), nem aquela em relação à qual o valor da sua existência assenta no que ele recebe e goza, mas sim o valor que somente ele pode dar a si próprio, e que consiste naquilo que ele faz, no modo e segundo que princípios ele atua, não enquanto membro da natureza, mas na *liberdade* da sua faculdade de apetição, isto é, só uma boa vontade é aquilo pelo qual unicamente a sua existência pode ter um

APÊNDICE • DOUTRINA DO MÉTODO DA FACULDADE DE JUÍZO... • 321

valor absoluto e em relação ao qual a existência do mundo pode ter *fim terminal*.

Com isso também concorda em absoluto o mais comum dos juízos da sã razão humana, isto é, que o ser humano somente como ser moral pode ser um fim terminal da criação, no caso de ajuizarmos unicamente esta questão e tomarmos a iniciativa de a provarmos. De que serve, dir-se-á, que este homem tenha tanto talento, que ele com isso até seja muito ativo e desse modo exerça uma influência útil no ser comum e por isso possua um grande valor em relação tanto ao que concerne às circunstâncias da sua felicidade, como ao proveito dos outros, se na tiver uma boa vontade? É um objeto desprezível, se o considerarmos no seu interior. E, se à criação não faltar por completo um fim terminal, então ele, que como homem também lhe pertence, como homem mau contudo tem de perder, num mundo regido por leis morais e em conformidade com estas, o seu fim subjetivo (o da felicidade), enquanto condição única sob a qual a sua existência pode coexistir com um fim terminal.

Ora, se encontrarmos no mundo arranjos finais e, tal como a razão inevitavelmente exige, subordinarmos os fins – que estão somente condicionados a um fim supremo, isto é, a um fim terminal, então se vê facilmente, em primeiro lugar, que de fato se trata, não de um fim da natureza (no interior da mesma), na medida em que ela existe, mas do fim da sua existência com todas as respectivas disposições, por conseguinte do último *fim <letzten Zweck> da criação* e neste também, no fundo, da suprema condição, sob a qual somente pode ter lugar um fim terminal, isto é, o fundamento de determinação de uma inteligência superior para a produção de seres do mundo. ⁴¹³

Ora, como nós reconhecemos os homens somente enquanto seres morais como o fim da criação, possuímos então desde logo uma razão, ao menos a condição principal para considerar o mundo como um todo coerente segundo fins e como *sistema* de causas finais; mas antes de mais temos um princípio para a referência, para nós necessária (tendo em conta a constituição da nossa razão), de fins da natureza a uma causa do mundo inteligente, que nos serve para pensar a natureza e as qualidades desta primeira causa como fundamento supremo no reino dos fins e assim determinar o conceito dos mesmos, coisa de que a teleologia física não era capaz, a qual somente podia originar conceitos indefinidos precisamente por isso inúteis, tanto para o uso teórico como para o prático.

A partir deste princípio, assim determinado, da causalidade do ser originário, temos de pensá-lo não simplesmente como inteligência e legislador relativamente à natureza, mas também como legislador que comanda num reino moral dos fins. Em relação ao *bem supremo*, unicamente possível sob o seu domínio, a saber, a existência de seres racionais sob leis morais, havemos de pensar este ser originário como *onisciente*, para que assim até mesmo a mais íntima das atitudes <*Gesinnungen*> (que constitui o verdadeiro valor moral das ações dos seres racionais) não lhe esteja oculta; como *todo-poderoso*, para que possa tornar adequada a este fim supremo toda a natureza; como *sumamente bom* e ao mesmo tempo *justo*, já que estas duas qualidades (unidas são a *sabedoria*) constituem as condições da causalidade de uma causa suprema do mundo como o bem mais alto sob leis morais; e deste modo também temos de pensar nele todas as restantes qualidades transcendentais, tais como a *eternidade*, a *onipresença* etc. (pois bondade e justiça são qualidades morais), as quais são pressupostas em relação ao mencionado ser originário. Desta forma a *teologia moral* preenche as carências da teleologia *física* e funda em primeiro lugar uma *teologia*, pois se aquela segunda não tomasse coisas emprestadas da primeira sem o notar e, pelo contrário, procedesse consequentemente, não conseguiria fundar por si só nada mais do que uma *demonologia*, a qual é incapaz de qualquer conceito determinado.

Mas o princípio da relação do mundo com uma causa suprema como divindade, por causa da determinação moral do fim de certos seres nele existentes, não consegue isto simplesmente porque completa a prova físico-teológica e por isso coloca esta necessariamente como argumento, mas também porque é *por si mesma*

APÊNDICE • DOUTRINA DO MÉTODO DA FACULDADE DE JUÍZO... • 323

para tanto suficiente e dirige a atenção para os fins da natureza e para a investigação da incompreensível e grande arte que está oculta atrás das suas formas, para dar às ideias, que a razão pura prática prepara, uma eventual confirmação com base nos fins da natureza. É que o conceito de seres do mundo sob leis morais é um princípio *a priori*, em função do qual o homem necessariamente se ajuíza a si próprio. Além disso, a razão também considera *a priori* como um princípio para ela necessário, em relação ao ajuizamento teleológico da existência das coisas, o seguinte: se existe por toda parte uma causa do mundo atuando, intencionalmente e orientada para um fim, aquela relação moral terá que tão necessariamente ser a condição da possibilidade de uma criação, como a relação segundo leis físicas (ou seja, se aquela causa inteligente também possuir um fim terminal). Ora, o que é preciso saber é se temos um fundamento suficiente para a razão (seja ela especulativa ou prática) para atribuir um *fim terminal* a causas supremas atuando segundo fins. Na verdade o fato deste fim não pode ser outro *senão o homem subordinado a leis morais*, segundo a constituição 416 subjetiva da nossa razão, e, seja de que modo pensarmos a razão de outros seres, é algo que é válido para nós *a priori*. Pelo contrário, os fins da natureza, na organização física, não podem de modo nenhum ser por nós conhecidos *a priori*, pois ao contrário não se pode de modo nenhum descortinar o fato que uma natureza não possa existir sem tais fins.

OBSERVAÇÃO

Imagine-se um homem nos momentos em que o seu ânimo está predisposto ao sentimento moral! Rodeado por uma bela natureza, quando se encontrar a gozar tranquila e serenamente da sua existência, sentirá em si a necessidade de agradecer a alguém. Ou se de uma outra vez e numa igual disposição de ânimo ele se vir pressionado por obrigações, as quais só através do sacrifício voluntário ele poderá e quererá cumprir, vai sentir nesse caso em si uma necessidade de, ao mesmo tempo, ter executado um mandamento e obedecido a um ser superior. Ou no caso de ele ter atuado

324 • Crítica da Faculdade do Juízo • Immanuel Kant

um tanto irrefletidamente, contra a sua obrigação, pelo que não se tornou todavia completamente responsável perante os outros homens, mesmo assim a rigorosa autocensura será ouvida nele, como se fosse a voz de um juiz a quem tivesse que prestar contas sobre o que fez. Numa palavra: necessita de uma inteligência moral, para que o fim, em função do qual ele existe, tenha um ser que, em conformidade com esse fim, seja a sua causa e mundo. É inútil congeminar motivos por trás destes sentimentos; na verdade, estes relacionam-se diretamente com a mais pura das atitudes morais, porque *gratidão, obediência* e *humildade* (subordinação a castigos merecidos) são particulares predisposições do ânimo para o dever, e o ânimo inclinado para o alargamento da respectiva atitude moral pensa aqui voluntariamente só um objeto que não está no mundo, a fim de, se possível, evidenciar também o seu dever para com aquele. Por isso é ao menos possível (e o fundamento para isso encontra-se no modo de pensar moral) representar uma necessidade moral pura da existência de um ser, sob a qual, quer a nossa moralidade <*Sittlichkeit*> ganhe mais forças, quer também (ao menos segundo o nosso modo de ver) mais amplitude, ou seja, ganhe um novo objeto para o seu desempenho. Isto é, torna-se possível admitir um ser legislador moral fora do mundo, a partir de um fundamento (decerto somente subjetivo) moral puro, livre de todas as influências estranhas, sem qualquer consideração a demonstrações teóricas, ainda menos a interesses egoístas e baseados simplesmente na recomendação de uma razão pura prática e legisladora por si mesma. E ainda que uma tal disposição de ânimo aconteça raramente, ou não persista durante muito tempo, mas pelo contrário passe de forma fugidia e sem uma duração constante, ou também sem uma reflexão coerente acerca do objeto representado num tal domínio de sombras e sem preocupação de expô-lo em conceitos claros, não se deve todavia desconhecer a razão pela qual a disposição moral em nós, enquanto princípio subjetivo, não se contenta com a consideração do mundo e com a respectiva conformidade a fins mediante causas naturais, mas, pelo contrário, coloca na sua base uma causa suprema, dominando a natureza segundo princípios morais. Ao que ainda se acrescenta

APÊNDICE • DOUTRINA DO MÉTODO DA FACULDADE DE JUÍZO... • 325

que nos sentimos impelidos em direção a um fim supremo universal constrangidos pela lei moral, mas no entanto nos sentimos de igual modo – assim como toda a natureza – incapazes de alcançá--lo, acrescentando-se ainda que, só na medida em que aspiramos a isso, é que podemos julgar estar de acordo com o fim terminal de uma causa do mundo inteligente (no caso de esta existir). Assim existe um fundamento moral puro da razão prática para aceitar esta causa (já que isso pode acontecer sem contradição), pelo que assim já não corremos o risco de considerar aquele impulso nos seus efeitos[14] como completamente fútil e deixá-lo desse modo esmorecer.

Com tudo isso queremos simplesmente dizer que o *temor* pôde na verdade produzir em primeiro lugar *deuses* (demônios), mas a *razão*, através dos seus princípios morais, pôde primeiramente criar o conceito de *Deus* (se bem que na teleologia da natureza se fosse habitualmente muito ignorante, ou também muito indeciso por causa da dificuldade em fazer concordar entre si fenômenos contraditórios através de um princípio suficientemente comprovado). Pretendemos também dizer que a interior determinação final *moral* da sua existência completava aquilo que faltava ao conhecimento da natureza, na medida em que tal determinação levava a pensar, para o fim terminal da existência de todas as coisas e em relação ao qual o princípio da razão só pode ser *ético*, a causa suprema com qualidades, com que ela pode subordinar toda a natureza àquela única intenção (relativamente à qual essa natureza não é mais do que instrumento), isto é, levava a pensar aquela causa como *divindade*.

§ 87. Da prova moral da existência de Deus

Existe uma *teleologia física*,[15] a qual fornece à nossa faculdade de juízo teórico-reflexiva um argumento suficiente para admitir a existência de uma causa do mundo inteligente. Contudo encontramos também em nós mesmos, e sobretudo no conceito de um

---

14   "nos seus efeitos" falta em A.
15   A: teologia.

ser racional dotado de liberdade (da sua causalidade), uma *teleologia moral*, a qual porém, como determina *a priori* a relação final em nós mesmos com a sua própria lei e por conseguinte pode ser conhecida como necessária, não necessita, para esta interna conformidade a leis, de qualquer causa inteligente fora de nós, tampouco naquilo que encontramos conforme a fins nas qualidades geométricas das figuras (para toda a espécie de atividade artística), não podemos visar a uma inteligência suprema que dê àquelas essa conformidade. Mas esta teleologia moral certamente diz-nos respeito como seres do mundo e por isso como seres ligados a outras coisas no mundo. São precisamente as mesmas leis morais que nos prescrevem ajuizar aqueles seres, seja como fins, seja como objetos, a respeito dos quais nós próprios somos um fim terminal.[16] Ora, esta teleologia moral, que diz respeito à referência da nossa própria causalidade a fins e mesmo a um fim terminal – o qual deve ser proposto por nós no mundo – assim como à relação recíproca do mundo com aquele fim moral e à possibilidade externa da sua realização (para o que nenhuma teleologia física nos pode dar qualquer orientação), suscita então a necessária questão de saber se o nosso ajuizamento racional tem necessidade de sair do mundo e procurar, para aquela relação da natureza com a moralidade em nós, um princípio inteligente supremo, a fim de representarmos também a natureza como conforme a fins, na sua relação com a legislação moral interna e a sua possível realização. Daqui se segue sem dúvida que existe uma teleologia moral, e esta se liga precisamente de uma forma tão necessária à *nomotética* da liberdade, por um lado, e à da natureza, por outro, como à legislação civil se liga a questão de saber onde é que se deve procurar o Poder Executivo. Aquela teleologia existe em geral[17] em tudo em que a razão deve oferecer um princípio da efetividade de uma certa ordem das coisas conforme a leis e possível somente segundo ideias. Vamos expor o progresso da razão, desde aquela teleologia moral e da sua

---

16   A: seja como fins, seja nós mesmos a respeito do seu fim terminal.
17   A: relaciona-se.

APÊNDICE • DOUTRINA DO MÉTODO DA FACULDADE DE JUÍZO... • 327

relação com a teleologia física, em direção primeiro à teologia e a seguir vamos tratar da possibilidade e rigor deste tipo dedutivo de considerações.

Se admitimos a existência de certas coisas (ou somente de certas formas das coisas) como contingentes, por conseguinte somente através de algo diferente como causa, então se pode procurar para esta causalidade o fundamento supremo e por isso para aquilo que é condicionado o fundamento incondicionado, quer na ordem física, quer na teleológica (segundo o *nexu effectivo*, ou *finali*). Isto é, pode-se perguntar qual é a suprema causa produtora, ou qual é o fim supremo (simplesmente incondicionado) dessa causa, isto é, o fim terminal da sua geração ou de todos os seus produtos em geral, pelo que então realmente se pressupõe que ela é capaz da representação dos fins, por conseguinte é um ser inteligente, ou pelo menos temos de pensá-la[18] atuando segundo as leis de um tal ser.

Ora, no caso de seguirmos a última ordem de questões, existe um *princípio*, que a razão mais comum tem de imediatamente aprovar: se deve haver um fim *terminal* que a razão tem de indicar, este não pode ser outro senão o *homem* (qualquer ser racional do mundo) *sob leis morais*.[19] É que (assim julga toda gente) se o

---

18 A: representá-la.

19 Afirmo-o com determinação: sob leis morais. Não é o homem em *conformidade* com leis morais, isto é, tal que se comporte de acordo com elas, que é o fim terminal da criação. Na verdade com a última forma de expressão diríamos mais do que sabemos, isto é, que está no poder de um autor do mundo fazer que o homem se comporte sempre de forma adequada às leis morais. Tal pressupõe um conceito de liberdade e da natureza (da qual só se pode pensar um autor externo) que teria de conter uma perspiciência do substrato suprassensível da natureza e da unicidade desta com aquilo, que torna possível mediante a liberdade no mundo, compreensão que muito se afasta da nossa compreensão racional. É só do *homem sob leis morais* que podemos dizer, sem ultrapassar os limites da nossa compreensão: a sua existência constitui o fim terminal do mundo. Isso entra em perfeito acordo com o juízo da razão humana que reflete moralmente sobre o curso do mundo. Acreditamos perceber o rastro de uma sábia relação a fins até mesmo no mal, quando vemos que o criminoso malvado não morre antes de

328 • Crítica da Faculdade do Juízo • Immanuel Kant

mundo fosse constituído por seres sem vida ou então em parte por seres vivos, mas privados de razão, a sua existência não teria absolutamente nenhum valor, porque nele nenhum ser existiria que tivesse o mínimo conceito de um valor. Pelo contrário, se também existissem seres racionais, cuja razão porém tivesse condições para colocar o valor da existência das coisas somente na relação da natureza com eles (com o seu bem-estar), mas não para originalmente (na liberdade) conseguir para si mesmos esse valor, nesse caso existiriam na verdade fins (relativos) no mundo, mas nenhum (absoluto) fim terminal, já que então a existência de tais seres racionais seria sempre privada de fim. Mas as leis morais têm como característica peculiar o fato de prescreverem incondicionalmente à razão algo como fim, por conseguinte precisamente como é exigido pelo conceito de um fim. Por isso a existência de uma tal razão, que na relação final consigo mesma pode ser a lei suprema – por outras palavras, a existência de seres racionais sob leis morais –, pode por isso ser pensada unicamente como fim terminal da existência de um mundo. Mas, se não é isto que se passa, nesse caso, ou não existe na causa qualquer fim para a existência daquele, ou como fundamento da sua existência, existem fins sem um fim terminal.

A lei moral, enquanto condição formal da razão no que respeita ao uso da nossa liberdade, obriga-nos por si só, sem depender

---

ter sofrido o castigo devido pelos seus crimes. Segundo os nossos conceitos de uma causalidade livre, o bom ou mau comportamento repousa em nós; mas a sabedoria suprema do governo do mundo é posta por nós no fato da oportunidade para o primeiro, de porém o resultado para ambos estar dependente do acordo com leis morais. No último reside no fundo a honra de Deus, a qual por isso foi designada pelos teólogos, de forma conveniente, o último fim da criação. Deve-se ainda notar que quando nos servimos da palavra criação nada mais compreendemos do que aquilo que aqui é dito, ou seja, a causa da *existência* de um *mundo* ou das coisas nele (das substâncias). É o que também encerra o autêntico conceito desta palavra (*actuatio substantiae est creatio*): o que por conseguinte já não comporta a pressuposição de uma causa atuando com liberdade e por isso inteligente (cuja existência nós queremos antes de mais nada demonstrar). (K)

APÊNDICE • DOUTRINA DO MÉTODO DA FACULDADE DE JUÍZO... • 329

de qualquer fim como condição material. Mas também nos determina, e mesmo *a priori*, um fim terminal para o qual ela nos obriga e este é o *bem supremo no mundo*, possível pela liberdade. A condição subjetiva, sob a qual o homem (e, segundo todos os nossos conceitos, de igual modo todos os seres finitos racionais) pode colocar um fim terminal, subordinado à lei mencionada, é *a felicidade*. Por consequência, o supremo bem físico possível no mundo e, tanto quanto estiver nas nossas forças, bem a realizar como fim terminal, é a *felicidade*, sob a condição objetiva do acordo do homem com a lei da *moralidade*, isto é, do merecimento <*Würdigkeit*> a ser feliz.

Mas é impossível representar estas duas condições do fim terminal que nos é indicado pela lei moral, segundo todas as nossas faculdades racionais, como ligadas através de meras causas naturais e adequadas à ideia do fim terminal pensado. Por isso o conceito de *necessidade prática* de um tal fim, através da aplicação das nossas faculdades, não concorda com o conceito teórico da possibilidade física da realização do mesmo. Se não ligarmos à nossa liberdade nenhuma outra causalidade (de um meio) que não seja a da natureza.

Por conseguinte temos de admitir uma causa do mundo moral (um autor do mundo) para nos propormos um fim terminal conforme à lei moral; e, na medida em que esta última afirmação é necessária, assim também (isto é, no mesmo grau e pela mesma razão) deve-se admitir necessariamente a última, nomeadamente que existe um Deus.[20]

* * *

---

20 Este argumento moral não deve fornecer qualquer demonstração *objetivamente* válida da existência de Deus, nem demonstrar ao cético que existe um Deus, mas sim que, se ele quiser pensar consequentemente de um ponto de vista moral, *terá de aceitar* este princípio entre as máximas da sua razão prática. Não se deve dizer com isso que é necessário *para a moral* admitir a felicidade de todos os seres racionais do mundo de acordo com a respectiva moralidade, mas sim que é pela moralidade que é necessário admitirmos isso. Por conseguinte, é um argumento suficiente *subjetivamente* para o ser moral. (K)

330 • Crítica da Faculdade do Juízo • Immanuel Kant

Esta demonstração, a que se pode facilmente dar a forma da precisão lógica, não significa que seja precisamente tão necessário admitir a existência de Deus quanto é necessário reconhecer a validade da lei moral e, por conseguinte, quem não se pudesse convencer com a primeira poderia julgar-se desligado da última. De forma nenhuma! Somente se teria que desistir de *visar* ao fim terminal, atuando no mundo, através da observância da última (de uma felicidade de seres racionais conjugando-se harmoniosamente com a observância de leis morais, como supremo bem do mundo). Todo e qualquer ser racional teria de continuar a reconhecer-se estritamente ligado às prescrições da moralidade; é que as leis desta são formais e ordenam incondicionalmente sem consideração de fins (como matéria[21] do querer). Mas a única exigência do fim terminal, tal como a razão prática o prescreve aos seres do mundo, é a de um fim irresistível neles colocado, mediante a sua natureza (como seres finitos), fim que a razão deseja submetido somente à lei moral, *enquanto condição* intocável, ou deseja também saber universalmente realizado, segundo aquela lei, fazendo assim um fim terminal da promoção da felicidade em concordância com a moralidade. Ora, promover este fim, tanto quanto (no que respeita à felicidade) estiver nas nossas posses, é-nos imposto mediante a lei moral, qualquer que seja o desfecho desse esforço. O cumprimento do dever consiste na forma do querer autêntico e não nas causas mediadoras daquilo que é conseguido.

Suponhamos que um homem se persuadia, impressionado, quer pela fraqueza de todos os enaltecidos argumentos especulativos, quer através da muita irregularidade que lhe aparece na natureza e no mundo moral, de que não existe Deus. A seus olhos tornar-se-ia porém um ser indigno, se daí concluísse ser de considerar a lei do dever simplesmente imaginada, sem validade, privada de coercitividade e decidisse violá-la temerariamente. Um tal indivíduo, com esse modo de pensar, continuaria ainda assim a ser um ser indigno, se em seguida se pudesse convencer daquilo

---

21 A: independentemente de todos os fins (como da...).

APÊNDICE • DOUTRINA DO MÉTODO DA FACULDADE DE JUÍZO... • 331

de que a princípio duvidava, ainda que cumprisse o seu dever sem
uma atitude de apreço pelo dever e tão rigorosamente quanto se   427
pode exigir, no respeitante aos resultados, mas por temor, ou com
intenção de ser recompensado. Inversamente, se ele como crente,
e segundo a sua consciência, obedece ao dever de modo sincero
e desinteressado e, no entanto – sempre que ele se queira experimentar – pudesse então convencer-se que não existe Deus e acre-
ditasse logo a seguir que se libertava de toda a obrigação moral,
ver-se-ia então mal colocado perante a sua interior atitude moral.

Podemos por isso admitir um homem bem formado (como
em certa medida Espinosa)[22] que se deixe convencer que não há
Deus (já que no que respeita ao objeto da moralidade as consequências são as mesmas), assim como nenhuma vida futura; como
ajuizará ele a sua própria determinação final interior mediante a
lei moral, a qual ele verdadeiramente preza? Não exige para o seu
cumprimento qualquer vantagem para si, nem neste, nem noutro
mundo; sobretudo e de modo desinteressado o que ele quer é somente fundar o bem, para o qual aquela lei sagrada oferece todas
as suas forças. Mas o seu esforço é limitado. Na verdade ele pode
esperar da natureza, aqui e além, um apoio casual, mas jamais uma
feliz concordância,[23] conforme a lei e segundo regras constantes
(tal como interiormente são e têm que ser as suas máximas). Com
o fim, ao qual ele porém se sente vinculado e impelido a realizar.
Mentira, violência e inveja rondá-lo-ão sempre, ainda que ele pró-   428
prio seja honrado, pacífico e benevolente; e as pessoas bem formadas que ainda encontra, a despeito de todo o seu merecimento em
ser felizes, serão subordinadas pela natureza – que não toma isso
em consideração – tal como os restantes animais da Terra, a todos
os males da privação, das doenças e da morte imprevisível e assim
permanecerão até que um largo túmulo a todos trague (honestos
e desonestos, aí tanto faz) e os lance – a eles que então podiam
acreditar serem o fim terminal da criação – de volta no abismo

---

22   "como em certa medida Espinosa", é acréscimo das edições B e C.
23   A: concordância da natureza.

332 • Crítica da Faculdade do Juízo • Immanuel Kant

do caos da matéria sem finalidade, do qual tinham saído. Por isso o fim que aquele indivíduo bem-intencionado tinha e devia ter perante si, no cumprimento da lei moral, tinha de ser porém posto de parte como impossível; ou no caso de ele pretender continuar fiel ao apelo da sua determinação moral interior e não enfraquecer o respeito a que a lei moral interior diretamente lhe sugere que obedeça, por causa da aniquilação do único fim terminal ideal, adequado à sua elevada exigência (o que não pode acontecer sem uma demolição da disposição moral interna): nesse caso ele tem de aceitar a *existência* de um autor *moral* do mundo, isto é, de Deus – coisa que ele bem pode fazer, na medida em que não é em si contraditório, ao menos numa intenção prática –, isto é, para ao menos ter um conceito da possibilidade do fim terminal que moralmente lhe está prescrito.

§ 88. *Limitação da validade da prova moral*

A razão pura, enquanto faculdade prática, isto é, enquanto faculdade de determinar o uso livre da nossa causalidade mediante ideias (conceitos racionais puros), não contém unicamente na lei moral um princípio regulativo das nossas ações, mas igualmente também fornece, desse modo, um princípio subjetivo-constitutivo no conceito de um objeto que só a razão pode pensar e que deve tornar efetivo mediante a nossa ação no mundo, segundo aquela lei. A ideia de um fim terminal no uso da liberdade, segundo leis morais, tem por isso uma realidade *prático-subjetiva*. Somos determinados *a priori* pela razão, no sentido de promover com todas as nossas forças o maior bem do mundo <*das Wetlbeste*>, o qual consiste na ligação do maior bem <*Wohl*> dos seres racionais do mundo com a suprema condição do bem <*des Guten*> nos mesmos, isto é, da felicidade universal com a moralidade maximamente conforme a leis. Neste fim terminal, a possibilidade de uma parte, isto é, da felicidade, condicionada empiricamente, quer dizer dependente da constituição da natureza (quer ela convenha ou não a este fim) é, de um ponto de vista teórico, problemática, enquanto a outra parte, quer dizer, a moralidade, em referência à

APÊNDICE • DOUTRINA DO MÉTODO DA FACULDADE DE JUÍZO... • 333

qual nós somos livres da ação da natureza, é segundo a sua possibilidade *a priori* certa e é dogmaticamente conhecida. Por isso é exigido para a realidade teórica objetiva do conceito de fim terminal de seres racionais do mundo que não tenhamos unicamente um fim terminal proposto *a priori*, mas também que a criação, isto é, o próprio mundo, possua um fim terminal segundo a sua existência. No caso de isto poder ser demonstrado *a priori*, acrescentaria à realidade subjetiva do fim terminal a realidade objetiva. Pois se a criação possui toda ela um fim terminal, então não podemos pensá-la de outro modo senão de que ele tem de entrar em acordo com o fim moral (o único que torna possível o conceito de um fim). Ora, a verdade é que nós encontramos fins no mundo e a teleologia física apresenta-os de tal modo que, se quisermos julgar segundo a razão, temos justificação para admitir por fim, como princípio da investigação da natureza, que nela nada existe sem fim; porém é em vão que procuramos o fim terminal da natureza nela própria. Daí que este possa e tenha de ser procurado, mesmo segundo a sua possibilidade objetiva, somente em seres racionais, assim como a sua ideia se encontra somente na razão. Contudo a razão prática desses seres não lhes dá unicamente este fim terminal, mas determina também este conceito relativamente às condições, sob as quais unicamente pode ser pensado por nós um fim terminal da criação.

Coloca-se agora a questão de saber se não se pode demonstrar que a realidade objetiva do conceito de um fim terminal da criação é também suficiente para as exigências de tipo teórico da razão pura e, ainda que não o seja de forma apodítica para a faculdade de juízo determinante, é todavia suficiente para as máximas da faculdade de juízo teórico-reflexiva. Isto é o mínimo que se pode exigir à filosofia especulativa que se empenha em ligar o fim moral com os fins da natureza, através da ideia de um único fim; mas mesmo este pouco é bem mais do que ela pode realizar.

Segundo o princípio teórico-reflexivo da faculdade do juízo, diríamos o seguinte: se temos razão para admitir para os produtos conformes a fins da natureza uma causa suprema desta, cuja cau-

334 • CRÍTICA DA FACULDADE DO JUÍZO • IMMANUEL KANT

salidade relativamente à efetividade daquela última (a criação) tem de ser pensada de maneira diferente daquela que é exigível para o mecanismo da natureza nomeadamente como causalidade de uma inteligência, então temos razão suficiente para pensar neste ser originário, não simplesmente fins na natureza, mas também um fim terminal e, ainda que não para demonstrar a existência de um tal ser, todavia ao menos (tal como aconteceu na teleologia física) para nos convencermos de que somos capazes de compreender a possibilidade de um tal mundo, não simplesmente em função de fins, mas também pelo fato de atribuirmos um fim terminal à sua existência.

Porém um fim terminal é simplesmente um conceito da nossa razão prática e não pode ser concluído a partir de quaisquer dados da experiência do ajuizamento teórico da natureza, nem ser retirado do conhecimento da mesma. Não é possível qualquer uso deste conceito, a não ser unicamente para a razão prática segundo leis morais; e o fim terminal da criação é aquela natureza do mundo que entra em acordo com aquilo que nós somente podemos determinar segundo leis, isto é, com o fim terminal da nossa razão prática pura e na verdade na medida em que esta deve ser prática. Ora, através da lei moral que, numa intenção prática, nomeadamente para aplicarmos as nossas faculdades na sua realização, nos impõe aquele fim, temos um fundamento para admitir a possibilidade e mesmo a possibilidade de realização do mesmo. Por conseguinte temos fundamento para admitir também uma natureza das coisas que com ele concorda (porque, sem o suporte da natureza a uma condição que não se encontra em nosso poder, seria impossível a realização desse fim). Por isso possuímos um fundamento moral para pensarmos num mundo também um fim terminal da criação.

Ora, este não representa ainda a inferência da teleologia moral para uma teologia, isto é, para a existência de um autor moral do mundo, mas sim somente para um fim terminal da criação, o qual é desse modo determinado. Agora que para esta criação, isto é, para a existência das coisas em conformidade com um *fim terminal*, tenha de ser admitido, em primeiro lugar, um ser

APÊNDICE • DOUTRINA DO MÉTODO DA FACULDADE DE JUÍZO... • 335

inteligente como um autor do mundo, mas, em segundo lugar, não simplesmente inteligente (como para a possibilidade das coisas da natureza que éramos obrigados a ajuizar como fins), mas igualmente um ser *moral*, por conseguinte um Deus, tal é uma segunda inferência, com características tais que se percebe que somente existe para a faculdade de juízo segundo conceitos da razão prática e como tal própria para a faculdade de juízo reflexiva, não para a determinante. É que não podemos ter a pretensão de descortinar que, se bem que em nós a razão prático-moral seja essencialmente diferente nos seus princípios da técnico-prática, o mesmo tenha de acontecer na causa suprema do mundo, no caso de esta ser admitida como inteligência e que seja de exigir uma espécie particular e diferente da causalidade da mesma para o fim terminal, diferente da que se exige simplesmente para fins da natureza. Assim como não podemos pretender descortinar que, em consequência, não temos no nosso fim terminal simplesmente um *fundamento moral* para aceitar um fim terminal da criação (como efeito), mas também um *ser moral* como fundamento original da criação. Todavia podemos decerto dizer que, *segundo a constituição da nossa faculdade racional*, não podemos de forma nenhuma compreender a possibilidade de uma tal conformidade a fins relacionada com a lei moral e o seu objeto, tal como existe neste fim terminal, sem um demiurgo e regente que simultaneamente seja legislador moral.

A efetividade de um supremo autor do mundo e um legislador moral está por isso suficientemente demonstrada simplesmente *para o uso prático* da nossa razão, sem determinar algo teoricamente a respeito da sua existência. É que aquela necessita para a possibilidade do seu fim, o qual nos é prescrito pela sua própria legislação, de uma ideia pela qual se afaste o impedimento proveniente da incapacidade da sua observância pelo simples conceito natural do mundo (suficiente para a faculdade de juízo reflexiva); e esta ideia recebe deste modo realidade prática, ainda que para o conhecimento especulativo faltem todos os meios para lhe fornecer uma tal realidade numa intenção teórica para a explicação da natureza e a determinação da causa suprema. A teleologia física demonstrou suficientemente uma causa do mundo inteligente para

336 • Crítica da Faculdade do Juízo • Immanuel Kant

a faculdade de juízo teórico-reflexiva, a partir dos fins da natureza, enquanto para a faculdade de juízo prática é a teleologia moral que isso consegue, através do conceito de um fim terminal que, numa intenção prática, ela é obrigada a atribuir à criação. A realidade objetiva da ideia de Deus, enquanto autor do mundo moral, não pode de fato *unicamente* ser demonstrada mediante fins de caráter físico. Não obstante, se o seu conhecimento for articulado com o dos fins morais, tais fins são, em razão da máxima da razão pura que consiste em prescrever a unidade dos princípios tanto quanto for possível, de grande significado para apoiar a realidade prática daquela ideia através da realidade que ela já possui para a faculdade do juízo numa intenção teórica.

Note-se aqui que é altamente necessário evitar um equívoco que facilmente aparece, isto é, que só analogicamente podemos *pensar* estas qualidades do ser supremo. Na verdade de que modo poderemos investigar a sua natureza, da qual a experiência não pode mostrar nada de semelhante? Em segundo lugar, outro equívoco é a afirmação segundo a qual, através dessas qualidades, somente o podemos pensar, não *conhecê-lo* ou acrescentar-lhe essas qualidades de uma forma, por assim dizer, teórica. É que então caberia à faculdade de juízo determinante, numa intenção especulativa da nossa razão, compreender aquilo que a causa suprema do mundo *é em si*. No entanto aqui nos interessa somente qual o conceito que nós, segundo a constituição das nossas faculdades de conhecimento, temos de fazer desse ser e se temos de admitir a sua existência, para conceder de igual modo apenas realidade prática a um fim que a razão pura prática, sem todos aqueles pressupostos, nos obriga a realizar *a priori* com todas as nossas forças, isto é, para poder pensar como possível um efeito somente intencionado. Ainda assim aquele conceito pode ser transcendente para a razão especulativa e pode acontecer que as qualidades que desse modo acrescentamos ao ser por nós pensado, usadas de forma objetiva, escondam em si um antropomorfismo. A verdade é que aquilo que se pretendia com a sua utilização não era determinar a natureza desse ser, que para nós é inapreensível, mas sim a nós próprios e à

APÊNDICE • DOUTRINA DO MÉTODO DA FACULDADE DE JUÍZO... • 337

nossa vontade. Assim como nós designamos uma causa segundo o conceito que possuímos do efeito (mas somente a respeito da sua relação com este), sem desse modo pretender determinar internamente a constituição intrínseca daquela, mediante as qualidades de causas semelhantes, que somente nos devem ser conhecidas e dadas através da experiência; assim como, por exemplo, atribuímos também à alma, entre outras qualidades, uma *vim locomotivam*, porque efetivamente do corpo nascem movimentos, cuja causa se encontra nas representações daquela, sem desse modo lhe pretender acrescentar a única espécie de forças que nós conhecemos e a que chamamos forças motoras (nomeadamente mediante a atração,[24] a pressão, o choque, por conseguinte movimentos que sempre pressupõem um ser extenso): precisamente assim também temos de admitir *algo* que contenha o fundamento da possibilidade e da realidade prática, isto é, da possibilidade de realização de um necessário fim terminal moral. Mas podemos pensá-lo segundo a natureza do efeito que dele se espera, como um ser sábio que domina o mundo segundo leis morais, e, de acordo com a natureza das nossas faculdades do conhecimento, temos de pensá-lo como uma causa das coisas, diferentes da natureza, para exprimir apenas a *relação* deste ser que transcende todas as nossas faculdades do conhecimento com o objeto da *nossa* razão prática, sem todavia, desse modo, acrescentar-lhe teoricamente a única causalidade deste gênero por nós conhecida nomeadamente uma inteligência e uma vontade, e também sem mesmo pretender distinguir objetivamente a causalidade nele pensada, relativamente àquilo que *para nós* é fim terminal, enquanto existindo neste ser, da causalidade relativa à natureza (e às suas determinações de fins em geral). Pelo contrário, somente podemos admitir esta diferença como subjetivamente necessária para a constituição da nossa faculdade do conhecimento e válida para a faculdade de juízo reflexiva, não para a objetivamente determinante. Mas no que toca àquilo que é prático, um princípio *regulativo* desse gênero (para a prudência

437

---

24   "atração" falta em A.

338 • Crítica da Faculdade do Juízo • Immanuel Kant

ou sabedoria) – princípio de acordo com o qual, enquanto fim, temos de agir e que, segundo a constituição da nossa faculdade de conhecimento, podemos pensar unicamente como possível, de uma certa maneira – é então simultaneamente constitutivo. Isto é, é praticamente determinante, enquanto precisamente o mesmo, como princípio para ajuizar a possibilidade objetiva das coisas, não é de forma nenhuma determinante teoricamente (isto é, que também pertence ao objeto a única espécie de possibilidade que a nossa faculdade é capaz de pensar), mas sim meramente um princípio *regulativo* para a faculdade de juízo reflexiva.

OBSERVAÇÃO

Esta prova moral não é por assim dizer um argumento inventado de novo, mas quando muito é somente uma nova discussão do mesmo; na verdade ela já se encontrava na faculdade da razão humana mesmo antes de esta começar a germinar, e desenvolver-se-á sempre mais com o desenvolvimento da cultura dessa faculdade. Assim que os homens começaram a refletir sobre o justo e o injusto, numa época em que ainda olhavam de forma indiferente para a conformidade a fins da natureza e a usavam sem pensar então noutra coisa, a não ser no seu curso habitual, era inevitável que então surgisse o seguinte juízo: não pode ser indiferente que um homem se comporte ou não honradamente, com justiça ou com violência, ainda que até ao fim da sua vida, ao menos aparentemente, não tenha encontrado seja qualquer felicidade para as suas virtudes, seja castigo para os seus crimes. É como se eles percebessem em si uma voz que lhes dissesse que tinha de ocorrer de outra maneira, por conseguinte também tinha de ficar oculta a representação, se bem que obscura, de algo para que eles se sentiam impelidos, e com a qual uma solução daquele gênero não podia em absoluto concordar; ou com a qual eles, em contrapartida – no caso de encararem o curso do mundo como a única ordem das coisas – não se viam obrigados a fazer concordar aquela destinação final interna de seu ânimo. Mesmo sendo em muitos casos ainda grosseira a forma como esses homens representavam

APÊNDICE • DOUTRINA DO MÉTODO DA FACULDADE DE JUÍZO... • 339

o modo como uma tal irregularidade poderia ser equilibrada (a qual tem de ser bem mais revoltante para o ânimo humano do que o acaso cego que se pretendia colocar como princípio do ajuizamento da natureza). *<Naturbeurteilung>*, nunca poderiam todavia imaginar um outro princípio da possibilidade da unidade da natureza com a respectiva lei moral interna, a não ser uma causa suprema que domina o mundo segundo leis morais. É que um fim terminal neles inscrito como dever e uma natureza sem o mínimo fim terminal fora deles – na qual porém aquele fim se deve efetivar – encontram-se em contradição. Sobre a natureza interna daquela causa do mundo era-lhes então possível construir muita coisa absurda, no entanto aquela relação moral no governo do mundo permaneceu sempre a mesma, sendo universalmente compreensível pela razão não cultivada, na medida em que esta se considera a si própria como prática e cujo passo, por seu lado, a razão especulativa não consegue suportar. É também fácil supor que foi antes de mais nada através deste interesse moral que irrompeu a atenção à beleza e aos fins da natureza, o que serviu então para fortalecer de forma excelente aquela ideia ainda que não tenha podido fundamentá-la e ainda menos dispensá-la, porque mesmo a investigação dos fins da natureza somente alcança aquele interesse imediato em referência ao fim terminal, e que se revela em toda a dimensão quando admiramos a natureza sem atender às vantagens que daí possamos tirar.

§ 89. Da utilidade do argumento moral

A limitação da razão, com respeito a todas as nossas ideias do suprassensível, às condições do seu uso prático tem, no que se relaciona com a ideia de Deus, a inequívoca utilidade de evitar que a *teologia* se perca numa *teosofia* (em transcendentes conceitos de desorientadores da razão), ou se afunde numa *demonologia* (num modo antropomórfico de representar o ser supremo) e de evitar também que a *religião* caia em *teurgia* (uma ilusão de tipo visionário que consiste em acreditar que é possível sentir outros seres suprassensíveis e por nosso lado exercer neles influência), ou

340 • Crítica da Faculdade do Juízo • Immanuel Kant

em *idolatria* (uma ilusão supersticiosa que consiste em pensar que se agrada ao ser supremo através de outros meios que não sejam mediante uma atitude moral).[25]

É que se permitimos à vaidade ou ao atrevimento sofístico definir teoricamente, ainda que de forma mínima (e alargando-se de um ponto de vista cognitivo), no domínio daquilo que fica acima do mundo sensível; se nos permitimos engrandecer com conhecimentos *<Einsichten>* da existência e da constituição da natureza divina, da sua inteligência e vontade, das leis destas duas últimas e das qualidades que daí decorrem para o mundo, então eu gostaria de saber onde e em que ponto precisamente é que se pretende colocar limites às pretensões da razão; na verdade precisamente do lugar de onde foram tirados aqueles conhecimentos, muitos outros se podem ainda esperar (no caso de, como se faz crer, somente exercitarmos a reflexão). A delimitação de tais exigências teria porém de acontecer segundo um certo princípio e não mais ou menos só porque achamos que todas as tentativas no que àquelas respeita foram até agora malsucedidas, pois isso nada prova contra a possibilidade de um melhor resultado. Mas aqui nenhum princípio é possível senão ou admitir que no que diz respeito ao suprassensível nada pura e simplesmente pode ser determinado teoricamente (a não ser de forma só negativa), ou que a nossa razão contém em si uma mina, ainda não explorada, e quem sabe ainda de que tamanho, de conhecimentos ocultos, que se vão alargando, destinados a nós e aos nossos descendentes. Mas, no que concerne à religião, isto é, à moral na sua relação com Deus como legislador, se o conhecimento teórico do mesmo tivesse de possuir prioridade, teria a moral de se

---

25 Numa acepção prática a idolatria encontra-se ainda naquela religião que pensa o ser supremo com qualidades segundo as quais uma outra coisa diferente da moralidade poderá ser uma condição adequada para tornar a vontade daquele ser conforme àquilo que o homem pode fazer. Na verdade por puro e liberto de imagens sensíveis que se possa conceber aquele conceito de um ponto de vista teórico, é mesmo assim no plano prático um *ídolo*, isto é, representado antropomorficamente segundo a característica da sua vontade. (K)

APÊNDICE • DOUTRINA DO MÉTODO DA FACULDADE DE JUÍZO... • 341

orientar em função da teologia e não só, em vez de uma legislação necessária interna da razão, teria de ser introduzida uma legislação externa e arbitrária de um ser supremo mas também tudo o que   442
nessa legislação falha à nossa perspiciência da natureza desse ser teria de se alargar ao mandamento moral e desse modo tornaria a religião imoral e invertê-la-ia.

No que respeita à esperança de uma vida futura, se em vez do fim terminal, que temos de realizar de acordo com o mandamento da lei moral, questionamos a nossa faculdade de conhecimento teórica como fio condutor do juízo da razão acerca do nosso destino (o qual por isso só é considerado como necessário ou digno de ser aceito numa relação prática), a teoria da alma como a já referida teologia não dá a este respeito mais do que um conceito negativo do nosso ser pensante; isto é, que nenhuma das suas ações e fenômenos do sentido interno pode ser explicada de forma materialista e que por isso não é possível um juízo determinante e extensível, a partir de fundamentos especulativos, e mediante a totalidade da nossa faculdade de conhecimento teórica, acerca da natureza separada daqueles e da duração ou não da personalidade para além da morte. Como, deste modo, tudo aqui fica entregue ao ajuizamento teleológico da nossa existência, numa perspectiva necessariamente prática, e ao fato de se aceitar a continuação da vida, como a condição exigível para o fim terminal que a razão nos prescreve, torna-se então imediatamente evidente a seguinte vantagem (que na verdade à primeira vista parece ser uma per-   443
da): assim como a teologia nunca pode ser para nós teosofia, assim também jamais a *psicologia* racional poderá tornar-se *pneumatologia* na qualidade de ciência extensível, como também por outro lado ela se assegura de não cair em qualquer *materialismo*, mas pelo contrário ela é sobretudo mera antropologia do sentido interno, isto é, conhecimento do nosso eu <Selbst> pensante *como algo vivo* e que também como conhecimento teórico permanece simplesmente empírico; pelo contrário, a psicologia racional, no que diz respeito à questão da nossa existência eterna, não é de forma nenhuma uma ciência teórica, mas assenta numa única conclusão

342 • Crítica da Faculdade do Juízo • Immanuel Kant

da teleologia moral, assim como o seu inteiro uso é simplesmente necessário a esta, por causa do nosso destino prático.

§ 90. Da espécie de adesão <Fürwahrhalten> numa demonstração teleológica[26] da existência de Deus

Em primeiro lugar, deve-se exigir de todas as demonstrações que não *persuadam*, mas *convençam*, ou pelo menos ajudem a convencer, quer seja (tal como acontece com a demonstração mediante a observação do objeto ou experimentação) através da apresentação empírica imediata daquilo que deve ser demonstrado, quer seja introduzido através de razão *a priori* a partir de princípios. Isso significa que o argumento ou a conclusão seja, não simplesmente um fundamento de determinação subjetivo (estético) da aprovação (uma mera aparência), mas, pelo contrário, seja válido objetivamente e seja um fundamento lógico do conhecimento: de outro modo o entendimento pode seduzir, mas não convencer. Dessa espécie de demonstração aparente é aquela que – talvez bem-intencionada, mas com o encobrimento deliberado das suas fraquezas – é levada a cabo na teologia natural. Aí se traz uma quantidade enorme de provas de uma origem das coisas da natureza, segundo o princípio dos fins, e utiliza-se o simples princípio subjetivo da razão humana, isto é, a tendência que lhe é própria – onde isso seja possível sem contradição – para introduzir, em vez de muitos, um único princípio, e, quando neste deparamos com algumas ou mesmo com muitas condições para definição de um conceito para introduzir as restantes condições, no sentido de completar o conceito da coisa mediante um complemento arbitrário. É que, sem dúvida, quando encontramos tantos produtos na natureza que são para nós o sinal de uma causa inteligente, por que não havemos de pensar, em vez de tais causas, antes uma única causa e na verdade pensar nesta, não simplesmente mais ou menos uma grande inteligência, poder etc. mas antes onisciência, poder absoluto, numa palavra, pensá-la como aquela que contém,

---

26 Kant: "moral", correção de Rosenkranz.

APÊNDICE • DOUTRINA DO MÉTODO DA FACULDADE DE JUÍZO... • 343

para todas as coisas possíveis, o princípio da razão suficiente de
tais qualidades? E por que não, além disso, atribuir a este ser ori-   445
ginário uno e todo-poderoso, não simplesmente uma inteligência
para as leis e produtos da natureza, mas também, na qualidade de
causa moral do mundo, uma suprema razão moral e prática? É
que através desta completude do conceito ficamos na posse de um
princípio suficiente, não só para a compreensão da natureza, como
para a prudência moral, e nenhuma espécie de censura fundamentada podemos fazer contra a possibilidade de uma tal ideia. Ora,
se ao mesmo tempo as tendências morais do ânimo forem postas
em movimento e se acrescentarmos um enérgico interesse daquelas a uma força de eloquência (que elas perfeitamente merecem),
então daí nascerá uma persuasão relativa à suficiência objetiva da
demonstração e também uma benéfica aparência (na maior parte
dos casos do seu uso) que dispensa completamente qualquer exame da precisão lógica e até, pelo contrário, dirige contra aquela
aversão e recusa, como se estivesse na sua base uma dúvida inju-
riosa. Ora, nada temos a dizer contra tudo isso, enquanto nos ati-
vermos ao uso popular. Só que não se pode e não se deve impedir a
decomposição da demonstração em duas partes heterogêneas que
este argumento contém, nomeadamente naquela que pertence à
teleologia física e na que pertence à teleologia moral, na medida
em que a fusão de ambas torna impossível saber onde é que no
fundo se situa o nervo da demonstração e em que parte e de que
modo se vai ter de trabalhá-la para poder manter a sua validade   446
em face dos mais agudos exames (mesmo quando numa dessas
partes devêssemos necessariamente confessar a fraqueza da nossa compreensão racional). Assim é dever do filósofo (no caso de
ele também não conceder importância à exigência de sinceridade)
descobrir a aparência – ainda que esta se tenha até então revelado
benéfica – que uma tal confusão pode ocasionar e separar o que
pertence simplesmente à persuasão daquilo que conduz ao convencimento (sendo ambas as coisas diferentes determinações da
aprovação <*Beifall*>, não simplesmente segundo o grau, mas mesmo segundo a espécie) para apresentar abertamente e com toda a

344 • Crítica da Faculdade do Juízo • Immanuel Kant

clareza a disposição de ânimo nesta demonstração e poder com sinceridade submeter esta ao mais severo dos exames.

Mas uma demonstração, que é destinada a convencer, pode por sua vez ser de duas espécies: ou deve descobrir aquilo que o objeto *é em si*, ou que deve ser *para nós* (homens em geral) segundo os princípios para nós necessários do seu ajuizamento (uma demonstração κατ ἀλήνειαν ou κατ ἀνυρωπον compreendendo-se este último termo de um modo geral). No primeiro caso funda-se a demonstração em princípios suficientes para a faculdade de juízo determinante; no segundo, simplesmente para a reflexiva. No último caso assentando em meros princípios teóricos. Nunca poderá atuar no sentido do convencimento; todavia, no caso de utilizar como fundamento um princípio racional prático (o qual por conseguinte é válido universal e necessariamente), poderá decerto a demonstração reivindicar um convencimento suficiente, isto é, moral, na base de uma intenção prática pura. Mas uma demonstração *ajuda a convencer*, sem ainda convencer, no caso de simplesmente ser dirigida no caminho que conduz àquele, isto é, no caso de conter em si somente princípios objetivos, os quais, ainda que não sejam suficientes para atingir a certeza, são todavia de uma tal espécie que não servem simplesmente como princípios subjetivos do juízo[27] com vista à persuasão.

Ora, todos os argumentos teóricos são suficientes, quer: 1) para demonstrações através de *inferências da razão* estritamente lógicas, ou, onde isso não acontece, 2) para *inferências* segundo a *analogia*, ou se tal ainda não for o caso, ainda 3) para a *opinião verossímil*, ou, finalmente, no mínimo 4) para a admissão de um simples princípio de explicação, como *hipótese*. Ora, eu afirmo que todos os argumentos em geral que atuam sobre o convencimento teórico não são capazes de produzir qualquer adesão desta espécie, do seu mais elevado até ao mais baixo, no caso em que deva ser demonstrada a proposição acerca da existência de um ser original, enquanto Deus, na acepção adequada a todo o conteúdo

---

27   A: do julgar.

APÊNDICE • DOUTRINA DO MÉTODO DA FACULDADE DE JUÍZO... • 345

deste conceito, nomeadamente na acepção de um autor do mundo *moral*, por conseguinte de tal modo que através dele seja dado simultaneamente o fim terminal da criação.

1) No que respeita à demonstração *logicamente correta*, que vai do universal para o particular, já foi suficientemente posto em evidência na crítica que, já que ao conceito de um ser que se deve procurar para lá da natureza não corresponde qualquer intuição possível para nós, cujo conceito por isso será sempre para nós problemático, na medida em que deve ser teoricamente determinado através de predicados sintéticos, não há pura e simplesmente lugar para qualquer conhecimento do mesmo (pelo qual o âmbito do nosso saber teórico seria no mínimo alargado) e não poderia ser de modo algum subsumido sob os princípios universais da natureza do conceito particular de um ser suprassensível, para se inferir daqueles a este. É que aqueles princípios são válidos apenas para a natureza como objeto dos sentidos.

2) É possível, na verdade, relativamente a duas coisas de diferente espécie, *pensar* uma delas por *analogia*[28] com a outra,

---

28 A *analogia* (em sentido qualitativo) é a identidade da relação entre fundamentos e consequências (causas e efeitos), na medida em que tem lugar sem que consideremos a diferença específica das coisas, ou daquelas propriedades em si que contêm o fundamento de consequências semelhantes (isto é, consideradas fora desta relação). Assim pensamos para as ações artísticas dos animais em comparação com as do homem o fundamento destes efeitos nessas primeiras ações o qual nós não conhecemos, mediante o fundamento de semelhantes efeitos do homem (da razão), o qual nós conhecemos como análogo à razão; e queremos com isso ao mesmo tempo indicar que o fundamento da faculdade artística animal, sob a denominação de instinto, em realidade especificamente distinta da razão, possui todavia uma semelhante relação com o efeito (como se vê pela comparação da construção dos castores com a dos homens). Mas do fato que o homem para a sua construção necessita *razão*, não posso concluir por isso que o castor também tenha de possuí-la, e denominá-lo uma *conclusão* segundo a analogia. Porém a partir do modo semelhante de atuação dos animais (cujo fundamento não podemos perceber imediatamente), em comparação com o dos homens (do qual somos imediatamente conscientes), podemos corretamente concluir, *segundo a analogia*, que os animais também

346 • Crítica da Faculdade do Juízo • Immanuel Kant

mesmo no que respeita precisamente à sua heterogeneidade; mas
a partir daquilo em que elas são diferentes não se pode *inferir*
de uma a outra, segundo a analogia, isto é, transpor para a outra
este sinal da diferença específica. Assim eu sou capaz de pensar a
comunidade dos membros de uma coletividade, segundo regras
do Direito, segundo a analogia com a lei da igualdade da ação e
reação <*Wirkung und Gegenwirkung*> na atração e repulsão recíproca dos corpos entre si, mas não de transpor aquela determinação específica (a atração material ou a repulsão) para estes e
atribuí-la aos cidadãos, para constituir um sistema que se chama
Estado. Precisamente deste modo podemos certamente pensar a
causalidade do ser original relativamente às coisas do mundo, na
qualidade de fins da natureza, segundo a analogia de uma inteligência, como fundamento das formas de certos produtos a que
chamamos obras da arte (pois isto tem lugar somente em favor do
uso teórico ou prático da nossa faculdade de conhecimento que
temos de fazer deste conceito em relação às coisas da natureza do
mundo, segundo um certo princípio). Mas daí não se pode de forma nenhuma concluir segundo uma analogia que, pelo fato de se

---

agem segundo *representações* (não são máquinas, como o quer Descartes) e
que, malgrado a sua diferença específica, são segundo o gênero (enquanto
seres vivos) idênticos ao homem. O princípio que autoriza concluir desse modo reside na identidade de um fundamento, de contar como sendo
do mesmo gênero os animais, relativamente à referida determinação, e os
homens, enquanto homens, na medida em que os comparamos exteriormente entre si segundo as suas ações. Isto *par ratio*. Da mesma maneira
posso pensar segundo a analogia com um entendimento a causalidade da
suprema causa do mundo, na comparação dos seus produtos, conforme
a fins no mundo, com as obras de arte do homem, mas não posso inferir
essas propriedades no mesmo segundo a analogia; pois aqui falta ao princípio precisamente a possibilidade de um tal modo de conclusão, a saber,
a *paritas rationis*, de contar o ser supremo e o homem (relativamente a sua
respectiva causalidade) como sendo de um e mesmo gênero. A causalidade
dos seres do mundo, que sempre é sensivelmente condicionada (como é o
caso da causalidade pelo entendimento), não pode ser transferida a um ser
que não possui em comum com aqueles nenhum conceito de gênero, afora
o de uma coisa em geral.

APÊNDICE • DOUTRINA DO MÉTODO DA FACULDADE DE JUÍZO... • 347

ter que atribuir, em seres do mundo, uma inteligência à causa de um efeito que é ajuizado como artístico, que também caiba ao ser, que é completamente diferente da natureza, precisamente a mesma causalidade, até em relação a esta, que percebemos no homem. É isto precisamente que está no cerne da heterogeneidade e que é pensado como diferença entre uma causa relativamente aos seus efeitos sensivelmente condicionados e o próprio ser original suprassensível no seu conceito, e por isso não pode ser transposto para este. Precisamente porque devo pensar a causalidade divina somente segundo a analogia com uma inteligência (faculdade que não conhecemos em mais nenhum ser senão no homem, condicionado do ponto de vista da sensibilidade) não nos é permitido atribuir-lhe tal inteligência, na estrita acepção do termo.[29]

3) O *opinar* não se encontra de modo nenhum em juízos *a priori*; pelo contrário, através destes conhece-se algo, ou como absolutamente certo ou nada em absoluto. Mas ainda que os argumentos dados, dos quais partimos (como aqui os fins no mundo), sejam empíricos, não podemos porém opinar com estes nada para lá do mundo sensível e conceder a ousados juízos – como esses o são – a menor pretensão à verossimilhança. É que esta é uma parte de uma possível certeza numa série de razões (sendo estas razões comparáveis a partes de um todo relativamente à razão suficiente), em relação às quais toda a razão insuficiente tem de poder ser completada. Mas, como elas, enquanto princípios de determinação da certeza de um e mesmo juízo, têm de ser da mesma espécie, na medida em que, de outro modo, não constituiriam completamente uma grandeza (da mesma espécie que é a certeza), assim não poderá uma parte daqueles ficar dentro e outra parte fora dos limites da experiência possível. Por conseguinte, já que simples argumentos <Beweisgründe> empíricos não conduzem a nada de suprassensível, não é possível encontrar na tentativa de através deles alcançar o suprassensível e um conhecimento do mesmo a

452

---

29 Por causa disso não se perde a mínima coisa na representação da relação deste ser com o mundo, tanto no que diz respeito às consequências teóricas deste conceito como às práticas. Querer investigar o que ele seja em si é uma curiosidade tão desprovida de finalidade, como inútil. (K)

348 • Crítica da Faculdade do Juízo • Immanuel Kant

menor das aproximações em relação àquele, e por consequência não se encontra qualquer verossimilhança num juízo sobre esse suprassensível mediante argumentos <Argumente> retirados da experiência.

4) Pelo menos a possibilidade daquilo que, como *hipótese*, deve servir para explicação da possibilidade de um dado fenômeno não pode ser posta em dúvida. É suficiente que, numa hipótese, eu desista do conhecimento daquilo que efetivamente existe (o que é ainda afirmado numa opinião tida como verossímil): a mais não poderei renunciar. A possibilidade daquilo que coloco como fundamento numa explicação não poderá ao menos ser exposto a qualquer dúvida, porque então não haveria qualquer termo para a fantasia. Porém seria uma pressuposição completamente infundada admitir a possibilidade de um ser suprassensível, definido segundo certos conceitos, pois neste caso não é dada nenhuma das condições exigidas para um conhecimento do ponto de vista daquilo que nele repousa na intuição e por isso fica-nos o simples princípio da contradição (que só pode demonstrar a possibilidade do pensamento e não a possibilidade do próprio objeto pensado) como critério desta possibilidade.

Daí que o resultado seja o seguinte: não é pura e simplesmente possível para a razão humana qualquer demonstração num sentido teórico, de forma a produzir, mesmo que seja o menor grau de adesão, relativamente à existência do ser original, como ser divino, ou da alma, enquanto espírito imortal. Tal acontece por razões perfeitamente compreensíveis: porque para a determinação das ideias do suprassensível não existe para nós absolutamente nenhuma matéria, na medida em que teríamos de retirá-la das coisas do mundo dos sentidos. Porém uma tal matéria não é de modo nenhum adequada a tal objeto e por isso sem qualquer determinação da mesma nada mais resta do que o conceito de um algo não sensível que contém o fundamento último do mundo dos sentidos, não constituindo ainda aquele conceito qualquer conhecimento (enquanto alargamento do conceito da sua constituição interna).

APÊNDICE • DOUTRINA DO MÉTODO DA FACULDADE DE JUÍZO... • 349

§ 91. *Da espécie de adesão mediante uma fé prática*

Se considerarmos simplesmente o modo como algo pode ser *para nós* (segundo a constituição subjetiva das nossas faculdades de representação) objeto de conhecimento (*res cognoscibilis*), compararemos então os conceitos, não com os objetos, mas sim simplesmente com as nossas faculdades de conhecimento e com o uso que estas podem fazer da representação dada (numa intenção teórica ou prática). A questão de saber se algo é ou não um ser susceptível de conhecimento não diz respeito à possibilidade das próprias coisas, mas sim do nosso conhecimento das mesmas.

Ora, as coisas *conhecíveis* são de três espécies: coisas da *opinião* (*opinabile*), *fatos* (*scibile*) e *coisas de fé* (*mere credibile*).

1) Os objetos das meras ideias da razão que, para o conhecimento teórico, não podem, de modo nenhum, ser expostas numa qualquer experiência possível não são nessa medida de modo nenhum coisas *conhecíveis* e, por conseguinte, nem se pode *opinar* a seu respeito; pretender pois opinar *a priori* é já em si absurdo e o caminho mais curto para a mera fantasia.[30] Por isso, ou a nossa proposição é certa *a priori*, ou nada contém que proporcione o assentimento. Por isso as *coisas de opinião* são sempre objetos de um conhecimento ao menos possível em si (objetos do mundo dos sentidos), o qual porém é *para nós* impossível, segundo o simples grau da faculdade por nós possuída. Assim o éter dos físicos modernos um fluido elástico que perpassa todas as outras matérias (com elas intimamente misturado) é uma mera coisa de opinião, porém sempre de uma espécie tal que, se os sentidos externos fossem agudos ao máximo, poderia ser percebido; no entanto nunca poderá ele ser exposto em qualquer observação ou experiência. Admitir habitantes de outro planeta, dotados de razão, é uma coisa de opinião, já que se pudéssemos aproximar-nos deles – o que em si é possível – saberíamos pela experiência se eles existem ou não. Mas a verdade é que jamais nos aproximaremos assim deles e des-

---

30   A: *Hirngespinstern* em vez de *Hirngespenstern*.

350 • Crítica da Faculdade do Juízo • Immanuel Kant

te modo ficaremos no mero opinar. Só que o opinar que existem espíritos pensantes puros, sem corpo, no universo material (ou seja, se afastarmos certos fenômenos efetivos dados como tais),[31] chama-se fantasiar *<dichten>* e não é de forma nenhuma coisa de opinião, mas sim uma simples ideia que resta, quando de um ser pensante retiramos tudo o que é material e lhe deixamos contudo o pensar. Mas se então este sobra (o que somente conhecemos no homem, isto é, em ligação com um corpo), é coisa que não podemos descobrir. Uma coisa dessa espécie é um ser fictício *<vernünf-teltes Wesen>* (*ens rationis ratiocinantis*), e não um ser da razão (*ens rationis ratiocinatae*). Deste último é todavia possível, ao menos, demonstrar de forma suficiente a realidade objetiva do seu conceito para o uso prático da razão, porque este, possuindo os seus princípios específicos e certos *a priori*, até o reclama (postula).

2) Os objetos para os conceitos, cuja realidade objetiva pode ser demonstrada (quer seja através da razão pura, quer da experiência, e no primeiro caso a partir de dados teóricos ou práticos daquela, mas em qualquer dos casos mediante uma intuição que lhes corresponda) são *fatos* (*res facti*).[32] Dessa espécie são as qualidades matemáticas das grandezas (na Geometria), porque são capazes de uma *apresentação a priori* para o uso racional teórico. Além disso, são igualmente fatos as coisas ou características destas que podem ser demonstradas através da experiência (da própria experiência ou de uma alheia, mediante testemunhos). Mas o que é muito curioso é que se encontra mesmo entre os fatos uma ideia da razão (que em si não é capaz de qualquer apresentação na intuição e por conseguinte de nenhuma prova teórica da sua possi-

---

31 "efetivos" falta em A.
32 Alargo aqui, e penso que com razão, o conceito de fato para além do significado habitual desta palavra. Na verdade, não é necessário, nem mesmo exequível, limitar esta expressão simplesmente à experiência efetiva, quando se trata da relação das coisas com as nossas faculdades de conhecimentos, pois que é suficiente uma experiência meramente possível, para delas falar simplesmente como objetos de uma espécie de conhecimento determinado. (K)

APÊNDICE • DOUTRINA DO MÉTODO DA FACULDADE DE JUÍZO... • 351

bilidade). Tal é a ideia de *liberdade*, cuja realidade, como espécie particular de causalidade (da qual o conceito seria transcendente de um ponto de vista teórico), deixa-se demonstrar mediante leis práticas da razão pura e em ações efetivas adequadas àquelas, por conseguinte na experiência. Ela é a única dentre todas as ideias da razão pura cujo objeto é um fato <*Tatsache*> e que tem de ser contada entre os *scibilia*.

3) Os objetos que têm de ser pensados *a priori*, em relação ao uso *conforme ao dever* da razão pura prática (seja como consequências, seja como fundamentos), mas que são transcendentes para o uso teórico da mesma, são simples *coisas de fé*. Desta espécie é o *bem supremo* no mundo, atuando mediante a liberdade, cujo conceito não nos pode ser demonstrado de modo suficiente, segundo a sua realidade objetiva, em nenhuma experiência possível, por conseguinte no uso racional teórico. Porém o uso daquele conceito é-nos ordenado[33] no sentido da melhor realização possível daquele fim, mediante a razão prática pura e, em consequência, tem de ser admitido como possível. Este efeito que nos é ordenado *em conjunto com as únicas condições da sua possibilidade por nós pensáveis*, nomeadamente a da existência de um Deus e da imortalidade da alma, são *coisas de fé* (*res fidei*) e na verdade as únicas dentre todos os objetos que assim podem ser chamadas.[34] Na verdade, ainda que só se deva acreditar no que, *por testemunho*, podemos saber da experiência dos outros, tal não é porém ainda em si uma coisa de fé, pois que num daqueles testemunhos havia a experiência pessoal, e o fato ou é como tal pressuposto. Além disso tem de ser possível alcançar o saber por esta via (da fé histórica)

---

33 A: pode ser demonstrado, porém é imposto mediante a razão pura prática.

34 Coisas de fé não são por isso *artigos de fé* <*Glaubensartikel*> se com esta última designação se compreendem coisas de fé tais que possamos ser obrigados (interior ou exteriormente) para que sejam *professadas* <*zu deren Bekenntnis*>. Por isso a teologia natural não contém coisas de fé desse tipo. Na verdade, como eles enquanto coisas de fé não podem fundamentar-se (como os fatos) em demonstrações teóricas, trata-se desse modo de uma adesão livre e só como tal conectável à moralidade. (K)

352 • Crítica da Faculdade do Juízo • Immanuel Kant

e os objetos da História e da Geografia, como tudo em geral que é possível saber pelo menos em função da constituição das nossas faculdades de conhecimento, pertencem, não às coisas de fé, mas sim a fatos. Somente objetos da razão pura podem, quando muito, ser objetos de fé, mas não como objetos da simples razão pura especulativa, pois nem sequer podem ser contados com certeza entre as coisas, isto é, entre objetos daquele conhecimento possível para nós. São ideias, isto é, conceitos, aos quais não podemos assegurar a realidade objetiva de um ponto de vista teórico. Pelo contrário, o supremo fim terminal que temos de realizar, mediante o qual somente podemos ser dignos de ser até mesmo o fim terminal de uma criação, é uma ideia que possui para nós uma realidade objetiva, do ponto de vista de uma relação prática, e assim ela é uma coisa. Mas, precisamente porque não podemos conceder realidade a este conceito numa intenção teórica, trata-se de uma simples coisa de fé da razão pura, e com ele ao mesmo tempo Deus e a imortalidade, enquanto condições, sob as quais somente nós somos capazes de pensar a possibilidade daquele efeito do uso conforme a leis da nossa liberdade, em função da constituição da nossa (humana) razão. Mas a adesão a coisas de fé é adesão em sentido prático, quer dizer, é uma fé moral que nada prova para o conhecimento da razão puro e teórico, mas sim somente para o prático, dirigido para o cumprimento dos seus deveres, e não alarga de forma nenhuma a especulação ou as regras de inteligência práticas, segundo o princípio do amor-próprio.[35] No caso de o princípio supremo de todas as leis morais ser um postulado, então será simultaneamente postulada a possibilidade do seu objeto supremo, por conseguinte também a condição sob a qual nós podemos pensar esta possibilidade. Ora, desse modo o conhecimento desta última não é nem saber nem opinião acerca da existência e da natureza destas condições como forma de conhecimento teórico, mas pelo contrário a mera suposição de um ponto de vista prático e ordenado para o uso moral da nossa razão.

---

35   "amor-próprio" falta em A.

APÊNDICE • DOUTRINA DO MÉTODO DA FACULDADE DE JUÍZO... • 353

Mesmo que pudéssemos aparentemente também fundar em fins da natureza, que a teleologia física nos apresenta de forma tão abundante um conceito *definido* de uma causa do mundo inteligente, a existência deste ser não seria contudo coisa de fé. É que então este não é aceito em favor do cumprimento do meu dever, mas sim para a explicação da natureza, e assim seria simplesmente a opinião e a hipótese mais adequada à nossa razão. Ora, aquela teleologia não conduz de forma nenhuma a um conceito definido de Deus, o qual em contrapartida unicamente se encontra no conceito de um autor moral do mundo, porque só este oferece o fim terminal com o qual podemos contar, enquanto nos comportamos de acordo com aquilo que nos prescreve, e em consequência nos obriga, como fim *terminal*. Daí decorre que o conceito de Deus recebe o privilégio de valer na nossa adesão como coisa de fé, mediante a relação com o objeto do nosso dever, como condição da possibilidade de alcançar o fim terminal deste. Pelo contrário, precisamente o mesmo conceito não pode validar o seu objeto como fato, porque, se bem que a necessidade do dever seja decerto clara para a razão prática, todavia o alcance do seu fim terminal, na medida em que ele não está em nosso inteiro poder, somente é admitido em vista do uso prático da razão e não é, pois, do mesmo modo praticamente necessário como o dever.[36]

---

36   O fim terminal, cuja promoção a lei moral impõe, não é o fundamento do dever, pois este encontra-se na lei moral que, na qualidade de princípio prático formal, é diretor de forma categórica, sem ter em conta os objetos da faculdade de apetição (da matéria do querer), por conseguinte um fim qualquer. Essa característica formal das minhas ações (subordinação das mesmas ao princípio da validade universal), no que somente reside o seu valor moral intrínseco, está completamente em nosso poder; e eu posso perfeitamente abstrair da possibilidade ou inexequibilidade dos fins que me obrigo a promover de acordo com aquela lei (porque neles somente reside o valor exterior das minhas ações) como de uma coisa que nunca está completamente em meu poder, a fim de somente considerar aquilo que é do foro do meu fazer. Só que a intenção de promover o fim terminal de todos os seres racionais (a felicidade, na medida em que esta é possível em acordo com o dever) é imposta mediante a lei do dever. Mas a razão

354 • Crítica da Faculdade do Juízo • Immanuel Kant

462   A *fé* (como *habitus*, não como *actus*) é o modo de interpretação moral da razão no assentimento daquilo que para o conhecimento teórico é inacessível. Ela é por isso o princípio permanente do ânimo que consiste em admitir como verdadeiro[37] aquilo que é necessário pressupor como condição da possibilidade do supremo fim terminal moral, por causa da obrigatoriedade relativamente
463   àquele e ainda que tanto a sua possibilidade como também certamente a sua impossibilidade não possa ser por nós descortina-

---

especulativamente não compreende em absoluto a exequibilidade daquela intenção (nem do lado da nossa própria faculdade física, nem da colaboração da natureza). Ela tem antes que considerar, por essas razões, como uma expectativa infundada e nula, ainda que bem-intencionada, e, tanto quanto nós de modo racional podemos julgar, admitir um tal sucesso da nossa boa ação a partir da mera natureza (em nós e fora de nós), sem Deus e imortalidade, assim como tem de considerar a própria lei moral como mera ilusão da nossa razão de um ponto de vista prático, no caso de ela poder ter uma certeza completa deste juízo. Mas como a razão especulativa se convence completamente que isto não pode acontecer, mas que em contrapartida aquelas ideias cujo objeto se situa para lá da natureza podem ser pensadas sem contradição, terá então de reconhecer aquelas ideias, para a sua própria lei prática e para a tarefa desse modo imposta, por isso de um ponto de vista moral, a fim de não entrar em contradição consigo mesma. (K)

---

37   É uma confiança na promessa da lei moral; mas não uma tal que nesta esteja contida, mas que eu coloco, até mesmo a partir de um princípio suficiente do ponto de vista moral. Na verdade um fim terminal não pode ser ordenado mediante qualquer lei da razão, sem que esta ao mesmo tempo prometa, ainda que inconscientemente, o caráter alcançável <*Erreichbarkeit*> daquele, e assim também justifique a adesão às únicas condições sob quais a nossa razão pode pensar aquele caráter. A palavra *fides* exprime já isso mesmo e pode aparentemente parecer suspeito que esta expressão e esta ideia particular entrem na filosofia moral, pois que antes de mais nada ela foi introduzida com o Cristianismo e a sua aceitação poderia parecer talvez somente uma imitação lisonjeira da sua linguagem. Mas este não é o caso, já que esta religião maravilhosa, na suprema simplicidade da sua exposição, enriqueceu a Filosofia com conceitos da moral muito mais definidos e puros do que esta até então tinha podido fornecer, os quais, contudo, uma vez existindo, são *livremente* aprovados e aceitos como tais e que ela própria bem podia ter descoberto e introduzido. (K)

APÊNDICE • DOUTRINA DO MÉTODO DA FACULDADE DE JUÍZO... • 355

da. A fé (chamemo-la simplesmente assim) é uma confiança em relação ao alcançar de um propósito <*Absicht*>, cuja promoção é dever, mas cuja possibilidade de realização não é *descortinável* para nós (e por conseguinte também não são as condições que para nós unicamente são pensáveis). Por isso a fé que se refere a objetos particulares, que não são objetos do saber possível ou do opinar (devendo neste último caso, particularmente no caso do saber histórico, chamar-se credulidade e não fé) é completamente moral. É uma adesão livre, não daquilo que se devem encontrar as demonstrações dogmáticas para a faculdade de juízo teoricamente determinante, nem para o que nos consideramos obrigados, mas daquilo que admitimos a favor de um propósito segundo leis da liberdade; todavia não como se fosse uma opinião sem um princípio suficiente, mas sim enquanto fundado na razão (ainda que somente a respeito do seu uso prático) *bastando para a intenção da mesma*. É que sem ele a maneira de pensar moral, ao chocar com as exigências da razão teórica, não possui qualquer solidez para a demonstração (da possibilidade de objeto da moralidade), mas oscilará pelo contrário entre mandamentos práticos e dúvidas teóricas. Ser *incrédulo* <*ungläubich sein*> significa entregar-se à máxima: não acreditar em testemunho em geral, mas o que não tem fé é aquele que recusa toda a validade àquelas ideias da razão, pelo fato de faltar à sua realidade uma fundamentação *teórica*. Por isso ele julga dogmaticamente. Uma *falta de fé dogmática* não pode porém subsistir com uma máxima moral que domine na maneira de pensar (na verdade a razão não pode mandar perseguir um fim que é reconhecido como uma simples fantasia), mas tal pode acontecer se se tratar de uma *fé dubitável* <*Zweifelglaube*>, para a qual é obstáculo somente a falta do convencimento através de princípios da razão especulativa, mas o que uma perspiciência crítica dos limites desta última pode retirar a influência sobre o comportamento e instalar-lhe como substituto uma preponderante adesão prática.

464

* * *

Quando se pretende introduzir, no lugar de certas tentativas desacertadas na Filosofia, um outro princípio e conceder-lhe in-

356 • Crítica da Faculdade do Juízo • Immanuel Kant

465 fluência, causa grande satisfação descortinar como elas tiveram de fracassar e por que razão.

Deus, liberdade e *imortalidade da alma* são aquelas tarefas para cuja solução se dirigem todos os preparativos da metafísica, enquanto seus fins últimos e únicos. Ora acreditava-se que a doutrina da liberdade só seria necessária como condição negativa para a filosofia prática e que, em contrapartida, a de Deus e da natureza da alma pertenceria à teórica e que teria de ser demonstrada por si e de forma separada, para a seguir as articular com aquilo que a lei moral (que somente é possível sob a condição da liberdade) ordena e afetuar desse modo uma religião. Mas logo se torna fácil compreender que estas tentativas estavam votadas ao fracasso. É que a partir de meros conceitos ontológicos de coisas em geral ou da existência de um ser necessário não se torna de modo nenhum possível fazer um conceito, determinado de um ser originário, através de predicados que se dão na experiência e que por isso poderiam servir como conhecimentos. Contudo o conceito que seria fundado na experiência da conformidade a fins física pertencente à natureza não poderia por sua vez fornecer qualquer demonstração suficiente para a moral, por conseguinte para o conhecimento de um Deus. Tampouco do mesmo modo poderia o conhecimento da alma fornecer de modo suficiente mediante a experiência (que somente na presente vida pomos em funcionamento) um conceito da natureza espiritual e imortal da mesma, por conseguinte para

466 a moral. A *teologia* e a *pneumatologia*, como tarefas a favor das ciências de uma razão especulativa, porque o respectivo conceito é transcendente para todas as nossas faculdades de conhecimento não podem constituir-se mediante dados e predicados, quaisquer que eles sejam. A definição de ambos os conceitos, de Deus assim como da alma (no que respeita a sua imortalidade), somente pode ter lugar através de predicados que, ainda que eles próprios sejam possíveis somente a partir de um fundamento suprassensível, têm de ser não obstante demonstrados na experiência da sua realidade: é que só assim eles podem tornar possível um conhecimento de seres completamente suprassensíveis. Ora, o único

APÊNDICE • DOUTRINA DO MÉTODO DA FACULDADE DE JUÍZO... • 357

conceito dessa espécie que se encontra na razão humana é o da liberdade do homem sob leis morais, juntamente com o fim terminal, que a liberdade prescreve através destas leis. As leis morais são apropriadas para atribuir ao autor da natureza, e o fim terminal ao homem, aquelas propriedades que contêm as condições necessárias à possibilidade de ambos. De modo que precisamente a partir desta ideia pode-se inferir a existência e natureza daqueles seres, do contrário totalmente ocultos para nós.

Assim a razão pela qual métodos simplesmente teóricos fracassaram na intenção de demonstrar Deus e a imortalidade, consiste no fato de, a partir do suprassensível, por esta via (dos conceitos da natureza) não ser possível absolutamente nenhum conhecimento.

Em contrapartida o fato de isso ser possível por uma via moral (do conceito de liberdade) deve-se ao seguinte: neste caso o suprassensível que serve de fundamento (a liberdade) fornece, mediante uma lei particular da causalidade que dele nasce, não só matéria para o conhecimento do outro suprassensível (do fim terminal moral e das condições da sua exequibilidade), mas também prova, enquanto fato, a sua realidade em ações. Todavia, precisamente por isso também não pode dar qualquer outro argumento válido senão unicamente numa intenção prática (a qual também é a única de que a religião necessita).

É sempre aqui muito curioso observar que entre as três ideias puras da razão, *Deus*, *liberdade* e *imortalidade*, a da liberdade é o único conceito do suprassensível que demonstra a sua realidade objetiva (mediante a causalidade que nele é pensada) na natureza, através do possível efeito na mesma e precisamente desse modo torna possível a conexão das duas outras com a natureza, no entanto das três entre si para uma religião. Notável é também que por isso temos em nós um princípio que é capaz de determinar a ideia do suprassensível em nós, porém desse modo também a ideia do mesmo fora de nós para um conhecimento possível, se bem que somente numa intenção prática, coisa de que a Filosofia simplesmente especulativa (a qual era capaz de dar da liberdade um con-

468 ceito simplesmente negativo) tinha de desesperar. Em consequência o conceito de liberdade (como conceito fundamental de todas as leis práticas incondicionadas) é capaz de ampliar a razão para além daqueles limites, no interior dos quais todo o conceito da natureza (teórico) teria de permanecer sem esperança limitado.

OBSERVAÇÃO GERAL SOBRE A TELEOLOGIA

Se a questão é a de saber que lugar ocupa na Filosofia, entre os demais argumentos, o argumento moral que demonstra a existência de Deus somente como coisa de fé para a razão pura prática,[38] então se torna fácil calcular todo o patrimônio da Filosofia, podendo-se provar que neste caso não se trata de escolher, mas que, em face de uma crítica imparcial, a sua faculdade teórica terá de desistir por si mesma de todas as suas pretensões.

Ela tem de antes de mais nada fundar toda a adesão sobre fatos, se é que esta não deve ser completamente infundada; e por isso a única diferença que se encontra na demonstração consiste em saber se, na base deste fato, uma adesão a partir das consequências dali retiradas poderá ser fundada como *saber* para o conhecimento teórico ou simplesmente como *fé* para o conhecimento prático. Todos os fatos pertencem, quer ao *conceito da natureza*, o qual demonstra a sua realidade nos objetos dos sentidos dados antes de todos os conceitos da natureza (ou que se podem dar), quer ao *conceito de liberdade*, que demonstra de modo suficiente a sua realidade através da causalidade da razão relativamente a certos efeitos no mundo sensível por ela tornados possíveis e que ela postula de modo irrefutável na lei moral. Ora, o conceito de natureza (pertencendo simplesmente ao conhecimento teórico) é pensável,
469 quer metafísica e completamente *a priori*, quer fisicamente, isto é, *a posteriori* e necessariamente só mediante a experiência determinada. O conceito de natureza metafísico (que não pressupõe qualquer experiência determinada) é por isso ontológico.

---

38 B: razão praticamente pura.

APÊNDICE • DOUTRINA DO MÉTODO DA FACULDADE DE JUÍZO... • 359

A *demonstração ontológica* da existência de Deus a partir do conceito de um ser originário é então aquela que infere a partir de predicados ontológicos – mediante os quais somente aquele pode ser completamente determinado – a existência necessária e absoluta, ou que infere a partir da necessidade absoluta da existência de qualquer coisa, qualquer que esta seja, os predicados do ser originário, já que ao conceito de um ser originário pertence – para que ele próprio não seja derivado – a necessidade incondicionada da sua existência e (para representar essa necessidade) a determinação completa mediante o seu conceito.[39] Ora, acreditava-se encontrar ambas as condições no conceito da ideia ontológica de um ser *maximamente real* e desse modo surgiram duas demonstrações metafísicas.

A demonstração que coloca como princípio o conceito da natureza simplesmente metafísico (a prova ontológica propriamente dita) inferiu a partir do conceito de ser máximo a respectiva existência pura e simplesmente necessária. É que (no seu dizer), se não existisse, lhe faltaria uma realidade, ou seja, a existência. A outra (a que também se pode chamar demonstração metafísico--cosmológica) inferiu a partir da necessidade da existência de uma coisa qualquer (o que tem de ser inteiramente concedido, pois que uma existência[40] é-nos dada na autoconsciência) a sua determinação completa, enquanto ser maximamente real. A razão é que todo o existente tem de ser completamente determinado, enquanto o simplesmente necessário (a saber, aquilo que nós devemos conhecer como tal, por conseguinte *a priori*) terá de ser determinado completamente *através do seu conceito*, o que porém só é possível acontecer no conceito de uma coisa maximamente real. Não é aqui necessário descobrir o sofisma de ambas as inferências, o que já se fez em outro lugar, mas somente observar que sutilezas dialéticas nunca passarão dos muros da escola, para o ser comum, ou poderão ter a mínima influência no simples entendimento são.

470

---

39   A: do mero conceito.
40   A: é-me; B: é-nos.

360 • Crítica da Faculdade do Juízo • Immanuel Kant

A demonstração que coloca como princípio um conceito de natureza que só pode ser empírico, mas que deve conduzir para lá dos limites da natureza, como globalidade dos objetos dos sentidos, não pode ser outra senão a dos fins da natureza. Na verdade o conceito destes não pode ser dado *a priori*, mas pelo contrário só mediante a experiência, e todavia aquela demonstração promete um tal conceito do fundamento originário da natureza, o qual entre todos os que podemos pensar é o único adequado ao suprassensível, isto é, o conceito de uma inteligência suprema como causa do mundo. Isso também de fato ela realiza perfeitamente segundo princípios da faculdade de juízo reflexiva, isto é, segundo a constituição da nossa (humana) faculdade de conhecimento. Mas saber se essa demonstração tem a possibilidade de fornecer, a partir dos mesmos dados, este conceito de um ser *supremo*, isto é, independente e inteligente, enquanto conceito de um Deus, isto é, de um autor de um mundo sob leis morais, por conseguinte suficientemente determinado para a ideia de um fim terminal da existência do mundo, tal é uma questão para a qual todo o mais remete, quer nós possamos exigir um conceito teórico suficiente do ser originário em favor do conhecimento da natureza na sua globalidade, quer um conceito prático para a religião.

Este argumento retirado da teleologia física merece todo o respeito. Produziu o mesmo efeito para o convencimento, quer no entendimento comum, quer nos pensadores mais sutis, e um *Reimarus*,[41] na sua obra ainda não ultrapassada, em que desenvolveu pormenorizadamente este argumento com a segurança e clareza que lhe são próprias, adquiriu assim um mérito imortal. Mas mediante o que é que esta prova ganha uma tão grande influência sobre o ânimo e antes de mais nada através do ajuizamento da fria razão sobre um acordo tranquilo que a si mesmo se dá (pois poder-se-ia tomar como persuasão a comoção e a elevação dessa

---

41 Herm. Sam. *Reimarus* (1694-1768), autor importante do iluminismo alemão. A obra a que Kant se refere é *Die vornehmsten Wahrheiten der natürlichen Religion* (*As principais verdades da religião natural*), Hamburgo, 1754.

APÊNDICE • DOUTRINA DO MÉTODO DA FACULDADE DE JUÍZO... • 361

prova, produzidas pelas maravilhas da natureza)? Não é pelos fins físicos, os quais apontam todos para uma inteligência impenetrável na causa do mundo. Na verdade estes são insuficientes, já que não satisfazem as necessidades da razão questionante. De fato para que <*wozu*> existem (pergunta esta) todas aquelas coisas artísticas da natureza; para que existe o próprio homem, no qual teríamos de nos deter, como último fim da natureza para nós pensável? Para que existe esta natureza na sua globalidade e qual é o fim terminal de uma tão grande e múltipla arte? Que o mundo e a própria existência do homem sejam criados para a fruição ou para a contemplação, consideração e admiração (o que, se se fica nisso, não será mais do que uma fruição particular) como fim terminal último <*als dem letzten Endzweck*>, não pode satisfazer a razão, pois esta pressupõe um valor pessoal que unicamente o homem pode dar-se como condição sob a qual ele e a sua existência podem ser fim terminal. Na falta desse valor (só ele é capaz de um conceito determinado), os fins da natureza não satisfazem a sua pesquisa, principalmente porque não são capazes de fornecer qualquer *conceito determinado* de ser supremo, como de um ser que a tudo basta (e precisamente por isso de um a quem assim propriamente se chame *supremo*) e das leis, segundo as quais a sua inteligência é causa do mundo.

Por isso o fato de a demonstração físico-teleológica convencer, como se ela ao mesmo tempo fosse uma demonstração teleológica, provém não da utilização das ideias de fins da natureza como tantos outros argumentos de uma inteligência *superior*, mas sem que se note, a prova moral – que habita em todos os homens e tão intimamente os move – interfere no processo das inferências. Segundo estas, atribui-se também ao ser, que se manifesta artisticamente nos fins da natureza de forma tão incompreensível, um fim terminal, por conseguinte sabedoria (ainda que não se esteja autorizado a tal mediante a percepção daqueles fins) e por isso se completa arbitrariamente aquele argumento relativamente às carências que nele ainda se encontram. Por isso, na verdade, a prova moral produz somente o convencimento e mesmo este só sob um ponto de vista moral, com o que toda a gente, no seu íntimo, concorda. Porém a prova físico-teológica possui somente o mérito de dirigir o ânimo, quando considera o mundo, na via dos fins, porém desse modo para um autor *inteligente* do mundo, já que então a relação moral com fins e a ideia precisamente de tal legislador e autor do mundo, como conceito teórico, ainda que seja um puro acréscimo, parece todavia desenvolver-se por si mesmo daquela prova.

Com isso também podemos dar-nos por satisfeitos daqui por diante na *exposição* popular. É que em geral se torna difícil para o entendimento comum e são separar um do outro, como heterogêneos, os diferentes princípios que ele confunde e dos quais só um efetiva e corretamente ele deduz, sempre que a separação exija muita reflexão. O argumento moral da existência de Deus não *completa* todavia simplesmente a prova físico-teológica, no sentido de uma demonstração completa, mas ele é um prova particular que preenche a falta da persuasão desta última. E isso é feito na medida em que esta de fato nada mais pode realizar do que dirigir a razão, no ajuizamento sobre o fundamento da natureza e sobre a sua ordem contingente (mas digna de admiração) que somente conhecemos através da experiência, para a causalidade de uma causa que, em função de fins, contém o fundamento da mesma (causalidade que nós temos de pensar segundo a constituição das nossas faculdades de conhecimento como causa inteligente) e, além disso, chamar para ela a nossa atenção, mas de forma a torná-la mais receptiva à demonstração moral. Na verdade aquilo que este último conceito exige é diferenciar-se de uma forma tão essencial de tudo aquilo que os conceitos da natureza contêm e podem ensinar, que são necessários um argumento e uma demonstração completamente independentes das antecedentes para indicar de modo suficiente o conceito do ser originário para uma teologia e concluir a sua existência. A demonstração moral (que porém realmente demonstra só a existência de Deus numa consideração prática, todavia, inevitável, da razão) conservaria por conseguinte sempre o seu potencial, se não encontrássemos no mundo nenhuma, ou somente duvidosa, matéria para a teologia física. É possível pensar que seres racionais se vissem rodeados por uma tal natureza que não mostrasse qualquer traço claro de organização,

APÊNDICE • DOUTRINA DO MÉTODO DA FACULDADE DE JUÍZO... • 363

mas somente efeitos de um simples mecanismo da matéria bruta e de tal modo que, por ocasião da mudança de algumas formas e relações finais simplesmente contingentes, não pareça existir algum fundamento para inferir um autor do mundo inteligente. Não haveria nesse caso qualquer oportunidade para uma teologia física e mesmo assim a razão – que não recebe neste caso qualquer orientação através de conceitos da natureza – encontraria, na liberdade e nas ideias morais que nela se fundam, um fundamento prático suficiente para postular o conceito de ser originário a si adequado, isto é, de uma divindade, e a natureza (mesmo da nossa própria existência) como um fim terminal, adequado àquele e às suas leis e, na verdade, em consideração ao mandamento inevitável da razão prática. Mas o fato de haver, no mundo efetivo, para os seres racionais uma rica matéria para a teleologia física (o que não seria até necessário), serve ao argumento moral para a confirmação desejada, na medida em que a natureza pode apresentar algo de análogo às ideias (morais) da razão. É que o conceito de uma causa suprema que possui inteligência (o que contudo está longe de ser suficiente para uma teologia) recebe assim a realidade bastante para a faculdade de juízo reflexiva. Mas tal não é necessário para fundamentar a demonstração moral, nem esta serve para completar aquele conceito, no sentido de fazer dele uma demonstração – o qual por si só não remete de modo nenhum à moralidade – através de inferências contínuas e segundo um único princípio. Dois princípios tão heterogêneos, como é o caso da natureza e da liberdade, só podem fornecer duas espécies diferentes de demonstração, já que se achará insuficiente, para aquilo que se deve demonstrar, a tentativa de conduzir essa mesma demonstração a partir da natureza.

Se a prova físico-teológica bastasse para a demonstração procurada, isso seria muito satisfatório para a razão especulativa, pois haveria esperança de se produzir uma teosofia (teríamos de chamar assim ao conhecimento teórico da natureza divina e da sua existência, a qual bastaria para a explicação da natureza do mundo e simultaneamente para a definição das leis morais). Do mesmo modo, se a psicologia bastasse para assim conseguir o conhecimento da imortalidade da alma, então tornaria possível uma pneumatologia, a qual seria igualmente considerada bem-vinda

364 • Crítica da Faculdade do Juízo • Immanuel Kant

pela razão especulativa. Porém ambas, por mais que isso agradasse às tendências obscurantistas, não preenchem o desejo da razão no concernente à teoria, a qual teria de ser fundada sobre o conhecimento da natureza das coisas. Mas saber se, quer uma como teologia, quer outra como antropologia, fundadas sobre o princípio moral, isto é, o da liberdade, por conseguinte de acordo com o uso prático da razão, não desempenhariam melhor a sua intenção final objetiva, isso é uma outra questão que aqui não temos que prosseguir. Por isso só o argumento físico-teleológico não basta para a teologia, porque não dá, nem pode fornecer qualquer conceito do ser originário suficientemente determinado para esta intenção, mas, pelo contrário, tem de se retirar este de outro lugar, ou tem de se suprir a sua falta mediante algum acréscimo arbitrário. Vós inferis, a partir da grande conformidade a fins das formas da natureza e das suas relações, uma causa do mundo inteligente; mas qual o grau desta inteligência? Sem dúvida que não a podeis medir ao nível da inteligência maior possível, já que para tanto seria de exigir-se que tivésseis e perspiciência de que não se pode pensar uma inteligência maior do que aquela de cujas provas vós tendes a percepção no mundo, o que significaria atribuir-vos a vós mesmos a onisciência. Do mesmo modo inferis, a partir da grandeza do mundo, um muito grande poder do seu ator, mas tereis de conformar-vos com o fato de isso só ter significado comparativamente para a vossa capacidade de compreensão e, já que não conheceis tudo o que é possível, de forma a poder compará-lo com a grandeza do mundo tanto quanto a conheceis, não podeis, a partir de um padrão de medida tão pequeno, deduzir qualquer onipotência de demiurgo etc. Ora, desse modo não conseguis qualquer conceito determinado de um

476   ser originário que seja próprio para uma teologia. Na verdade este só pode ser encontrado no conceito da totalidade das perfeições concordantes com uma inteligência, para o que vós não podeis auxiliar-vos de forma nenhuma de *data* simplesmente *empíricos*. Sem um tal conceito determinado não sereis capazes todavia de deduzir um ser originário inteligente e *uno*, mas somente aceitá-lo (seja a favor do que for). Ora, na verdade pode-se perfeitamente conceder que, de forma arbitrária, acrescenteis (já que contra isso

APÊNDICE • DOUTRINA DO MÉTODO DA FACULDADE DE JUÍZO... • 365

a razão nada tem a dizer) que, onde se encontra tanta perfeição, é perfeitamente possível admitir toda a perfeição unida numa única causa do mundo e isso porque a razão entende-se melhor com o princípio assim determinado, de um ponto de vista teórico e prático. Mas não podeis na verdade apregoar ter demonstrado este conceito do ser originário, já que só o haveis admitido a favor de um uso melhor da razão. Por isso toda a lamentação ou ira impotente, a propósito da pretensa injúria que será o duvidar da solidez das vossas conclusões, é uma mera fanfarronice que pretende que se considerasse a dúvida – que de um modo aberto se emite contra a vossa argumentação – como o pôr em causa a verdade sagrada, de modo a esconder a superficialidade da mesma.

Pelo contrário, a teleologia moral, que não é menos solidamente fundamentada do que a física, merece mesmo a preferência, pelo fato de assentar *a priori* em princípios inseparáveis da nossa razão e conduz àquilo que é exigido para a possibilidade de uma teologia, isto é, a um *conceito* determinado da causa suprema, como causa do mundo segundo leis morais por conseguinte de uma causa tal que satisfaz o nosso fim terminal moral. Para tanto são exigidas nada menos do que a onisciência, a onipotência, a onipresença etc., como qualidades naturais que lhe pertencem, as quais têm de ser pensadas numa ligação com o fim terminal moral – que é infinito – e por conseguinte a ele são adequadas. Desse modo pode aquela teleologia por si só fornecer o conceito de um *único* autor do mundo apropriado a uma teologia.

Assim uma teologia conduz de imediato à *religião, isto é, ao conhecimento dos nossos deveres como mandamento divino*, porque o conhecimento do nosso dever e do fim terminal que aí nos é imposto pela razão pôde produzir primeiramente de modo determinado o conceito de Deus, o qual por isso é inseparável, já na sua origem, do seu compromisso em relação a este ser. Em vez disso, se o conceito do ser originário pudesse também ser encontrado de forma determinada numa via simplesmente teórica (a saber, como simples causa da natureza), seria depois muito difícil, talvez mesmo impossível sem uma inclusão arbitrária, atribuir a este ser uma causalidade segundo leis morais mediante seguras demonstrações, sem as quais porém aquele pretenso conceito não pode constituir qualquer fundamento para a religião. Mesmo se uma religião pudesse ser fundada sobre esta via teórica, seria efetivamente diferente, no concernente à atitude interior (na qual todavia consiste o que lhe é essencial), daquela em que o conceito de Deus e o convencimento (prático) da sua existência provêm das ideias fundamentais da moralidade. Na verdade se tivéssemos de pressupor o poder absoluto, a onisciência etc. de um autor do mundo, como conceitos dados e que retiramos de um outro lugar, para seguidamente somente aplicar os nossos conceitos de deveres à nossa relação com ele, então muito fortemente se teria aí de sublinhar a compulsão e a submissão forçada. Em vez disso, se a elevada consideração que votamos à lei moral representa com inteira liberdade, segundo a prescrição de nossa própria razão, o fim terminal da nossa destinação <Bestimmung>, acolhemos no nosso modo de ver moral, com o mais sincero respeito que é completamente diferente do temor patológico, uma causa que com ele esteja em consonância, assim como com a sua realização, submetendo-nos a ela voluntariamente.[42]

Se perguntarmos por que razão, pois, nos empenhamos em ter uma teologia, parecerá claro que não é necessária para o alargamento ou para retificação do nosso conhecimento da natureza e de qualquer teoria em geral, mas sim apenas para a religião, isto é, para o uso racional prático, ou seja, moral, numa intenção

---

42 A admiração da beleza, assim como a comoção mediante tão múltiplos fins da natureza, que um ânimo medidativo está em situação de sentir, ainda antes de uma clara representação de um autor do mundo racional, possuem em si algo de semelhante a um sentimento *religioso*. Por isso elas parecem atuar primeiramente – mediante uma espécie de ajuizamento, análoga ao juízo moral – sobre o sentimento moral (de gratidão e de respeito perante a causa que nos é desconhecida) e por isso, mediante a estimulação de ideias morais sobre o ânimo, quando elas inspiram aquela admiração que se liga a um interesse muito mais vasto do que aquele que pode efetuar a mera contemplação teórica. (K)

APÊNDICE • DOUTRINA DO MÉTODO DA FACULDADE DE JUÍZO... • 367

subjetiva. Ora, se acharmos que o único argumento que conduz a um determinado conceito do objeto da teologia é ele próprio moral, então não só isso não será de estranhar, como também nada perderemos em relação à suficiência da adesão proveniente deste argumento no que respeita à intenção final daquele, no caso de confessarmos que um tal argumento só demonstra de forma suficiente a existência de Deus para a nossa destinação moral, isto é, numa intenção prática, e que aí a especulação não demonstra de forma nenhuma a sua força, nem alarga a área do seu domínio. Do mesmo modo desaparecem a estranheza ou a pretensa contradição da possibilidade aqui afirmada de uma teologia com o que a crítica da razão especulativa disse das categorias, isto é, que estas precisamente só podem produzir conhecimento na aplicação a objetos dos sentidos, mas de forma nenhuma ao suprassensível, no caso de as vermos aqui utilizadas para um conhecimento de Deus, não numa intenção teórica (dirigidas para aquilo que é para nós a sua natureza imperscrutável), mas sim apenas numa intenção prática. Aproveito esta ocasião para pôr fim à interpretação errada daquele ensinamento da crítica, muito necessário, mas que também, para desgosto do dogmático cego, remete a razão aos seus limites e acrescento aqui o seguinte esclarecimento:

Quando atribuo a um corpo uma *força motora* e, desse modo, penso-o através da categoria da *causalidade*, *conheço-o* simultaneamente, isto é, determino o conceito do mesmo como objeto em geral, mediante aquilo que lhe pertence como objeto dos sentidos por si mesmo (como condição da possibilidade daquela relação). Na verdade considere-se que a força motora que lhe atribuo é uma força de repulsão. Nesse caso o corpo recebe (enquanto eu ainda não coloque ao seu lado nenhum outro corpo contra o qual ele exerça essa força) um lugar no espaço, mais ainda, uma extensão <*Ausdehnung*>, isto é, espaço nele mesmo, e além disso o preenchimento do mesmo através das forças repulsoras das suas partes. E finalmente recebe também a lei deste preenchimento, que consiste no seguinte: a razão da reclusão das partes tem de decrescer na mesma proporção em que cresce a extensão do corpo e aumenta o espaço que este preenche com as mesmas partes através

368 • Crítica da Faculdade do Juízo • Immanuel Kant

dessa força. Contrariamente, quando penso num ser suprassensível como *primeiro motor*, por conseguinte mediante a categoria da causalidade relativamente à mesma determinação do mundo (do movimento da matéria), não devo então pensá-lo num lugar qualquer do espaço e tampouco como extenso, nem mesmo me é permitido pensá-lo como existindo no tempo e simultaneamente a outros. Por isso eu não possuo absolutamente nenhuma determinação que me possa tornar compreensível a condição de possibilidade do movimento através deste ser, tomado como princípio. Por conseguinte, eu não o conheço minimamente pelo predicado da causa (como primeiro motor) por si mesmo, mas, pelo contrário, tenho somente a representação de um algo que contém o fundamento dos movimentos no mundo; e a relação desse algo com estes, como sua causa, já que nada me fornece relativamente à natureza da coisa que é causa, deixa o conceito desta completamente vazio. A razão para que tal aconteça reside no fato de eu poder na verdade, com predicados que somente no mundo dos sentidos encontram o respectivo objeto, progredir em relação à existência de algo que tem que conter o fundamento daqueles predicados, mas não relativamente à determinação do seu conceito, como ser suprassensível que exclui todos os referidos predicados. Por isso, mediante a categoria da causalidade, se eu a determinar através do conceito de um *primeiro motor*, não fico minimamente sabendo o que seja Deus; mas talvez já consiga algo mais, se aproveitar a ordem do mundo, não simplesmente para *pensar* a sua causalidade como a de uma *inteligência* suprema, mas pelo contrário para o *conhecer* mediante a determinação do referido conceito. É que então desaparece a importuna condição do espaço e da extensão. Certamente a grande conformidade a fins[43] no mundo nos obriga a *pensar* uma causa suprema do mesmo e da sua causalidade, como sendo possível através de uma inteligência; mas desse modo não estamos de modo nenhum autorizados a *atribuir-lhe* esta inteligência (como, por exemplo, a eternidade de Deus enquanto exis-

---

43 A: ligação a fins.

APÊNDICE • DOUTRINA DO MÉTODO DA FACULDADE DE JUÍZO... • 369

tência para todo o tempo, porque somos capazes de realizar qualquer conceito da simples existência como grandeza, isto é, como duração; ou a onipresença divina como existência em todos os lugares para tornar compreensível a presença imediata para as coisas exteriores umas às outras, sem no entanto podermos atribuir uma destas determinações a Deus como algo que nele se conheça). Quando determino a causalidade do homem em relação a certos produtos, que somente se explicam através da conformidade a fins intencional, pelo fato de pensá-la como uma inteligência própria daquele, não preciso deter-me aí, mas pelo contrário posso atribuir-lhe este predicado como uma qualidade sua bem conhecida e assim através dela conhecê-lo. É que eu sei que as intuições são dadas aos sentidos do homem e levadas ao entendimento sob um conceito e desse modo sob uma regra; que este conceito contém somente o traço comum (com a eliminação do particular) e que por isso é discursivo; sei que as regras que servem para levar dadas representações a uma consciência são fornecidas pelo próprio entendimento, antes daquelas intuições etc. Por isso eu atribuo essa qualidade ao homem, como sendo uma qualidade pela qual eu o *conheço*. Ora, se eu quiser *pensar* um ser suprassensível (Deus) como inteligência, tal não é somente permitido, de um certo ponto de vista do meu uso da razão, mas é também inevitável. No entanto atribuir-lhe inteligência e por isso vangloriarmo-nos de poder *conhecê-lo* como se fosse através de uma sua qualidade, eis o que não é de forma nenhuma permitido, porque então tenho que eliminar todas aquelas condições sob as quais somente conheço uma inteligência, por conseguinte o predicado que apenas serve para a determinação do homem e de modo algum pode ser relacionado com um objeto suprassensível. Por isso não se pode em absoluto conhecer o que é Deus mediante uma causalidade assim determinada. O mesmo acontece com todas as categorias, as quais não podem ter qualquer significado para o conhecimento de um ponto de vista teórico, quando não são aplicadas a objetos da experiência possível. Mas, segundo a analogia com um entendimento, já me é possível e tenho até mesmo de pensar um ser suprassensível, numa determinada perspectiva diferente, sem que assim ao mesmo tempo queira conhecê-lo teoricamente: quando, a saber, esta determinação da sua causalidade diz respeito a um efeito no mundo que contém uma intenção moral e necessária, todavia irrealizável para os seres sensíveis, nesse caso é possível um conhecimento de Deus e da sua existência (teologia) através das qualidades e das determinações da sua causalidade, nele pensadas simplesmente segundo a analogia, conhecimento que possui, sob o ponto de vista de uma referência prática, e *somente desse ponto de vista* (como moral), toda a realidade exigida. Por isso é perfeitamente possível uma teologia ética, pois a moral pode na verdade subsistir, com sua regra, sem teologia, mas não com a intenção final que precisamente essa regra impõe, sem que abandone pura e simplesmente a razão no que respeita a essa mesma teologia. Mas uma ética teológica (da razão pura) é impossível, porque leis que a razão não dá ela própria originalmente e cujo cumprimento ela também não realiza, enquanto faculdade prática pura, não podem ser morais. Do mesmo modo uma física teológica seria um disparate, porque não exporia quaisquer leis da natureza, mas sim ordenações de uma vontade suprema. Em contrapartida uma teologia física (propriamente físico-teleológica) pode servir ao menos como propedêutica para a verdadeira teologia, na medida em que possibilita, através da consideração dos fins da natureza – dos quais apresenta uma rica matéria – a ideia de um fim terminal que a natureza não pode apresentar; por conseguinte pode fazer sentir a necessidade de uma teologia que determine suficientemente o conceito de Deus para o uso prático supremo da razão, mas não pode produzi-la e fundá-la suficientemente com base nas suas provas.

ÍNDICES

O *Índice de Autores* e o *Índice Alfabético-Remissivo, que se seguem, foram elaborados por Karl Vorländer e editados pela primeira vez no vol. 39 da* Philosophische Bibliothek, *Leipzig, 1902. Algumas pequenas alterações ocorreram por conta dos tradutores. Os números do Índice de Autores e do Índice Alfabético-Remissivo referem-se à paginação lateral da presente edição, que reproduz a numeração da edição original de Kant. Os asteriscos remetem aos respectivos termos no Índice Alfabético-Remissivo.*

ÍNDICE DE AUTORES

Anaxágoras 274
Antigos, os 138 404g
Batteux 141
Blumenbach 378
Burke ....128segs.
Camper 175 386
Cícero .... 217 N
Colombo .... 175 N
Demócrito 322
Epicuro 129 223 228 322 324
Espinosa ....322 325-327 427: espinosismo 373 406
Euler 40
Frederico II 196
Homero 184
Hume .... 143 203 N 372
Lessing 141
Linné 383
Locke 257
Marsden 72
Myron 59
Newton 183seg. 338
Ocasionalistas ....375segs.
Platão ....273segs.
Policleto 59
Reimarus 471
Rousseau 6
Saussure 111 127
Savary 87
Segner .... 197 N
Voltaire 228
Wieland 184

Índice Alfabético-Remissivo

(Os números referem-se à paginação originária da edição alemã e foram mantidos nas laterais das páginas.)

ABSOLUTO, unidade absoluta do princípio das coisas da natureza 405; todo 9 101 411; grandeza absoluta, 84 98, cf. 116; valor.*

ACASALAMENTO (*Begattung*) da matéria, 375 segs.

ACASO (*Zufall*), o cego 325 396, 438.

ACIDENTES 325.

ADORNO (*Schmuck*) prejudica a verdadeira beleza 43, pertence à pintura em sentido amplo 210.

AFETOS (*Affekte*), em oposição às paixões, impetuosos e despremeditados 121 nota, sublimes 121, cegos 121, vigorosos e lânguidos 122, cf. 128, provocam movimento 124 224, no sonho 302, elevam o deleite 223 segs., sua linguagem a arte do som 219, ausência de afeto sublime 121 segs.

AGIR (*handeln*) oposição efetuar, operar (*wirken*) 173.

AGRADÁVEL (*Angenehme*), o = o que agrada aos sentidos na sensação 7, ligado a interesse 7 segs., deleita 10 15; agrada imediatamente 12, diferença do bom 11 segs., bom e belo 14-16, cf. 246, condicionado patologicamente 14, limitado simplesmente à pessoa do que julga 18, cf. 231 segs., modo propulsor dos apetites 113, arte* agradável. Amenidade é gozo 12, vale também para animais 15, cf. 19 37 153; de sons e cores 40, nenhum princípio do gosto 238.

AGRICULTURA (*Landwirtschaff*) XIV.

AJUIZAMENTO (*Beurteilung*): a) estético-subjetivo 29 etc. (v. estético), b) teleológico, pertencente à faculdade de juízo reflexiva (oposição a dedução, explicação) 269 segs., 278 295 segs., 303 305 segs., 315 354 segs. 331 368.

ALEGORIAS na arte 190.

ÁLGEBRA 85, sinais algébricos 255.

ALGO (*etwas*), ideia de um traço não sensível 453 segs.

376 • Crítica da Faculdade do Juízo • Immanuel Kant

ALMA (*Seele*), boa 166, *bela* 168, doce e fraca 122, alma e matéria 293, sua imortalidade*.

Doutrina da Alma 364, fornece somente um conceito negativo de um ente pensante 442, cf. *Psicologia.*

Faculdade da Alma (cf. *faculdades de conhecimento*) três XIX, cf. XXII, sua tábua LVIII, superiores LVI.

ALPES viagens aos 127.

AMOR (*Liebe*) 120, cf. 115 129.

AMOR-PRÓPRIO (*Selbstliebe*) 459.

ANALÍTICA da faculdade de juízo estética 3-230, do belo 3-73, do sublime 74-131, cf. 234, da faculdade de juízo teleológica 271-310; divisão LVII.

ANALOGIA da arte e natureza com a moralidade 256 segs., matemática 307, das formas da natureza 368 segs.; silogismos analógicos 447 448 N 448-451.

ANATOMIA 240, comparativa 368; anatomista 241 377.

ANIMAIS (*Tiere*) e homens comparados 448-N.

ANIMALIDADE (*Tierheit*), em nós 392 395.

ÂNIMO (*Gemüt*). Faculdades do ânimo, jogo delas 192, relação 253, sua cultura propedêutica à arte bela 262, estado (disposição) de ânimo estético, no livre jogo das faculdades do ânimo 28 29 65, desperta prazer 27 segs., de validade universal subjetiva 51, comparado com o moral 51 segs.

ANTIGOS obras dos 138 N., cf. 404 segs.

ANTINOMIA da razão pura: a) da *teórica* (conhecimento) 239, 244, b) da *prática* (faculdade de apetição) 244, cf. 239, c) da *faculdade do juízo* (sentimento de prazer e desprazer) 244 segs. ou do gosto 232 segs.; tese e antítese da mesma 234, sua resolução 234 segs.; antinomia da faculdade de juízo teleológica 311-319, cf. 386.

ANTIPATIA 127.

ANTROPOLOGIA, empírica 129, do sentido interno = Psicologia* 443; questão antropológica XXII N. Conceitos 330, fundamentos determinantes 246, dados XXII N, conhecimento 331, exposição 129, leis XXXIII, princípios XXII N, cf. experiência. Antropomorfismo 257 436, modo de representação antropomorfista. Antropofobia 126.

APARÊNCIA (*Schein*), simples, de prova 444 445, natural da autonomia 237, 313, a bela aparência 216, 229.

APETIÇÃO, faculdade (*Begehrungsvermögen*), sua definição XXII N, cf. afora isso III V VIII, XII segs., 121, N, 244 411, superior XLV segs., interior e superior XXV, também *vontade.*

A POSTERIORI = dado pelos sentidos (empírico) 246.

GLOSSÁRIO • 377

APREENSÃO (*Auffassung, apprehensio*) da forma de um objeto XLIV, antes de todo conceito XLIV XLVIII, vai até o infinito 87, progressiva 91 93 segs. 98 99.

APRENDER (*lernen*) capacidade e docilidade em – (*Gelehrigkeit*), oposta ao gênio 183.

APRESENTAÇÃO (*Darstellung, exhibitio*), também exposição. Apresentar = colocar ao lado do conceito a intuição correspondente XLIX, cf. L; = representar esteticamente 84, = hipotipose* 255, do infinito 92 124, de uma ideia 97, de ideias estéticas 193, cf. 255 segs. Faculdade de 74 132-135 146 é a faculdade da imaginação*.

A PRIORI = legislador XVII, p. ex. intuições XXXII, fontes do conhecimento XXXI, fundamentos do juízo de gosto 35 246; máximas XXX, princípios XXX XXXV, conceitos morais 36; juízos 231 232 N.

ARCADAS (*Säulengänge*) 43.

ARGUMENTOS (*Beweisgründe*), divisão dos 477.

ARITMÉTICA, pura XXII N = avaliação intelectual das grandezas 91, analogia aritmética 307.

ARQUEOLOGIA, da natureza 364 369 385 385 N.

ARQUÉTIPO (*Urbild*) 207.

ARQUITETO, um supremo 354, cf. 402. Arquitetura (*Baukunst*) 42, 207 segs.

ARTE (*kunst*): a) arte *em geral* (oposição natureza) 173-176, = causalidade segundo ideias 320, fins 320 (divina) 332, produção por liberdade (razão) 174, cf. XLIX LVIII 76 173 176 180 188 286, 289, b) (oposição à *ciência*) prática, não teórica 175, cf. XXVIII 175 N., 261 284, c) (oposição ao ofício) como jogo *livre* 175 segs., 206. Arte estética 177 179 180, agradável 178 213, 225, 230, 253, figurativa 42, 205, 207-211, 221, as 7 artes livres 176, rica de espírito 202, mecânica 186 191 253, elocutivas 54 N., 205 segs. Arte *bela* 42 144 166 171 176-183, 202 segs., 225 230 253, tem que parecer natureza 179 segs., é arte do gênio 181-183 (cf. gênio), cf. 186 segs., torna belo até o feio 189 segs., seus requisitos 203, tem de ser arte livre 206, torna civilizado 395, prepara para o domínio da razão ante a mesma, seu princípio subjetiva o universalmente válido 243, só tem maneira, não método 261, sem modelo 182, 185 segs. Esboço de uma *divisão* das belas artes 204 segs. *Comparação* de seu valor estético 215-222, ligação recíproca 213-215, com ideias morais 214, escultura, poesia etc., arte do belo jogo das sensações ver *música, instinto artístico* (entendimento artístico) 408 segs., dos animais 448 N.

ARTICULAÇÃO 204 segs.

ARTISTA (*Künstler*) 165 184 (supremo = *Deus*) 402.

ASCO (*Ekel*), assenta sobre imaginação 189 segs.

ASSOCIAÇÃO, leis da faculdade da imaginação 69 117 193 255, na Música 218 segs.

378 • Crítica da Faculdade do Juízo • Immanuel Kant

ATRATIVO (*Reiz*) pertencente à matéria da complacência 38, cf. 130 155 214, compatível com o belo 38 41, das cores e sons 42 163 172, da música 218 segs. 220, da natureza bela 166, 171 segs., grande número de atrativos 113.

ATRIBUTOS da arte 190, estéticos e lógicos 195 segs.

AUTOCRACIA da matéria uma palavra sem significado 372.

AUTOCONSCIÊNCIA (*Selbsbewusstsein*) 327.

AUTOCONSERVAÇÃO (*Selbsterhaltung*) (moral) = autoestima 105.

AUTONOMIA do gosto 135, 137 segs. 253, da natureza XXXVII, da virtude 139, da faculdade de juízo reflexiva 318 segs.

BELO/BELEZA (*Das Schöne, die Schönheit*) = aquilo que é representado sem conceito como objeto de uma complacência universal 17, cf. 16 32, o que apraz sem nenhum interesse 6, 115, apraz no simples ajuizamento 114 segs. 180, cf. XLV 155, e na verdade imediatamente 44 259. Sua analítica 3-73, diferença do sublime XLVIII 75 79, do agradável e bom 14-16, cf. 35 44 segs. 47 50 69 113 246, independente do simples gozo sensorial 116, cf. 60, de atrativos 37 segs., ligação ao bom 51, cf. 169 segs. 171. Incognoscível mediante conceitos 25, cf. 53 152 242 246, mas só pelo sentimento 3 segs. 30, sem padrão de medida em nós próprios 252, mantém o ânimo em serena contemplação 80 98, demoramo-nos em sua contemplação 37, deve concernir propriamente só à *forma* 38, cf. 39 segs. 75 76 79 131 segs. 144 segs., 150, põe a fundamento uma *conformidade a fins formal subjetiva* 44 46 270 278, isto é, conformidade a fins *sem fim* 61 70, só cores e sons puros são belos 40 segs. Beleza não é perfeição confusa 45 47, é a expressão de ideias estéticas 204, cf. 75, comporta um sentimento de promoção da vida 75, objetos belos e belas vistas sobre objetos 73, cf. 188. *Espécies*: beleza livre (subsistente por si) e beleza aderente (condicionada por conceitos) 48 segs., cf. 72, vaga e fixada 55, selvagem e conforme a regras 72, figuras geométricas são belezas em sentido impróprio 277 segs., da arte 166 188 204, e da natureza (= sua consonância com o livre jogo de nossas faculdades de conhecimento) 303, cf. 76 segs. 166 segs. 188 202 segs. 204 242 439, prerrogativa da última 167 segs. 171 segs., intelectual 119, da figura humana 59 119, do tipo sensível 122 segs., de uma ação por dever 114; somente do belo é possível uma dedução, mas nenhuma ciência 176 261, o juízo sobre ele é *a priori* 150 (cf. juízo de gosto), dificuldade do princípio VIII, ligado a interesse empírico 161 segs., intelectual 165 segs. 259. Ele cultiva 113, prepara-nos para amar algo 115, cf. 120, interesse pela natureza bela é sinal de uma alma boa 166, é símbolo da moralidade 254 segs., especialmente 258. O ideal da beleza 53-61, possível somente pelo homem 59.

BENEVOLÊNCIA (*Wohlwollen*), bem-querer 127.

BOM/BEM (*gut, das Gute*) = o que apraz mediante a razão pelo simples conceito 10, cf. 21 246, é aprovado como objetivamente valioso 15, cf. 44. Diferença do bom para (mediato, do útil) e do bom em si (absolutamente, imediata-

GLOSSÁRIO • 379

mente) 10 11 13, que vale para todo ente racional 15 e ordena aprovação 114. A complacência nele ligada a interesse 10-14, puramente prática 14, intelectual 37 120. O moralmente bom fim último da humanidade 165, esteticamente sublime 120 segs. o *bem supremo* 398 414 423 (moral) 424 (físico) 457, compare o *melhor do mundo**.

CANTO (*Gesang*) dos pássaros 72 segs., 172, dos homens 73, imitação artificial daquele 173, de hinos religiosos 222 N, reunião de música e poesia 213.

CARACTERES (*Charakterismen*), 255.

CARACTERÍSTICO, o – de um rosto 59 N.

CARICATURA = exagero do característico em um indivíduo 59 N.

CASUALIDADE (determinação de uma coisa por acaso) 322.

CATEGORIAS (*Kategorien*) = conceitos universais da natureza XXXIX, sobre os quais repousam as leis da natureza XXXII, puras XXII N, cf. 147, para aplicar somente às coisas sensíveis 479-481.

CATEGÓRICOS = fins incondicionados 300.

CAUSA (*Ursache*) em geral, seu conceito XXXII, causa e fundamento LIV, LIV N., a ser provada na intuição 240, ideal e real 290, causas *eficientes* e *finais* 289 291 381, atuando segundo intenções 333 335 374 397 segs., 421 N., produtora 292 372 421, inteligível 407, sobrenatural 308, racional 290, inteligente 326.

CAUSALIDADE (*Kausalität*) (ligação causal), a) da *natureza* LIV, das leis da natureza 350, do *mecanismo* da natureza 322, 355, cf. 321, 324, das causas eficientes 437 = *nexus effectivus* 269 289, sempre desce 289; b) dos *fins* = *nexus finalis* 269 332 378, segundo fins 267 269 295 299 350 355 357 segs. 360 363 399 N., segundo intenções 330, cf. 328 397, ideias 320, conceitos da razão 289 330, causas finais 314 318 319 350 381, é descendente e ascen-dente 289, teleológica 398, é uma simples ideia 318 381, princípio subjetivo 320, unificação de ambos os modos 374; c) da *vontade* XIII, por *liberdade* LIII segs. LIV N. 36 281 398 419 421 N.; da razão 468, cf. 467, para fins terminais 433 437; d) *divina* 451.

CAUSAS FINAIS (*Endursachen*) (Cf. também causalidade, causa) ou causas ideais XXVIII 290 291 298 301 304 314 316 318 319 segs. 321 332 359 362 371 381 404 segs. 410 segs., elas pertencem somente às condições subjetivas de nosso uso da razão 387.

CÉTICO/CETICISMO 65 66.

CIÊNCIA (*Wissenschaft*) concerne à verdade do objeto 261, cada um sistema por si 305. Sua enciclopédia 364, torna morejados 395. Oposição à arte*. Não há uma ciência bela e nem uma ciência do belo 176 segs. As "belas ciências" históricas 177.

CIFRA, escrita cifrada da natureza 179.

380 • Crítica da Faculdade do Juízo • Immanuel Kant

CÍRCULO (*Kreis*) teoria do 272 274.

CIVILIZAÇÃO (*Zivilisierung*) 163 segs.

CLÁSSICO 132, modelos clássicos 185 segs.

COISA (*Sache*) = objeto de conhecimento possível (oposição ideia) 458, divisão em coisas de opinião, de ação e de fé 454 segs.

COISA EM SI (*Ding an sich*), fenômeno.

COLETIVIDADE (*Gemeinwesen*) 262.

COMEÇO primeiro 378.

COMOÇÃO (*Rührung*), definição da mesma 43, ligada ao sentimento do sublime 43, não pertencente ao juízo de gosto puro 37 segs., 39, aparentada com o sentimento religioso 478 N, produz moção 123 segs., forte e terna 122, cf. 130, 214, 229.

COMPLACÊNCIA (*Wohlgefallen*) a) a *estética* 5-7, assenta sobre reflexão 11, livre 17 260 303 N, universal 17 segs., no sublime 79, comovedora 88, negativa 117 126, no belo é positiva 117 126, conhecível por sua comunicabilidade universal 126, no homem 127; como regra para outros 135, na música 119 segs.; b) no *agradável* 7-10, assenta sobre sensação 11; c) no *bom* 10-14 69, lei moral pura e incondicionada 120, sensível-negativa, intelectual-positiva 120, cf. 169 223, pura no inteligível 258, cf. 278. Comparação das três espécies 14-16 74, da complacência estética com a intelectual 51 120.

COMPOSIÇÃO = o propriamente estético na música 42.

COMUNICABILIDADE (*Mitteilbarkeit*), universal, critério dos juízos estéticos 27 segs. 65 126 153 segs. 160 segs., 190 198, cf. 305, na música 218 segs.

COMUNIDADE (*Gemeinschaft*), político-jurídica 450. Sentido comunitário 67 157.

CONCEITO (*Begriff*) = representação da síntese 145, pensamento determinado 193, objetivo 233, transcendente e imanente 240, cf. ainda XVI 309 340 348 481; conceito da natureza* e da liberdade*.

CONDIÇÃO (*Bedingung*), universal IV XXIX XLVI segs., formal XXXII 114 391 393, formal e material 423, subjetiva XLVII 155 329 391 segs. 423 (cf. juízo de gosto, faculdade do juízo).

CONFIGURAÇÃO 250 252.

CONFORMIDADE A FINS (*Zweckmässigkeit*), veja *fim*.

CONFORMIDADE A LEIS (*Gesetzmässigkeit*), livre da faculdade da imaginação 69, do entendimento 69 146 200 203, universal da natureza 313, segundo fins 268, sem lei (estética) 69.

CÔNICA seção 272 segs.

Glossário • 381

CONSONÂNCIA (*Zusammenstimmung*) da faculdade da imaginação e do entendimento 160 segs., cf. 239, cf. *jogo, disposição, proporção*; cf. da natureza com nosso entendimento é contingente XXXVI XXXVIII 347 segs., de todas as nossas faculdades de conhecimento 242.

CONSTITUTIVO (oposição regulativo), v. *princípios.*

CONSTRUIR 241, os conceitos 138.

CONTEMPLAÇÃO (*kontemplation*) calma, do belo 80, cf. 14 90, raciocinante do sublime 154, calma da grandeza divina 108, disso: Contemplativo, juízo de gosto (sem interesse) 14 cf. 36, entendimento 115.

CONTENTAMENTO (*Frohsein*) 103.

CONTINGÊNCIA (*Zufälligkeit*) da experiência III, da natureza 268 segs., cf. 347, das formas da natureza 285 331, do todo do mundo 335, do fim 335 378, física da ação da moral 342, interna do juízo de gosto XLVI.

CONTINUIDADE, lei da XXXI.

CONTRADIÇÃO (*Widerspruch*), princípio de LVII, N, 453.

CONTRIÇÃO (*Zerknischung*), religiosa 108.

CONVENIÊNCIA (*Zuträglichkeit*) = utilidade, conformidade a fins relativa 279 segs., 281 282.

CORES (*Farben*) 39 segs. explicação de Euler 40, puras e mescladas 40 segs., pertencem ao atrativo 42, dispõem para ideias 172, *arte das cores* 211.

CORPO: a) metafisicamente = coisa móvel no espaço; b) transcendentalmente = substância mutável XXIX, corpo organizado XLIX, LII, 351, cf. *organismo*. Corpo e espírito 227 segs. *Doutrina dos corpos* 364.

COSMOLÓGICA prova de Deus 469.

COSTUMES v. *moralidade*.

CRESCIMENTO (*Wachstum*) 287 segs.

CRIAÇÃO (*Schöpfung*) 421 N, cf. 430 431.

CRISTALIZAÇÃO 249-251, cf. 369.

CRISTIANISMO 462 N.

CRÍTICA: 1, da *razão pura*. Seu fim III V VI cf. XX LII LVII 30 147 346 448 (470) (478), em sentido amplo consistindo de: crítica do entendimento puro, da razão pura e da faculdade de juízo pura XXXI, divisão em crítica da fac. de juízo *estética* (1-264) e fac. de juízo *teleológica* (265-482), juízo L, cf. VIII segs., sem problema 149. Também denominada crítica do *gosto* 45 131 144 (tanto arte como ciência), seus princípios 158, dialética 232, empirismo e racionalismo da mesma 246 segs., sua chave 27. Consideração crítica 323 N, ofício X, procedimento 329, princípio da razão 333.

382 • Crítica da Faculdade do Juízo • Immanuel Kant

CULTO (*Andacht*) ruidoso 222 N.

CULTURA: Produção da aptidão de um ente racional para quaisquer fins 391, a) da habilidade 392, b) da disciplina 392, cf. 394. Seu crescimento e suas misérias 393, coerção legal 263, fim último da natureza 391 segs., oposição à natureza 263, unificação de ambas cf. 303 N. 388 391-395. Cultura do ânimo (*Gemüt*) 218 220 262, estética 214, do sentimento moral 264, é pressuposição para o sentimento do sublime.

DANÇA (*Tanz*) 42 213.

DECIMAL, escala, sistema 91.

DEDUÇÃO (*Deduktion*) (= legitimação 131, justificação da pretensão de validade universal 133) a) dos juízos estéticos puros 131 segs., seu método 133-136, concerne somente à forma do objeto 131, só é possível do belo 131-133, cf. 245; b) transcendental da conformidade a fins da natureza XXXI, cf. 356 segs.

DEFORMAÇÕES (*Missgeburten*), criatura disforme ou aleijada 377.

DEÍSMO 258.

DELEITE (*Vergnügen*), distinto de *complacência* (*Wohigefallen*) 10, objetivo de qualquer um 8, complacência do gozo 10 163, promove o sentimento da vida 226, segundo Epicuro no fundo sempre corporal 223 228, cf. em geral 228 segs.

DEMÊNCIA (*Wahnsinn*) e *desvario* (*Wahnwitz*) 126.

DEMONOLOGIA 414, 440 cf. também 418.

DEMONSTRAR (*demonstrieren*) apresentar um conceito na intuição 241, cf. 240.

DESEJO (*Wunsch*) XXII N.

DESENHOS (*Zeichnungen*), livres 10 segs., o essencial nas artes figurativas 42, cf. 222, à *La grecque* 49.

DESESPERO (*Verzweiflung*), o indignado é esteticamente sublime (oposição ao desencorajado) 122.

DESPRAZER (*Unlust*): a representação que contém o fundamento para determinar o estado das representações ao seu contrário 33, de resto cf. prazer.

DETERMINAÇÃO/DESTINAÇÃO (*Bestimmung*) do sujeito 118, nossa destinação moral 171, 442, suprassensível.*

DEUS (*Gott*), cf. religião, causa do mundo, fundamento originário, ente originário etc., especialmente p. 400 até o fim. Temor de Deus 107-109, sem vida ou vivo? 323 N. Nosso conhecimento de Deus é só simbólico 257, o conceito de Deus não pertencente à ciência natural 305 403 segs., só uma hipótese 460, um princípio regulativo para ela 365, máxima subjetivamente necessária 367, tecnicamente problemática 448 453 477, questão de fé 458, insuficiência das provas metafísicas 469 segs. Assenta sobre o uso racional prático 404, cf. 418; prova *moral* da existência de Deus 418 segs., só subje-

GLOSSÁRIO • 383

tivamente válida 424 N. Cf. 429 segs., sua utilidade 439 segs., cf. 472 segs.; condição de possibilidade para nós de alcançar o fim terminal 460 segs.; cf. 443 segs. Deus = inteligência infinita 409, chefe no reino dos fins 413, suas propriedades 414 444, pensável somente por analogia 435, = autor moral do mundo 429 433 460 470 472. Os deuses dos antigos 404 segs., 418. Doutrina de Deus v. Teologia, Idolatria 440.

DEVER (*Pflich*), sublimidade e beleza 114, cf. 342 segs., 416 segs. Seu cumprimento consiste na forma da vontade 426, cf. 461 N, sua necessidade prática 461, imposto pela razão 477.

DEVER-SER (*Sollen*) o – estético 68, só condicionado 63 67 segs. o *moral* 343.

DIALETO, enganador 305.

DIALÉTICA, contraposição de juízos universais *a priori* 231, não do gosto, mas de sua crítica 232, da faculdade de juízo estética 231-260, da faculdade de juízo teológica 311-363, cf. 312 segs., 314.

DIETÉTICA XIV.

DIGNIDADE (*Würde*) da humanidade 123.

DINÂMICO, dinâmico-sublime, v. sublime.

DIREITO (*Recht*), oposição à felicidade 123, à injustiça 438 suas regras 450.

DISCIPLINA da vontade 392, das inclinações 394.

DISCURSIVO, entendimento 347 349, modo de conhecimento 349.

DISPOSIÇÃO (*Stimmung*), *proporcionada das faculdades de conhecimento* 31, 65 segs., cf. 151 N. 182 242, da sensação 211, na música fundada matematicamente 219 segs., cf. *jogo*.

DISPUTAR (*disputieren*) e discutir (*streiten*) sobre o gosto 233.

DIVISÃO, analítica e sintética LVII, N, das belas artes 204 segs.

DOGMÁTICO 479. Fundamentação 328 330, tratamento 329 330 331 segs., afirmação 323 N, determinação 332, provas 463, uso 330, validade 323 N., princípio 356, sistema 321, incredulidade 464, procedimento 329, cf. 336 segs.

DOMÍNIO (*Gebiet*) da Filosofia em geral XVI-XX, definição de domínio XVI segs.

DOUTRINA (*Doktrin*) LII, doutrinal X. Doutrina elementar (*Elementarlehre*) da faculdade de juízo teológica 366.

DURAÇÃO (*Dauer*) = a existência enquanto grandeza 480 segs.

ECONOMIA DOMÉSTICA XIV.

ECONOMIA POLÍTICA XIV.

EDIFICAÇÃO (*Erbauung*) 123.

EDUCADORES novos 176.

EDUTO (*Edukt*) eduto (oposto = produto) de seu igual 376-378, cf. 287.

384 • Crítica da Faculdade do Juízo • Immanuel Kant

EFETIVIDADE/REALIDADE EFETIVA (*Wirklichkeit*), oposição à possibilidade 340 segs. 452 segs., dada na intuição 341; cf. ainda XXVIII.

EKTYPON (cópia) 207.

ELEGÂNCIA de uma demonstração 278.

ELIPSE 273.

ELOQUÊNCIA (*Wohlredenheit*) 216 segs. 217.

EMPIRISMO do princípio de gosto 246.

ENCAIXE teoria do 376.

ENCICLOPÉDIA das ciências 364.

ENTENDIMENTO (*Verstand*) = entendimento humano, o são ou comum entendimento 156 segs., cf. 410 412 421 472.

> **Faculdade dos conceitos** XLIV 48 74 131 155 242 277 278 347, prescreve ao conhecimento V às leis da natureza IV, cf. VII XXV LII LIII segs., LVIII (tábua) 313 339, as leis do entendimento universais = leis da natureza XXXVIII, subsume intuições à regra dos conceitos 481, cf. XVII, para a unidade 65, cf. 145 segs., necessária à validade dos objetos 339, cf. 340 vai do geral ao particular 347 348 segs., relação com a razão XVII segs. XXI XXVI 339, à faculdade de imaginação, cuja liberdade de ambas v. *jogo*. Suas máximas 160 314, princípios *a priori* 147. Em outro sentido = faculdade de propor-se fins 390 = faculdade da determinação do juízo (de gosto) 48. *Nosso* entendimento *pensante* (342 345 segs.) é discursivo 347, carece de imagens 350 segs. Problema de um entendimento superior 346, arquetípico (*urbildlichen*) 349 intuitivo XXVII 340 341 segs., 345 segs., 347, que vai do sintético-universal ao particular, do todo às partes 349, cf. 350, é só uma ideia 351. Um entendimento supremo 362 372, entendimento originário (*ursprünglicher*) como causa do mundo 354 seria criador 380, produtivo 397, arquitetônico 317 372.

> **Conceito intelectual** 235, simplesmente confuso 236, puro conceito natural *a priori* XXIV, cf. XXIX (cf. *categoria*), oposição à ideia 239 segs., imanente à experiência 240, demonstrável 240.

ENTUSIASMO (*Enthusiasmus*) 121, esteticamente sublime 121 125, dos judeus por sua religião 124 segs.

ESCÁRNIO (*Zorn*) esteticamente sublime 122.

ESCLARECIMENTO (*Aufklärung*), 158 segs., uma coisa muito difícil 158 N.

ESCOLA (*Schule*), ensinamento metódico segundo regras 200, oposição gênio 200 segs., escolas filosóficas 323 N, oposição ao são entendimento humano 470; disso: forma escolástica 180, 186.

ESCULTURA (*Bildhauerkunst*) 189 195 205 207 segs. 287 segs. 370 376 379 277, simples modo de representação 276, cf. XLII (o simplesmente subjetivo de

GLOSSÁRIO • 385

nossa representação), nenhum fundamento real mas somente a condição formal das produções 352, lei do preenchimento do espaço 479 segs.

ESPÉCIE (*Species*) 371, 383. Sua conservação 375, cf. gêneros (*Gattungen*).

ESPECIFICAÇÃO DA NATUREZA, lei da XXXVI segs., subjetivamente conforme a fins XLI, cf. 338.

ESPECULAÇÃO 459, 479. Intenção especulativa 435, conhecimento 434, filosofia 431, razão 436 439 461 N. 479.

ESPETÁCULO (*Schauspiel*) 213.

ESPINOSISMO (*Spinozismus*) v. registro de autores.

ESPÍRITO (*Geist*), o princípio vivificante no ânimo 192, faculdade da apresentação de ideias estéticas 192 197 segs., cf. *gênio*, só conhecido por nós em ligação com o corpo 455 segs.

ESPONTANEIDADE (*Spontaneität*) do entendimento XXXVIII, da intuição 347, de uma causa 356, no jogo das faculdades de conhecimento LVII.

ESQUEMA (*Schema*), apresentação direta de um conceito intelectual puro 256, cf. 90 254 255 (daí *esquemático, esquematizar* 255). A natureza esquema para as ideias 110, a poesia para o suprassensível 215, esquema das espécies animais 368.

Esquematismo da faculdade do juízo 30, cf. 117 255.

ESSÊNCIA (*Wesen*) ou ser das coisas 274 segs. 277, supremo V. Deus, organizado v. *órgão*, racional 414 = homem.

ESTADO (*Staat*) = comunidade dos membros de um corpo social segundo regras do direito 450, analogia com o organismo corporal 294 N. 450, sistema dos estados fundado moralmente 393 segs.

ESTÉTICA transcendental da faculdade do juízo, na maioria dos casos em oposição *à lógica*, natureza de uma representação XLII, ajuizamento VII segs., L 29 102 115 116 120 126 134 158 278, atributos 195 segs., uso da faculdade do juízo 244, avaliação* da grandeza, fundamento 444. Ideias 192 segs. 204 segs. 228 239 segs., juízos (cf. gosto) XLIV, XLVII segs. LVII 5 23 46 47 segs., 53, 63, 74 (singular e contudo universalmente válido) 89 segs. 118 segs. 134 segs., concernindo meramente ao ajuizamento (sem conceito ou sensação) 180 247 303 N., faculdade do juízo;* representação da conformidade a fins da natureza XLII-XLVIII 84, cf. 119; complacência,* conformidade a fins.*

ESTÍMULOS (*Anreize*) 14.

ESTREITO (*borniert*) 159.

ESTRELAS gasosas (*Nebelsterne*) 96.

ESTUPEFAÇÃO (*Verwunderung*) distinta de admiração (*Bewunderung*) 117 122 277.

386 • Crítica da Faculdade do Juízo • Immanuel Kant

ÉTER, dos novos físicos 445.

ETICOTEOLOGIA 410 segs., ou teologia moral cf. 482.

EVOLUÇÃO, Teoria da 376.

EXALTAÇÃO (*Schwärmerel*) 125 segs. 274.

EXEMPLAR Modelo 182 (cf. *gênio*), necessidade 62 segs., validade 67.

EXEMPLOS (*Beispiele*) = intuições para conceitos empíricos 254.

EXPERIÊNCIA (*Erfahrung*) = conhecimento da natureza XXX = sistema da mesma segundo leis empíricas XXXIII, cf. VIII XXVII 267, articulada XXXIV segs., XXXVII, cf. 313, um todo XXXIII, possibilidade da experiência XXX XXXI, experiência possível XVII XXXII XXXIII XXXV XLVI LIII 452, 454, 482, possível e efetiva 456 N, cf. XXV, 455; a mais comum XL segs., ordenada metodicamente 296, moral 457, experiência em geral (em oposição à particular) XXXV, ultrapassagem de seus limites 36, *terreno* dos conceitos de experiência XVI segs., surgimento do juízo de experiência 147, cf. XLVI segs.

EXPERIMENTOS, arte dos XIV (não pertencente à doutrina da natureza) 443.

EXPOR (*exponieren*) = elevar uma intuição a conceitos 242, cf. 240, do que.

EXPOSIÇÃO (*Exposition*) = esclarecimento/discussão 358, transcendental e fisiológica (empírica) 128, de juízos estéticos 245, diferença de dedução 131, 132 segs. (ver também apresentação).

EXPRESSÃO (*Ausdruck*) de ideias estéticas 198 segs., sua audácia 201, dos pensamentos 205, na intuição dos sentidos 207 segs., pelo jogo das sensações 211 segs., cf. também 256.

FAMÍLIA das faculdades de conhecimento XXI segs.

FANTASIA v. faculdade da imaginação, na música.*

FATALISMO/FATALIDADE da conformidade a fins 323, da determinação da natureza em Espinosa 322 segs., cf. 324 segs.

FAVOR (*Gunst*), a única complacência livre 15, da natureza 303 303 N.

FÉ, a) simplesmente 461, oposição ao saber 468; b) moral = adesão em sentido prático puro 459, cf. 462 segs. = *prática* 454 segs.; c) histórica 458.

    Artigo de fé 458 N (não na teologia natural).

    Coisas de fé 454, 457 segs.

    Fé dubitável 464.

FEIO (*Hässliche*) 189 segs.

FELICIDADE (*Glückseligkeit*) 12 um conceito oscilante 389 391, simples ideia 388, condicionada empiricamente 399, N. 429, teoricamente problemático 430, último fim subjetivo do homem 389 412, cf. 423 segs., nenhum fim da natureza 399 N, sem valor absoluto 13 411, cf. 395 N, 425, do povo 394, relação com a moralidade 429 segs. 424 461 N. Doutrina da felicidade.

GLOSSÁRIO • 387

FENÔMENO (*Erscheinung*) = objeto de experiência possível XVII = objeto dos sentidos 236, constantemente um *quantum* 84, oposição à coisa em si XVIII XLII 243 244 245 346 352 374.

FIGURA 42. A figura humana 119, cf. 50 segs.

FILOSOFIA contém princípios do conhecimento da razão mediante conceitos XI, divisão em filosofia teórica (filosofia da natureza) e filosofia prática (moral) X-XVI, sem domínio XVI-XX; a filosofia pura prova, não demonstra 241, especulativa 431.

Ciência filosófica 364.

FIM (*Zweck*) = o conceito de um objeto, na medida em que ele contém o fundamento de sua efetividade XXVIII, o fundamento real de sua possibilidade 32, cf. 33 45 284 segs., = produto de uma causa cujo fundamento determinante é a representação de seu efeito 350, cf. 289 381; interno e externo 45, interno 51 248 310, ideal XLI objetivo LI, 34 segs., subjetivo 34 segs. 399 N., relativo e absoluto 423, *a priori* LII, determinado por ideias *a priori* 290, comporta sempre interesse 34. O princípio dos fins é heurístico 355. Causalidade segundos fins v. *causalidade*, divide-se em a) fins da *natureza* 152 segs., 247, 322 (= intenção), o homem 369, fim último 382 384 388-395, a saber a concordância de toda a faculdade de conhecimento relativamente ao substrato suprassensível 242, possível somente através de conceitos da razão 284 segs., cf. *fim natural.** Seu sistema v. *natureza*, b) fim da *liberdade* 245 389, matéria da vontade 425, o homem fim em si mesmo 55, pode determinar seus fins pela razão 55 segs., fim último da humanidade 165, 171 389 399 N, cf. *fim terminal. Unidade dos fins v. unidade.*

Conformidade a fins (*Zweckmässigkeit*) = concordância de uma coisa com aquela qualidade das coisas que só é possível segundo fins XXVIII, cf. XXXVIII segs. = causalidade de um conceito na intuição de seu objeto 32, cf. sobre a conformidade a fins em geral 32-34, = legalidade do contingente 344, cf. 347, é introduzida por nós próprios nas coisas 276, não tem a sua razão de ser em Deus 305 segs. Do princípio metafísico (XXIX segs.) da conformidade a fins *prática* (da arte humana ou dos costumes) XXVIII XXX XXXIX, 154 434, dele deve distinguir-se o princípio *transcendental da conformidade a fins da natureza* XXIX segs., uma máxima subjetiva da faculdade de juízo reflexiva XXXIV, XXXVII segs. 269, ligada ao sentimento de prazer XXXVIII, meramente subjetiva, nenhuma parte do co-nhecimento XLIII, cf. XLIV LI 344, mas simples princípio de orientação da faculdade do juízo L segs., regulativa 344, divide-se em 1. conformidade a fins *formal* (meramente subjetiva, *estética*) da beleza da natureza e 2. *real* (*objetiva, lógica*) dos fins naturais L.

1. Representação *estética* da conformidade a fins da natureza XLII-XLVIII = conformidade a leis da faculdade de juízo em sua liberdade 119, cf. 118,

388 • Crítica da Faculdade do Juízo • Immanuel Kant

207 segs. 252; *formal* XXIX XLIV (segundo a simples forma LI 34 90 188) 36 segs. 118 277 = conformidade a fins *sem fim* 44 61 69 170 247 274, simples forma da conformidade a fins subjetiva 37 46, cf. 81 segs. 115 segs. 118 132 134 144 150 segs. 156 199 236 245 247 252 267, não pode parecer intencional 180, harmônica 155, livre 154, incondicionada 242. Nela reina o idealismo da conformidade a fins 246-254.

2. A conformidade a fins *objetiva* da natureza 268 segs. surge da representação *lógica* da última XLVIII-LIII, pressupõe a referência do objeto a um fim determinado 44, cf. 44-855, é ou a) *externa, relativa* (= utilidade) 44, cf. 282 segs. 298 300, em referência a outros entes 379, ou b) *interna* (= perfeição*) 44, cf. 279 segs. 295 segs. 371 379 segs. 427. Também a conformidade a fins objetiva pode ser denominada *formal*, assim, p. ex., a das figuras matemáticas 271 segs. 279 N, que também pode chamar-se intelectual (271 279), à diferença da material 188 271 279 empírica ou real 275. Este realismo da conformidade a fins objetiva (246 segs. 252) é teleológico 251, cf. 118, fundado sobre conveniência 282 322. A conformidade a fins objetiva da natureza não é nenhum princípio necessário da última 268, é regulativa e não constitutiva 269 segs., princípio crítico da faculdade de juízo reflexiva 333-339, cf. 303 322 383 e *fim natural, teleologia*. Ideia de uma conformidade a fins suprema 60, pura e intelectual do suprassensível 123 273 segs., técnica 306, hipotética 299, grande no mundo 480. Sistemas diversos sobre a conformidade a fins da natureza (idealismo e realismo dos mesmos) 319-323.

Ligação a fins (*Zweckverbindung*) 281 316 320 325 343 362 397 406 segs.

Contrário a fins (*das Zweckwidrige*), o – no mundo 405.

FIM TERMINAL (*Endzweck*) = fim incondicionado e supremo 397 412, que não precisa de nenhum outro como condição 396, fim absoluto, fim em si 299, cf. 381 e segs. 424 segs. 431 segs., não se encontra na natureza 390 430 cf. 300 397, mediante razão pura LVI 408 426 432 e lei moral prescrita 428 466, cf. 424, como dever 439 460 461 N 477, somente o homem sob leis morais 421 421 N 422 423 470 segs., ideal 428, concerne ao suprassensível 229, deve existir LV, ideia e coisa ao mesmo tempo 459, tem realidade prática-subjetiva 429 segs. Fim terminal da existência de um mundo 296 segs., 401 430 segs. Consiste na harmonia de moralidade e felicidade 425 426 461 N., referência à imortalidade e à existência de Deus 442 459 segs., 461 N 474.

Fim terminal ideal 428, norma 67, sistema (dos fins) 396, conformidade a fins XLI.

FIO CONDUTOR (*Leitfaden*) da experiência XXXVI 353, da investigação da natureza 297 353 365, ou seja, da faculdade de julgar reflexiva 301 313 318 segs. 334 336, dos impulsos 392, do juízo da razão 442.

FÍSICA 306 segs., física teológica é um disparate 482, cf. 410.

GLOSSÁRIO • 389

Físicos, novos 455, simultaneamente teólogos 405.

Fisicoteologia uma equivocada teleologia física 410, cf. 400 segs.

Modo de explicação físico 397, contemplação (mecânica, oposição teleológica) 302, cf. 300 316 318 (causas finais) 359.

FISIOLÓGICA exposição dos juízos estéticos 128 segs.; regras 144.

FLORES (*Blumen*) 49 61 N.

FORÇA (*Gewalt*), nossa – em confronto com o poder da natureza 102, cf. 105 116 segs. 129, conforme a lei (política) 393.

Força (*Kraft*) *motora e formadora* 293, cf. 436 479 segs. da matéria bruta 369.

FORMA (*Form*) (oposição *matéria*) do objeto XLIV segs. XLVIII segs., consistindo em sua limitação 75, da natureza IV XX, da matéria 372, cf. 322, da complacência estética 38 39 150 155; forma *bela* 42 (cf. *o belo*) cf. 190, formas belas da natureza 166 170 188 267, internamente conforme a fins 306 354 372 375, interna (de uma vergôntea) 299, prazenteira 191, específica 300, é o essencial em toda arte 214, forma lógica dos juízos de gosto 146, da conformidade a fins,* de um conhecimento de experiência XXXVI, = representação *a priori* 274. O que é sem forma, v. *o sublime.*

Formais, condições 21, qualidade = subordinação à *unidade* de um princípio 45 segs. 461 N., cf. 40, leis XV 461 N., princípio LIV, regras de ajuizamento 150, conformidade a fins.*

FUNDAMENTO (*Grund*) 257, do sensível e o suprassensível LIV, estético e lógico 444, subjetivo e objetivo 444 447 moral.

Medida fundamental, estética 86 segs. 94.

Fundamento originário (*Urgrund*) 295, da natureza 322 341 470, das coisas da natureza.

GÊNEROS e *espécies* (*Gattungen und Arten*) XXXV segs. XL, dos animais 368 segs., sua conservação 287, sua multiplicidade 383 segs.

GÊNIO (*Genie*) = faculdade de ideias estéticas 242, a disposição da mente (o talento), que dá pela *natureza* a *regra* à arte 181, cf. 182 segs. 200 242, deduzido do termo *genius* 182 segs., em resumo = talento para a arte bela 187, cf. 199. O gênio requer originalidade 182, cf. 186 200, seus produtos exemplares (modelos) 182, cf. 185 segs., na arte não da ciência 183 187 199, oposição ao espírito de imitação 183-185, à grande cabeça 183 segs., ilimitado e não comunicável 185, dá a matéria, a escola a forma 186, gênio sem gosto 191, com gosto 202 segs., faculdades do ânimo que constituem o gênio 192 segs. (imaginação e entendimento), um favorito da natureza 200, todavia produz uma escola 200, arriscando o pescoço 228. Sem gênio impossível qualquer arte bela 262, qualquer poesia 215, cf. ainda 59 N.

GEOGRAFIA 458.

390 • Crítica da Faculdade do Juízo • Immanuel Kant

GEOMETRIA pura e agrimensura XIV, 175, de Newton 184, cf. 456. Geômetra 272 segs. Analogias geométricas 307, propriedades 419, figuras 70 271 277 segs. 285, lugar 272.

GERAÇÃO (*Generatio*) *aequivoca, univoca, homonyma, heteronyma* 370 N.

GESTO (*Gebärdung*) 205, na arte figurativa 210 segs.

GOSTO (*Geschmack*): a) gosto dos *sentidos* 12 22 cada um tem seu próprio 19, simples juízo privado 22, cf. 64, gosto do paladar 245; b) gosto no *belo* ou gosto de *reflexão* = faculdade de ajuizamento do belo 3 N, sem um conceito XLV, cf. LI, definições semelhantes 160 161 238 (= faculdade de juízo simplesmente estética) suscita complacência pura sem interesse 16, suas fontes ocultas 238, impossível um princípio objetivo das mesmas 53 143 segs. 237 segs., mas faculdade de juízo somente subjetiva 145 segs., um sentido comum 156 segs., cf. 70, seu nome 141 segs., não necessita atrativo e comoções 38, ligação com a razão 52, seu critério 53, seu original uma simples ideia 54, modelos nas línguas mortas 54 N, necessita exemplos 139, sua censura 130, crítica,* cultura IX, cf. 395, seus efeitos 165, sem gênio 191, disciplina do gênio 203, realiza a passagem do gozo dos sentidos ao sentimento moral 164, natural ou fictício 68, tem em mira o inteligível 258, cf. 246 segs., sua autonomia.*

GOVERNO (*Regierung*) 125.

GOZAR/GOZO (*geniessen, Genuss*) 10 12 13 N 20 153 178 segs. 389 395 411 471.

GRACEJO (*Scherz*) 225, cf. riso.

GRANDE (*Gross*): um conceito da faculdade do juízo, que põe a fundamento uma conformidade a fins subjetiva 81; ser grande não é igual a ser grandeza 80.

GRANDEZA (*Grösse*) = variedade do homogêneo 81, relativa e absoluta 81 segs., 87 92, a última afasta-se da natureza 116, somente uma determinação do sujeito 118, da medida 81, média 82, no prático 82 segs., no teórico 83, comporta mesmo enquanto sem forma uma complacência 83 (cf. o *sublime*) seu conceito dado *a priori* pela intuição do espaço 240.

> **Avaliação das grandezas**, matemática e estética 85 segs., cf. 104, a avaliação lógica é determinada matematicamente 82 e segs. 86, só a avaliação estética conhece um maximamente grande 86 segs., avaliação pura e intelectual 93, da razão 97.

GRAVIDADE (*Schwere*) 273.

GROTESCO, o 72.

GUERRA (*Krieg*), sua barbárie 390, sublimidade 107, inevitabilidade e utilidade 394.

HABILIDADE (*Geschicklichkeit*) XIII, desenvolvida somente através de desigualdade na sociedade civil 392 segs.

Glossário • **391**

HARMONIA/HARMÔNICO = subjetivamente conforme a fins 155, harmonia musical 219, harmonia das essências (em Platão) 273.

HEAUTONOMIA (legislação para si próprio), princípio da faculdade de juízo reflexiva XXXVII, cf. XXXIII.

HETEROGENEIDADE apenas aparente das leis da natureza XLI.

HETERONOMIA das leis da experiência 258, do gosto 137, cf. 253, da faculdade de juízo determinante 319, da razão 158.

HEURÍSTICO, princípio 355.

HILOZOÍSMO 293 323 328.

HIPERFÍSICA 377, fundamento hiperfísico 322.

HIPÓTESE = possível fundamento explicativo 447 452 segs.

HIPOTIPOSE = sensitivação: a) esquemática, b) simbólica 255.

HISTÓRIA 458.

HOMEM (*Mensch*) como meio 383, cf. 390, fim próprio 55 398, número 398 segs., senhor da natureza 390, unicamente ele capaz de um ideal de beleza 56, por que homens existem 3 282 283 segs. 300, sua desigualdade 392 segs.

HORRÍVEL, o e terrível (*grässlich*) 77, cf. 89.

HUMANIDADE (*Humanität*) a) sentimento de participação universal; b) a faculdade de poder comunicar-se íntima e universalmente 262, cf. 162 263 (*Menschheit*): seu desenvolvimento 395, dignidade 123, em nós 228, cf. 105, só ela é capaz do ideal da perfeição 56.

HUMANIORA 262.

HUMILDADE (*Demut*) 108 segs., 123.

HUMOR (*Laune*), caprichoso 230.

IDEAL = a representação de um ente adequado a uma ideia 54, ideal do *belo* um ideal da faculdade da imaginação 54 segs., cf. 53-61, da perfeição 56, o ideal do homem consiste na expressão do moral 59 segs., necessário à arte 261. Fim terminal ideal cf. *fim*.

IDEALISMO da conformidade a fins estética 246-254, 327, dos fins naturais 322 segs. 324, das causas finais 324 405 segs. *Idealidade* a conformidade a fins 252, dos objetos dos sentidos 254.

IDEIA (*Idee*) conceito da razão 54 254. Divisão 239 em: a) ideia no sentido *mais geral*: representações referidas a um objeto segundo um princípio, e que jamais podem tornar-se conhecimento, na verdade ou b) referida a *intuições* segundo um princípio *subjetivo* = ideias *estéticas* 239 segs., às quais nenhum conceito é adequado 193, cf. 192-199 253 segs., 262, sua profusão de pensamentos 215, representações inexponíveis da faculdade da imaginação 242,

392 • Crítica da Faculdade do Juízo • Immanuel Kant

ideia de um *maximum* 54, ideia normal; ou c) referida a um conceito segundo um princípio objetivo = ideias da razão 239 segs., conceitos indemonstráveis 240, aos quais nenhuma intuição pode ser adequada 193, cf. 115 regulativo IV segs., 339 345, promovem o objetivo final de todo conhecimento V, problemáticas 341 e contudo indispensáveis 341, conceitos racionais puros 429, despertam o sentimento da sublimidade 77 95 110 115 segs., cf. 97 segs. Ideia da religião 123, cf. 435 445. Ideia de interesse social 123. Particularmente a) ideias *morais* 214 228 474, *práticas* 95 112, da liberdade 457, cf. 473 segs. do bem 114, da humanidade 97, da moralidade 125, tornadas sensíveis 263, cf. 56, como fatos 457, cf. 407; b) ideia *teleológica* de um todo 290 segs. da unidade absoluta da representação 297, dos fins 307, das causas finais 334, ideia do suprassensível* em nós 238 241, ideias de Platão 273.

IDEIA NORMAL estética, do homem 56 segs., da experiência 56, explicação psicológica da mesma 57 segs., da grandeza média 57 segs., do homem belo 57 segs., oposição ao original da beleza 59.

IDOLATRIA (*Abgötterei*), definição 440.

ÍDOLO = divindade representada diversamente da puramente moral 440 N; disso: *idolatria* 440.

IGUALDADE (*Gleichheit*), política 262.

IMAGINAÇÃO (*Einbildungskraft*), faculdade da – faculdade das intuições XLIV 146 155 193 cf. 194 segs., 240 259: da apresentação 74, cf. 132 146 192 278; faculdade de conhecimento esteticamente produtiva 69 193, reprodutiva 57 segs. 69, apreende as formas XLIV e as reúne 87 segs. 90 segs., compõe o múltiplo da intuição 28 65 69 145, determina o espaço 276; sua relação com o entendimento XLV XLVIII 69 74 129 144 192 segs. 205 segs. 239, livre jogo de ambos v. *jogo*; no poetar ou fantasiar 69 73 205 segs. 253, no sonho 302, ilimitação 85 94 96 124 126, disposição matemática e dinâmica 80, ampliação pelo sublime 83, sentimento da inadequação à ideia 88 93 95 96 segs., 110 115 118 242, instrumento da razão 117.

IMITAÇÃO (*Nachahmung*) só possível na ciência, não na arte 183-185, distinta de macaquice 201 e *sucessão* 138 segs. 200 segs.

IMORTALIDADE (*Unsterblichkeit*) 427 segs., nenhum problema teórico 442 segs., cf. 453 461 N., mas coisa de fé 458 465-467 474.

IMPULSO (*Triebfeder*) 391 409.

INCLINAÇÃO (*Neigung*), determinada por impressões dos sentidos 8, gerada pelo sentimento do agradável 10.

INCONDICIONADO (*Das Unbedingte*), parte da natureza 116, cf. 244.

INCREDULIDADE (*Unglaube*) 464.

INDIVÍDUO 287.

Glossário • 393

INFINITO (*Das Unendliche*) 85 86 segs. = absolutamente grande 92, pensado como um todo 92, da intuição suprassensível 93, infinito compreendido da natureza 94. Impossível de pensá-lo 100 segs., um abismo para a sensibilidade 110 segs., sua apresentação 124, o infinitamente pequeno 84.

INGÊNUO (*Das Naive*) 228 segs.

INSTINTO (*Instinkt*) dos animais XIII 174, dos homens 388.

INTELECTUAL, intuição 352, conceito 196, comunidade com Deus 273, fundamento do bem 37, ideia 193, interesse 167, beleza ou sublimidade 119, faculdade de juízo 160, 168, faculdade LVI, complacência LVI 120, conformidade a fins 120 271.

INTELIGÊNCIA 56, pura 119, superior (=Deus) 403 409 423 433 481, substância inteligente 373.

INTELIGÍVEL princípio 362, substrato* mundo 343. O fundamento inteligível dos fenômenos LIV N, cf. 242, 258.

INTELLECTUS ARCHETYPUS = entendimento intuitivo 350 351, *i. ectypus* = carente de imagens 350 segs.

INTENCIONALIDADE (*Intentionalität, Absichtlichkeit*) da natureza 324, cf. objetivo.

INTERESSE = complacência na existência de um objeto 5 10 162, pressupõe necessidade e a realiza 16, cf. 120 169: a) no *agradável* 5 segs. 120, dos sentidos 15, da inclinação 15 segs. do jogador de azar 223; b) no *bom* 10 segs., moral 13 segs., 120, da razão 15 120, cf. 169 170 439, habitual 260; c) no *belo* 161 segs., livre e estético 170, imediato na beleza da natureza 166 segs., 170, é intelectual 167, mediato na arte 171.

INTUIÇÃO (*Anschauung*) = representação da faculdade da imaginação 45 193 24 242: a) *externa* 294, ligada ao conceito para o conhecimento XLVIII, cf. 235 254 340 481, *a priori* XXXII, sua multiplicidade 145 348, b) *interna* (= ideia) 194 do belo 236, pura (em Platão) 274, matéria do gênio 199, cf. 193. Toda intuição ou esquemas* ou símbolos* 256, c) uma diversa da nossa 346, 367.

INTUITIVO (*intuitiv*) modo de representação 255 (v. hipotipose), entendimento.*

JARDINAGEM ORNAMENTAL (*Gartenkunst*) 42, (*Lustgärtnerel*) 71 209 209 N.

JOGO (*Spiel*), livre, das *faculdades de conhecimento* XXXI LVII 278 303, das faculdades do ânimo 192 267, principalmente de *faculdade da imaginação** e *entendimento* 28 segs. 32 37 47 71 95 99 112 116 146 179 198 segs. 202 segs., 205 segs. 215 segs. 217 221 242 (com referência ao *belo*), da faculdade da imaginação e da *razão* 95 99 112 (com referência ao *sublime*), meramente subjetivo 65, regular 40 160, oposição ofício 116 175 segs. 205, da faculdade da imaginação 50 72 73 205 segs. 252, com ideias 205, 210, na poesia 215 segs., 217. Seu efeito o sentido comum 64. Divisão em jogo de azar de sons

394 • Crítica da Faculdade do Juízo • Immanuel Kant

e de pensamento 223 segs., na música 218, nas artes figurativas 221. Jogo de figuras 42 213, sensações 42 205 211 segs., 220 segs., 223 segs., afetos 124.

Jogo de azar (*Glückspiel*) 223 segs.

JUDEUS 124.

JUÍZO (*Urteil*), juízos estéticos,* *a priori* 147 150, determinantes 83 331 344 segs., empíricos 150, de sensação IV 147, formais 147, de conhecimento,* lógicos ou teóricos (oposição estéticos) 4 5 74 140 142 147, morais 21 25 170, objetivos 64, juízos reflexivos ou de reflexão XLVIII 74 83 147 345, puros 157 N. 170, dos sentidos 24 74 231, teleológicos 89 119 132 189 283 303, N 324, raciocinantes e de razão 232.

Faculdade do juízo (*Urteilskraft*) propriamente só = são entendimento VII = faculdade de julgar (*Vermögen zu urteilen*) 145, i. é, de pensar o particular como contido universalmente XXV 346, de subsumir a intenção empírica ao conceito 349, cf. VII, ou de colocar ao lado deste uma intuição correspondente XLIX, de ajustar a faculdade da imaginação ao entendimento 203. Ela é um elo intermediário entre entendimento e razão V XX segs., cf. LII-LVIII, legisladora *a priori* XXV segs., natureza e liberdade LV, LVII, nenhuma parte especial do sistema filosófico VI X, dificuldade de seu princípio VII segs. Ela divide-se em: a) faculdade de juízo *estética* VIII IX XLVIII LII 79 152 248 252 = faculdade de ajuizar a conformidade a fins formal (subjetiva) através do sentimento de prazer e de desprazer L, cf. LI-LIII; sua crítica XIII 264; b) faculdade de juízo *teleológica* = faculdade de ajuizar a conformidade a fins *real* (objetiva) da natureza através do entendimento e da razão = faculdade de julgar reflexiva LII, pertencente à filosofia teórica LII. Como tal (*reflexiva*) ela é um simples princípio *regulativo* da faculdade de conhecimento LXII, cf. XVI, e com isso entra em oposição à faculdade de juízo determinante, que (v. acima) somente subsume a conceitos e não é legisladora 311 313; enquanto a faculdade de juízo *reflexiva* contém um princípio de reflexão meramente subjetivo 312, cf. 333 segs. Padrão de medida da arte 179, teleológico 295 387 491 407 segs., 470, teoricamente reflexiva 418 430 434 474. Ambas (faculdade de juízo determinante e reflexiva) são frequentemente contrapostas entre si, p. ex., XXVI segs., XXXII XXXVII segs. XLI 269 segs. 301 308 311 segs. 316 318 329 330 segs. 333 segs. 350 357 segs. 360 365 387 388 431 433 437 segs. 446. Faculdade de juízo estética e lógica 152, cf. 4 5 18 e intelectual 160 168, dialética 231, livre 119, pura XXVI, transcendental,* raciocinante 231. Sua antinomia 312 segs. Aplicação a esquemas e símbolos 256, condições subjetivas 150 segs. 152, condições formais 151 N., máxima 160, princípio *a priori* 148, cf. 203 361, jogo 229, procedimento 155, sua crítica* toma o lugar da teoria X, constitutiva do sentimento de prazer e desprazer LVI.

Juízo de gosto (*estético**) em oposição ao juízo lógico ou de conhecimento 4 14 34 47 63 segs. 131 135 136 145 147 152 235 246, estético

GLOSSÁRIO • 395

3 segs., 18, i. é, assentado sobre fundamentos simplesmente subjetivos 4 18, 46, constantemente singular 24 141 150 236 238, reivindica todavia universalidade (subjetiva) XLVI 18 148 150 232 segs. e necessidade 62 segs. Atribui a outros a mesma complacência 19 68 161, exige-a deles 21 22 segs. 26 63 156, cf. 136-139 149 151 N., e assenta sobre fundamentos *a priori* XLVII 35-37, cf. 254, tem por consequência um prazer 27 segs., que é válido para todos 35. Divisão em juízos de gosto empíricos (materiais, dos sentidos) e *puros*, formais ou juízos de gosto propriamente ditos 39, não tem por fundamento determinante nenhum fim, mas somente a forma da conformidade a fins XLVII 34 segs., independente de atrativo e comoção 37 segs., de conceito 31, do conceito de perfeição 44-48, do agradável e do bom 50, concerne a belezas livres e não condicionadas 48-52 71, sua condição a comunicabilidade universal 27 segs., a ideia de um sentido comum 64 segs., cf. 130. Os quatro momentos* do juízo de gosto. Não é determinável por argumento 140-143. A dedução do juízo de gosto (131 segs.), uma parte do problema geral da filosofia transcendental: como são possíveis juízos sintéticos *a priori*? 148 segs. Diferença do juízo moral 169, do juízo teleológico 245 303 N.

LAREIRA (*Kaminfeuer*), fogo de sua -, contemplação 73.

LEGISLAÇÃO (*Gesetzgebung*) a) *teórica* mediante o conceito de natureza XVII segs., XXI; b) *prática* mediante o conceito de liberdade XI XVII segs.; internas morais 399 N 420 (oposição a uma exterior arbitrária de um ente supremo) 441, incondicionada 399, qualificação para ela 169; c) conexão de ambas mediante a faculdade do juízo LIII segs., d) civil 428.

LEI (*Gesetz*) = regra necessária XXXI XXXV, leis do entendimento empíricas XXVI (cf. leis da natureza), leis químicas 252, mecânicas 298 307 308 352 361 369 374, morais, práticas,* teleológicas 352, teóricas 343. Conformidade* a leis.

LEMA 305.

LEX PARCIMONIAE, continui XXXI.

LIBERALIDADE da maneira de pensar 116.

LIBERDADE (*Freiheit*) a) da faculdade da imaginação 146 161 199 262, no jogo das faculdades de conhecimento 179 191 259 segs., faculdade suprassensível 398 467, determinável pela filosofia especulativa só negativamente 467, cf. 465, imperscrutável 125, liberdade e necessidade da natureza LIV N; b) do *querer* = concordância consigo mesma segundo leis racionais universais 259, cf. 418, de leis morais 429, 466, cf. LIV, N. 120, de leis práticas LIII 464 = razão prática pura LIV N, dada *a priori* 134, uma forma da causalidade 343, causalidade racional incondicionada 342, cf. 174, prova sua realidade pelos seus efeitos na natureza 467, cf. 457, princípio regulativo, condição formal de um mundo in-

396 • Crítica da Faculdade do Juízo • Immanuel Kant

teligível 343; c) política 262 segs. *O conceito de liberdade* (em oposição ao conceito de natureza) XI segs. 466 segs. 468 segs. 472 segs., deve tornar possível um fim no mundo sensível XIX, cf. XXXIV XLV 468, sem âmbito LIII segs. é conceito fundamental de todas as leis práticas 468, de ideias morais 473 segs.

LÍNGUAS, vivas e mortas 54 N.

LIMITE, determinação de –, possível somente no campo racional XLII.

LÍQUIDO (*Flüssigkeit*), definição do mesmo, cf. 251.

LÓGICA XI 66 135 241. Universalidade* lógica, conceitos lógicos IX, L, ajuizamento da natureza VIII segs., validade XLII, necessidade XXXI, representação da conformidade a fins da natureza XLVIII – LIII.

LUXO (*Luxus*) 393, cf. 395.

MÃE ORIGINAL COMUM 368.

MANEIRA (*Manier*) 201 segs., (oposição ao método) visa à singularidade 202, caprichosa 230, cf. 261.

MAOMETANISMO 125.

MÁQUINA oposição organismo 292 segs., *obra mecânica* deste mundo 404 segs., cf. mecanismo.

MATEMÁTICA assenta sobre intuição *a priori* LVII N, pura 280 N, na música 219 segs.

> **Matemáticos** XXII N, os antigos 138.

> **Propriedades matemáticas** da grandeza 456, proporções dos sons 212, cf. 219 segs., o matemático-sublime 79 segs., cf. 115-116.

MATÉRIA: simples e organizada 293, cf. 297 segs., 300 360 378 segs., matéria bruta o grau ínfimo da natureza 369 473, sem vida ou viva? 323, N 327 segs. quente e fluida 249 segs., vegetal 287. Como agregado de muitas substâncias 372, oposição a forma v. *forma* e *sensação*, sua "autocracia" sem sentido 372, suas leis de movimento XXXVIII, 322, caos inútil 428; matéria da vontade = fim 425 461 N.

MATERIALISMO 442.

MÁXIMA = princípio *subjetivo* da faculdade do juízo XXX XXXIV XXXVIII 319, cf. 160 264 296 300 segs. 334 360, do entendimento humano comum 158, do entendimento 160 da razão 160 248 300, prática 168 segs., sistema de boas máximas 124, máxima do mecanismo na natureza v. mecanismo.

MÁXIMO ideia de um 54.

MECÂNICA (oposição técnica) 324 segs., 335.

> **Dedução mecânica** 353, trabalhos mecânicos 392 segs. Explicação dos fenômenos da natureza 365, em que medida permitida 387, cf. 318, geração 351 353, leis* forças (oposição psicológica) XXII N., arte,* causas 365.

GLOSSÁRIO • 397

MECANISMO em oposição a *organismo* meramente a força motora 292 segs., 319, da matéria XIII 473, da natureza 77 248 269 segs., 284 286 343 346 380 segs., cego 296 297 304, sem ele nenhuma ciência 315 segs., 318, em si ilimitado 366, o simples mecanismo insuficiente 360 376, por isso associação do princípio mecânico 314 segs. ao da teleologia 374 segs., subordinação ao último 200 366 segs., meio para a intenção final 362, seu fundamento mais íntimo indiscernível 299, cf. 334, dúvida se ambos se conectam em *um* princípio 316; também requerido na arte 176, cf. 186.

MEDIÇÃO 99 segs. arte de – 274.

MELODIA 219.

METAFÍSICA, seu sistema (oposição à *crítica*) VI, divisão X, oposição à Física, seus fins últimos 465, cf. ainda 366. Provas metafísicas 469, conceito de natureza 468 segs., princípio (oposição a transcendental) XXIX segs., sabedoria XXX.

MÉTODO, modo de exposição 201, modo de ensinar 201 261, oposição a maneira 200 261. *Doutrina do método* do gosto 261-264, da faculdade de juízo teleológica 364-482.

MICROSCÓPIO 84.

MÍMICA 42, cf. 256.

MINERALÓGICO 249-251, 382 384 segs.

MÍSTICO, gozo 13 N, sonhador 328.

MOÇÃO 123 segs. 224 segs.

MODALIDADE do juízo de gosto 62-68, sobre o sublime 110-113.

MODELO, *modelar* 200 segs. 254 263 cf. *gênio*.

MODULAÇÃO 205 219.

MOLDURA (*Rahmen*) para quadros.

MOMENTOS, *quatro*, do *juízo de gosto*: segundo a qualidade 3 segs., quantidade 17 segs., relação dos fins 32 segs., modalidade 62 segs.; procurados segundo a guia das funções de juízo lógicas 3 N.

MONÁRQUICO, estado, se organismo ou máquina 256.

MONSTRUOSO (*Ungeheuer*) 89.

MORAL/MORALIDADE (*Moralität/Sittlichkeit*) XII XVI, relação com a teologia 441 segs. 482. Tratado 191, intenção 482, argumento 424 N 439 segs. 468, disposição 154, 417, necessidade 417, natureza de uma ação 154, determinação 171, 478, modo de ajuizamento 468 N, prova, v. *argumento* e *Deus*, caráter 165, maneira de pensar 16 167 417 462 464, propriedades 414, sensação 416, fim terminal 436, 462, mandamentos 342, *sentimento*,* lei XXV LIV N 120 125 154 241 343 417 419 segs. 424 427; lei moral (*Sittengesetz*) = lei formal, comandando incondicionalmente 425, cf. 461 N, possível

398 • Crítica da Faculdade do Juízo • Immanuel Kant

somente sob a condição da liberdade 465, apreço por ela 477 segs., relação com a natureza 427 segs., 439, seu princípio supremo um postulado 459; um mundo sob leis morais 412 414 415 416 421 423 legislador 434, atitude 417 427 segs., fé,* fundamento 417 418 432 433 462 N, base moral 154, princípios 121, moralmente bom 165, ação 154 342, ideias 214 228 474, interesse,* inteligência 416, filosofia 462 N, moral-prático XIII segs., 433, princípios 417, reino dos fins 413 segs., consideração 461 N 472, sistema político fundado moralmente 394, teleologia 414 419 segs. 433, motivos 445, convicção 447, juízo 36 170 259 segs., relação 415, sabedoria 445, valor 414, 461 N, ente (o homem) 398 412 424 N; (Deus) 433, autor do mundo, determinação de fim 415 418.

Disposição para a moralidade 125, sua força 125, seu objeto 427 464 seu princípio 259, seu sujeito 399, cf. ainda 399 N 424 N 458 N.

Prescrições morais 123.

Doutrina moral e dos costumes (*Sittenlehre*) XXIII.

Filosofia moral (oposição à filosofia da *natureza*) = filosofia prática ou legislação da razão XII.

Teologia moral (oposição à filosofia da *natureza*) = filosofia prática ou legislação da razão XII. Sua definição 400, cf. 426 segs. e *eticoteologia*.

MOVIMENTO (*Bewegung*) pressupõe sempre um ente extenso 436, cf. 479 segs., leis do XXXVIII 319 322, faculdade de - 203. A ideia de um "primeiro motor" é dispensável 479 segs.

MUDANÇA (*Veränderung*) dos corpos XXIX.

MUNDO (*Welt*) = um todo interconectado segundo fins 413, sistema de causas finais 413, do que: *o bem supremo do mundo* 425 429, *contemplação do mundo* 410 segs., atitude *cosmopolita* 196, *universo* 96, *grandeza do mundo* 84, *alma do mundo* 323, *causa do mundo* agindo segundo intenções (fins) 318 329 333 segs. 354 393 segs. 415 435, inteligente 402 segs., intelectual suprema 376, 401 segs. 413 470 472 segs., moral (= *autor do mundo*) 424 429 445 447 472, *ser cósmico* 326 426, racional 429 430 448, *ciência do mundo* 364.

MUNDO, autor do (*Welturheber*).

MÚSICA = arte do belo jogo das sensações (de audição) 211, cf. 211-213, 220 segs., cf. também 40 42 segs. 49 (fantasiar) 72 segs., 191.

Música de mesa 178.

NATUREZA, material (313 segs.) N = soma dos fenômenos IV, de todos os objetos dos sentidos XVII XXXII 267 470, dos sentidos externos 313, das coisas XXXVIII segs. = matéria 308, nenhum ente inteligente 268, cf. 308, com o fenômeno LIV, N 116, dá indícios de um substrato suprassensível LVI, uma natureza em si 116, objeto de experiência possível XXXII XXXV LI segs., objeto de nosso conhecimento XXXIX, dos sentidos LIII, apropriada ao nosso

GLOSSÁRIO • 399

conhecimento XXXIX, fora de nós (material) e em nós (pensante) 109 117 120 segs. 397, natureza em geral (oposição à determinada por leis particulares) XXX XXXII segs., sem conceito dado pelo entendimento 134, um todo 304, um sistema segundo leis da conformidade a fins 77 298 segs., segundo conceitos teleológicos 365, dos fins 383 segs. 388 segs.; possui uma espécie de causalidade 309. Sua "intenção" 308, analogia com a *arte** 77 174 293, a natureza como arte 77 segs. 170 179 324, bela e sublime 110, 303 N, cf. 152, analogia com a vida 293, sua contemplação 166, formações livres 248 249, simplicidade 229, compreensibilidade XL, forma IV, formas* belas. Fundamento interior e mais íntimo desconhecido 316, curso 438, como *poder* 102 segs., sem mecanismo*, tendência mecânica 248, possibilidade XXXVII, cf. 354, ordem XXXV, cf. XXXVII XXXIX, revoluções 369, esquema para ideias 110, cf. 115, beleza e sublimidade*, técnica*, incomensurabilidade 104, subordinação ao fim terminal moral 399, "sabedoria" 308, contingência de sua consonância 347, conformidade a fins* 395 N 438. A natureza como todo não dado organizadamente 334, não explicável de cima para baixo 354.

Disposições naturais 389 segs., seu desenvolvimento 393, cf. 394.

Conceito da natureza (oposição *conceito da liberdade** XI segs. XXIV LIII 466 segs. 468 segs. metafísico (*a priori*) ou físico (*a posteriori*) 468 segs., empírico 470.

Descrição da natureza v. forma.

Leis da natureza XXXII, sua possibilidade XXXVII, contingência 335, as particulares e as universais XXXVII segs. 267 308 313, multiplicidade infinita das primeiras, cf. 355 358. As universais têm seu fundamento em nosso entendimento XXVII, repousam sobre as categorias XXXII, são compatíveis com o sentimento de prazer XL e aplicadas pelo entendimento a coisas dos sentidos 284.

Doutrina da natureza XIII, geral 296, natureza e teleologia 364 segs.

Mecanismo natural v. causalidade, fatalismo, mecanismo.

Filosofia da natureza = filosofia teórica XII.

Produto natural 286 segs. 331 334 345 360 segs. 370.

Beleza natural L 76 77 153 segs., 294, cf. *beleza*.

Faculdade natural 294.

Ciência natural 305 segs. 350; a natureza propriamente dita 364 divide-se em 1. Teoria da natureza, 2. Descrição da natureza 365 segs.

Fim natural = uma coisa, que é por si própria causa e fim 286, cf. 289 = ente organizado e que se organiza a si próprio 292, cf. 294 380. Requisitos do mesmo 290 segs., conceito regulativo, não constitutivo 294 segs. 331, cf. 345, fio condutor 336, ideia 345, sua realidade objetiva indemonstrável

400 • Crítica da Faculdade do Juízo • Immanuel Kant

331, inexplicável 329, um estranho na ciência natural 320, não = fim da natureza, exterior 283, empiricamente condicionado 330, como produto da natureza 374 segs. 386 (oposição ao fim da liberdade 389), cf. ainda 267 270 280 segs., 301 307 316.

NECESSIDADE (*Notwendigkeit*) estética 62 segs. (só exemplar não apodítica), lógica XXXI, objetiva 62, física XII, prática XII 62 424 461, teórica 62, cega 326 396.

NOBRE (*edel*) 122 123.

NOMOTÉTICA (legislação) da liberdade 420, *nomotético* 311.

NORMAL, ideia – estética, do homem 56 segs., da experiência 56, sua explicação psicológica 57 segs., da grandeza média 57 segs. do homem belo 57 segs., oposição ao original da beleza 59.

NÚMENO (*Noumenon*) 92, 398.

NÚMEROS (*Zahlen*). Seu poder vai até o infinito 86. Propriedades na música 273. *Conceitos numéricos* 85 segs. 90, 92 segs. 95 101, séries numéricas 86 92 95, *grandeza* numérica 101.

OBSERVAÇÃO (*Beobachtung*) = experiência exercida metodicamente 296.

ORADOR (*Redner*) 206.

ORATÓRIA (*Beredsamkeit*) 177 205 216 segs. 217 N.

ORATÓRIO 214.

ORDEM (*Ordnung*) da natureza*, física 416 420, teleológica 297 301 segs. 420 438, cf. 398 (dos fins).

ORGANIZAÇÃO da natureza 294, interna 300, do homem 302, fim interno da natureza 310, cf. 367 originária 379, sexual 381, *política* 256 294 N.

ÓRGÃO (*Organ*) = instrumento, definido 291, produtor 292, que se auto-organiza 292, em oposição à máquina com força *formadora* 292 segs. No mesmo sentido *ente organizado, produto natural* 289-298 (cf. *fim natural*) 319 367 segs., particularmente 370 N, não explicável segundo simples princípios mecânicos 337, cf. 353 segs.

ORIGINAL (*Urbild*) v. *ideal*.

ORIGEM (*Ursprung*) de todos os entes 273.

ORIGINALIDADE = peculiaridade 201, propriedade do gênio*, do humor 228; mania de originalidade de cabeças superficiais 186 segs.

ORIGINÁRIO, ser (*Urwesen*) (cf. *Deus*) de Espinosa 326, seus acidentes 325, 326, sua ideia.

ORNAMENTOS (*Zieraten*), aumentam a complacência 43.

PAIXÃO (*Leidenschaft*), distinta do afeto, 121 N 165.

GLOSSÁRIO • 401

PAZ (*Frieden*), desvantagens de uma longa 107.

PANTEÍSMO = representação do todo no mundo como uma substância una e oniabrangente 373, cf. 405.

PARÁBOLA 273.

PARERGA (*Zieraten*) ornamentos 43.

PATETA 183.

PATOLÓGICO fundamento do agradável 37.

PENSAMENTO (*Gedanke*), vazio = sem nenhum objeto 240. Jogo de pensamentos 223, cf. *jogo*.

PERCEPÇÃO (*Wahrnehmung*), refletida XLVI.

PERFEIÇÃO (*Vollkommenheit*), *interna* 44 = conformidade a fins objetiva 132, cf. ainda 188, qualitativa e quantitativa 45; beleza não = perfeição confusa 45, 47 52 69 236, perfeição de uma coisa não constitui princípio estético 238, todavia no belo da arte é tida em conta 188, comporta complacência objetiva 279; a simples forma da perfeição, em si uma contradição 46, perfeição relativa de figuras matemáticas 278, interna da natureza 294, de Deus 276.

PERSPICIÊNCIA (*Einsicht*) 37, aportuguesamento do termo latino adotado por Kant e provavelmente tomado por ele de Cícero, veja a correspondente nota 44.

PINTURA (*Malerei*) 42 195 198 207 208 segs. 222, divide-se na pintura propriamente dita e na jardinagem* ornamental 208 segs., em sentido mais amplo 210, a primeira entre as artes figurativas 222.

PLANETAS, se são habitados 455.

PLÁSTICA (*Plastik*) divide-se em a) arquitetura* e b) escultura 198 207, plástico 407.

PNEUMATOLOGIA: pretensa ciência da alma como uma coisa em si 443, cf. 466 475.

PODER (*Macht*) = uma faculdade que se sobrepõe a grandes obstáculos 102, da natureza 102 segs. da lei moral 120.

POEMA DIDÁTICO (*Lehrgedicht*) 213.

POESIA (*Dichtkunst, Poesie*) apresenta sensivelmente ideias da razão 194, cf. 195 segs., põe em liberdade a faculdade da imaginação 215 217, por que é a primeira entre as artes 215, jogo que entretém 217, espírito e corpo da mesma 196, cf. ainda 69 177 205 segs.

POSSIBILIDADE (*Möglichkeit*), física XII, 396, cf. XIII, XLVIII, interna 45 53 290 segs., 359, da experiência*, da natureza 362, das formas da natureza 366, simplesmente pensada 340, cf. 453, em oposição à efetividade 340 segs. 452 segs., prática XII.

402 • Crítica da Faculdade do Juízo • Immanuel Kant

POSTULAR (*postulieren, erheischen*) 456 474. Postulado 456 segs.

PRÁTICO (A) (*praktisch*) intenção 93 428 432 447 454 459 467 478, contemplação 342, referência 442, dados 456, uso LIII 243 244 413 475 478 (cf. uso da razão), leis XV segs. LIII, 18 (pura) 62 343 468, legislação XII, fé 454 segs., princípios XII, ideias 112, regras de prudência 459, possibilidade XII, necessidade*, realidade XIX 429 434 436, consideração 442 443, técnico--prático (oposição moral-prático) XII-XVI 443, faculdade da razão 295 429 440, uso da razão 404 434 456 segs., prescrição XXI, conformidade a fins*. O prático como meta de todo o cultivo de nossas faculdades 8.

PRAZER e DESPRAZER (*Lust und Unlust*). Sentimento de – Elo entre faculdades de conhecimento e apetição V-VII, 164, algo enigmático no princípio da faculdade do juízo IX XXII, ligado à faculdade de apetição XXIV segs., cf. XXXIX, sua interconexão com a lei moral XXV, com o conceito de conformidade a fins da natureza XXXVIII-XLII 134 135, não pode tornar-se nenhuma parte do conhecimento XLIII, surge da simples reflexão XLVI segs., cf. 155-179, causado pela consonância das faculdades de conhecimento LVII não denota nada no objeto 4, = sentimento vital 4, procura conservar o sujeito em seu estado 33, cf. 37, estado de ânimo da vontade 36, contemplativo no juízo estético 36 segs., ligado possivelmente ao conhecimento, realmente ao agradável, necessariamente ao belo 62; prazer positivo e negativo 76, o pra-zer no sublime possível somente por desprazer 102, ligado a uma percepção (representação) 147 149. O prazer no *gosto* em oposição ao sentimento *moral* 149 154 169. Validade universal do primeiro 150 263, comunicabilidade* universal, prazer do *gozo* 153 179, em oposição à autoatividade 154. Na arte bela dispõe o espírito para ideias 214. Sua antinomia 244. Soma dos sentimentos de prazer 411.

PRECONCEITO (*Vorurteil*): propensão à heteronomia da razão 158.

PREDETERMINAÇÃO (*Prädetermination, Vorbestimmung*) 354.

PRÉDICA (*Predigt*) 12.

PRÉ-ESTABILISMO 375, duplo 376.

PRÉ-FORMAÇÃO, genérica e individual 376.

PRESUNÇOSO (*vermessen*) 309 N, cf. 440.

PRINCÍPIO (*Grundsatz)* da doutrina universal da natureza 296 segs., teleológico 296, constitutivo e regulativo 314, objetivo e subjetivo, moral 121.

PRINCÍPIOS (*Prinzipien*) *a priori* III XII XXX 113, determinantes e reflexivos 365, domésticos e forasteiros 304 segs., cf. 306 342, empíricos XXII N, XXXI, *constitutivos* IV V 260 270 301 342 344 segs., 350, imanentes 342, metafísico XXIX segs., *regulativos* IV V 270 294 segs. 339 342 344 segs. 429 437 segs., subjetivo do gosto XLVII, 143 segs. 259 312, objetivos da ética 259, cf. 312, subjetivo-constitutivos ou prático-determinantes da lei moral 429 437, téc-

GLOSSÁRIO • 403

nico e moral-práticos XIII segs., transcendentais*, suprassensíveis XV 304, das causas* finais 316. Aspirar a um número possivelmente pequeno de princípios XXXV, cf. XXXI 435 444.

PROBABILIDADE (*Wahrscheinlichkeit*), sua definição 452, cf. 451, é eliminada nos juízos da razão 338, *silogismos probabilísticos* 447.

PROBLEMÁTICO, conceito 341, juízos 322.

PRODUÇÃO/GERAÇÃO (*Erzeugung*): matemática 285, mecânica 351 386, cf. 325, orgânica 384, cf. 317, teleológica 375 386, intencional ou não? 333 335, de uma vergôntea 338, cf. 350 segs., 353 primeira 372, dos animais e plantas 370 segs., da espécie 287, do indivíduo 287 segs.; das partes singulares 288, das coisas materiais em geral 314 317 segs., princípio da geração em oposição ao do ajuizamento 368.

PRODUTO ARTÍSTICO (*Kunstprodukt*), obra de arte (oposição produto natural) XLVII segs., 286 290 segs., 448 N.

PROPEDÊUTICA de toda filosofia (a crítica) LIII, à arte bela 262, à fundação do gosto 264, à Teologia (a teleologia natural) 309 366 410 482.

PROPORÇÃO de linhas geométricas 272, dos sons 211, das faculdades de conhecimento 151 151 N, 160 segs., 200 cf. *jogo*.

PROPOSIÇÕES (*Sätze*) que podem ser provadas e que não o podem 241.

PROVA (*Beweis*), empírica, ou racional 443, oposição a prova aparente 444, *kat' alètheian* e *kat' àntropon* 446.

PSICOLOGIA, empírica 112, racional 443, = antropológica do sentido interno 443, cf. ainda 474 segs.

Observação psicológica 66, explicação 27 129, forças XXII N, regras 144, via XXXI.

PURO (*rein*) = legislador *a priori* XIV. O *puro* de uma sensação pertence simplesmente à *forma* e significa sua uniformidade 40 e segs., aritmética *pura* XXII N, conceitos IV XXX, faculdades de conhecimento XVII N, cores 40, categorias XXII N, síntese XXII N, sons 40, juízos 151 N, faculdade do juízo XXV, entendimento XXV razão*.

QUALIDADE, estética XLII, do juízo de gosto 3-16.

QUANTIDADE do juízo de gosto 17-32, lógica e estética 24 segs.

QUERER (*wollen*) = ter interesse em algo 14, cf. *vontade*.

QUÍMICA, leis químicas 252.

RACIONAL, uso – de nossas faculdades de conhecimento XLII.

RACIONALISMO do princípio do gosto 246 segs. (oposição *empirismo*).

RACIONALIZADO (*vernünfteltes*), princípio 106.

404 • Crítica da Faculdade do Juízo • Immanuel Kant

RACIONALIZANTE (*vernünftelnder*), conceito 330, juízos 232 N, faculdades do juízo 231, cf. 154. Sofisma 268 309 N 440.

RAZÃO (*Vernunft*) *pura*: faculdade dos princípios 339, cf. III e na verdade: a) razão teórica 339 (razão em uso teórico III) IV VI XVIII 74 especulativa, fontes das ideias 101, faculdade das ideias 112 118 194, exige o incondicionado 244 segs. 339, totalidade absoluta 85 92 115, unidade 344, suas máximas 314, só regulativa 339, = faculdade de conhecimento 410, sem conceitos do entendimento não pode julgar objetivamente 339, não deve exaltar-se poeticamente 355, jogo* da razão e da faculdade da imaginação, crítica*; b) como faculdade *prática* pura 482, razão prática pura 415 457 segs. 468, contém princípios constitutivos *a priori* para a faculdade de apetição III V, legisladora *a priori* V segs. LIII 417. Seu objetivo 463 segs. conceitos 154, fins 115, faz violência à sensibilidade 116 segs. 120, prescreve o fim terminal 426, cf. 430 432 435, suprema causa moral do mundo 445, sua ligação ao prazer LVI. O prático como o domínio próprio da razão 110. Estado de uma razão passiva (oposição legisladora a si próprio) 158 N, sua heteronomia 158, máxima da razão 160, unanimidade consigo mesmo 239, cf. 242.

Conceitos da razão = *ideias** 103 segs., fundam conhecimento 330, trans-cendentais 235, puros do suprassensível 236, lei moral fundada sobre conceitos práticos 154.

Uso da razão v. *prático, teórico*.

Lei da razão 96.

Silogismos 447 segs.

Juízo da razão 231 N.

Vontade racional, pura 62.

REAL, o real da sensação XLIII, da representação empírica 4, o ente mais real de todos 469. *Fundamento real* 352.

REALIDADE (*Realität*) objetiva 295 327 330 segs., 339 430 456, prática*, teórica 430, subjetiva 430, dos fins 253 (= realismo); realidade efetiva (*Wirklichkeit*) ver *efetividade*.

REALISMO a) da conformidade a fins estética 246 segs. 251-253 327, b) dos fins da natureza 322 327, c) da conformidade a fins da natureza 324 327 das causas finais 406.

RECEPTIVIDADE da sensação 9, das formas da natureza 355.

REFLEXÃO da faculdade do juízo XXXV segs., 345, da faculdade do juízo estética XLV segs., sobre a forma 118 133.

REGRA, técnico-prática da habilidade ou das prescrições XIII segs. 459, necessária = lei XXXII, segundo a necessidade e própria do entendimento 276, geral e universal 20, prática LVI, estética (oposição conceito) LII, cf. 180 segs., da beleza como ideia normal 59.

GLOSSÁRIO • **405**

REGRESSO (da apresentação) 99.

REGULARIDADE/CONFORMIDADE A REGRAS (*Regelmässigkeit*) de um rosto 59 N, matemática 72, de figuras geométricas 70, oposição à beleza 70-72.

REGULATIVO v. *princípio*.

REINO dos fins 413.

RELAÇÃO v. *momentos*.

RELIGIÃO = conhecimento de nossos deveres como mandamentos divinos 477, = moral em relação a Deus como legislador 441 = uso prático (moral) da razão em sentido subjetivo 478. Verdadeira e falsa (oposição superstição) 108 segs. 123 465, não pertencentes ao conhecimento da natureza, mas ao uso prático 48, cf. 467 470, porque provida ricamente pelos governos com ima-gens e aparato infantil 125, religião e moralidade 139, seu essencial consiste na atitude 477, *sentimento** religioso.

REPRESENTAÇÃO (*Vorstellung*), bela de uma coisa 188 (não = coisa bela), cf. 190, *a priori* XXXIX; toda representação liga-se a deleite ou dor 129.

REPRODUÇÃO, força de – (*Zeugungskraft*) 371.

REPRODUÇÃO (*Fortpflanzung*) 377 segs. 361.

RESPEITO (*Achtung*) = o sentimento de inadequação à ideia 66, cf. 15 36 76 83 120 123 228 303 428.

RETÓRICA 217 N.

REVOLUÇÃO (francesa) 294 N.

RISO (*Lachen*), definição 225, cf. 225-230.

ROBINSONADAS 127.

ROMANCES, romancistas 123 127 128.

SENSAÇÃO (*Emprfindung*). Duplo significado da palavra: a) determinação puramente subjetiva do sentimento 8 segs. = sentimento* b) percepção sensível *objetiva* 9, cf. também XLII 4, e na verdade concernente ao material (real) da mesma XLIII XLI segs. 39 153 157 205 = matéria do juízo estético 43, cf. 214, sua pureza e simplicidade 40 segs., seu jogo 211 213, cf. 205 220 segs., mudança 223 segs., valor segundo sua comunicabilidade* universal 164, agradável 212, animal 228, moral 416.

SENSIBILIDADE (*Sinnlichkeit*) a) em sentido *teórico* 93, limites 98 99 100 115 341 343, b) em sentido *ético* 114 116 120 121 125 411.

SENSÍVEL (*Sinnliche*) (oposição: o suprassensível), âmbito do conceito de natureza XIX.

SENTIDO (*Sinn*) interno 58 100, seus fenômenos não são explicáveis materialisticamente 442: v. sentido comum, sentido comunitário 157, cf. 160, sentido da verdade etc. 156.

406 • Crítica da Faculdade do Juízo • Immanuel Kant

SENTIDO COMUM (*Gemeinsinn*) estético, determinado pelo sentimento e válido universalmente, o que apraz 64, cf. 64-68, cf. 156-161 (=gosto) uma norma idêntica 67, pressuposto do juízo de gosto 64 segs., 66 segs.

Sensus communis 156 segs., *aestheticus* e *logicus* 160 N.

SENTIDOS sensação dos – ou sensorial (*Sinnenempfindung*), sentimento sensorial (*Sinnengefühl*) 153 segs., cf. 119 129 134. *Gozo dos sentidos* (*Sinnengenuss*) 164, cf. gozo.

> **Gozo dos sentidos** (*Sinnengenuss*) 164, cf. gozo.
>
> **Gosto dos sentidos** (*Sinnengeschmack*) v. gosto.
>
> **Aparência dos sentidos** (*Sinnenschein*), verdade dos sentidos 207.

SENTIMENTALISMO (*Empfindelei*) 122.

SENTIMENTO (*Gefühl*), de prazer* e desprazer. Em oposição à sensação, meramente subjetivo 9, – moral LVII 112 segs. 164 (sentimento para com ideias práticas) 114 115 116 154, especificamente distinto do sentimento para com o belo e contudo aparentado com ele 165 segs., cf. 263 264 344 478 N, de *respeito**, religioso 478 N, para com o sublime*, para com a natureza bela 173 (cf. o *belo*), do gosto*, do sentido interno 47, de vida 129, mais refinado 113 – interno de um estado conforme a fins.

SER (*Sein*), oposição *dever*, 343.

SÍMBOLO (*Symbol*) representação indireta de um conceito 256, meramente para reflexão 257, cf. *beleza, moralidade. Simbólico* oposição esquemático – 255, segundo uma simples analogia 256 segs., hipotipose* 257, nosso conhecimento de Deus 257.

SIMETRIA 70, 71.

SIMPATIA 127.

SIMPLICIDADE (*Einfalt*) = conformidade a fins sem arte 175, é estilo da moralidade, simplicidade da natureza*.

SIMULTANEIDADE (*Zugleichsein*) 99.

SINTÉTICO divisão sintética LVII segs., unidade* sintética, predicados 332, 448, regras 275.

SISTEMA da experiência XXVII, futuro da filosofia pura VI, da conformidade a fins da natureza 321 segs. 371 388 segs., cf. *natureza* das causas finais 384, teleológico 408, de todos os Estados (futuro) 393.

SOCIABILIDADE, (*Geselligkeit*) tendência natural do homem à 30 162 178 262.

SOCIEDADE (*Gesellschaft*), civil 163 393. Separação dela 126 segs.

SOM (*Ton*) 39 segs. 205 211 segs., sua proposição matemática 212 segs.

> **Arte do som** (cf. *música*) fala através de sensações 218, move o ânimo do modo mais íntimo 218, mais gozo que cultura 218, cf. 220, linguagem

GLOSSÁRIO • 407

dos afetos 219, expressa uma inexprimível profusão de pensamentos 219, joga com sensações 220, vai delas a ideias indeterminadas 221, de impressão transitória 221.

Jogo de sons 223.

SONHOS (*Träume*) 302 segs.

SONO (*Schlaf*) 228 302 segs.

SUBJETIVO. V. nos respectivos substantivos.

SUBLIME, o (*das Erhabene*): definição nominal 80 = o acima de toda comparação absolutamente grande 81, ulteriores definições do mesmo 84 85 105 115 (2 vezes). Analítica do mesmo 74-131, uma parte do estético VIII XLVIII, simplesmente apêndice 78. Concordância com o belo 74, a diferença dele 75, 79 não se encontra propriamente no objeto 76, 104, mas em nós 76 78, em nosso ajuizamento 95 segs., em nossa maneira de pensar 78 132, na disposição de ânimo 94 segs. 109, no uso de nossa faculdade da imaginação 78, em nossas ideias 84, cf. 77, em nossa disposição de espírito 85. Divisão no *matemático*-sublime e no *dinâmico*-sublime 79 segs., exemplos do primeiro 95 segs., cf. em geral 80-102, sobre o *dinâmico*-sublime 102-113, o da natureza e da arte 76. A complacência no sublime é quanto à quantidade universalmente válida 82, quanto à qualidade livre de interesse 79 96 segs., negativo 117, quanto à relação subjetivamente conforme a fins 79 81 segs., 90 100 segs., quanto à modalidade necessária 79 110-113, também pode encontrar-se em um objeto *sem forma* 175, cf. 76 78 79 83 132 133, cuja ilimitação ele pensa 75, apresenta um conceito da razão (ideia) 75 77, ao qual a apresentação é constantemente inadequada 76 segs., 88, abala o ânimo 75, cf. 80 98, mesclado de prazer e desprazer 97 100 102, ligado a comoção 43 75 86 segs., incompatível com atrativos 75, provoca admiração ou respeito 76, apraz por sua resistência ao interesse dos sentidos 115, cf. 110. O sublime da natureza 93 104 segs. 117 132, de um produto da arte 89, da atitude (respeito por nossa própria destinação) 97 105 108 de Deus 107, da religião 108, da guerra 107, do céu estrelado 118, do oceano 118 segs., da figura humana 119, dos afetos e da apatia 121 segs., do caráter 123, o sentimento do sublime semelhante ao moral 116, pressupõe receptividade para ideias 110 ou cultura 111, traz consigo a ideia do infinito 93, prepara para o apreço 115, desperta mais respeito do que amor 120, é um prazer de contemplação raciocinante 154, sublimidade de uma ação por respeito 114. A exposição do sublime é ao mesmo tempo sua dedução 133.

SUB-REPÇÃO (confusão) dos conceitos 97.

SUBSISTÊNCIA 325.

SUBSTÂNCIA como portador de acidentes 257, seus efeitos 326, uma única simples (372) 405 segs., um conceito ontológico 373, muitas 372 405 segs. 421 N.

408 • Crítica da Faculdade do Juízo • Immanuel Kant

SUBSTRATO, suprassensível, da natureza LVI N 94 244 245 253 262 274 387 421 N, dos fenômenos 237 241 352, de todas as faculdades 242, da humanidade 237, inteligível 93 243 317 367; toda perspiciência dele é-nos cerceada 353 segs., em Espinosa 325.

SUBSUNÇÃO. Subsumir (da faculdade de juízo determinante), do particular sob o universal XXVI, cf. XXXII, da faculdade da imaginação sob o entendimento 146.

SUCESSÃO (*Sukzession*) das determinações de uma coisa XXXII, (*Nachfolge*): sucessão e não imitação 138 segs., 200 segs.

SUPERSTIÇÃO (*Aberglaube*), sua definição 158.

SUPRASSENSÍVEL (o) (*das Übersinnlishe*), três ideias do mesmo 245. Cf. 467; a) do suprassensível em geral como substrato* da *natureza* VIII segs. XVIII segs. LIV N, princípio de sua possibilidade 317; b) como princípio da *conformidade a fins subjetiva* da natureza, cf. 115 segs., 123, 238; c) como princípio dos fins da liberdade XIX, LIII, 439 segs., seu fundamento 126, 259, cf. 467, princípio da moral XV, unidade de a) e c) XX. Só conhecemos seu fenômeno LIII 374, deixado indeterminado pelo entendimento (cf. VIII segs., 358), determinável pela faculdade do juízo (cf. 235 segs.), determinado pela razão LVI, é o ponto de unificação de todas as nossas faculdades 239, o princípio comum (*gemeinschaftlicher*) da dedução mecânica e teleológica 358, cf. 357, um princípio racional transcendental 235 236.

    Suprassensível (i. é, não cognoscível empiricamente 33), intuição 93, natureza do sujeito 36, (nossa) destinação 98 115 154, fundamento determinante 297, uso do sensível 114, princípio XV 273 304 367, substrato* ente originário 448 451, faculdade (em nós) 85 92 120 126.

TALENTO 181.

TÉCNICA (tecnicismo 359 segs.) da natureza XLIX 56 77 356, parece provir das forças da matéria bruta 369; = teleologia 324 segs. 329 343 354, intencional e não intencional.

TÉCNICO-PRÁTICO v. prático, a natureza 270, o uso da razão 309, = teleológico 318.

TEÍSMO 323 328.

TELEOLOGIA (*Teleologie*) (oposição *mecanismo*) modo de ajuizamento dos objetos da natureza segundo o princípio de *fim* 295, cf. 295 segs., princípio interno da ciência natural 304 segs., cf. 328, nenhuma parte da mesma 309, cf. 365, regulativa, não constitutiva 270, nenhuma doutrina 366, propedêutica à teologia 309, cf. 355 366 482, uma outra ordem de coisas 297, cf. já 152 segs. 171, teleologia física 402 413 418 segs. 430 460, moral 419 segs., física e moral 445 465 476.

    Teleológico (= intencional 359) conceitos 365, *ajuizamento** 269 307 361 402 406 415 442, prova para a existência de Deus 443 segs., modo de explicação

GLOSSÁRIO • **409**

352 356 362, fundamentos explicativos 307, princípio de geração 375, problema XXII, N 372, leis 352, fundamentos 269 336 374, princípios 269 359, conhecimento natural 299, ordem das coisas 302, *princípio* 251 353 segs. 360 sgs, 400, sua unificação com o princípio mecânico (v. *mecanismo*) 354 segs. 374 segs., dedução 400, sistema 388 segs., tecnicismo 354, juízo*, faculdade de juízo conexão 353, contemplação do mundo 300 402.

TEMA, musical 219.

TEMOR (*Furcht*) medo 102 104 128 263 478, diante de Deus (oposição à veneração = *Ehrfurcht*) 107-109. O *terrível*/temível (*Furchtbare*) da natureza 103 segs.

TEMPO (*Zeit*) condição formal *a priori* da intuição XXXII, cf. 99. *Sucessão temporal* condição do sentido interno 99 segs.

TEOLOGIA = conhecimento de Deus 482, não teosofia 400 443 475, a teologia natural 444, não contém nenhum artigo de fé 458 N, não demonstrável empiricamente 466, relação com a teleologia 335 364 segs., 402 segs., com a moral 441 segs., sem ela demonologia 414, cf. 433, somente necessária à religião 478. Dedução teológica 305. Veja eticoteologia e fisiocoteologia.

TEORIA (oposição técnica) 175.

TEÓRICO (a) (oposição *prático*) intenção 434 segs. 454, conhecimento IV XI segs. = conhecimento da natureza XVII, cf. LVI, XVII segs. uso (uso da razão) III LIII 244 403 segs. 413 457, contemplação da natureza 342, ciência da natureza 366, princípio 406, parte da Filosofia IX LII, faculdade de juízo reflexiva*, faculdade 175, razão 339, ciência 406.

TEOSOFIA (oposição Teologia) 440 443 474 segs.

TERRA (*Erde*). História da mesma 384 segs., teoria 385 N.

TEURGIA 440.

TIMIDEZ (*Menschenscheu*) 126.

TODO (*Ganze*), o, e suas partes (em um produto da natureza) 290 segs. 349 segs. 352, organizador 381. Ideia de um todo absoluto 97 101, da natureza 334, da matéria 351, = mundo 361, como fim 351, como sistema 352 384; cosmopolita 393.

TOTALIDADE requer compreensão em *uma* intuição 92, cf. 119.

TRAGÉDIA (*Trauerspiel*) 124 313.

TRANSCENDENTAL intenção IX, estética da faculdade de juízo 118, conceito XXXII, determinação (do fim) 32, dedução XXXI, definição XXII N, princípio de conhecimento XXXIV, elucidação 130, exposição 128, liberdade 241, leis do entendimento XXVI, princípio LI, ideias 245, crítica do gosto 144 232, conceitos da natureza (universais) XXVI, filósofo (oposição lógico) 21, *filosofia transcendental* 113, seu problema geral 140, cf. 239 339, predicados

410 • Crítica da Faculdade do Juízo • Immanuel Kant

XXX, princípios, sua definição (oposição metafísica XXIX) cf. XXVII, da *faculdade de juízo* XXIX-XXXVIII LI 267, dos fins 361; *faculdade do juízo* transcendental XXVI XXXII 234 311, conceito da razão 235, perfeição 326, conformidade a fins* XXXVI.

TRANSCENDENTE (s) conceitos 240, princípio 359.

TRICOTOMIA, sua justificação LVII N.

TRISTEZA (*Traurigkeit*), seus modos 127 segs.

UNANIMIDADE (*Einstimmigkeit*) v. *consonância*.

UNIDADE (*Einheit*) da experiência em si totalmente contingente XXXIII, da faculdade de imaginação e do entendimento XLV, dos fenômenos 387, (sintética) do múltiplo (da intuição) XXVI XXVIII 40 147, cf. LVII N 291 347 372, da natureza XXXIII, sob poucos princípios XXXI, segundo leis empíricas 313 segs., 352, do fundamento das formas da natureza 325 327, cf. 352 373, dos princípios como máximas da razão XXVII XXXVII XXXIX 405 435, do princípio de produção matemático 285, do espaço 352, da substância 405, ontológica de um sujeito 325 segs., subjetiva do juízo de gosto; *sistemática* XXXIV, das faculdades de conhecimento LVII segs., da forma e ligação de todo múltiplo 291, da faculdade teórica e prática no inteligível 259, dos fins 325 segs. 328 355 373 407.

UNIFORMIDADE (*Gleichförmigkeit*) das coisas da natureza XXXVI.

UNIVERSAL (*das Allgemeine*) o = regra, princípio, lei XXVI, e particular XXV segs.; 346 segs.; encontrar a universalidade dos princípios para XXXVIII; universalidade subjetiva do gosto no belo 23-26, cf. 134 segs., universalidade comparativa do gosto dos sentidos 20.

URBANIDADE das artes figurativas 221.

VALIDADE UNIVERSAL (*Allgemeingültigkeit*) subjetiva do juízo de gosto*, objetiva da Lógica 23 segs., cf. 134 segs.

VALOR da *vida* 383 segs., 394 segs., 395 N, não consiste no gozar 13 471, absoluto da *personalidade* 13, cf. 410-412 414 422 segs. 461N, interior e exterior 471.

VERDADE (*Wahrheit*) na apresentação de um objeto 361.

VIA-LÁCTEA (*Milchstrasse*) sistemas da 96.

VIDA (*Leben*) da matéria 323 379, seu valor*, futura v. *imortalidade*. Sentimento vital 41 129, forças vitais 124 (equilíbrio), 129 (promoção inibição), cf. 75.

VIRTUDE (*Tugend*), doutrina da 241.

VONTADE (*Wille*): a faculdade de apetição determinada pela razão 14 (conceitos 33, princípios 8) = faculdade dos fins 133, de agir segundo fins 285, causalidade* segundo fins 33, é uma faculdade natural XIII segs., sua disciplina*. A vontade *boa* 412.

www.forenseuniversitaria.com.br
bilacpinto@grupogen.com.br

Impressão e Acabamento: